晚清传奇朋友圈

曾国藩、左宗棠、李鸿章的事功与交际

马青尘　冯俊龙

著

天地出版社
TIANDI PRESS

图书在版编目（CIP）数据

晚清传奇朋友圈：曾国藩、左宗棠、李鸿章的事功
与交际 / 马青尘, 冯俊龙著. —— 成都：天地出版社,
2025. 5. -- ISBN 978-7-5455-8661-9

I. K252.09

中国国家版本馆CIP数据核字第2025NY0380号

WANQING CHUANQI PENGYOUQUAN: ZENG GUOFAN、ZUO ZONGTANG、LI HONGZHANG DE SHIGONG YU JIAOJI

晚清传奇朋友圈：曾国藩、左宗棠、李鸿章的事功与交际

出 品 人	杨　政
作　　者	马青尘　冯俊龙
责任编辑	陈文龙
责任校对	卢　霞
封面设计	今亮後聲 HOPESOUND 2580590616@qq.com
内文排版	挺有文化
责任印制	王学锋

出版发行　天地出版社
（成都市锦江区三色路238号　邮政编码：610023）
（北京市方庄芳群园3区3号　邮政编码：100078）

网　　址　http://www.tiandiph.com
电子邮箱　tianditg@163.com
经　　销　新华文轩出版传媒股份有限公司

印　　刷	北京文昌阁彩色印刷有限责任公司
版　　次	2025年5月第1版
印　　次	2025年5月第1次印刷
开　　本	710mm×1000mm 1/16
印　　张	26.75
字　　数	409千字
定　　价	78.00元
书　　号	ISBN 978-7-5455-8661-9

当时成败已沧桑

"盖世必有非常之人，然后有非常之事；有非常之事，然后有非常之功。"

汉元朔元年（前128年），汉武帝派遣司马相如出使巴蜀。为劝谏武帝"博恩广施"、交好夷狄，司马相如写了一篇立意高远、气势磅礴的文章《难蜀父老》。汉武帝非常欣赏文中这句话，以至二十多年后还念念不忘，在诏书中将其概括为"盖有非常之功，必待非常之人"，这也成为流传后世的一句名言。

千百年来，历史风云聚散，浪花淘尽英雄，那些在"非常之世"里横空而出的"非常之人"，以"非常之事"建立的"非常之功"，如同一场场风雷激荡的历史活剧，不但主导了时势走向、神州格局，也令人感慨叹惋、掩卷长思。

纵观晚清所处之大变局，无疑正是这样一个新旧转型、涅槃重生的"非常之世"。而在石破天惊的时代风潮之中，回望那些主导历史走向的风云人物，他们力挽乾坤的成败得失，应对危局的艰难抉择，依然能够给予我们当世之人诸多启迪。

曾国藩、左宗棠和李鸿章（本书以下凡是并提三人皆简称为"曾左李"——作者注），这三位被称作"晚清三杰"的大清名臣，不唯生前拜相封侯、声威隆烈，其身后影响之广、褒贬之多，在整个中国历史上也不遑多让。

然而，人们对于曾左李的生平事功津津乐道，关于他们的轶闻趣事汗牛充栋，不计其数，但围绕曾左李三人的事功交际、对比研究，却屈指可数、乏善可陈。这导致关于曾左李的众多历史书写只有"纵"的深度，缺少"横"的视野，形成一种"只在庐山"的自我循环，失去了更大的坐标和参照，也失去了更高的鉴识和高度。事实上，在名臣和权臣之间、在功名和家国之间、在事功与义理之间，他们所作所为的动机和效果有着天壤之别，道德评判上差距巨大。他们在历史路口的沉浮抉择，既是个人命运的奋争缩影，也是风云际会的时代回响。

青山依旧，雪尽江清。历史风云散尽之后，对于曾左李这三位影响了近代中国走向的著名人物，如何看待他们在时代变迁中的人生际遇，如何洞察他们在飘零世事中的关系真相，如何从他们的人格气度、生存哲学中探寻文化成因、一辨是非曲直……这无疑是一堂有趣的人生处世课，也是一场不无裨益的思维训练、史学探险。

细究起来，其中原因其实很简单。在风云激荡的晚清，曾左李三人都像一座永远开采不尽的矿山，又像一条深不见底的大河。他们的身上纠集了一个时代最剧烈的冲突和矛盾，又体现出不同价值理念的撕裂和缠斗。人们对他们的许多诋毁，后来又变成赞美；后世对他们的所谓理解，又往往是一厢情愿的误解。这三张各不相同的面孔，构成了那个既强大又虚弱、既偏执又涣散的大清王朝的最后剪影。

更重要的是，如果从凡俗眼光来看，曾左李三人的故事，都不是那种传奇天才一步登天的神话，而是普通人百战艰难、自我成就的过程。这种精神上的自我砥砺、不断超越，对于今天身处职场、竞争激烈的年轻人而言，相信也有诸多启发意义。如果能够提供一些立身行事的镜鉴参考，能够让读者从这三人身上看到中国传统文化的丰富复杂，也不失为一种知人论世、读史阅世的精神乐趣。

本书作者马青尘、冯俊龙从事历史写作多年，对晚清史尤其对晚清三杰的比较研究甚有心得，近年已发表多篇相关作品。本书由马青尘搭建框架、润色文本，冯俊龙负责具体创作，历经数载披沙拣金，多次增删披阅，力求"其文直，其事核，不虚美，不隐恶"，今天终于向读者捧出了这部系统对比研究晚清三杰的拓荒之作。

近代以来，中国盛传"中兴将相，什九湖湘"。而自有信史以来的三千多年里，湖南一省的人才却历经数十代而有志难伸，抑郁不展，在中国历史上始终无足轻重。自曾、左振臂一呼、崛起湘中，湖南人才方立于潮头、前仆后继，所谓"惟楚有才，于斯为盛"的局面才真正开启。

然而既是比较，必有鉴别。综合而论，在立身做人方面，毫无疑问曾国藩是较为成功的。毛泽东年轻时曾说："愚于近人，独服曾文正。"有人甚至称他为"圣人""千古第一完人"，再加上他在政治、文学等方面取得的成就，很少有人会质疑曾国藩的人生事功。

俗话说，一方水土养一方人。曾国藩比左宗棠只大一岁，他的老家湖南省长沙府湘乡县（今湖南娄底市双峰县），距离左宗棠老家长沙府湘阴县，仅百余公里。但出人意料的是，这对同乡好友在四十岁之前罕有交集。即使后来联袂并肩、卓然奋发，成就不世之功，但两人的个性脾气却大相径庭，彼此气质多有不合。

不过两人并没有因为私交影响家国公事。左因樊燮案发，曾为国家保护人才，伸出援手，向咸丰皇帝求情；左抬棺西征，曾义无反顾，竭尽全力为左统率的楚军输送粮饷。不因私而废公，仅这一点无论古今皆属不易。

相比曾氏为人之圆融，左宗棠一生则极为倔强自负，为此吃尽苦头。他早年在湖湘担任军政秘书时就因为得罪要人而差点被处死；后来又因为军饷等事，左不管不顾，与曾闹僵；曾氏兄弟攻下天京，左不惜公开翻脸，向朝廷打了一次"小报告"。左宗棠不但有"眼睛里揉不得一粒沙子"的"精神洁癖"，也有"人敬我一尺，我敬人一丈"的报恩心理。这位终其一生都爱憎分明的湖南"犟骡子"，展现了最为特立独行的个性特征。

至于李鸿章，大半生都在替朝廷奔走救火，也代替清廷"背锅"挨骂。因其擅长打"痞子腔"，后来又代表清廷签订大量不平等条约，一时如人人喊打的过街老鼠，以至自叹"半生名节"被后生辈"描画殆尽"。至于左和李则因时势机缘相与共事，但私交基本与普通人无异；在国家公事面前，二人绝大多数时候是针尖对麦芒，观点时有对立；在洋务运动中，对所办海军、军工等企业，更是你争我夺，互不相让，甚至言辞激烈，不惜公开互揭老底……曾左李在内心修为、个性磨炼方面的优劣长短，如同一面复杂又多彩的镜子，照射出三人殊途迥异的处世之道。

在谋事方面，虽然三人都非常出众，但是要论最能谋"大势"的，非左宗棠莫属。左宗棠以举人身份在湖南巡抚骆秉章手下担任军政秘书时，骆秉章将大小事务全权委托给左宗棠处理，左从不谦虚也从未让骆失望过。等到终于当上封疆大吏，左宗棠更是砥柱神州，成就非凡——内忧外患、风雨如晦的清廷竟然能够一举收复新疆，成为晚清末世屈指可数的亮点之一。

相比之下，曾国藩一生自认"资质平平"，但之所以能取得后来的成就，主要靠的是坚持隐忍。军事上的"结硬寨、打呆仗"最能体现曾国藩的性格特征，而政治上一直与"世俗文法"缠斗妥协，更耗尽曾氏"打掉牙齿和血吞"的半生精力；李鸿章虽然有才，但出道时有幸仰仗曾国藩的提携和培养，接替曾国藩剿捻军，代替曾国藩处理天津教案，他因此在军事与外交上身显名扬。可以说，李氏最初的成功，大半是因为站在了老师的肩膀上。时也运也，英雄虽能造时势，时势也在造英雄。

道虽不同，不妨碍英雄相惜。李鸿章虽然一度嘲讽左宗棠是"破天荒相公"（左在晚清官场以一介举人身份做到军机大臣，实属罕见），但也丝毫没有否认左的办事能力，对于左抬棺出征、费尽心力收复新疆等大事，李的内心还是被深深触动了。左宗棠去世后，李鸿章在挽联中写下"为天下惜公"之语，感伤悲悼之情尽显，终不失君子之风。

一个人的成功，乃资质、机遇和能力等协同作用的结果。曾左李虽然最后都荣膺封疆大吏，但在追求事功的道路上又各有千秋：曾氏为清廷力挽狂澜，左氏为国家挺身急难，李氏则以"裱糊匠"身份奔走操劳。他们都以军功发迹，为维护清廷不遗余力，不过毕生所求又有明显不同：曾希望通过事功业绩，追求身后不朽，为此宁愿百般压抑自己，也要追求"内圣外王"，达至修身为政的最高理想；左前半生走得磕磕绊绊，甚至一度绝意仕途，只想苟全性命于乱世，没想到后半生不飞则已，一飞冲天，几乎扛起了大清的半壁江山；口含金汤匙出生的李鸿章刚出道时春风得意，志可吞天，待到年光渐老，沧桑历尽，一生"拼命做官"的李中堂为大清救了半辈子火，终于发出"秋风宝剑孤臣泪"的潸然长叹。

此外，他们三人之间的恩怨纠缠，也是一个有趣的话题。纵观曾左李三人，虽然同为晚清的朝廷柱石，曾国藩生前影响远超左宗棠，但他时常感叹"论兵战，吾不如左宗棠"。这种知人所长、知己之短的胸怀格局，一般人并不具备。左宗棠虽然和曾国藩一直龃龉不断，甚至形同水火，但当最后两人生死相隔时，左不但在给曾国藩写的挽联中以一句云水襟怀的"自愧不如"，道出了自己对曾国藩的倾服，更以另一句"无负平生"表达出惺惺相惜的君子真情。尤其让人意外的是，一辈子硬气得从来不肯向任何人低头的左宗棠，居然在挽联落款处署名"晚生左宗棠"，这就不但具有春秋战国"将相和"的古人之风，还有一份令人动容的人间至情了。

曾左李在维护大清王朝的统治上，既有共同目标也有各自利益，因此他们之间既有合作更有斗争。总的来说，曾国藩的个人修为最高，这一点给后人的印象比左李要好；李因为签订的不平等条约过多，一直被人视为"卖国贼"而饱受诟病；左虽然事功卓著，但因为性格耿介，和曾、李等朝堂高官时有不睦。但左在收复新疆、守护台湾、与法国侵略者抗争的过程中，立下有目共睹的不世之功，所以相较于曾、李二人，今天左宗棠在历史上获得更多正面评价。

性格决定命运，但经历决定性格。这一切都与他们的人生轨迹有着深厚关系。曾、李是师生，更是利益、思想比较接近甚至相同的战友，他们与性格激进、品性纯直、胆识过人的左有着较大的差距。曾稳拙厚朴，固守功名但更忠孝义诚。作为学生的李，继承发扬了他的大部分思想精髓，但又变通地加入了所谓的"痞子气"，更加圆滑地处理各方关系；左因为性格以及独特的行事作风，比李更接近曾，但在很多事情上又受自身局限，因此在当时功绩声名上稍逊于曾。

曾左李三人身上展示的既是人在历史中的特定境况，也是特定文化在人身上的折射。他们在一个风雨飘摇的衰乱之世登上历史舞台，每一个人的角色都演得相当不易。他们恩怨交织、毁誉相随的一生，包括如何塑造权力人格、领导权威，如何身教示范、知行合一，如何对待下属、凝聚共识等，既是一部宦海生存史，也是一部生活教科书。

历史作家如同冷清孤寂的剧场里最后离开的那位泪流满面的观众，目睹江山兴亡、人来人往之余，他的笔游走于古今中外之间，时而游园惊梦，时而抚剑长歌，恨则深入骨髓，爱则眼含泪水。尽管历史学本身并没有"鉴世"的目标任务，但曾左李的成功失败与悲欢交际，却给人一种千回百转之感，引人深思。

本书试图以曾国藩、左宗棠、李鸿章的生平交往为主线，表现三人在艰难时世中的奋斗，在理想和现实间的取舍，从人性角度切入历史现场、从历史深处还原人物面目，从而挖掘三人关系中的奥秘与真相。如果跳出历史来看，他们像极了我们普通人在生活中沉浮飘零的样子，他们的勇气和坚毅同样也给人信心与鼓励。因为实践证明，一个人只要不断自我磨砺，自我完善，看得透，立得定，说得出，办得来，一样可以成为自己的"圣人"。

近代中国的历史每一页都浸透着抗争血泪，每一行文字都如芒在背，压得人喘不过气来。"灭六国者，六国也，非秦也。族秦者，秦也，非天下也。"中国近代所遭受的苦难不仅来自外来侵略，更来自中国的封闭和落后。对于近代中国而言，落后不一定意味着挨打，落后了还要关起门来，不自知地冒充"老大"才会挨打。知人论世不可掩耳盗铃，读史阅世更应有全球眼光。笔者认为，通过分析比较曾左李这些同一时代而命运迥异的著名历史人物，从他们的成败得失中为今天的中华复兴之业寻找经验教训，是一件非常有意义的事。

实际上，人类对历史现象及其过程进行比较研究，从史学诞生之日起就已经出现了。西方的希罗多德、塔西佗等古典史学家都曾在他们的著作中运用比较研究的方法。历史比较研究的传统，在我国也源远流长。因此，本书以比较史学的研究方法，借鉴太史公写刘邦与项羽的方式，对比展示曾左李生命历程中鲜为人知的艰辛与痛苦，聚焦其悲欢际遇、分析其成败得失，把史实精神与当下思潮有机结合起来，使其具备一定的理论价值和文史价值。

"多少六朝兴废事，尽入渔樵闲话。"有人说，历史才是中国人的宗教，因为没有比它更加意蕴深长的精神空间。任何有情怀、有追求的历史写作者，应该远远地避开熙熙攘攘的康庄大道，默默穿行在人迹罕至的蛮荒荆棘之地，去书写充满同情、真情、温情的作品。既有史识、史鉴、史胆，也在历史叙述中做到言之有据、言之有益、言之有趣。只有当作品如同照射到"历史暗角"的一道光，读者才能为之动容，深入思考其意义，书写出这样作品的作家才称得上带领读者一起经历天人交战的精神穿越。

本书力争从大处着眼、小处入手，从细微处呈现大历史，从现代读者的实际需求出发，从历史求索的当下意识出发，从真实故事中探究深层成因，在相同事件中对比精神差异，从历史坐标中寻找生存智慧，为当代读者提供人生镜鉴。这虽然不是一部专业历史研究著作，但它不违背事实，也绝不哗众取宠，尽量做到通俗易懂，雅俗共赏，让读者掩卷之余能够从历史的余音中体会一番别样的滋味。

倘能如此，哪怕相隔万水千山，我们彼此宛如相见。

目录

壹 交际篇：恩怨终随人事去

一、生前身后

生死泯恩仇 / 003

“周旋三十年” / 007

二、恩怨源起

山雨欲来风满楼 / 010

“幼主存亡”起嫌隙 / 013

三、是非曲直

爱恨交织有端倪 / 016

恩未断义未绝 / 020

四、风云际会

“所争者国事也” / 024

无风不起浪 / 027

贰 性格篇：千锤百炼方成钢

一、家世渊源

“倔牛”“犟骡”和“快马” / 035

“笨鸟先飞”的曾氏传人 / 038

“科场毒药”左宗棠 / 043

春风得意官家子 / 046

二、柳暗花明

世事一场大梦 / 050

福祸相依"左师爷" / 054

一生多变李合肥 / 057

三、宦海历练

"何必以多杀人为悔？" / 060

儒家信徒的狠辣锋芒 / 063

从疾恶如仇到生死度外 / 066

"绿林"变"武翰林" / 069

四、英雄时势

千秋万岁名，寂寞身后事 / 073

"为天下惜公" / 075

"笨老师"教出"聪明学生" / 078

叁 | 处世篇：
志达天下出英雄

一、大幕开启

平地一声惊雷 / 085

一片冰心在玉壶 / 088

意气高于百尺楼 / 091

二、自我修炼

"千古完人"的污点 / 095

改不了的"痞子腔" / 098

"今亮"胜于"老亮" / 101

三、逐梦新篇

苦闷迷惘 / 104

未雨绸缪 / 109

死里逃生 / 112

四、股肱之臣

食君之食，忠君之事 / 115

失之东隅，收之桑榆 / 118

生不逢时，生也逢时 / 121

谋事在人，成事在天 / 123

肆 人才篇：
我劝天公重抖擞

一、人才摇篮

举足轻重的"秘书班子" / 130

依瓢画葫芦 / 133

种瓜得瓜，种豆得豆 / 137

二、培育"千里马"

军营书院 / 141

任人唯贤 / 145

"人无癖，不可交" / 149

三、人才江湖

"非常"之才 / 152

恩怨是非 / 155

"护犊"情深 / 158

老湘营传奇 / 160

四、各领风骚数百年

一个好汉三个帮 / 164

众人拾柴火焰高 / 167

伍 | 家事篇：
落花流水春冬夏

一、家世家风
传世之家的苦苦挣扎 / 173
不同的人生起跑线 / 177
金钱观里有家风 / 180
穷奢极欲的李氏家族 / 185

二、封疆大吏背后的女人们
家教源远流长 / 189
李家"奇事" / 193

三、豪门嫁女
曾国藩择婿 / 196
曾家女儿难 / 199
奇迹终于诞生 / 203
乘龙快婿 / 206

四、家风传承
耕读传家 / 209
余韵悠长 / 212

陆 | 心智篇：
经天纬地各有术

一、胸有成竹
郭嵩焘筹了二十万两银子 / 217
费尽心机挖老师"墙脚" / 220
"忘年交"成了亲家 / 223

二、异轨殊途

君子不立危墙之下 / 228

多歧路，今安在 / 232

封官加爵的"通行证" / 234

三、潜移默化

抗旨不遵逃过一劫 / 239

收放自如"江湖俊才" / 242

恃才放旷培植亲信 / 245

四、云开雾散

咬定青山不放松 / 248

人生贵相知 / 251

丈夫只手把吴钩 / 254

事功篇：
风云际会自有时

一、治军有方

曾氏治军"两手硬" / 261

非名利，无以鼓舞俊杰 / 265

兵在精而不在多 / 268

二、各有所长

曾国藩赠送腰刀 / 272

"装神弄鬼"与料事如神 / 275

李鸿章的"实用主义" / 278

英雄所见 / 282

三、用心良苦

世间"高人"多自省 / 285

任人唯亲还是"任人唯疏" / 289

四、沧桑事功

血泊中建立起来的军功 / 292

赔了夫人又折兵 / 295

万事潮头起 / 298

捌 | 权谋篇：
天下英雄谁敌手

一、悬鼓待擂

高徒不一定出自名师 / 305

小心驶得万年船 / 309

为他人作嫁衣裳 / 313

学历和能力 / 316

二、翻云覆雨

鸠占鹊巢 / 319

再夺其功 / 322

海防塞防 / 325

借力打力 / 327

三、被摆布的"棋子"

千古奇案 / 331

坐山观虎斗 / 335

暗斗太后 / 337

神仙打仗 / 340

四、算无遗策

商场官场 / 344

你死我活 / 347

玖 声名篇：
青山几度付斜阳

一、千秋功过

杀人何止"曾剃头" / 354

千秋独有左文襄 / 357

"卖国贼"李鸿章 / 361

二、后世声名

"蛮牛"曾国藩 / 364

引得春风度玉关 / 367

"裱糊匠"的白发身影 / 371

后记

不废江河万古流 / 375

附录一

清史稿 · 曾国藩传○左宗棠传○李鸿章传 / 381

附录二

参考书目 / 407

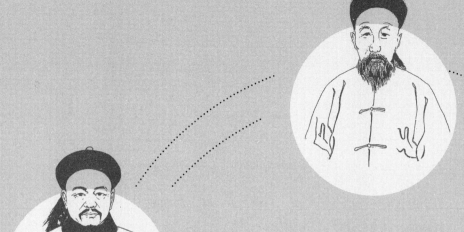

交际篇：

恩怨终随人事去

壹

一个时代有一个时代的气质，一代人有一代人的交际。

晚清的"中兴名臣"，曾国藩、左宗棠、李鸿章三人的事功沉浮、毁誉荣辱，是一个错综纷繁的复杂话题。它是观察晚清中国政治、经济、文化的一个万花筒，也是了解晚清复杂国情、洞悉当时改革之难的一部百科全书。他们终其一生的合作与斗争、交情与恩仇，牵涉清朝统治集团内部盘根错节的利害关系，受制于君主专制的社会性质，体现了一个时代的重重矛盾。这其中有统治阶层在朝、在野施政侧重不同之争，有专制社会朝廷、地方利益之争，有儒、法两家治国理政观念之争，而不尽是君子小人的党同伐异、意气之争。

通观这三位在晚清大变局中扭转乾坤的关键人物，几乎无人不"变"，甚至前后不一。新与旧、儒与法、变革与保守，在当时并不是泾渭分明，而是相互交杂，互相转换。这个"变"就是中西相遇、新旧博弈的一次集中演示。即使他们本人，又何尝不是一生都在和自己战斗，和所处的时代战斗？所以从这个角度说，他们之间的关系并非黑白对立，他们的价值立场同样在磨合中转变。他们充满悲剧色彩的求索之路，亦是晚清中国"船大难调头"的国运写照；他们的悲与欢，勇敢与无奈，无不体现一个帝国末期的衰弱侧影，暗藏近代中国迷失落伍的深层玄机。

三人的交际与命运，可以从一副盖棺论定的挽联讲起。

一

生前身后

生死泯恩仇

清同治十一年二月初四日（1872年3月12日），两江总督署内，哀乐阵阵，灵幡飘飘，名重一时的两江总督曾国藩去世了。这在当时可是一件了不得的大事，据《清史稿·曾国藩传》载，全国百姓闻之"巷哭"，纷纷绘像祭祀。朝廷为之震悼，辍朝三日，并追赠太傅，谥文正，各省建立专祠。

一时间，万众同悲，哀荣何极。曾家的孝子贤孙们擦干眼泪，忙着接待前来吊唁的各方大员、朝廷要人。

忽然，门人来报："左宗棠左大人送来挽联一副。"曾氏后人顿感紧张，暗叫不好：此公素与先父交恶，难道今日还要借送挽联羞辱一番？

正当曾氏后辈忐忑不安之际，一副笔力雄健的挽联已肃然展现：

谋国之忠，知人之明，自愧不如元辅；
同心若金，攻错若石，相期无负平生。

众人惊愕良久，然后发出一片慨叹之声。

上联"谋国之忠，知人之明，自愧不如元辅"，这并非左宗棠的客套之语。早在左宗棠用兵陕甘，急需将才之时，与左"素有嫌隙"的曾国藩着眼大局，主动摒弃前嫌，派出心腹刘松山前往支援，刘很快成为左麾下一员得力干将。左宗棠为此深受触动，在给朝廷的一道奏折中明确表示对曾国藩的感激之情：

> 臣与曾国藩议论时有不合，至于拔识刘松山于凡众中，信任最专，其谋国之忠，知人之明，非臣所及。

由此可见，"谋国之忠，知人之明"是左氏对曾早已有之的评价，而非故作姿态的溢美。此后在给朝廷的奏折中，左氏多次表明"自愧不如元辅"的心迹，可谓君子之风，恩怨分明。这次再借一副挽联赞誉曾国藩对朝廷的忠诚，又把自己对曾一生的感激、愧疚、倾服和盘托出，公之于天下。这种谦逊的态度和真诚的赞美，对于一生孤傲的左宗棠来说何其不易。

下联则对朝野议论已久的曾、左失和一事作出了坦诚回应，一句"同心若金，攻错若石"，表明两人多年来不徇私情、不留情面，所有政见之争皆是为国家大计，而非俗人所论之是非，以期互不辜负此生际遇，这才称得上是和而不同的君子之交。

此前朝野上下盛传曾、左不仅"失和"，而且早就"交恶"，以至"不通书信"。但这副挽联不仅情出于心、格局高迈，更让人感到意外的是原来在左宗棠心中，平生"对手"曾国藩的形象竟如此光耀九州，而左宗棠自甘"服输"的人格魅力也可见一斑。

与此同时，曾国藩的学生李鸿章，送来了另一副挽联，同样引人注目：

> 师事近三十年，薪尽火传，筑室忝为门生长；
> 威名震九万里，内安外攘，旷世难逢天下才。

李鸿章在上联中感念老师三十年来的栽培之恩，郑重表态要将恩师事业发扬光大；下联则是对老师的旷世雄才大加称颂，真诚之中亦难免有学生尊师重道的私情成分。世人皆知曾国藩既是李鸿章的老师，也是提携他的"贵人"。李终其一生，不但对曾尊敬有加，还竭尽所能将老师的思想发扬光大，使其"薪尽火传"，不愧为曾的"首席"大弟子。

很明显，无论是作为知音加对手的左宗棠，还是作为学生与传人的李鸿章，都对这位名重当朝的友人、先师的一生作了高度评价。左、李的挽联不仅名于当时，亦传扬后世，成为当之无愧的名联。

曾国藩一生以立功、立德、立言著称，公务之余潜心读书写作，还有个奇怪的癖好——给活着的人写挽联，因此在京师的湖南同乡中流传着"代送灵柩江岷樵（江忠源号岷樵），包写挽联曾涤生（曾国藩号涤生）"的戏谑之说。不过，作为挽联大家的曾国藩可能没有想到他风雷激荡的一生，最终让这两位恩怨纠结的故交，以写挽联的方式盖棺论定。

在中国传统中，挽联是对逝者一生的最后总结，逝者后代特别在乎亲友赠送的挽联。当朝重臣左宗棠、李鸿章，能给曾国藩如此之高的最终评语，曾氏后人岂能不感激莫名？

此时，左宗棠对曾国藩的真实感情，可以从他写给儿子左孝威的家书中看出端倪：

> 曾侯之丧，吾甚悲之，不但时局可虑，且交游情谊，亦难恝然也。

此番言语，不但表达了他对朝廷痛失股肱的悲痛惋惜之情，还有对艰难时局的担忧，更兼失去一个当世知音的寥寞之意。

不唯如此，左宗棠还苦心向儿子孝威解释了他与曾氏之间的分歧本质：

> 吾与侯所争者国事兵略，非争权竞势比，同时纤儒妄生揣拟之词，何值一哂耶？

左宗棠认为他与曾国藩的恩怨，绝非市井妄人所猜度的权力争斗，更不是什么你死我活的利益之争，而是关乎天下大势、国事兵略的君子之争。

要知道，其时左宗棠远在新疆，军国大事无比繁忙，还不远千里专门送来挽联，同时让儿子左孝威代替他前往湖南湘乡荷叶塘白杨坪曾家凭吊。

曾、左生前确实因政见不同而生争执，但是否果真如左氏所言，他与曾国藩的平生交道"居心直，用情厚"？如果仅仅因政见之争却宛如仇敌对峙，两人还有什么"交情"可言？

猜测终归是猜测，我们可以从几件事情中窥豹一斑。

轶史有载，曾国藩去世之后，左宗棠收复新疆回乡省亲。其时万人空巷，盛极一时，全省上下争睹这位盖世功臣的英雄丰姿。

其时长沙城内设有曾文正公祠，左宗棠专程前往拜祭故人。进入曾文正公祠后，左宗棠按照礼仪，该跪就跪，该拜就拜，神情庄重，一丝不苟。仪式完毕后，左宗棠要亲兵揭开神帐，仔细端详曾国藩的木像良久，方才摸着胡子沉吟感叹："涤生，生前哪得有此！"

曾国藩去世后，有些人猜测如日中天的左宗棠会利用显赫权势，压制曾氏后人，以报"一箭之仇"。而事实上，左宗棠晚年对曾国藩的后人不但在生活上尽力关照，事业上也全力帮扶，甚至胜过对待亲生儿子。

曾国藩一生为官清廉，去世前仅留下银子一万余两，办完丧事后积蓄全空，以至曾氏后人不得不向亲朋故旧求助。左宗棠得知后，立即从俸禄里抽出四百两银子赠送给曾国藩长子曾纪泽。后来看到曾氏次子曾纪鸿"苦窘情状"，为了表示对两个晚辈一视同仁，不厚此薄彼，左宗棠又将相同数量的银子赠予曾纪鸿。

除此之外，左宗棠还把曾国藩的小女曾纪芬当作自己的女儿看待，曾纪芬内心深处也把左宗棠当作自己的"干爹"。

由此可见，不管生前政见有何不同，左宗棠厚待曾氏后人，确实做到了与曾国藩相交一生"居心宜直，用情宜厚"，实有君子大人之风。

"周旋三十年"

十三年后，轮到李鸿章为左宗棠送别了。

光绪十一年七月二十七日（1885年9月5日）清晨，以钦差大臣身份督办闽海军务的左宗棠在任上去世。行辕肃穆，将士悲恸。一副落款李鸿章的挽联进入人们的视线：

周旋三十年，和而不同，矜而不争，惟先生知我；
焜耀九重诏，文以治内，武以治外，为天下惜公。

李鸿章不愧是纵横捭阖的文章大家，为表示对这位逝去的"老冤家"最后的礼敬之情，他只以一句"和而不同"就把与左宗棠三十年来"周旋"的恩怨轻轻带过，要知道，李、左之间的矛盾可比当年曾、左之间的矛盾尖锐得多。

高中进士、心高气傲的李鸿章，竟然在军政兵事上，输给了举人出身、刚愎狂放的左宗棠，这是李、左"胜败论英雄"，暗中较劲的开始。

太平天国在江宁建立政权，改名天京。站稳脚跟之后，为彻底摧毁清王朝的统治，太平军开始北伐。咸丰三年四月六日（1853年5月13日），天王洪秀全与东王杨秀清派天官副丞相林凤祥、地官正丞相李开芳为主将，率领身经百战、对太平天国无比忠诚的精锐部队"老广西"两万余人，由扬州出发，经安徽、进河南，逼近天津，剑指北京。

咸丰皇帝赶紧命令工部左侍郎吕贤基前往安徽，会同安徽巡抚蒋文庆、钦差大臣周天爵办理团练，剿杀太平军，阻止其蔓延；吕贤基立即以"籍隶安徽，熟悉乡情"为由，将代他写奏折对安徽战事"谋划布局"的李鸿章"拽"上。李鸿章可谓歪打正着，从此走上改变一生命运的从军之路。

然而战场上的风险，远远超出一介文人李鸿章的想象。安徽巡抚蒋文庆不久阵亡，周天爵短暂接任之后，由李嘉端继任安徽巡抚之职。李嘉端以李鸿章曾经在他的家乡顺天府参加过乡试，两人有乡谊为由，将李鸿章调至自己身边，帮助协办团练。吕贤基和李鸿章同时从京城"空降"到地方，自然一同前往，并肩作战。时至十月，这支队伍在舒城被重重围困，最终惨败，李鸿章侥幸提前脱逃，吕贤基城破投水，自杀殉国。

咸丰皇帝接到奏报，委派江忠源急赴安徽，担任安徽巡抚之职。他认为江忠源凭着骁勇与忠诚，可为大清遏制太平军。与江忠源关系密切的曾国藩，虽远离京师，但眼观六路，耳听八方，知悉皇上对江忠源格外青睐，赶快写信给江，请他照顾学生李鸿章。

不幸的是，江忠源在接任安徽巡抚不久之后，以身殉职。一再经历失败的李鸿章如惊弓之鸟，在安徽"浪战"。

这时，以湖南巡抚高级秘书身份，实则运筹湖南军事、民政的左宗棠，总理湖南政务，举全省人力、财力援助湖北、四川、贵州、广东、江西五省。他不但搞活了湖南经济，而且一举挫败太平天国精锐石达开部。左宗棠虽然没有直接上战场，但在骆秉章的信任和授权下，将湖南经营得有声有色。他身在湖南，对天下大势了然于心。

此时淮北李鸿章，还是万千官军中的一个小小头目。不管跟随吕贤基也好，还是被周天爵收至麾下，或者在曾国藩的建议下投靠江忠源，李鸿章最后都是胜少败多。李鸿章从"翰林"变"绿林"，在战场上屡屡侥幸生还，全凭"机关算尽"的圆滑。

等到左宗棠以布衣之身带兵，凭借战功踏上封疆大吏之路，在曾国藩手下历练了几年的李鸿章，才开始奋起直追。两人一生在战场上、官场上斗得你死我活，几乎没有分出高下。

李鸿章早年春风得意，一举成名，并没有在科场失意、屡试不中的左宗棠面前占据任何优势，左宗棠也从未对李鸿章高看一眼。在一个讲究门第出身的时代，人生起点的不同导致两人终生为此耿耿于怀。直到左宗棠以骄人战绩入值军机处了，李鸿章还不无讥刺地给左取了个外号"破天荒相公"。

在朝野关注的"海防塞防"之争中，李、左之间的矛盾更是近于白热化，在朝廷内外掀起一场轩然大波。恃才放旷的左宗棠素来瞧不起李鸿章，不但认为其军事才干不如自己，更对李鸿章妥协投降的外交政策大为愤激。

就在左宗棠辞世前一个月（光绪十一年六月，1885年8月），北洋大臣李鸿章与法国公使巴德诺在天津签订《中法会订越南条约十款》（即《中法新约》）。这是中国军队在战场上取得重大胜利的情况下，清廷签订的一个丧权辱国条约。左宗棠闻讯后怒骂李鸿章：对中国而言，十个法国将军，也比不上一个李鸿章坏事，"李鸿章误尽苍生，将落个千古骂名"。

李鸿章本来就与左宗棠龃龉不断，闻听此言大为不快，借故将左的下属恪靖定边军首领王德榜、台湾兵备道刘璈革职充军，算是"来而不往非礼也"。

谁知一个月后左宗棠去世，李鸿章却送来这样情真意切的挽联，并且盛赞左宗棠"文以治内，武以治外"的辉煌一生，表达"为天下惜公"的惺惺相惜之情，实在让人感叹官场上的变化无常。

为国家大事、为个人"小事"，李、左争锋一生，李鸿章看似轻描淡写的"周旋三十年"，其间蕴藏着的机巧算计、私利公心，外人也许难以揣测，但他们之间更能读懂彼此。一对明争暗斗了一辈子的权臣，从此只留一位尚在人间，没了旗鼓相当的对手，其中悲喜，难以评说。

作为晚清四大"中兴名臣"的曾国藩、左宗棠、李鸿章（另一人为张之洞），一生知己知彼、亦师亦友，既为保大清江山而相互支持，又在庙堂上相互攻讦，在成就各自事业功名的同时，还无可避免地影响了清廷政局。他们之间既相互欣赏倾慕，又彼此忌恨倾轧的故事，可谓跌宕起伏、百转千回。

二

恩怨源起

山雨欲来风满楼

纵观曾左李一生之恩怨，1864年无疑是一个重大时间节点。

同治三年六月十六日（1864年7月19日），随着一声巨响，坚固厚实的江宁（今南京，又名金陵，太平天国时期称天京）城墙被轰塌十数丈，曾国荃率领的湘军终于攻进围困两年之久的天京城。喜报以八百里加急的速度送往京城朝廷，没想到原本喜气洋洋等待受封赏的曾氏兄弟，等来的却是慈禧太后一番严词斥责：

> 据曾国藩奏：洪福瑱（洪天贵福）积薪自焚，茫无实据，似已逃出伪宫……著（着）曾国藩查明。此外，究有逸出若干？并将防范不力之员弁从重参办！

曾国藩手捧圣旨倒抽了一口冷气，素以沉稳著称的他，额头上竟然冒出豆大汗珠。

对于曾左李三人来说，剿灭太平天国是他们一生恩怨的重大分水岭。作为专制王朝的股肱之臣，他们踏着太平军的尸骨加官晋爵，而围绕其中的功名利害，三人之间渐生嫌隙，加上朝廷猜度；三人关系更加复杂微妙。

其实随着最后攻占天京城的时机逼近，错综复杂的一场利益博弈早就在暗中酝酿。

同治元年（1862年）五月，曾国藩胞弟曾国荃攻克秣陵关，驻营雨花台，再次开始苦攻天京城。早在咸丰十年（1860年），太平军两破江南大营，继而进军苏、杭，威胁到上海安全。清廷命曾国藩分兵护沪，但曾不愿放弃眼看到手的攻占天京首功，内心极不愿调兵上海。特别是曾国藩九弟曾国荃，更不愿意放弃擒拿"洪逆"、剿灭"叛贼"这千载难逢的盖世大功。

其时在曾幕中主持军机的李鸿章，是曾国藩一直着力培养的首席人才，假如趁此机会派他赴沪，既可应对朝廷催促，又可让其成就一番事业。李鸿章深思老师之意，知道此时上海虽然危机四伏，但火中取栗才能证明自己的实力。即使自立门户不成，也是为老师分忧。于是李鸿章慨然答允赴上海救急。在曾国藩安排下，李鸿章马上开始淮军的招募与组建，迅速拉起一支队伍，雄心勃勃赶赴上海大展拳脚。

曾国藩的这一提携很快见到效果：至同治三年（1864年），李鸿章带领的淮军节节胜利，先后收复苏州、常州。此时湘军久攻天京不下，清廷屡令实力大增的李鸿章率淮军参加会攻。其时，曾国荃已经苦战天京两年有余，夺取"首功"志在必得。

李鸿章反复思忖，老师曾国藩对自己恩同再造，若与曾国荃争功就是与曾氏兄弟反目，万不可取。然此地之功虽不可取，李却有自己的如意算盘。

这时左宗棠正督军浙江，李鸿章挥师南进，可以浙江"匪寇正盛"为由，"主动"帮左镇压太平军，这有了推挡朝廷催促其北上的借口。更重要的是，自己不惜违逆圣旨，以全恩师之功，不可谓不周全。然而，左季高那里恐怕不好交代。

果然，左宗棠署理闽浙总督，眼见李鸿章不遵圣旨去会攻天京，反倒来自己地盘上抢功，这不是明面上帮自己的忙，实际上是向曾氏兄弟示好？好你个姓李的，你敷衍朝廷也好，你取巧卖乖也罢，但不请自到我的地盘，岂不是明目张胆欺负我"今亮"徒有虚名？左宗棠越想越生气，一时恼恨交加，提起笔来，火速上奏朝廷，一针见血揭批李"越境掠功"。

这边左李从暗斗到公然反目，那边曾氏兄弟急如星火要攻破天京、擒杀太平天国首领。这是曾国荃这些年来憋足劲要做的头等大事。

两年前，大哥曾国藩要老九（曾国荃在家族排行第九）去流金淌银的上海建功立业，面对商贾巨富们白花花的银子，曾国荃丝毫不为所动。他一直牢记咸丰在世时曾经许下的重诺：谁斩杀了伪天王，就封谁为王。这可是光宗耀祖、千载难逢的机会。如今，首功将成，王爵之位已非我莫属，李少荃（李鸿章字少荃）向南挺进浙江，得罪季高（左宗棠字季高），既是买我大哥曾国藩面子，也是在给我曾老九敲边鼓，再不得手，他真有可能扑上来，不客气地抢那顶金光闪闪的顶戴了。

心有灵犀的曾国荃，立即大张旗鼓召集手下干将，慷慨激昂举行誓师大会，振臂动员之余声音嘶哑，几欲泪下。万千言语只有一个目标：几年血战围城，卧榻之旁岂容他人？能否一举拿下天京城，兄弟们成败在此一举！

在江南大营两次被太平军攻破之后，清廷只好将全部希望寄托在湘军身上。一举攻破天京城、擒拿洪秀全，自然成为众望所归的天字第一号功劳。左宗棠和他所向披靡的楚军何尝没有这一想法，但既然受曾大帅统领，也就没有擅自行事的道理；李鸿章作为曾国藩的学生，淮军又是湘军分支，假如"篡夺"其功，不但不合乎情理道义，即使付诸实施恐怕也难以冲过"曾铁桶"的重重阻隔。

曾氏对连番血战后即将到手的"首功"，不肯轻易撒手；一腔怒火的左宗棠状告李鸿章"越境掠功"，朝廷只淡淡回一句"知道了"，装模作样表示理解宽慰；只有曾国藩暗地里对学生李鸿章的"善解人意"感念于心，加紧催促老九赶快进攻天京城。

但打仗是打"钱"，多围天京城一日，就要多花一天的钱。况且，战场情势瞬息万变，时间拖得越久，潜在的危险因素就越多。皇上和太后为了早点过上安稳日子，朝廷中枢为了防止再生事端，不断催促李鸿章前往天京助攻。

左宗棠负责围剿浙江境内的太平军，已不能插手天京之功，也就不再做任何奢想。这时，只要李鸿章遵旨领军赶赴天京，太平军肯定驰援去解天京之围，自己在浙江面临的压力自当缓解。结果这个"李滑头"跑到自己地盘抢功，让自己无辜背负"镇压太平军不力"的骂名，左氏气恨之余，从此与李鸿章结下梁子。

直到得知曾国荃挥军一鼓作气，终于快要攻取天京，朝廷又不断急催，面对怒气冲天的左氏，给老师打完"掩护"的李鸿章，这才不慌不忙领兵退出浙江，向北推进，假意要去援助湘军。

"幼主存亡"起嫌隙

皇天不负苦心人。就在淮军到达两天前，湘军终于攻下天京城。

攻破天京，剿灭太平军，曾国藩为此整整奋斗了十三年。

从咸丰二年（1852年）创建湘勇，到同治三年（1864年）湘军攻克天京，这十三年来的苦辣辛酸，这十三年来的血雨腥风，终于在这一刻化成一纸捷报，一向以沉稳著称的曾国藩这次也坐不住了。

接到九弟曾国荃从前方传来的战报，一贯谨慎的曾国藩激动得夜不成寐，向朝廷急送奏报。他先说曾国荃攻城大捷，再说太平天国天王洪秀全服毒身亡、幼主洪天贵福"积薪自焚"，宣告"江南匪焰将熄"，欢欣之情溢满奏折。

真是应了那句古话"欢喜麻雀打破蛋"，曾国藩百密一疏，竟然惹来石破天惊的大事。

而这个在背后狠狠捅了一刀的人，竟然就是左宗棠。

左宗棠意外抓住了曾氏兄弟的把柄，向朝廷密奏"幼主已经逃出天京"，于同治三年六月二十一日（1864年7月24日）由东坝逃至广德，现已被太平军将领黄文金迎入湖州府城，正在召集余部以图东山再起。

曾国藩闻讯大惊，一面火速写信盘诘曾国荃，对细枝末节刨根究底；一面赶紧上奏辩称天国幼主洪天贵福已死，黄文金只不过是打着伪幼主旗号纠集太平军余部而已。左宗棠见曾国藩不仅强词夺理，还含沙射影反诬自己虚张声势，更是气不打一处来，继续上奏，直斥曾国藩有"欺君"之嫌。

要知道，在这件大事上如果欺君瞒上，那可不仅是道德问题，而是会招致杀头乃至株连亲族的大祸。曾国藩一生都想做道德完人，最重口碑声誉，何况面对这种杀身灭族之祸。于是曾、左二人的奏报你追我赶向朝廷飞去，当朝两位重臣之间一场刨根究底的大辩论就此拉开大幕。

向来善于玩弄制衡术的慈禧太后趁机发出上谕，一面贬曾扬左，一面饬令曾氏赶紧追剿洪天贵福，还语气严厉地要曾氏交代天王府的所有财物去向。曾国藩向来以理学名臣自居，尤以"诚"字为重，左的再三逼迫犹如一把利刃，毫不留情地刺进曾氏兄弟胸膛，曾氏兄弟当然气恼不过。

慈禧要湘军交代天王府的财物，天王府已经付之一炬；要湘军追剿洪天贵福，但洪天贵福到底去哪儿了？

天京城破之前，城里太平军数量不足三千。而且，这与围攻天京的十万清军相比，不仅仅是数量上的悬殊，还在战斗力上有着巨大差距。天京城断粮数月，太平军饿得连拿起武器的力气都没有；城外的清军声势浩大不说，个个都吃饱喝足。一旦城破，太平军就是清军待宰的羔羊。

曾氏兄弟对天京的形势比谁都清楚。只要城破，城内财物人等，俯首可得，谅那天王等人插翅难飞。

城破之时，早就憋足了劲的湘军将士，见到女人就抢，见到财物就夺，哪管太平天国还有一个幼天王，更不知道幼天王身边还有一位忠心耿耿的忠王李秀成。

李秀成不但武艺超群，还有一匹疾驰如飞的良马。即使在千军混战之中，李秀成也是能逃出天京城的。让人意想不到的是，李秀成没有自顾逃命，他要保卫幼天王逃出生天。

只要让幼天王逃出去，太平天国就有重生的希望。

李秀成出生贫苦农家，原名李以文，后改名寿成。早年举家加入拜上帝会，洪秀全赐名"秀成"。金田起义后，被西王萧朝贵收入麾下。李秀成生性秉直，聪明好学，在军营历练下，很快成长为一位足智多谋、英勇善战的将领。他先后参加过解镇江之围、击破江北江南大营战役；大战三河镇、解六合之围；"天京事变"后，奉命驰援桐城；三破杭州、两攻上海；最后乘胜直下常州、苏州，将苏州取名"苏福省"，将其建设成太平军的又一重要基地。

同治三年（1864年），天京危急，李秀成回援。他力劝天王："京城不能守，曾妖（曾国藩）兵困甚严，濠深垒固，内少粮草，外救不来，让城别走。"洪秀全断然拒绝，斥骂道："朕铁桶江山，尔不扶有人扶，尔说无兵，朕之天兵多过于水，何惧曾妖者也乎。"

李秀成听罢，心生寒意，大吼："尔将一刀杀我，免我日后受刑。"

此时，天京粮草断绝，兵疲马乏，已经危在旦夕，洪秀全思量再三，目前形势下只能团结一心，便转而安抚李秀成，将守卫天京重任托付于他。李秀成不得不奉命坚守在天京。

眼看天京城破，李秀成安排一队人马，假扮成清军，将幼天王护住，自己断后，趁清军抢人抢物、呐喊混乱之际，逆势出城。

这一队既不抢人抢物，又不杀人放火，只顾往城外奔逃的"清军"，忽然引起了湘军注意。直到接连应付了几队湘军询问，李秀成最后不得不把自己的战马让给幼天王，自己则换骑一马，亲率百余人断后。将出城时，清军已经看出苗头不对，陆续围追过来，李秀成虽力战不止，但奈何马不得力，终被清军俘虏。所幸幼天王已经远去。

朝廷得到左氏奏报的这一重大消息，既惊且恐，要是幼天王真的逃逸，太平天国死灰复燃，这么多年付出的努力，岂不是白费？！

曾国藩殚精竭虑数十年，眼看就要爬上人生巅峰，想不到一把就要被左宗棠狠狠撬翻了。不要说一生勋劳可能化为泡影，人头落地也许就在眼前。

在政治斗争中屡经历练的慈禧太后，此时已经老练起来。慈禧原本担心曾、左拧成一股绳，二人合力，那比洪秀全更加可怕。眼下曾、左有了这么大嫌隙，怎能不借机落井下石，坐收渔利？

三

是非曲直

爱恨交织有端倪

要说曾、左就此"交恶"，其实还不准确。此前，两人之间已生嫌隙。

早在咸丰七年二月（1857年3月），正在江西瑞洲围剿太平军的曾国藩，忽然未经批准就挂印而去。原来，他的父亲曾麟书去世了。

清朝承袭封建社会以儒治国的旧制，重视子孙孝道。父母去世，儿子必须在父母坟前吃、住三年，不喝酒、不洗澡、不剃头、不更衣，停止一切娱乐活动，以示陪伴尽孝，称为"丁忧"。"丁忧"中的"丁"是遭逢、遇到的意思；"忧"是居丧。丁忧规定的时间是三年，实际是二十七个月。

父逝丁忧，情有可原。但朝廷对丁忧制度亦有"补充规定"："督、抚、司、道等军务在身的要员，如钦命不准离职，则不得擅离职守。"大敌当前，战事吃紧，曾氏作为堂堂将官哪能请旨未复，就弃军而去？

曾国藩在朝廷为官十多年，在战场上带兵打仗也有数年，对官场规矩比谁都明白。他敢于先斩后奏地挂冠而去，自有一番道理。

咸丰闻讯，震怒不已。前线战情本来吃紧，曾国藩坐镇指挥都险象环生，胜负难定，现在擅离职守，群龙无首，还不乱成一锅粥？咸丰气急生恨，咬牙切齿，本欲治罪曾国藩，但被胡林翼、骆秉章等人劝阻。

两个月之后，曾国藩写了著名的《沥陈办事艰难仍恳终制折》，中有

"细察今日局势，非位任巡抚，有察吏之权者，决不能以治军"之语，向皇帝诉苦伸屈，公开要官。这一下才暴露了他挂冠而去的真实意图。

曾国藩早在咸丰登基不久，就对皇帝"精于小事，大事糊涂""刚愎自用、出尔反尔"有真切感受。自己苦心经营团练数年，勇自招、饷自筹，朝廷除了要"胜仗"的结果，连一官半职都舍不得给。太平军大多连秀才也不是，但却封王封将，不亦乐乎；自己高中进士、点翰林，遍兼五部侍郎，如今还一无实职、二无实权，得到的唯一称呼，就是太平军口中咒骂的"曾妖头"！既是"头"，实权呢？无权则无法调动地方，无法调动地方则无饷可筹，无饷则无勇，无勇谈何取胜？

老友胡林翼治军、骆秉章主政时，对曾国藩的苦衷看得一清二楚，无奈只有一次次对皇上委婉陈述，不敢似曾国藩那样条分缕析，写折详叙。他们一再表白，孔子说过"昔尧舜听天下，务求贤以自辅"。意思是要想治理好天下，请教有才能的人，得到别人的指教、帮助，最为重要。咸丰虽是满人，但熟读儒家经典，这个道理应该明白。

曾国藩满以为，经过这番为父丁忧的"要挟"，水深火热中的咸丰一定会答应自己的要求。哪知道人算不如天算，君臣博弈的关键时刻，却等来了一场改变棋局的天京事变。

经过这场震惊中外的天京事变，太平军一下子元气大伤。正在为前线战事忧心忡忡的咸丰皇帝就这样收获了意外之喜。对曾国藩的处置本就心有不甘，哪知竟然天上掉馅饼，而且砸中了大清皇帝的脑袋。

荡平太平军眼看就指日可待。不用你曾国藩，我大清江山一样可保无虞。朕登基之初，你三番五次直犯龙颜，念你一片忠心才放你一马。不想才过几年，你就胆敢居功犯上。虽然这几年办团练似也辛苦，但究竟取得了哪些功劳？既然不能为我大清朝廷尽忠，你就为你慈父尽孝吧。

这么一想，暗自得意的咸丰趁势顺水推舟，发出一道上谕，让曾国藩安心在家"守孝"。

真是偷鸡不成蚀把米，本想讨要权力以图大业，哪想反被解除兵权，还被咸丰一顿明嘲暗讽。曾国藩满腹哀怨，愁肠百结，下定决心从此捧读诗书，终老山林，不再作那跃马疆场、万世留名之想。

正在这时，自己曾经不遗余力帮助的左宗棠来信了。曾国藩打开信一看，差点气得背过气去。

左宗棠除了简单的问候，马上以居高临下的口吻教训道：

忠臣之于君也，不以事不可为而奉身以退，其任事也，不以己之不能而他诿之……但谓勿遽奔丧，不俟朝命，似非礼非义。

他不但痛批曾国藩临阵脱逃是不忠之举、不礼之举、不义之举，还说出了"老兄之出与不出，非我所敢知也""出之有济与否，亦非我所敢知"。左宗棠的意思是，你是否听我的话回到前线，我不知道；但即便你回去，我也不敢说你就有能耐收拾局面。这既是讽刺，也是公然质疑曾国藩的能力。面对左宗棠这番极具侮辱性的责骂，曾国藩连提笔回信的力气也没有了。

虽然早知道左宗棠为人耿介，但对以儒学修身养性、把"诚"字看得比命还重要的曾国藩来说，左宗棠如此连骂带刺，简直如刀挖心。

曾国藩接到左宗棠的来信，拆开之前，心里还涌起一丝温暖。这世上懂我的人，除了胡林翼，就是左宗棠。回想这些年来，不是湖南全力支撑湘勇饷银，我哪能左冲右突，从湖湘杀出，追得太平军落荒而逃？如今圣上责难，左季高定为知音，会开解一二，甚或有意想不到的妙计，解我眼前困惑。

万万想不到，左宗棠在信中不只是挖苦自己，更是贬低自己，世上哪有这样伤口撒盐的？曾国藩气恨恼怒，想与这位"遇事掣肘，哆口谩骂"的朋友从此绝交，"欲效王小二过年，永不说话"。

左宗棠也知道这番进言太不留情面，本想等曾国藩写信来解释，自己趁机劝解，给他个台阶下，哪曾想曾国藩音讯杳无，连起码礼节也不讲了。左也不愿再搭理，两人一时形同绝言断交。此后在给友人的信中，左宗棠念念

不忘指责曾国藩"才短气矜，终非平贼之人"。

恩未断义未绝

一年之后，前方战事紧急，咸丰皇帝原本指望太平军自相残杀，然后清军一击而溃的结果并未出现，大势反而更趋危急。咸丰只好放下架子，心回意转，下达圣谕，请曾国藩回统湘军。

而就在这段时间，曾氏也经历了一番浴火重生的精神洗礼。从咸丰七年（1857年）到咸丰八年（1858年）六月这一年多的时间里，曾国藩从痛不欲生到痛定思痛，终于逐渐反省，大悟世情。

在独居山乡的无数个痛苦夜晚，他逐渐悟出，每个人都具备贪婪的性格，有名利争夺就会产生恩怨情仇。当人的期望值大于现实值时，往往就会心理不平衡。如果这时个人的修养不高，容忍度就会低，失望也就容易转变成"怨"。久而久之，"怨"就转换成仇恨；个人有修养，或者容忍度高，失望变成"忍"，这也是压制的结果；超过容忍度，人就会发怒，欲一泄而后快。古往今来，成大事者多以"恕"宽人。"恕"是"怨"过之后的精神升华。因为这时"失望的人"已经看淡名利，不再计较个人得失。

一心誓做"圣人"的曾国藩，一路反思自己从血气方刚的青年，到百事仍忧的中年，还在凡事必争。"怨"的时候，人的内心根本不平衡；"忍"的时候，人的内心是强制平衡；"怒"的时候，人的内心已经失衡。自己早年从老师唐鉴、倭仁身上学来的"诚""敬"，都扔到哪里去了？

曾国藩一次又一次琢磨左宗棠对自己的责骂，收益渐多。从靖港惨败，左宗棠骂自己"猪子""不忠不孝不仁不义"；到父逝丁忧，左宗棠骂自己"出与不出，未可料也"，其实都是逆耳忠言：遇败即死，那世上还有多少人可以成功？自己不去剿太平军，太平军一样会被别人剿灭。堂堂儒教，源远流长，哪能就这样毁于太平军之手？

曾国藩在弟弟曾国荃的规劝下，抱着"以责人之心责己，以恕己之心恕人"的心态，写了一封言辞恳切的信，主动向左宗棠示好。

曾国藩弟弟曾国荃本就与脾气相投的左宗棠交好，趁机积极斡旋。他拿着大哥写给左宗棠的信，亲自从湘乡送到长沙，并再次劝说左宗棠这头和自己一样的"倔骡子"。

接到曾国藩的来信，左宗棠一时也感慨不已。这一年以来，他也常常想起曾国藩这个"老实人"。自己虽然一心一意为朝廷着想、为天下黎民百姓着想，一片丹心可鉴，但是，曾国藩也是人啊，而且是堂堂朝廷侍郎，他也要脸面，而且比一般人更需要尊严，总没有指着人鼻尖骂却还要人家心平气和接受的道理。

人与人之间，必须要有适当的边界感。所谓边界感，就是人和人之间的距离。而左宗棠的耿介，就模糊了边界感。

每个人的性格有别，处世方式也不同，亲密与熟悉程度更不一样，与不同的人相处，都有不同的安全距离，如果一方贸然越过这个安全距离，就会令对方感到不适。

左宗棠幡然醒悟自己确实做得太过分了，赶紧写了一封回信，其中有这样的话：

沅浦（曾国荃）递到手书，敬悉近状之详，喜慰无似。不奉音敬者一年，疑老兄之绝我也，且思且悲，且负气以相待。窃念频年，抢扰拮据，刻鲜欢惊，每遇忧思郁结之时，酬接之间亦失其故。意有不可，即探纸书之，略无拟议。旋觉之而旋悔之，而又旋蹈之。徒恃知我者不以有它疑我，不以夫词苛我，不以疏狂罪我。望人恒厚，自惩殊疏，则年过而德不进之征也。来书云晰义未熟，翻成气矜，我之谓矣。

意思是我接到您的来信，知道您的近况，非常高兴。您和我一年不通音信，我以为大哥您不理我了。其实这一年以来，我不知给您写了多少次信，但写了一阵，又写不下去。大哥您知道我的性格，我以为大哥不会怪罪我，会知道我对您说的那些话出自真心，一点也没有自私的成分在里面。我一直在等大哥您的来信，也一直在自我检讨，原来我是"责人严责己疏"，我的修养也不够。

也难怪，左宗棠在家排行最小，哥哥姐姐都对他宠爱有加，他本人聪明机敏，更加自负，总觉得人活世上，只要有才华，就可以让人高看一眼。他把曾国藩当成忠厚宽容的老大哥，心里想你这个老大哥才华不及我，我说你骂你都是为了你好，你就应该忍让、包容。等到曾国藩没有只言片语回复，左宗棠这才开始后悔、反省。他的性格固然狂猖耿直，但胸襟并不狭隘。

两位有智慧的晚清重臣，对自己身上的不足能够充分反省，这才有了后来的人生交集。两人于是又恢复了联系，"交欢如初，不念旧恶"。

如果说这些尚属国事，那么时隔两年之后咸丰九年（1859年）的樊燮一案，那就纯粹是个人私事。

咸丰九年（1859年），湖南官场发生震动朝野的"樊燮事件"。

据轶史记载，永州总兵樊燮拜会湖南巡抚骆秉章，没向一旁的幕友左宗棠行礼。左宗棠最看重别人对他是否尊重，于是横了樊燮一眼，算是警告。哪知樊燮竟然假装没看见，气得左宗棠大眼圆睁，不管不顾，飞起一脚，踢向樊燮，嘴里大喝一声："王八蛋，滚出去！"

樊燮官居二品，左宗棠只是个举人，哪有朝廷堂堂二品大员向举人行礼的道理？樊燮认为无端受到左宗棠侮辱，又有湖广总督官文这个亲戚作靠山，便理直气壮上奏朝廷痛斥左为"劣幕"。咸丰当即下旨"（左）果有不法情事，就地正法"，湖湘大地马上掀起一场轰轰烈烈的"救左"行动。

樊燮控告左宗棠是实，但真正起因却是晚清官场的一场权力斗争。湖广总督官文是满族正白旗人，他的小妾是樊燮同族妹妹。官文为了挤对清正廉明的湖南巡抚骆秉章，首先拿骆秉章的臂膀左宗棠开刀。樊燮受官文指使，先搞掉骆秉章得力的左膀右臂，再来对付骆秉章，于是控告左宗棠

"劣幕专政"。

幕僚专政是一顶干预朝政的大帽子，而且朝廷绿营、八旗已现颓势，湘勇却锋芒毕露，咸丰皇帝为了强压湘系团练气焰，不问青红皂白，给官文下旨严查。官文有了尚方宝剑，当然名正言顺要杀左宗棠这只"鸡"，给骆秉章等"猴子"看，让湘系势力自生敬畏，不敢生分毫异心。后来，慈禧太后在湘军镇压太平天国之后，向曾国藩连施"夺命连环计"，其实是将咸丰的这种策略推至登峰造极。

曾国藩作为湖南名人，且是朝中重臣，但其生性谨慎，见咸丰帝还没有对此案明确表态，在很多湖南名士已经鼎力相救的情况下，暂时只是暗中相助，表面上仍然保持沉默。向来疾恶如仇、快言直语的左宗棠，也知道曾的"明哲保身"另有隐情，但在人头将要落地的关键时刻，左对曾虽然表面没说什么，心中还是有一丝不快，此是后话。

恰巧此时江南大营第二次被太平军摧毁，咸丰皇帝身边红人、南书房侍读学士潘祖荫一句"天下不可一日无湖南，湖南不可一日无左宗棠"，让咸丰立刻对左宗棠刮目相看。咸丰下旨给曾国藩，让他对左宗棠"量才使用"。樊燮因为贪枉、诬告被撤职，左宗棠经樊燮案因祸得福。

曾国藩见咸丰皇帝态度明朗，开始大力举荐左氏。左宗棠凭借军功，数年间从"襄办军务"到"帮办军务"，再由浙江巡抚迅速跃升至闽浙总督，一时竟与曾国藩平起平坐。

四
风云际会

"所争者国事也"

"横看成岭侧成峰，远近高低各不同。"每个人检视自己和认识别人的角度都不一样，产生的结果自然会有差距。

左宗棠与曾国藩从在湖南办团练开始，镇压太平军、剿捻平回，军政民事，战场官场，从开始时的密切合作到后来的"不通音讯"，其间的分分合合一言难尽。两人不睦既有个性、处世方法不同的原因，在治军理政方面的差别也不容忽视。

曾、左一生公开绝交有两次。第一次是咸丰七年（1857年），曾国藩父丧，曾以为父丁忧为名，委军而去，左宗棠严斥曾国藩，两人断交一年有余。

曾国藩一直认可左宗棠在军事上的能力（"论兵战，吾不及左宗棠"）。曾、左第一次断交，左宗棠还在湖南巡抚骆秉章手下做军政秘书，曾国藩虽然仍无地方实权，但统率水陆湘勇接近两万人。不过由于湘系势力内部派系众多，曾国藩只是名义上的最高统帅，他们因为共同利益需要，一致对外，显得比较团结。所以左宗棠因曾国藩不等咸丰皇帝下达圣谕就挂印而去，气得大骂曾国藩"老兄之于兵事，诚不敢谓其有功无过，然竭其心与力所可到而黾勉为之，此念尚可见谅于朝野……"。

左宗棠极端藐视曾国藩指挥打仗的能力：你曾国藩领兵打仗，一直以来就不断地犯错误，不停地丧失机会。但是你的忠心天下皆知，所以皇上没有和你计较。但这次你竟然这样做，你的忠心不得不受到怀疑。

接下来，左宗棠更是把曾国藩的军事能力、指挥湘勇作战的结果，几乎全盘否定。曾国藩气得七窍生烟，与左断交。

其实，左宗棠之所以"狠骂"曾国藩，就是希望他守在前线，凝聚湘系力量，稳定军心。左宗棠一直义无反顾支持曾国藩，看中的正是曾国藩诚朴踏实的人品和鞠躬尽瘁的忠心。曾国藩仓促之间离开前线，在左宗棠看来，曾国藩不仅军事指挥能力不行，而且没有大局观。

太平军舍安庆进占浙江，曾国藩认为："浙、苏两省膏腴之地尽为贼有，窟穴已成，根柢已固……东南大局，收拾愈难。"左宗棠却认为"大局顿有转机"。事情结果，确如左料。

在第二次因为"幼天王存亡"而断交之前，曾、左就因为军饷闹过很大矛盾。

左宗棠创建楚军，接连打胜仗，不断建立军功；拥有督抚权力后，更是如虎添翼。曾国藩自从率湘勇出阵杀敌，败多胜少，渐渐退居后方运筹帷幄，几乎不再亲自上阵指挥。随着发轫于湘勇，快速成长起来的楚军、淮军不断发展壮大，湘勇这才公开称为"湘军"。曾国藩统率湘军，统筹楚军、淮军，左宗棠、李鸿章等在他的指挥下，对太平军进行无情剿杀。

为了尽快荡平太平军，清廷增加的兵力越来越多，军饷粮草需求也越来越大。曾国藩提携左宗棠做浙江巡抚、李鸿章做江苏巡抚，原本是想扼江南财富以供全军所需，但没想到左宗棠做了浙江巡抚后，便自作主张以浙省财政先供楚军，似有不再受曾国藩节制之意。刚刚过河就想拆桥，曾氏自然对此颇为不满，两人为此再生龃龉。

如果说曾国藩是秋日的暖阳，那么左宗棠一定是夏天的烈日；曾国藩没有左宗棠的急智，左宗棠不似曾国藩儒缓；曾国藩饱读儒家经典，左宗棠熟悉经世之学。性格的不同导致思维的差异，这也为他们埋下分歧的"祸根"。

清廷腐朽没落，官员贪污倾轧，围剿太平天国历时十数年之久，国库早已空虚。全国各地团练勇自募，饷自筹，这样军队的统帅不但要有地方实权支撑，更要有理财的本领。

为了有效改革军饷供应，左宗棠自作主张，在未和曾商议的情况下，直接奏请将曾治下的辖区范围分割出江西、皖南，另派员督办军务。曾国藩不明白左宗棠意图财政专理，有利经济振兴，以为左有与他针锋相对之意，心生不满。曾国藩因为筹集饷银，不但与左宗棠"交恶"，而且与他再三保荐的沈葆桢也绝交。

沈葆桢是晚清名臣林则徐的女婿，深得曾国藩、左宗棠赏识。曾国藩出任两江总督后的第一件事，就是奏请朝廷饬令沈葆桢前来安庆大营帮忙；第二年，在曾国藩极力保荐下，沈葆桢出任江西巡抚。令曾国藩大感意外的是，沈葆桢上任之后，毫不犹豫地将原江西供应湘军饷源截流。曾国藩立马上奏朝廷，对沈大加挞伐。

曾国藩认为湘军要围攻天京，而自己所辖江苏、安徽大部分被太平军占领，赋税少得可怜，江西理应大力支持。沈葆桢身为江西巡抚，却一味保境自肥，罔顾大局。两人争论日渐激烈，沈葆桢最后竟然以辞职要挟。左宗棠这时恰好得到沈葆桢饷银接济，也站到沈葆桢一边，联合起来反击曾国藩。

一波未平，一波又起。曾国藩又因为错判官场形势，连带让浙江应该协助供应的饷银也大幅度减少。原来，曾国藩迫不及待地想扩大饷银收入，缓解湘军窘迫的军饷供应，在没有与左宗棠商量的情况下，就以广东每月停止向江浙战区供给饷银为条件，由他自己在广东单独收取厘金（贸易征税）。左宗棠知道后，对这种"割肉补疮"的做法坚决不同意。他的理由很简单：曾国藩伸手在广东强行抽取厘金，等于"夺饥者之食以疗我饥"，意思是从饥饿者口中夺食来解决自己的饥饿，不会得到广东地方官商的认可。事情结果，又如左料，左宗棠本应收到的协饷打了水漂，而在广东设卡收取的厘金数目几乎等于没收。

就在左宗棠实任浙江巡抚时，浙江全省只剩衢州一地为清军所有，其余地方皆被太平军所占，厘金自然无从收取，左宗棠只好全靠江西支持军饷。等到左宗棠被任命为闽浙总督，兼任浙江巡抚，与曾国藩的地位相当，他对曾国藩在饷银支配上的"独断专横"已经忍无可忍。

左宗棠陆续收复金华、严州、绍兴等地后，曾国藩马上要江西中止给左宗棠提供饷银，让左宗棠依靠福建供应。但是此时福建地方部队已经欠饷三年，哪里还有剩余银子？左部楚军不得不经常处于"兵勇有饥溃之时，军火即有缺乏之虑"的险境。

这种情况下，左氏心中的怒火一直蓄势待发。"只以大局所在，不能不勉为将顺，然亦难矣。"左宗棠给他的老上级、时任四川总督的骆秉章写信诉苦，说他表面与曾国藩和好，只是为了剿灭太平军的大局着想。

曾、左日积月累的矛盾，终于在天京城破、幼天王逃逸之后大爆发。

当然，以二者的学问见识以及官场历练，不可能不知道朝廷对汉人大臣的防备甚至挑拨。因此后世有人提出他们"故意交恶说"，当然这种说法缺少真凭实据，可能性甚小。

但无论个人私交如何，曾、左在国家大事上鼎力互助，却是有目共睹的。特别是曾国藩，不但在左宗棠西征时尽心尽力筹饷，还以自己的精锐部队老湘营相助。左宗棠后来在挽联中盛赞曾国藩，表明他们之间由嫌隙而生的个人"是非恩怨"，已经在家国大义面前一笔勾销了。

无风不起浪

纵观整个晚清政坛，曾左李三人的恩怨纠结，其实不止关乎他们的个性修为，也涉及政治格局起伏。

今天许多清宫戏，给人的印象是咸丰一死慈禧太后就大权独揽了，其实慈禧直到同治四年（1865年）才逐步掌握最高权力，之后又经过大约十年，慈禧才乾纲独断。在这期间，清王朝事实上是由恭亲王奕䜣为首的文官政府来掌控的。第二次鸦片战争的惨败，给了他们足够的教训。同时，辛酉政变中咸丰留下的满族重臣被大量清洗，也为当时的汉族贤才上升腾出了空间。内外危机让清朝奉行已久的"满汉之别"政策不得不有所松动。否则，大清朝的天下实在已无人可保了。

曾国藩、左宗棠这些汉族重臣，在咸丰朝就得到重用。连保守的满族大臣肃顺，也认为需要授予能干的汉人更大的权力。从咸丰朝末期到同治一朝，可以说除了八旗制和满汉不通婚这两条没变，其他的满汉界限基本消除了。这种满汉融合的步伐，直到光绪二十四年（1898年）戊戌变法失败后才停下来。

随着慈禧权力的不断扩大，曾经在同治中兴发挥重要作用的文官政府也时断时续，权力时强时弱。恭亲王奕䜣的宦海沉浮，就是典型样本。他几起几落，手里的权力不断缩小，也越来越无所作为。最终，慈禧借光绪十年（1884年）中法战争之机，勒令以恭亲王为首的军机处全体下岗，这就是清史上著名的"甲申易枢"。满汉融合达到巅峰之后，慈禧更加专权。随着曾左李的去世，汉族地方官员与清廷权力中心之间有了难以弥合的裂痕。清廷军机大臣因权力争斗形成南北两派，国事更加不振，"同治中兴"短暂出现的兴旺气象荡然无存。当然这是后话了。

曾、左之间的恩怨，就与这一时期清廷对汉人权力上升严加防范有关。曾国藩所率湘军不但数量多，而且战斗力强。满人对汉人一直惧恐怕憎，但又不得不边用边防，用完之后马上削减甚至遣散。

以曾国藩对朝廷的耿耿忠心，虽然内心翻江倒海，但凡是涉及军国大事，他仍以大局为重，一丝不苟完成朝廷赋予的重任。同时，遍读史书的曾大帅，自然明白"鸟尽弓藏"的历史遗训，因此一再向朝廷昭示他并未将湘军视为私家军的忠谨之心。

左宗棠长期在边关征战，他本人对拉帮结派甚为厌恶，几乎没有打造出只听命于他个人的军队，与曾、李相比，朝廷显然对他更为信任。况且，收复新疆之后，左宗棠的兵权已经易手。除了一身带兵打仗的本事和赫赫威名，可以说左宗棠对清王朝不构成任何威胁。

曾、左之争，实在是"吾与侯所争者国事兵略，非争权竞势比"的君子之争也。至于轶史传闻，说曾、左失和是故意"演戏"给慈禧等人看，借以自保，或许有此成分。但不要低估慈禧以及朝廷一众官僚的智商，更不可以后来者之心猜度历史。

曾、左失和，性格差异是主要原因。左刚烈性耿，曾儒缓至诚，都是以护卫儒教为己任，蒙受朝廷重恩，精忠尽事，死而后已。历史上"鸟尽弓藏""兔死狗烹"的道理他们不是不懂，应对的方法也是明明白白的：曾在镇压太平军之后自裁湘军，左一直没有组成自己的利益集团。

李鸿章不但在学问上继承了曾国藩的衣钵，而且在行为处世上一生都在学习老师。李鸿章为人更加精明，但他懂得收敛，不像左宗棠那样豪气飞扬。

咸丰十年（1860年），因为安营祁门及不满曾国藩弹劾李元度，李鸿章也曾离开湘军幕府，但仍然和老师曾国藩保持密切联系。李对曾一直尊重有加。曾、李之间发生矛盾，最终都因曾的谦忍和李的圆润而获得解决。这也算是"江山代有才人出"的一种承继吧。

在如何与朝廷打太极这点上，李鸿章不但继承了曾国藩的衣钵，而且青出于蓝。而李鸿章与左宗棠之间虽然没有师生之谊，但在维护清廷统治的利益上也高度一致，所以他们之间的矛盾主要是"和而不同"。

正是这"和而不同"，让生性刚烈、行事果断明快的左宗棠，与投机取巧、做事诡诈的李鸿章形同水火。首先，李鸿章为了在军事上取得"速胜"，不计后果地与洋人合作对抗太平军。这在左宗棠看来无异于引狼入室。虽然左宗棠也步其后尘，但他从一开始就懂得节制，并将他的担忧上奏朝廷，认为应多加防范；李鸿章认为左宗棠虽刚烈耿介，却也古板甚至僵化，做人做事独断专横，几无道理可讲。左宗棠和李鸿章，一个像品学兼优的好学生，一个似调皮捣蛋的淘气鬼，都在一个班级读书，都想取得好成绩，都想得到老师的夸赞，这和他们在科考场中的表现截然相反，二者之间的"斗智斗勇"在所难免。

对待钱财的态度反映出左、李人生修养的巨大差异，也是导致他们在官场上争斗不息的最大因素。君子爱财，取之有道，士大夫讲究修身养性。左宗棠坚持以儒家道德规范约束自己，所以他和曾国藩虽有嫌隙，甚至绝交，但心灵相通；李鸿章自己在科举上顺风顺水，一生却最看轻读书人。他看重眼前利益，做任何事情讲究实效而不惜采取任何手段。他把士大夫的"修身养性"，转变为"养生随性"。

在晚清官场，左宗棠称得上是一股不贪不占、敢作敢当的清流，对内敢说，清廉自好，对外敢打，不畏强暴；李鸿章几乎就站在左宗棠的对立面，生活奢侈，敢拿敢要，对内巧饰善变，对外惯打痞子腔。

个人习性虽不足以一一品评，但日积月累，历史会给出客观的评判。左宗棠收复新疆厥功至伟，李鸿章做"裱糊匠"身背骂名，这就是一个人在志节、做人上的区别。如果追根溯源，更可以从他们的人生履历中找出根本原因。早年科举，李比左顺畅，通过考试得来的荣誉，李已经可以冷静对待，甚至对待朝廷封赏，年过半百之后李几乎不再如从前那般痴迷。他更看重眼前利益。而要维护利益，必须拥有权力，这也正是李氏一生"拼命做官"的原动力。

当然，身处封建官场的左宗棠，也并非像生活在真空中那般纯粹。他早年科举失利，这一生的阴影使他对"正途出身"的官宦之路念念不忘。甚至在六十二岁时（1874年，同治十三年），他还要赴京考进士。慈禧接报，心知左氏症结，大笔一挥，赐左进士，并补授大学士。左看重的正是李不稀罕的，但李在意的钱财，又是左一生轻视的。阴差阳错的价值观，就这样鬼使神差地影响了他们的人生观。

左李留给后世几乎截然不同的评价：左一生为国无私付出，大义凛然；李虽也殚精竭虑，不过为自身利益考虑谋划得更多。说到底，左身上多忠骨，李却不少媚态；左为国为民鞠躬尽瘁，李为己为家不择手段。"千秋万岁名，寂寞身后事"，等到历史烟云散尽，个人操守自然水落石出。

左宗棠虽然和曾国藩一直龃龉不断甚至形同水火，但他们的价值观和人生观更为接近。左宗棠所送挽联中一句"无负平生"，无疑就是对大局上彼此心同的最好表白。

总的来说，曾国藩、李鸿章既是师生，更是利益、思想比较接近甚至相同的战友，他们与性格激进、品性纯直的左宗棠有着较大的差别。三人之间虽然有很多剪不断、理还乱的复杂纠葛，但最终一副挽联泯恩仇的胸怀气度，仍然令人动容。

性格篇：
千锤百炼方成钢

性格决定命运，这是亘古不变的真理；成长经历往往又影响性格，这一点却少有人触及。曾国藩、左宗棠、李鸿章一生叱咤风云，主宰过无数人的命运，他们的早年经历却深刻地影响了他们的一生。

他们虽然都是饱读诗书的儒家信徒，一生为维护大清王朝的统治而奔波奋战，但各自崛起之前的种种艰辛和不易，如同不一样的树木，生发出不同的根茎，结出不一样的花果。

一

家世渊源

“倔牛”“犟骡”和“快马”

曾左李三人，在少年时期都聪明绝伦，但在他们人生成长的关键时期，际遇却大不同：

曾国藩屡试屡败，屡败屡试，终于在二十八岁中进士、入翰林；

左宗棠三次会试落榜，绝意科考，转学经世之学，授课、种地养家；

李鸿章二十四岁即中进士，算是三人中少年得志者。

论天资，三人之中要算曾国藩最钝愚，左、李都是当之无愧的聪颖机敏之人。所谓“时来天地皆同力，运去英雄不自由”，家境出身对他们的早年生活产生了一定影响。

曾国藩家境还算殷实，足以支撑他坚持不懈地学习，他是家族中的长子、长孙，自然很早就承担着振兴家族门庭的重任。他自知遇事“缓”、思维“慢”的弱点，亦知只要坚持就能够成功。所以他比其他兄弟都努力，并且把这种“结硬寨、打呆仗”的精神贯彻了一生，最终后来居上取得了巨大成就。

相比之下左宗棠无疑是个“苦出身”。他出生在一个七代秀才之家，祖上没有什么显贵宗亲，家里生活困难，不得不早早为生计奔走。他虽然心高气傲，很早就以“今亮”自喻，甚至经常自诩“今亮或胜于老亮，也未可知”，却因家贫不得不入赘周家。好在周家深悉诗书礼仪，从未给他难堪，他因此没有灰心气馁，不断砥砺前行，在国家危难之时挺身而出，收复新疆，建立了不朽功勋。

李鸿章无疑是最幸运的，祖父辈已解决了一家人的衣食温饱，父亲李文安在他成长的关键时期已在京城做官，与曾国藩是同年进士，结识了这么一位"贵人"，为后来李鸿章的"弯道超车"提供了千载难逢的机遇。李文安接儿子李鸿章到京城"见世面"，安排他与当朝鸿儒接触，这种"出生就在罗马"的起点自然比别人高出一大截，也为李鸿章驰骋官场打下了坚实基础。

不同的人生经历，让曾左李形成了不同的性格。但三人最大的共同点是无论顺境逆境，皆胸怀大志，有一股"三思方举步，百折不回头"的倔劲，不管先天条件如何，三人都通过后天努力改变了人生命运。

曾国藩在家读书受祖父、父亲言传身教，在京做官后逐步增长了见识，特别是碰了很多"钉子"后幡然醒悟，对怎样做人有了深刻理解。在京师复杂的官场里，曾国藩没有同流合污，而是坚持以理学修身。这一点实在难能可贵。

曾氏留下的家书表明他随时都对自己和家人严格要求，连老家弟媳们寄来的泡菜味道差了也要教诲一番，能做到这种程度殊为不易。曾国藩的这种性格，后来更是体现在与太平军作战、平息回捻之时，他以"结硬寨、打呆仗"出名，以"慢""熬"而"稳中求胜"。

左宗棠少年失母丧父，科举受阻，转而结交贤达名士，认为经世致用之学对家国社稷更有用。无论是入赘周家，还是佐幕湖湘，他的个性都如大江入海，几乎未受约束，所以在世人眼中性格狂放，快人直语，机变肯干。

和曾国藩二十八岁就进入翰林不一样，左宗棠出山做湖南巡抚师爷时已经四十岁了，对他来说，人到中年，时不我待，如果还像曾国藩那样忧谗畏讥，甚至裹足不前，此生还能有何建树？他出身不高、本钱不大，反而多一分无畏闯劲，甚至还因为和樊燮起纠纷闹到咸丰皇帝那里，差点掉了脑袋，这也算是对他狂傲个性的一次警示吧。

李鸿章因为家境优越，曾经在年轻时发出"一万年来谁著史，三千里外觅封侯"的豪言壮语，也是他好大喜功秉性的明证。李鸿章二十一岁时（道光二十三年，1843年），奉父亲李文安之命，自老家安徽赴京，准备迎接第二年顺天乡试，在路上，他豪情万丈，诗兴大发，提笔写下《赴试途中有感》组诗。年少不知世事艰，举手摘星结花冠。李鸿章以为铺陈在他脚下的是一条正道坦途，只要愿意，他可以随时随地获取自己想要的任何荣誉。

但随着阅历渐深，不断遭受官场事业上的各种打击，李鸿章才逐渐明白，世上之事哪有他想的那么容易？真可谓不经一番寒彻骨，怎得梅花扑鼻香。他逐步养成了机警圆滑、取巧善变的处世之道，所以有人评价李鸿章"前半生勋业，后半生世故"，可谓意味深长。只是最后面对大清朝这个风雨飘摇的"破房子"，李鸿章无论如何左支右绌，最终也只落得个"裱糊匠"的结局。

通观三人一生行事，可谓各有千秋：

曾国藩虽然"天资稍欠"（左宗棠语），但以诚为补，小心谨慎，毕生致力于"经世致用"，像一头埋头躬耕的"偃牛"。他为人宽厚，凡事具有责任感，"仁"是他的性格特征，"稳"是他的行事风格。

左宗棠耿介狷狂，为人坦荡，做事实在，毕生致力于"经世济用"，像一匹负重性偏的"犟骡"。他充满锐气，一贯雷厉风行，"韧"是他最大的优点，"傲"发自他的内心。

而李鸿章器宇轩昂，狂放干练，且机警独断，毕生致力于"经世实用"，像一匹所向披靡的"快马"。他最重江湖义气，狠辣霸道，"智"是他的人生底色，"滑"成了他的人生标签。

处在日薄西山的王朝末世，曾左李三人个性迥异、行事有别，这使他们后来在各自的人生道路上，取得不同的人生业绩，给后世留下了不同声名。但他们能在气象格局上俱超迈一时，力挽狂澜，实属不易，可遇难求。而在光彩夺目的事业功名之后，三人都有着一番九曲回肠的修炼过程。

"笨鸟先飞"的曾氏传人

道光十二年（1832年），湖南湘乡县荷叶塘白杨坪（今湖南娄底双峰县荷叶镇大坪村），喜气洋洋的曾家老屋，白发皓首的曾玉屏百感交集：考了十七次、时年已经四十三岁的儿子曾麟书，终于考中秀才了！

曾氏全家喜极而泣，涕泪涟涟。要知道，这可不是中秀才那么简单，而是终于洗刷了笼罩在曾家几代人头上的耻辱。

曾玉屏是荷叶塘的一位传奇人物，他一生坚持"三不信"：不信看风水的地仙、不信医生、不信和尚道士，只相信人定胜天。他起早贪黑吃苦奋斗了十几年，终于置办了百十亩土地，成为当地家境殷实的小地主。

但翻遍老曾家的家谱，从宋朝末年一直到清朝，长达五六百年间，居然连个秀才都没有出过。曾玉屏是一个有血性气魄的刚直之人，凭什么人家能供养出举人进士，老曾家就只能世世代代打牛屁股？

不信邪的曾玉屏从此和自个儿较上了劲，就算拼上老命也要栽培出个见官不跪（清朝规定，考上秀才就是有功名的人，可以享有见了县官不用下跪、穿长衫等特权）的读书人。

曾玉屏破釜沉舟，不惜重金请来当地名师，铁心要让儿子曾麟书考取功名。然而事与愿违，天上的文曲星根本就与曾家无缘。几十年中，曾玉屏耗费钱财无数，投入大量心血，可这个儿子实在太笨，连考个秀才都比登天还难。从十几岁进入科场，曾麟书考到年过四十，头发花白，依然连个秀才也中不了。

眼看着儿子没希望了，不服输的曾玉屏又把目光投向长孙曾国藩。曾国藩五岁不到就开了蒙，八岁就读完了五经，十四岁就开始了科场奋战生涯。

从此，湘乡的这对父子就成为一道奇观：一起读书、一起赶考。谁知这个叫曾国藩的孩子和父亲如出一辙，连考了五次，场场落第。父子"童生"，连年落第，已经成为湘乡科场的一对"名士"了。多少人在背后指指点点：曾玉屏这老头真是走火入魔了，明明就是泥腿子的命，偏偏要做黄粱美梦。

如今，四十三岁的曾麟书虽然只考取了秀才，但老天开眼，终于让曾家几十年的付出见了成效。几百年间老曾家出了第一个秀才，这个家族终于打破了与功名无缘的魔咒。

须发皆白的曾玉屏高兴得半天才缓过劲儿来，但随同儿子曾麟书一同参加科考的长孙宽伢子（曾国藩乳名宽一），却不见人影。

曾家上下四处寻找，儿媳妇江氏更是急得满头大汗，好半天才在书房里找到儿子曾国藩，他正独自一人伤心垂泪。

这也真是难为了用功苦读的孩子。这次随父亲一同赶考，曾国藩不但第六次落榜，还遭遇了生平第一大挫折：应试文章被学台"悬牌批责"，被作为"文理欠通"的典型当众批评，不仅在湘乡，甚至在全省都出了洋相。

年过二十岁已经连续六次落榜，这次又遭受公开羞辱，宽伢子心里怎么可能不难受？

江氏让宽伢子打开紧闭的房门。这位既贤惠又坚强的女性，看着闷闷不乐的大儿子，心疼中夹杂着不满，但她努力控制着自己的情绪。一番情深意切的劝勉，再把丈夫，也就是宽伢子父亲麟书屡考不中的经历絮絮叨叨说一遍。末了，她强装笑脸补上一句："你比你爹肯动脑筋，你爹考十七次才考中秀才，你最多考七次也会考中的。伢子，你已经考了六次，再考一次准中！"

江氏的预言竟然成真，曾国藩在第七次应考，也就是二十三岁那年，终于考中秀才。虽然位列倒数第二，但毕竟开了"天眼"，从此他步入功名正途。

考中秀才的曾国藩像开了窍，第二年（道光十四年，1834年）中举人，道光十八年（1838年）中进士，一路高歌猛进，开始一生的辉煌历程。

曾家男人在拼搏奋斗，曾家女人在忍辱负重。曾国藩的母亲江夫人，年长丈夫曾麟书五岁，本是大家闺秀，自嫁入曾家，任劳任怨，克勤克俭，为曾家生育五子四女，帮扶教蒙学为业的丈夫，尽心尽力打理着一家人的生活。

江夫人在教育子女方面，秉承"男主外女主内"的传统。她曾经对丈夫曾麟书说：我们家的伢子（湖南方言：孩子）多，但只要放手让他们做自己喜欢做的事，比如耕田种地，比如经商为业，比如读书做官，将来只要他们专心专意，日子肯定不会过得比别人差。（"某业读，某业耕，某业工贾。吾劳于内，诸儿劳于外，岂忧贫哉？"）曾母豁达且坚忍，在其影响下曾国藩一生"刚强自立、刚柔相济"。

大概是因为屡考不中，望子成龙心切的曾玉屏对儿子曾麟书常责骂训斥。这导致曾麟书忍耐的性格中，懦弱的特点更加明显。好在有江夫人的温婉劝勉，曾麟书慢慢变得像一头踏实忍耐的笨牛。为了尽力培养自己的几个儿子，他坚定不移地拉上这架家族的重车，一步一步坚定地朝前徐行。

浸润着家族父老殷切的关爱，在科考上屡遭挫折的曾国藩，其老实本分的性格里暗藏着不屈不挠，这才有了后来的"打落牙齿和血吞"。

从曾国藩父亲曾麟书考秀才一事可以看出，曾氏家族的人都不怎么聪明。一则至今仍被人津津乐道的传闻，让人对曾国藩的"笨"，有更直观的了解。说有个小偷，夜里潜入曾家，准备趁背书的曾国藩睡觉后偷东西。小偷听了几遍，知道这是篇短文，暗自窃喜，心想今晚等待的时间不会很长。不料小偷慢慢失望了。原来曾国藩只要合上书，就背不出这篇文章。翻来覆去，直到深夜，曾国藩还在那里摇头晃脑背书。小偷气不打一处来，跳出来，一口气把这篇文章流利地背了一遍，然后骂道："这么笨，还读什么书！"说完扬长而去。

目瞪口呆的曾国藩惊愣片刻，又继续背书。第二天，曾国藩给家里人说了夜里发生的事。父亲让儿子背这篇文章，曾国藩还是没有背出来。

读书读得实在苦闷的曾国藩，开始学着抽水烟解闷。水烟劲道十足，让人晕头转向。抽得多了，逐渐上瘾。有一天早晨，曾国藩口苦舌燥，哈欠连连。看着满屋子的烟雾，他明白吸烟会伤害身体，便决定戒烟。他将水烟袋摔烂，还猛踩了几脚。但烟瘾实在太大，曾国藩连戒了几回，都没有戒掉。

曾国藩是立志要做大事的人，心想连戒烟这样的小事也做不到，还谈什么经世治国？还怎么做圣人？

为了彻底戒烟，曾国藩下了狠心，把自己关起来，二十多天不出门。忍

受了极大痛苦，他终于把烟戒掉。曾国藩后来给家人写信报告："余生平言之，三十岁前立志戒烟，至今不再吃……可见无事不可变也。"他从戒烟这件事，悟出事在人为的道理。

艰难的科考经历，是对曾国藩个性及人生的淬火重塑，不但造就了他后来"愈挫愈奋"的性格特征，还塑造了他独辟蹊径的人生信条，那就是"尚拙"：崇尚笨拙。

曾国藩自己常说"吾生平短于才""秉质愚柔"。读书做事，反应速度都很慢，别人看了好几行，他一行还没看明白："余性鲁钝，他人目下二三行，余或疾读不能终一行。他人顷刻立办者，余或沉吟数时不能了。"但他看书，一次不会，两次、三次，十次，无数次，直到看懂、看会。

"以天下之至拙，应天下之至巧。"这是说人们在做事情的时候，放下身段，多付出一些汗水，才能有收获。曾国藩也说："天道忌巧，天道忌盈，天道忌贰。"意思就是做事做人不要耍小聪明。做事要踏实，投机取巧走不长远。

曾国藩"笨"，但懂得坚持，知错能改，还懂得敬畏。他曾经说过平生有"三畏"：畏天命、畏人言、畏君父。

第一次率领湘勇战败，自杀被救，曾国藩思前想后，写下一副对联："战战兢兢，即生时不忘地狱；坦坦荡荡，虽逆境亦畅天怀。"常怀敬畏之心，坚守做人的基本准则，时刻保持清醒的头脑，始终谨小慎微、如履薄冰，曾国藩后来在军事上坚持"结硬寨、打呆仗"，在为人处世上"打落牙齿和血吞"，与他早年的人生经历和自我反省密切相关。

对于资质平平的曾国藩，梁启超评价其在当时贤杰中"最钝拙"。而就是这位公认的"钝拙公"，最终却创造了远超同时代大人物的赫赫功绩，"笨鸟先飞"的曾国藩可谓"逆袭"的人生赢家。

"科场毒药"左宗棠

如果说曾国藩在科场上只是初试不顺，先抑后扬，左宗棠则是彻底的科考失败者，命运跟他开的玩笑可谓十分残酷。

曾国藩在科举道路上奋力挣扎时，左宗棠的不幸遭遇却接二连三降临了。道光七年（1827年），左宗棠准备向院试冲刺、一鼓作气考取秀才时，母亲去世了。按照朝廷惯例，左宗棠不得不丁忧三年。丁母忧期满，父亲又去世。

左宗棠在丁忧守孝期间，向湖南大儒贺长龄、贺熙龄兄弟学习，精研细读《皇朝经世文编》、魏源的《圣武记》、顾炎武的《天下郡国利病书》、顾祖禹的《读史方舆纪要》、齐召南的《水道提纲》等经世致用的文章，系统学习舆地、农学、水利等学问，可以说早已是满腹经纶，只不过时运不济。

被耽误了的左宗棠为了追赶失去的时光，在家族全力帮助下，花钱捐了个生员（秀才），以博考取举人身份。

自以为才华超过诸葛亮，以"今亮"自居的左宗棠，在科举的道路上坎坷不断，历尽艰辛。在数千人的乡试中，面对只有百分之一的录取率，左宗棠虽然最后侥幸入围，但过程却惊险无比。

左氏在乡试中选取的内容侧重军政，题目是《选士厉兵，简练俊杰，专在有功》。不知是阅卷官水平太低，还是左宗棠行文太偏，阅卷官批左宗棠试卷为"欠通顺"，将之打入"遗卷"，意思是"待查"，接近于落榜。

幸运的是道光皇帝庆祝五十寿辰，为显皇恩浩荡，临时增加了录取名额。主考官将左宗棠的试卷从数千份落选试卷中打捞出来，阅后大加赞赏。这下阅卷官不乐意了，咬定主考官在搞"人情交易"。幸好，当时湖南巡抚看过左宗棠试卷之后，力挺左卷，这样左宗棠才最终榜上有名。这次左宗棠和他二哥左宗植一起参考，虽然都中了举人，但左宗植高中榜首，是本次乡试解元；左宗棠的名次远远落后于左宗植，名列第十八。

左宗棠似乎真的没有"考试运"。在接下来的会试中，成绩最好的那次，他实际上已经被列入预选名单，在湖南预录进士名单里，列第十五名。如果不出意外，左宗棠这次会榜上有名。

冥冥之中，命运之神总会冷不防在看不见的地方来次恶作剧。

两湖在雍正元年（1723年）分闱之后，湖广行省一分为二，湖北、湖南需要分开录取。发榜之前，考官忽然发现湖南省多录取了一名，湖北省少录取了一名。左宗棠恰好是湖南省预录名单上的最后一名，于是，他在最后关头名落孙山。考官怜其才，改为"誊录"。这次一同参加会试的湖南同乡、左宗棠一生好友胡林翼中榜。

左宗棠自以为才华冠绝当世，却要屈身于"誊录"之列，牛脾气上来，坚决不干，决定再考。但是天下事不如意居多，再考依然未中。就在这次会试中，曾国藩中榜。在六年时间里，左宗棠参加了三次会试，每次都以落榜告终。

考场不顺，不代表左宗棠没有真才实学。

左宗棠自恃才高志大，屡屡落榜之后，开始深思科举与个人前途之间的关系。如果要在科举这条路上死磕，就必须埋头苦读那些为迎合科举考试的僵化八股。对于眼界初开的左宗棠来说，这和他喜爱的那些经世致用之学几乎南辕北辙。科举考试如同万众齐挤死胡同，通过者凤毛麟角。左宗棠不愿意为此再浪费时光。

再说，赴京赶考是需要银子的。家境本就艰难的左宗棠，在妻子周夫人的资助下，才能勉强赶往京城参加会试。与其一而再、再而三地做无用功，不如静下心来，为自己开拓出另外一条道路。就这样，心有不甘但又无可奈何的左宗棠，在精神和物质的双重压力下，决绝地与科举之路告别，开始在湖南乡下"诗书渔猎，伴风耕读"。

左宗棠的祖父辈都是以文传家、教书为业，家有薄产，尚可勉强度日。到了性格耿介、"好大义"的左父一代，由于带头募捐修建左氏祠堂，白白耗空了家产。结果左宗棠在青年时期没有条件像曾国藩那样毫无后顾之忧地埋头苦读。

"身无半亩，心忧天下；读破万卷，神交古人。"左宗棠立下誓言，转而钻研经世致用之学，从此对科举功名似乎看淡，对科举高中之人从不高看一眼。这种湖湘人"善变、能变"的性格，看似矛盾，其实由来已久。

孔子说："不得中行而与之，必也狂狷乎！狂者进取，狷者有所不为也。"意思是人格类型分为几种：中庸型、狂傲型和忍让型等。其中狂傲型的人进取，忍让型的人保守。文化不断衍生，人性复杂多变。随着文化心理、精神气质的不断演变，湖湘一地在精神意志、心理特质、行事风格等方面逐渐衍生出一种具有鲜明特色的"狂狷型"人格。他们将进取、豪放、倨傲乃至蔑俗轻规的"狂者"气质，与退守、谦谨、淡泊自持的"狷者"气质合为一体，成为湖湘地域的重要文化体现。

左宗棠是其中的典型代表之一。他的自信与气度，善变、能变的才华，因其生性聪敏，更是他求真务实、不断实践、潜心学习的结果。

小时候随父读书，一口回答出"二桃杀三士"，是因为左宗棠在父亲教兄长们背书的时候，用心记住了内容；后来，陶澍去世之后，左宗棠应诺赴陶家，做家庭教师兼管家务。他在这里边教书边读书，对全国各地的山川舆情、农业水利都有了比较详细的了解。在夫人周诒端的帮助下，他还绘制了全国各省地图。这是左宗棠在人生之初，或者不如意之时，"狷"的表现，更为他后来建功立业，能够保持一生的"狂"打下了基础。

饱受艰辛生活的折磨，左宗棠挥笔写下"能受天磨真铁汉，不遭人嫉是庸才"。他不但像曾国藩那样，有湖南人做事的"霸蛮"①、严于律己，做事更是坚守原则，对别人要求一样严格。

左宗棠虽然没有"考试运"，进士不第，毕竟还是举人。道光十七年（1837年），湖南巡抚吴荣光邀请左宗棠去醴陵渌江书院做主讲。他获得的薪酬不多，讲课却很认真，学生不懂的地方他耐心启发，而不是单纯体

---

① 霸蛮，湖南方言，指做事敢闯敢拼但失之灵活。

罚。他对待学生很严厉，每天亲自查验学生功课，如果发现个别学生旷课或者不遵守学院规定，第一次警告，第二次就要给予处罚，屡教不改，必定开除。左宗棠教书育人的方式，和他后来培养人才、约束下属，如出一辙。

年少轻狂，虽志向高远，但不懂反省收敛，坏处更多。"吾少时亦曾犯此，中年稍稍读书，又得师友箴规之益，乃少自损抑。每一念及从前倨傲之态、诞妄之谈，时觉惭赧。"左宗棠后来以自己的经历教导儿子，要他们从读书中懂得更多道理，才有敬畏、知耻之心。

左宗棠曾经自夸文才强过曾国藩、胡林翼："当今善奏者，三人中我第一。"这份傲慢与自信，溢于言表。科考失败没有击倒左宗棠，反而给他提供了不断向上的动力。

春风得意官家子

"有的人生来就在罗马，有的人用了半生才到达罗马。"如果说人生之初，曾国藩走的是县道，左宗棠走的是乡道，李鸿章则生下来就在高速路上。

安徽合肥李家，在中国近代历史上显赫无比。这个家族的缔造者想不到至李文安这一代时，李家开始飞黄腾达。这一切的源起在于李文安生的六个儿子之中，有一个叫李鸿章。

和曾国藩、左宗棠不同，年轻的李鸿章就像是泡在蜜罐里长大的宠儿。李鸿章年少时家境已经比较富裕，家里有能力给他和兄弟们聘请名师执教。他在读书方面领悟能力很强，同时肯下功夫。李鸿章拜学富五车的伯父李仿仙和合肥名士徐子苓为师，攻读经史，打下了扎实的学问功底。如果将天赋比作玉石，那么玉石一定要经过长时间的打磨，才会变成美玉。

李鸿章最终成为晚清中流砥柱，除了其他诸多因素，最根本的是他不但有条件读书，还爱读书。1940年，李鸿章的孙子李国超将李鸿章一万八千册藏书捐献给复旦大学图书馆，这只是他藏书的一部分，足见其读书之多。李鸿章不但读书数量多，难能可贵的是他深得读书之法。

李家兄弟子侄众多，读书时经常相互监督、交流心得。小时候，李鸿章发现，弟弟们按照规定完成了读书任务，却对所读之书大多不明其意。"苟其不愿，虽日日遵照限程，亦复无益。"这样读书，读得再多又有何益？他不但改变了自己和弟弟们的读书方式，后来还把这些读书感悟传授给侄子们："盖《史记》乃不可不看之书，尔既看《史记》，则断不可看他书。"强调读书必须专一精，不可泛骛。一句不通，不看下句；今日不通，明日再读；今年不精，明年再读。读书不但不能"贪多"不消化，还要专心致志，不受外界因素影响。"得失常事，不足虑，总以发愤读书为主。毋论考试之得失，他日必能成一有用之人。"读书不要受考试成绩影响，坚信读书肯定有益。

读书除了要"去功利化"，还要有恒心。为了让弟弟们读书有恒，他讲了一个故事：

> 为学之道，勿求外出，亦可成名。昔婺源王双鱼先生，家贫如洗，在三十岁之前，为窑工画碗，三十岁之后，读书训蒙到老，终身不应科举，著作逾百，为本朝杰出名儒。彼一生未拜师友，不出闾里。故余所望诸弟亦如是，唯不出恒之一字耳。

这是说婺源有位叫王双鱼的画匠，家里穷，直到三十岁才有条件读书，一生从未出过远门，也没有拜名师、结密友，更没有参加过科举考试，但最后著作等身，成为本朝名儒。这是他全身心投入读书后的结果。

> 文字为思想之代表，思想为文字之基础，故二者之研练，相为表里者也。且夫思想为事实之母，今日学者所积之思想，他日皆将见诸事实者也。

思想有不宜于事实者，则立身处世，安保无自误误人之虑。

李鸿章认为文字是思想的代表，思想是文字的基础，二者互为表里，而要实现这一完美结合，需得一个艰难的过程。"读文宜先读纪叙文字，作文也宜先作纪叙文字"，同时还需注意学习文家的技法，并要留心观察周围的事物。如此循序渐进，人就会越来越聪明，功底就会越来越扎实，最终将会取得预期成效。

李鸿章的书法造诣很深。他留传至今的一幅作品，在不方不正的扇面上，布局有序，字字和谐，行行有度，疏而不乱，美若一粒粒生动活泼的跳跃的珍珠，赏心悦目。他鼓励家族中子弟适当扩展读书面："吾儿等国学稍有成就，可来申学习西文。余未读蟹行文字，每与外人交涉，颇感困难。吾儿他日当研求之。"

一个人努力了不一定会成功，但不努力一定不会成功。

官家子弟李鸿章，儿时无忧无虑，少年聪颖好学，这位李家少爷的人生一路高歌猛进。十七岁考中秀才之后，李鸿章就被在京中做官的父亲接到身边，不但见了世面，开阔了眼界，而且有机会读宫廷藏书，知识面拓宽了，继续在科考场上一帆风顺。他年仅二十四岁（道光二十七年，1847年）高中进士，二十七岁（道光三十年，1850年）改授为翰林院编修，充武英殿编修。

如此美好的前程，让很多人艳羡不已，但李鸿章却不甘心。作为见了大世面的青年才俊，李鸿章想的是什么时候才可以"得玻璃大厅七间，明窗四启，治事其中"，立志要做封疆大吏、清史扬名。

二十岁的曾国藩还在为考取秀才挑灯夜读，二十岁的左宗棠刚中举人，二十岁的李鸿章已经写下"一万年来谁著史，三千里外欲封侯"的豪壮诗句，走上"遍交海内知名士，去访京师有道人"的宽途大道。

无论是科举考试的顺利，还是家庭环境带来的优越感，都让李鸿章更加意气风发。本以八股入仕，但急切想实现人生抱负，李鸿章不愿按部就班等待机会。这位衣食无忧的官二代深知封建科场的积弊，八股取士的病态，想要及早功成名就，打通另外一条捷径势在必行。

没有曾国藩考秀才时"悬牌批责"之辱，没有左宗棠考举人时试卷被批文理"欠通顺"之耻，李鸿章只是在第一次考进士时落榜，但第二次即高中二甲第十三名，朝考后改翰林院庶吉士。李鸿章似乎更有资格心高气傲，更为重要的是，李鸿章受业于曾国藩门下。这位历经千锤百炼从湖南偏远山村走出来的读书人，不仅将经世致用的才学传授给学生，还带领学生力撑大清江山。

自知"笨拙"的曾国藩，抗击打能力最强；自信"胜过诸葛亮"的左宗棠，最为狂放不羁；自傲才高八斗的李鸿章，在现实中越来越圆滑世故。他们像刚硬勇猛的激流，在历史长河中交叉穿行，汹涌奔腾，被时代削磨棱角，被岁月浸染浇铸，逐渐锻造成风雨神州的砥柱，支撑摇摇欲坠的晚清。

二

柳暗花明

世事一场大梦

"不行万里路，白读万卷书。"对于饱读圣贤书的曾国藩来说，人心凉薄、世事险恶的官场，才是磨砺其心性的真正考场，也是他人生的第一个战场。

曾国藩一生的真正转折，应该是从四十七岁（咸丰七年，1857年）开始。坐困南昌的曾国藩，忽然接到父亲去世的噩耗，马上上奏咸丰皇帝，不待回复，迅速回籍丁忧。后来咸丰皇帝虽然没有给他什么处置，但明眼人不难看出曾国藩此时的心性并不成熟。

其实，曾国藩一路走来，虽然久经磨炼，但一直因为倔强、单纯走得磕磕绊绊。

罗马不是一天建成的。高中进士入京为官之前的曾国藩，不过是一位时来运转、科场得意的幸运儿。他出身于偏远的湘乡，全部精力都耗在八股文上，除了科考应试的四书五经，没有读过多少书，从精神气质到思想观念都极为封闭浅薄。

来到天子脚下，曾国藩见了那么多大儒名士，听到许多卓见高识，才知道原来自己视野多么狭隘，格局多么局促，不光满口湘乡土话别人难懂，一身鄙俗之气也让他自惭形秽。

学养见识可以历练，但湖南人的犟脾气则让曾国藩着实吃了不少苦头。

初入京城，与同乡郑小珊口角，几乎动武，后来跟随唐鉴修身养性，始改自身陋习；咸丰登基，倡导群臣建言献策，曾国藩秉笔直书，又得罪皇上；率勇东进，与太平军对垒，江西地方绅士事急用、事过弃；朝廷猜忌，地方排挤，湘勇似乎名不正言不顺，时时受到轻视。既然出兵江西山穷水尽，何不退后一步，将这摊子事扔给咸丰？

回乡丁忧满腹哀怨的曾国藩，在心中一遍又一遍地想起这些年来遭受的屈辱，连道光十二年（1832年），院试考秀才时，学台公开指责他的文章文理不通，初次"扬名"；道光三十年（1850年），当时已是翰林的曾国藩给皇帝讲课时，画图特别丑，被九卿讥笑的陈年旧事，都一一回想起来。特别是这次丁忧回乡，实在是有诸多情不得已的苦衷烦恼。

江西巡抚陈启迈，与曾国藩本是同乡（陈是湖南常德人）、同年（与曾同是道光十八年进士）、同事（翰林院共事），湘勇进入江西进剿太平军，江西省官僚系统负有供饷之责。陈启迈对军事一窍不通，却要曾国藩听从他的号令，曾国藩表示拒绝，陈启迈恼羞成怒，对曾国藩"多方掣肘，动以不肯给饷为词"。处于交战的紧要关头，曾再也管不了那么多，以陈启迈"劣迹较多，恐误大局"，上奏参劾。

让曾国藩始料不及的是，参劾了陈启迈，继任者文俊比陈启迈有过之而无不及。湘勇企图在江西通过设卡抽厘（收取商业税）筹饷，江西官方阻止未果，便跟在曾国藩饬令湘勇所设卡点之处如法炮制。不但如此，江西官府拒绝一切乡绅为湘勇服务，不是以各种理由扣人不放，就是对欲帮湘勇之人严刑拷打。

曾国藩在江西重蹈湖南初练湘勇覆辙，与江西官僚势同水火。

"江西数载，人人以为诟病。"曾国藩后来回忆江西情形，依然痛苦不堪："士饥将困，窘若拘囚；群疑众侮，积泪涨江，以求夺此一关而不可得，何其苦也！"

他这样对好友刘蓉说：

所至龃龉，百不遂志。今计日且死矣，君他日志墓，如不为我一鸣此屈，泉下不瞑目也。

曾国藩再三思量，假如继续这样下去，不要说打胜仗、消灭太平军，可能只有一死报国了。但死也不能瞑目啊，他甚至委托刘蓉将来为他写墓志铭鸣冤叫屈。

曾国藩心里盘算，想剿灭太平军，要让朝廷赋予自己管理地方的实权，不再受地方乡绅限制，才能顺利筹集粮饷。

岂料人算不如天算，天京事变后，咸丰皇帝以为"贼酋"洪秀全唾手可捉，借机让曾国藩在家继续守制，还假意劝勉曾氏。这让曾国藩彻底绝望了。

在湖南长沙府湘乡荷叶塘白杨坪，曾国藩痛苦不堪。无数个日日夜夜，曾国藩俯首沉思，老天施与自己的苦难还不够多吗？兴办团练，保护乡梓，卫国捍教，旰食宵衣却无人知晓；人情冷暖、官场欺诈、名利场中的争斗，失败的总是自己。以前自己提拔的湘军首领，不少已经升官加爵、建功立业，如今自己委军奔丧、伸手要权，却成众矢之的，遭到多方责难。特别是曾经极力支持自己的左宗棠，竟然来信破口大骂，说什么自己是临阵脱逃的"伪君子"，是自私狂妄的"无能之人"。

现在何止是江西，整个大清官场似乎都在看曾国藩的笑话。

曾国藩仰天长叹，夙夜心忧，噩梦缠身。"人生一世，不成圣贤，便为禽兽。"曾国藩念念叨叨，给密友们写信，请教自己做得是否正确。

罗汝怀是曾国藩曾经的幕僚，湖南湘潭人，博学多才。他在回信中，首先批评曾国藩此时内心仍然"追寻怨怼，苦索瘢疣"，充满怨气，向朋友征求意见的信也充满不逊不雅之词，怀着愤懑之气。罗不客气地说，这是因为你德行学问功夫不到家，仍有"渣滓之未融已"。然后，罗说"当今世风日下，官风不正"，官场现实确实让人痛心，但你"势单力薄，仅靠一人之力逆众人而独行"是不现实的。罗汝怀总结出曾国藩"凡事想踢开官员体系，根本不管地方官的存在"，太过于特立独行，是遭遇失败的原因。

这显然如一记闷棍，敲醒了曾国藩。他痛定思痛，最后总结教训："矫激近名，扬人之恶，有始无终，怠慢简脱。"意思是性格偏激而又图好名声；喜欢公开批评别人的缺点不留情面，充满了道德优越感；做事有始无终；待人骄傲怠慢，不能放下身段。

问题症结找到，解决问题的方案自然就想出来了："平易近人，乐道人善，慎终如始，修节庄敬。"意思是做事平心静气，更多地考虑他人的感受，站在他人角度立场想问题；更多地赞颂他人，表扬他人的长处；做事有始有终，越到后来越慎重；待人接物要更诚更敬。

湖南人将走出湖南叫作"出湖"。因为湖南历史上有一个奇特的规律：一个人只有出湖，才能摆脱固有的狭隘偏执，变得大气宽厚、天高地阔。

曾国藩"大彻大悟"了。饱读儒家经典的他，在字里行间总结出了五个字：耐、裕、强、悔、志。意思是要耐得住烦躁，控制好情绪，调整好心态；胸怀坦荡，学会放下得失成败；要有不服输的精神，打脱牙和血吞；善于反省，把挫折当成个人与组织提升成长的最好机会；最重要的是要有清晰的目标、坚定的信念。

坦然接受现实是第一步，接下来要靠"悔"字诀反省自己，靠"硬"字诀坚持住，不轻易认输。在曾国藩看来，这就是一个人突破自我、实现成长的关键。

"圣贤之所以为圣，佛家之所以成佛，所争皆在大难磨折之日。"曾国藩省悟到大难的折磨，是自我磨炼、提升修养、拉开与他人距离的最好机会。他终于幡然醒悟，所有痛苦都是自己强加给自己的，所有失败也是早就注定的。来自性格深处的缺陷，才是造成今天痛苦和失败的根源。如同拔掉刺入骨头的一根针，曾国藩顿时释然。

正在这时，时局发生了逆转，太平天国骁将石达开率领太平军转入浙江，围攻衢州。前线战事突然变得紧急，湘军将领是曾国藩悉心培育起来的，更愿意服从曾国藩的指挥。在胡林翼等大臣的极力举荐下，咸丰皇帝下旨请出曾国藩。

"世事一场大梦，人生几度秋凉。"曾国藩本来就是善于观察、坚持反省之人，人虽在湘乡，隔居亦远行。大丈夫要做大事业，决不能拘泥一时一事的得失。无论黄老道学，还是儒佛法墨，没有眼前的苟且，就不能实现心中的梦想。在他看来，太平天国一日不灭，儒教就一日不得安宁，朝廷就一日不能安枕无忧。

此次复出，曾国藩性情大变，仿佛变作另外一个人。不但接旨之后立即动身，而且一改之前倨傲独行之态，遍访湖南抚督，甚至连七品知县也亲自登门拜访；到了前线，对有功将兵尽数嘉勉，保奏力度空前加大。曾国藩的人生从此翻开了崭新的一页。

福祸相依"左师爷"

比起曾国藩的仕途失落，左宗棠因为刚愎激烈的性格，差点丢掉性命之后处世方式才有了改观。

咸丰九年（1859年），湖广总督官文接到上谕："左（宗棠）果有不法情事，即行就地正法。"因参与弹劾官文姻亲樊燮的左宗棠，被官文指使樊燮以"劣幕"反告，眼看就要人头落地，顿感"侧身天地，四顾苍茫"。

在湖南政坛，左宗棠虽然是以"师爷"身份参政，但他实际总揽湖南政务，权倾一时。先后请他前来做秘书的张亮基、骆秉章，对他也礼让三分。

据轶史载，有一次湖南抚署辕门放炮，骆秉章问无事放什么炮，有人答："左师爷在拜发军报折。"骆秉章点点头，然后又说："我还没有看过呢。"说罢，他扬扬手，连说"好、好"，让左宗棠随意而为。

清朝给皇帝上奏，先要拜折。所谓拜折，就是把写好的奏折密封、装套、放进专用的奏折盒子，供放在大堂香案上，地方官员三跪九叩。属员站班，步兵排队，放炮奏乐，最后地方官员将奏折盒子交给折差，折差高捧过头，出中门，直奔京城。整个仪式异常隆重，犹如对着皇帝上折。

骆秉章是湖南主官，左宗棠是辅佐骆秉章的师爷，主官不在，甚至连给皇帝上奏的折子都没有看过，师爷就已拜发。主官任其行事，不仅放心，且毫不生气，可见左宗棠足智多谋、权力之大，而且所受眷顾之深。

所说轶史不足采信，但左宗棠在湖南确实是说一不二的人物。在左宗棠写给女婿陶桄的信中有这样的话："贼攻江西，我军设防田镇。制军于军谋一切，专委之我，又各州县公事禀告，皆我一手批答，昼夜无暇，故不及通信也。"左宗棠告知女婿湖南绿营和团练在湖北武穴市田镇一带设防，张亮基将所有军政大事、往来公文全部托付给他，他忙得给家人写信的时间都没有。

这说明轶史也不全是杜撰，更证实左宗棠懂兵善政。以巡抚之职先后主政湖南的张、骆二人，仰仗左宗棠之胆略才气，才有湖南"内清四省，外援八方"的政绩。才高胆壮的左宗棠难免刚愎自用。

假如左宗棠没有遇到樊燮，樊燮身后也没有官文，那么左宗棠有可能会做一辈子秘书。樊燮案于左宗棠是祸，也是福。历史往往因为一个无意的瞬间而转向改道。

咸丰十年（1860年），左宗棠正处于生死边缘，太平军第二次攻破清军江南大营，咸丰皇帝心惊肉跳。前方军情骤变，朝廷需要全力对付太平军。正是用人之际，"犯案"的左宗棠得到湖湘精英郭嵩焘、胡林翼，以及咸丰身边红人潘祖荫等人一再保举，咸丰皇帝对庶民左宗棠自然刮目相看。

左宗棠因樊燮案离开湖湘幕府，赶赴京城会试途中，转赴胡林翼英山军营，再赴曾国藩宿松大营，曾国藩喜出望外，左宗棠百感交集。六年前，曾国藩屡请左宗棠辅佐，左百辞不就；六年后，曾国藩成为湘勇统帅，左却亡命天涯。人生际遇如此不可预料，时间就是最客观的见证者。虽然两人境遇差距极大，但性格促使他们各自保持本色。曾国藩热情周到地接待，左宗棠照样高谈阔论。

胡林翼联络湖湘英杰，上下鼓呼，左右接洽，最后竟然通过郭嵩焘，请动潘祖荫，写下那句震古烁今的"天下不可一日无湖南，湖南不可一日无左宗棠"的名言。

几经波折，差点丢命的左宗棠最后竟然奇迹般因祸得福，从"师爷"转而成为带兵出征的将领，从此开始一生中最辉煌的征程。

不过，左宗棠对曾国藩似乎从来都不客气。他骂大自己一岁的曾国藩，倒像是大哥责备小弟。即使在和友人的私下交流中，左宗棠对曾国藩也是毫不掩饰地进行讽刺。比如左宗棠给胡林翼的信中有"涤公方略本不甚长""乡曲气太重才亦太短""于兵事终鲜悟处"等语，都是评判曾国藩用兵呆滞，目光短浅，军事才能贫乏。

面对左宗棠的批评，曾国藩心里不高兴，甚至在一段时间内两人不通音讯，但不久之后曾国藩还是摒弃前嫌，不遗余力保荐左宗棠；左宗棠平回镇捻以及收复新疆时，曾国藩在粮饷、兵力上给予极大的支持，像一位唯恐子弟不能建立功勋的父兄，对左宗棠给予无微不至的关心帮助。

左、曾都是胸怀大志、坚韧不拔之人，但曾自小接受的是祖父的"挺经"、父亲的"朴诚"教育；及至到京，深受唐鉴、倭仁理学影响，多儒缓而隐血性，每逢惊天大变，内心惶恐而生畏缩之心，瞻前顾后裹足不前；左与曾刚好相反，自信非凡、勇谋兼具，敢冲敢打，血性十足。左宗棠虽然反感曾国藩的怯懦扭捏，但还是欣赏他肯干事和有血性。

"大哥"左宗棠对"小弟"曾国藩，有些怒其不争，他自以为可以用怒骂代替激励，以一腔热血给曾输送胆量与信心。

时日渐逝，阅历累积。人心家国，赤胆忠心。左宗棠看见"小弟"已然日趋干练，满腹心思都是儒学、朝廷、圣上、国家，认识到曾国藩才是忠厚大哥。左宗棠慢慢地不再批评曾国藩，后来还褒扬曾国藩"知人之明""谋国之忠"。直到曾国藩去世，左宗棠终于在挽联上写下"晚生左宗棠"，这是刚愎烈性的左宗棠对忠厚宽容的曾国藩表达的最高敬意，更是一生命运与曾国藩紧密相连的他在其情其境下的真诚流露。

曾国藩一直是左宗棠"朋友圈"猛烈点赞的热心人，左宗棠一直关注曾国藩的"朋友圈"，但基本上处于"潜水"状态，想不到在曾国藩人生谢幕之时，左宗棠点了一个大大的赞。

一生多变李合肥

通观李鸿章的一生，始终充满一个"变"字。通变、权变、机变，因势而变，因时而变，是他立身行事的显著特点。用于谋公，这是李鸿章的一个优点；用于谋私，则暴露出他的投机性格。

这一特点，在李鸿章与曾国藩驻军祁门时的一次冲突中尽显无遗。

咸丰为占领赋税重地浙江，强令曾国藩从浙江入手，先占领苏州、常州，再包围江宁。其时，湘勇正全力以赴攻安庆。曾国藩等湘军将领认为只有先取安庆，攻取江宁才有把握。这与咸丰定下的战略刚好相反。

皇帝的命令虽然是错误的，但又不能抗旨不遵。曾国藩明白太平军陈玉成意在祁门只是为了解安庆之围，于是坚决不撤安庆之兵。而且，为了减轻围攻安庆的九弟曾国荃的压力，曾国藩不顾一切将总督府移驻祁门。

祁门地处安徽、浙江、江西三省交界处，四面高山环绕，只有一条官道东通杭（洲）、（江）苏，西连赣、闽，上达安庆、江宁，下抵南昌至武汉。

此地看似可攻可守，确是兵家必争之地。不过，一旦祁门被切断与外界相连的通道，马上形如覆瓮，是时祁门驻军必死无葬身之地。曾国藩兵驻祁门，不是"艺高人胆大"，首先是安慰焦急不安的朝廷，也有时刻威慑江浙局势之意。

胜败兵家事不期，包羞忍耻是男儿。自古兵事多阴，险中有夷，危中有利。曾国藩虽不是诸葛孔明，但对扎营祁门也经过思量。徽州乃祁门门户，只要守住徽州，祁门也就险而无危。

谁知曾国藩错用李元度，祁门危在旦夕。李鸿章绞尽脑汁，想方设法逃离了祁门。

　　时去事易，祁门一别，圆滑聪慧的李鸿章即使不在老师身边，依然牵挂着老师，时时写信问候，与老师曾国藩保持着密切联系。情商和智商都高的李鸿章，能够在冲突中保持一丝冷静，对老师的敬畏之心并不因为意见不同而消失。

　　李鸿章离开祁门，寻得去福建就任延建邵道道员的机会。福建路远水长，老师挂肚牵肠，本就负气离开曾营，志忐不决之间，他写信给沈葆桢，希望得到指点。沈葆桢是福建人，设身处地为李鸿章着想，回信说"闽事糜烂，君至徒自枉其才耳"。说福建官场风气不正，你去了枉费了自己的才气。沈葆桢劝李鸿章重新回到曾国藩手下继续做秘书才是正途。李鸿章左思右想，决定不去福建。

　　恰好这时郭嵩焘来信告劝李鸿章："此时崛起草茅，必有因依。试念今日之天下，舍曾公谁可因依者？即有拂意，终须赖之以立功名。"说如今天下，只有曾国藩才是可以依赖之人，劝李鸿章回到曾国藩身边。

　　胡林翼被誉为"湘军之母"，对李鸿章也极为欣赏，一边强留李鸿章在自己军营谈天喝酒，一边写信劝曾国藩：李鸿章是难得的人才，迟早会一飞冲天，请涤公您还是把他请回去吧。

　　此时李鸿章审时度势，环顾左右，觉得自己目前只有依靠曾国藩才能建立功名，于是萌生了"吃回头草"的想法。随着战事不断发展，军中确实需要干才，再加之李鸿章态度真诚，曾国藩很难不为所动。不久，李鸿章就接到老师捐弃前嫌的一封信："如无穆生醴酒之嫌，则请台旆速来相助为理。"李鸿章是何等聪慧之人，知道老师已经原谅了自己，立即飞驰而去。

　　李鸿章没有像左宗棠那样因负气与曾国藩"不通音讯"，从而自断后路。经历了这番出走、再回归，他的命运从此开始重大转折。得到曾国藩支持，李鸿章组建淮军赴沪，不到一年，就从曾国藩身边的秘书高升至江苏巡抚。

　　李鸿章是官二代，早年在京城见多识广，结交并得到安徽籍京官吕贤基、王茂荫、赵畇的器重赏识，又拜在曾国藩门下做学生，做人懂得权变通达自在情理之中。

在战乱频仍的晚清，要想有所作为，强大的心理承受能力与开阔的心胸一样重要。李鸿章后来因为部将黄翼升去留问题，与曾国藩据理力争，不肯退让。但在咸丰皇帝下令他助力曾国荃，攻取太平天国占据的天京时，李鸿章却称病不去。为感念老师曾国藩提携之恩，李鸿章宁愿费尽心思敷衍朝廷，也不愿得罪曾国藩半分，知所进退，知其所止，李氏一生可谓精明。

但在敬重老师的同时，李鸿章也有所取舍。耳闻目睹老师"以诚为本"的处世之道，李曾经评价道："推诚布公，不假权术，故人皆乐为之用。"曾国藩是希望借"诚"感人，让人为我所用，而不是全用智谋和权术笼络、驾驭人。李鸿章几乎反其道而行之。李鸿章后来领军剿捻、平息天津教案，无不眼观六路，顺势而为，"诚"之一字在他看来何足道哉！

至于和左宗棠处世之道相比，李鸿章差得更是十万八千里。对内上瞒朝廷、下哄兵将，对外软硬兼施、委曲周旋，遇事刚柔相济、善于应变，这是李鸿章与左宗棠最大的不同之处。

从另一个角度看，在封建没落的晚清，世界发展日新月异，面临古今未有之大变局。满朝读书人自以为"满腹诗书"，放之世界，却是没有多少用处的应试之学。如果把经世致用看成"智商"，把与人打交道看成"情商"，曾国藩的情商要高过智商，左宗棠的智商要高过情商，李鸿章的智商和情商几乎一样，且不断向上攀升。

"山重水复疑无路，柳暗花明又一村。"所有人的人生道路都不可能一帆风顺，所有人都是在摸索中前行。善于应时而动的人，才会在时代大潮中立于不败之地。所谓大丈夫相时而动，只是每个人眼中的"大丈夫"不同罢了。

三

宦海历练

"何必以多杀人为悔？"

湖南会匪之多，人所共知……若非严刑峻法，痛加诛戮，必无以折其不逞之志，而销其逆乱之萌。臣之愚见，欲纯用重典以锄强暴，但愿良民有安生之日，即臣身得残忍严酷之名亦不敢辞。

这是曾国藩写给咸丰皇帝的一封奏折。他斩钉截铁地奏报皇上，要想让地方尽快安定下来，只有不惜"乱世用重典"。而且，曾国藩表露心迹：只要老百姓能够安身立命，自己宁愿担当杀人的恶名。

臣现在省城办理衔团……遇有形迹可疑，曾经抢掠结盟者，即用巡抚令旗，恭请王命，立行正法……当此有事之秋，强弱相吞，大小相侵，不诛锄其习悍害民者，则善良终无聊生之日。不敢不威猛救时，以求于地方有益。

这段奏折的意思是，曾国藩说他在湖南省城长沙办理团练，设立审案局，只要遇到形迹可疑的人，或者抓到曾经犯过罪的人，马上就地正法。在这个多事之秋，以强凌弱、以大欺小的事屡见不鲜，只有将刁蛮强悍为害一方的人斩尽杀绝，平民百姓才有出头之日。曾国藩说要想尽快让地方治安恢复正常，只有以杀立威，通过大开杀戒震慑歹徒。

这是曾国藩于太平天国定都江宁，更名为天京两天之后（咸丰三年二月十三日，1853年3月22日），向咸丰皇帝上奏的《严办土匪以靖地方折》。湖南是阻挡太平军向北向东蔓延的枢纽之地，再加上湖湘风气霸蛮，在腐朽的封建统治下，社会治安之差可见一斑，附和太平军甚至揭竿为旗者络绎不绝。于是曾国藩打着保境安民的旗号，理直气壮地大开杀戒了。

曾国藩饱读儒学之书，自诩儒学信徒。儒家的核心思想是仁义礼智信忠孝恕悌，言必称圣的曾国藩却嗜杀成性，这真是一个莫大的讽刺。

面对曾氏"严刑峻法，痛加诛戮"的请示，咸丰皇帝当即批复："办理土匪，必须从严，务期根株除净。"

咸丰毕竟只是封建帝王，只要皇位稳妥，哪管底层百姓死得是否冤枉？曾国藩得到这把"尚方宝剑"，更加放心大胆地举起屠刀。他要地方将抓获的土匪、流氓、抢劫犯等"刁悍害民者"，不必经过州县，直接送到审案局。捆送来的人，一不需要参照法律，二不需要任何实际证据，只以举报者口辞为信，稍加讯问，立即砍头。真是"剿匪如割杂草捕禽兽"。

不但如此，曾国藩还在奏折中说："三者（所谓教匪、盗匪、会匪）之外，又有平日之痞匪与近期新出之游匪。"曾国藩所说"游匪"，即"逃勇，奔窜而返无资可归者也"，也就是没有钱回家的"游荡之人"，这些人也在"杀无赦"范围内。

为了尽快在湖南干出"政绩"，曾国藩"即用巡抚令旗，恭请王命，立行正法"的人中，还包括"寻常痞匪，如奸胥，蠹役，讼师，光棍之类，亦加倍严惩，不复拘泥成例概以宽厚为心"。诸如此类，反正看你不顺眼，或者有人举报你，随时随地可以砍下你的脑袋。

曾国藩苦读圣贤书、精研儒学，首先是为了建功立业、名扬后世。他修身养性、齐家教子，也是为了家族兴旺发达、万世隆昌。这是封建社会读书人的局限，或许可以理解，但不问青红皂白地滥杀无辜，形成高压恐怖的气氛，以达到治理地方的目的，则是彻底背离儒家仁政的行为。

曾氏振振有词地说，这一切都是因为"悍民不知王法为何物"。如此重典之下，各地土匪不敢再轻举妄动，湖南社会迅速安定下来，但"曾剃头"的名声也不胫而走。

不但如此，曾国藩虽然表面严令兵士不能杀害无辜，尤其对百姓要爱戴照抚，但他对太平军则恨之入骨，公开鼓励将兵"踊跃杀敌"，没有丝毫的不忍之心。

咸丰四年（1854年）八月，湘勇首克武昌。曾国藩在《官军水陆大捷武昌汉阳两城同日克复折》中描述战斗过程：

我军喊杀愈厉，声振林谷，耳不忍闻。中有儿童数百人先后奔投湖水，臣塔齐布目睹心伤，不觉泣下，因饬将弁，大呼救小儿，不许投水，凡救活二百余人。众贼见小儿得救，遂长跪乞命，亦带回七百余人，分别斩决、释放。

俘虏的"七百余人"中，是否包括"二百余"小儿？即使不包括，其杀降也算残酷。

同年九月，曾国藩在《陆军克复兴国大冶水师蕲州获胜折》中上奏：

各营生擒逆匪一百三十四名，因其掳掠奸淫，肆毒已久，仅予枭首，不足蔽辜，概令剜目凌迟，以泄居民之愤。

破刘玱林，降者四千余，疑其内应，尽杀之。

对俘虏不但砍头，还要挖眼剖心，这样的残忍之举，足见曾氏绝非手软心慈之辈。

咸丰十一年（1861年）五月三日，曾国藩命令曾国荃杀戮手无寸铁的俘虏："今日未接弟信，不知刘玱林一垒究竟如何，其已降之三垒，已杀之否？"得知曾国荃不折不扣地执行了他的命令，曾国藩写信表扬道：

初三夜接沅弟畅论贼情一缄，季弟报喜一缄。此次杀三垒真正悍贼千余人，使狗党为之大衰。平日或克一大城，获一大捷，尚不能杀许多真贼，真可喜也。

曾国藩写信给曾国荃，告诫这位在战场上冲锋陷阵的九弟："既已带兵，自以杀贼为志，何必以多杀人为悔？"甚至对于李鸿章在苏州杀降这样的大事，他竟然也惊叹式给予点赞："此间近事，惟李少荃在苏州杀降王八人最快人意。"赞扬李鸿章办事"殊为眼明手辣"（曾国藩《致澄弟书》）。

虽然曾国藩要手下湘军"只杀贼，勿伤百姓"，对太平军与地方百姓人等要加以区别对待，但其所谓"用霹雳手段，显菩萨心肠"（胡林翼致曾国藩语）之下，却对成堆成堆的人间白骨漠然无视。

如果说"以杀立威"还只是为了震慑人心，以靖地方，那么浙江巡抚王有龄、江苏巡抚薛焕以及两江总督何桂清之死，就是曾国藩不惜代价与政敌生死博弈的结果，足见曾氏的老辣无情。

儒家信徒的狠辣锋芒

何桂清与曾国藩，原本是旗鼓相当的晚清重臣，但在镇压太平天国起义的过程中，两人为了争夺浙江赋税，在台前幕后展开了一场你死我活的较量。

咸丰七年（1857年），曾国藩为父丁忧，被咸丰皇帝借势褫去兵权之时，何桂清以二品顶戴署理两江总督，随即实授。太平天国时期，两江总督的辖地江苏（包含上海）、安徽、江西，既是主要战场，也是朝廷税赋和漕米的重要来源地。浙江不属两江总督辖地，但因其富裕且地理位置重要，一直被两江总督觊觎。

当曾国藩以在籍侍郎身份统领湘勇左冲右突、连吃败仗时，何桂清正指挥绿营踌躇满志，在官场上混得风生水起。实授两江总督后，何桂清给他在朝廷的靠山、军机大臣彭蕴章写信道："若将江、浙兵勇归弟一人调度，两省大吏能筹饷接济，定能迅奏肤功。"他夸下海口，一旦浙江归自己节制，攻破天京指日可待。而要想控制浙江，就必须安插自己信得过的人担任浙江巡抚。

曾国藩当年在江西筹饷艰难，请求浙江支援，时任浙江巡抚的何桂清不但不给予帮助，反而在给朝廷的奏折中，将湘勇的每一场败仗描绘得绘声绘色，甚至说"东南半壁，似非鄙人不能支持"。意思是说曾国藩和他的湘勇实无用处，镇压太平军还得依靠他何桂清。曾国藩气得咬碎钢牙也无济于事。毕竟湘勇没有打过几场大胜仗，而何桂清支持围困天京的江南大营似乎稳操胜券。

咸丰八年（1858年），因为军情告急，曾国藩复出，重掌湘军。湘军集团与何桂清势力的斗争趋于白热化。为争夺浙江巡抚职位一事，曾、何之间的矛盾迅速升级。

何桂清不遗余力挤走具有湘系背景的浙江巡抚胡兴仁后，满以为可以安插自己的手下继任了，哪知朝廷一纸任命使他空欢喜一场。新任巡抚罗遵殿与曾国藩情同师徒，同样具有湘系背景。

湘系势力暂时取胜。不料太平军的攻势给官场争斗增添了意想不到的"动力"，使得这场龙虎之争柳暗花明，出人意料。

咸丰十年（1860年），太平天国忠王李秀成率军围困杭州，困守孤城的浙江巡抚罗遵殿向朝廷求救，朝廷饬令两江总督何桂清救援。何桂清盘算浙江巡抚职位日久，对罗遵殿恨得咬牙切齿，哪会乖乖地按照朝廷命令行事？他一方面做足表面文章，假意"遵旨"派兵救援杭州，另一面却暗中密令手下张玉良援而不救，致使罗遵殿兵败如山倒，罗被迫自杀殉节。

何桂清终于如愿以偿，将最信任的手下王有龄推上浙江巡抚宝座。

人在做，天在看。何桂清想不到，他同样没有高兴多久，噩耗随即传来。原来，李秀成攻打杭州，是为破江南大营设下的"围魏救赵"计谋。江南大营是何桂清竭两江三省财赋支撑，准备全力以赴攻取天京的大本营，这是何桂清被朝廷倚重的资本。如今江南大营被彻底摧毁，李秀成指挥太平军乘胜追击，杀向常州。

坐镇常州督战的何桂清吓破了胆，不顾常州士绅跪拦，竟然指使兵士开枪射杀士绅十九人，丢下弁勇，只带了部分亲兵夺路而逃。何桂清另一心腹江苏布政使薛焕，串通总理粮台查文经，以"禀请何桂清退驻苏州筹饷"为名，掩盖其弃城逃窜的事实。

常州军民眼看父母官逃离，只好组织自卫。太平军攻下常州后，常州遭遇一场劫难。

何桂清从常州溃逃至苏州，谁知江苏巡抚徐有壬痛恨其贪生怕死，"闭城不纳"，何氏不得不逃往上海。咸丰十年五月二日（1860年6月20日），太平军攻取苏州，江苏巡抚徐有壬投水自杀，临死前不忘上奏参劾何桂清弃城逃窜的无耻之举。

徐有壬殉节后，毫不知耻的何桂清抓住时机，保举薛焕继任江苏巡抚。薛焕自然投桃报李，将江苏署衙转设上海，试图包庇滞留上海的何桂清。

咸丰皇帝接到徐有壬遗折，这才知道何桂清邀功诿过，酿成大变，他气不打一处来，立即下旨将何桂清革职逮捕，送京治罪。

咸丰十一年十月（1861年11月），李秀成率太平军第二次攻打杭州。此时曾国藩已经接替何桂清担任两江总督，节制江苏、安徽、江西、浙江四省军务。为替罗遵殿报一箭之仇，曾国藩决定以其人之道还治其人之身，复制何桂清借太平军之手杀死罗遵殿的旧戏。

曾国藩接到朝廷要他援救杭州的上谕，先给左宗棠写了一封密信："即日当具折请辞，而推阁下督办浙江军务。"言下之意是要保举左督办浙江军务，暗示要推荐左担任浙江巡抚职务。经过这番暗中示意之后，再"遵旨"公开派左宗棠去"救援"王有龄。

清廷实行的是补缺制，王有龄如果不死，左宗棠还怎么"督办浙江军务"？有作为才有地位，有地位才能更有作为。左宗棠不为权位考虑，也要为地位考虑。他带领人马赶赴杭州，在浙赣边境"徘徊数日"，一直等到杭州战事几乎结束方才慢腾腾赶到，结果自然是王有龄已经步了罗遵殿后尘。

左宗棠如愿担任浙江巡抚之后，太平军围攻上海，朝廷要曾国藩派兵解围。曾国藩这时已非当年屡战屡败、无处筹饷的湘勇头目，他以两江总督身份，参劾薛焕腐败无能、不能胜任江苏巡抚之职，要李鸿章代为署理。朝廷倚重湘勇击败太平军，只能依照曾国藩意思撤薛换李。曾国藩巧施连环"妙计"，一鼓作气让手下两员大将占据要津重镇。

后来，朝廷调查何桂清出逃具体缘由，曾国藩大义凛然，狠狠插上一刀："疆吏以城守为大节，不宜以僚属之一言为进止；大臣以心迹定罪状，不必以公禀之有无为权衡。"意思是朝廷要封疆大吏死守城池，作为读书人也不应该只顾自己逃命而不顾百姓死活。这句话可谓掷地有声，让人无可反驳。曾国藩占据道德制高点，将此事一举定性，最后何桂清被问斩于京师菜市口。彻底扫平何桂清系障碍之后，曾国藩心想事成，将左宗棠、李鸿章如愿安插在重要位置，为剿灭太平军做好充分铺垫。

曾国藩虽然一直将儒家伦理奉为圭臬，但在政治斗争中和争权夺利时又表现得老谋深算、锋芒狠辣，完全不像一般儒家信徒那样仁厚坦荡，而是将"曾剃头"的本事在官场上运用得虎虎生威、不拘一格，这才算是"用菩萨心肠，行霹雳手段"的曾氏底色吧！

从疾恶如仇到生死度外

在官场斗争中，左宗棠同样个性十足，一次次彰显出誓不低头的左氏风格，表现出宁鸣而死、不默而生的丈夫气概。

有清以来，敢于弹劾同级甚至上级满人的案件不多，最终汉人胜满人败的官场较量更是少之又少。左宗棠弹劾镶白旗、乌鲁木齐提督成禄是汉族大臣取胜的少有案例，从中足见左氏的耿介勇猛。

同治十二年（1873年）正月，刚刚亲政的同治皇帝还未满十八岁，忽然接到陕甘总督左宗棠参劾乌鲁木齐提督成禄的奏折，史上闻名的"权家囤庄屠村案"就此被公之于世。

朝廷钦命的乌鲁木齐提督成禄，奉旨规复肃州（今甘肃酒泉），为西出嘉峪关进取新疆作准备。但成禄连续七年未能攻下肃州。驻扎在甘肃高台县的成禄，不但一再向朝廷索要粮饷，而且在当地屡屡征收摊派，可谓成事不足败事有余。

时值秋粮减产，乡民赴县求免。守城兵役不放入城，乡民只好寄寓权家囤庄，委遣代表入城呈诉。成禄闻讯，发兵围剿，将庄内主客士民男女老少全部屠戮。为掩其罪，成禄禀报朝廷，谎称乡民"抗粮不交，聚众谋反"，已经率员"强攻捕拿"，将"抵抗党徒一律肃清"，并为阵亡官弁"请功请恤"。

左宗棠在西北平乱，一贯"不问回汉，只问良莠"，以"剿抚兼顾"的措施巩固地方。他查明高台土地贫瘠，气候寒冷，岁收不足，成禄数年勒索，竟然虚报胜仗，杀良冒功。左宗棠出身清寒之家，从小饱尝生活艰辛，深知底层人民疾苦，一贯对欺压平民百姓的行为深恶痛绝。他虽然知道成禄有"上层关系"，还是毅然上奏："臣既察讯得实，若壅于上闻，何颜立于人世。合无仰恳敕下六部九卿，会议乌鲁木齐提督成禄应得之罪，以雪沉冤而彰公道。"意思是说我已经查明事实真相，如果不据实奏报，我的良心也会受到谴责。严斥成禄祸国殃民，将实情奏报朝廷。不但如此，左宗棠还将成禄截留军粮、蓄养戏班等事一并密奏。

左宗棠知道朝廷会设法袒护成禄，为了彻底扳倒他，不惜以"眼目昏花，心神恍惚，衰态毕臻"为由，说自己"遽萌退志"。言下之意，在他左宗棠和成禄之间，朝廷只能选择一个。这种你死我活的态度，体现了左氏的血性风骨。

当时关外局势紧急，非左宗棠不可收拾。朝廷知道左宗棠为人，更为情势所激，只好发布"着金顺兼程出关，接统成禄各队。传旨将成禄革职拿问，即日遴派员弁解来京，听候治罪"。上谕对左宗棠进行安抚，将成禄革职治罪。

成禄不仅是地方大员，一直活跃在陕甘一带，而且是慈禧信任的红人。其母去世，也被朝廷"夺情"，留在军营效力，成禄受朝廷重视程度可见一斑。御史吴可读也两次弹劾成禄并舍身尸谏，朝廷仍将军机大臣会同刑部拟定的"斩立决"改为"斩监候"。

左宗棠再三弹劾成禄，实在有拔须虎口的孤勇。他不像吴可读那般偏激，但坚持要将成禄绳之以法。这不仅因为左宗棠疾恶如仇、刚正不阿，更由于他深知底层百姓脱离苦难的希望就在于官员正直。像成禄这种任意残杀百姓的官员一日不除，地方就一日不宁。尽管一意弹劾成禄，肯定会让老佛爷不痛快，但左宗棠这回较上了劲，偏偏就敢摸老虎屁股。

案件调查过程中，成禄从各方面为自己洗刷罪名，否定左、吴指控。左宗棠参劾成禄后，随即亲往前线，攻破肃州，打开西进大门，解决了成禄八年来未曾解决的问题。朝廷在处理成禄案上颇费思量，虽将其由"斩立决"改成"斩监候"，但终究不敢轻易放过。甚至左宗棠挥师收复新疆，朝廷同时授左协办大学士，赏一等轻车都尉世职，大加一番安抚。这场斗争，以左氏全胜而收场。

左宗棠实在算得上是晚清黑暗官场上的异类。早在湖湘骆秉章手下做事时，左宗棠就力排众议，杀了长沙城内违法犯罪的常姓"富二代"；成为闽浙总督后，他更是对贪官污吏大开杀戒，先后将甘肃总兵兼办粮委员周东兴等参奏革职或正法。"一家哭何如一路哭"，左宗棠与范仲淹等儒家名臣一样，在选择"哭"与"不哭"、让谁"哭"与让谁"不哭"上，始终坚持以朝廷大局为重。

如果说左宗棠在樊燮案发时还是一个不知官场诡诈的"愤青"，那么在看多了官场尔虞我诈之后，仍不愿与贪官污吏同流合污，即是他为君尽忠、为民着想的思想在起作用。官场的风云变幻、人生的阅历积累，并没有让左宗棠的性格发生根本性的改变。相比之下，曾国藩咸丰八年复出，从之前处处与不正之风针锋相对的"斗士"，到后来成为时时委曲求全的"老好人"；李鸿章以科举入仕，本应按照儒家传统做谦谦君子，但他看透官场赛过战场，人情练达赛过写好文章，所以"痞子腔"贯穿他一生。

左宗棠为人刚烈狂傲，做事沉着果敢，在面对民族分裂的关键时刻，虽然也杀人无数，但显然不是为贪功而杀；面对外国列强的侵略，他没有丝毫胆怯，敢战能战。从试图科举入仕的热血青年，到教徒谋生的怀才不遇；从佐幕湖湘的高级秘书，到驰骋疆场的书生武将；从一介布衣荣膺封疆大吏；从疾恶如仇到生死置之度外……举人出身的左宗棠，时时刻刻要求自己应该像诸葛孔明那样，鞠躬尽瘁，死而后已。左宗棠"抬棺出征"，不顾年老体弱，穿行万里戈壁，用铁腕收复中国六分之一的广袤疆域，在中国历史上留下了丰功伟绩，这些成就无疑与他刚烈性格、血性风骨密切相关。他一生凛然正气，在那个浑浊时代更显耀目光辉，至今激励着华夏儿女的爱国热情。

"绿林"变"武翰林"

同治元年（1862年），李鸿章率领淮军七千人，由沪上士绅雇佣商船，开赴上海。淮军满嘴土话，布帕包头，破衣烂衫、袒背赤脚，手拿刀矛，犹如乞丐。沪上华洋杂处，洋商富人甚多，看见这样一队人马，不禁大失所望。李鸿章看在眼里，暗中激励手下："大家加紧训练，等打了胜仗，这些人自然会乖乖给我们掏银子。"

在老师曾国藩手下历练了几年的李鸿章，再也不是十年前那个从京城奔回安徽老家，专以"浪战"出名的胜少败多之辈。此番由"翰林"变"绿林"，李鸿章目睹洋枪洋炮胜过大刀长矛、训练有素强过乌合之众，早已暗中委托在广东做巡抚的大哥李瀚章，购进三千支洋枪，同时请外国洋教官对淮军进行高强度集训。当年下半年，装备一新的淮军就在虹桥、北新泾和四江口与太平军进行三次恶战。

虹桥之战是淮军与太平军在上海展开的首战。此战关系重大，淮军声威将一战而立。首次出山的李鸿章不敢掉以轻心，亲自率领嫡系树字营、春字营上阵。

春字营由李鸿章信任的部下张遇春统领。淮军刚冲上去，就遭遇太平军的凌厉攻势，实在抵挡不住，很快败退下来。李鸿章见状，急得双脚直跳，瞪着血红的双眼大声呵斥，却无济于事。早年屡经战阵，饱尝败仗滋味，李鸿章知道什么叫兵败如山倒。如果沪上首战再开败端，则将来万事难为。

千钧一发之际，李鸿章从亲兵手里夺过大刀，一把抓住领头的张遇春，吼道："临阵脱逃，老子先斩了你！"

高高扬起的大刀还没有落下，张遇春已经从李鸿章手里挣脱出来，呼喊着带领士兵往前冲去。

太平军攻势越来越猛，还用上了火炮，冲上去的淮军士兵有不少倒在血泊之中。淮军士兵初经战阵，气虚胆怯，被英勇冲锋的太平军战士吓得魂飞魄散，都想后退求生。李鸿章急红了眼，在漫天炮火中提刀立于虹桥桥头，叫骂督战。他手起刀落连杀了几个想逃命的士兵，终于吓住了淮军，堵住了退路，淮军只好拼命向前。

亲兵见李鸿章如此不顾危险，只好陪护在侧。有个亲兵干脆端来一把椅子，李鸿章坐在桥头，手握大刀，杀气如虎地现场督战。

李鸿章将自己置于死地，淮军将士只得全力以赴。经过一番浴血恶战，淮军终于取得了首战胜利。

同年的八月和十月，淮军又打了两场恶战。程学启和刘铭传部，在北新泾攻打太平军的谭绍光部；在四江口，刘铭传率领洋枪队首次亮相，打得很是过瘾，均大获全胜。

李鸿章亲临前线，连战皆捷，淮军的神话不胫而走。大上海都在传说淮军有如"神兵"，一人可战十人，五千兵力胜太平军十万。李鸿章更是洗脱之前"浪战"恶名，从"绿林"变成了"武翰林"。他给老师曾国藩写信说"当时军情危急，鸿章跃马而出，不作生还之想"，才"有此胜仗，我军可以自立，洋人可以慑威。吾师可稍放心，鸿章亦敢学战"。

一句"不作生还之想"，可见李鸿章的功名也是血泊里捞出来的。

接连打了三场胜仗，上海人再也不敢把淮军称为"叫花子兵"了。就连一向鄙视中国军队的英文报纸《北华捷报》，也盛赞淮军，把它描述成"优秀军队"，让人想起了"古罗马军团"。经过这几战，李鸿章守住了上海，也赢得了士绅和洋人的尊重，算是在上海站稳了脚跟。

淮军到达上海不到一年，"尽改湘军旧制，更仿夷军"，转变为装备洋枪洋炮、雇请外国教练训练的新式军队。李鸿章实任江苏巡抚之后，权力大增，为扩充实力，采取招降纳叛、兼收并蓄的措施，两年内将淮军迅速增至六七万人，成为清军中装备精良的一支地方武装。

在上海站稳脚跟后，李鸿章起用郭嵩焘、丁日昌等务实肯干、通晓洋务的官员，组建实用干练的淮军秘书班子；除了升级装备、扩大军队规模，李鸿章还组建有外国人参与的雇佣军，战斗力与前不可同日而语。

转眼来到同治二年（1863年），太平天国经历自相残杀之后，天王洪秀全仍占据已经岌岌可危的都城天京，忠王李秀成奉命北渡长江"勤王"，留下心腹大将谭绍光镇守苏福省（即苏州）。

苏州在李秀成的经营下宛如铜墙铁壁，并且当时驻扎苏州的太平军兵多将广、粮裕饷足，李鸿章带领的清兵以及戈登带领的"常胜军"，虽然装备精良，但攻城也实在不易。经过一番密谋，李鸿章与太平军降将程学启巧施计谋，夺取了苏州城。后来，挥师北上、一路凯歌的李鸿章，更是使出浑身解数，通过战场上的节节胜利，赢得了官场上的惊天收获。

同治三年（1864年），李鸿章为让曾国荃夺取天京首功，得罪了左宗棠，却赢得了曾国藩青睐。清王朝担心曾氏兄弟势力日大，利用左宗棠奏报幼天王漏网脱逃一事，逼迫曾国藩裁撤湘军。曾国藩视淮军为己出，裁湘留淮，这一决定使淮军在剿灭捻军的战斗中大放异彩。李鸿章的官位"噌噌"上升。

李鸿章一生机巧善变，看重现实，追逐名利。苏州之战不惜出尔反尔，巧妙抗旨放弃助攻天京，审时度势东进浙江得罪左宗棠，说明他在最初的"浪战"之后，懂得总结人生经验，遇事善避其锋芒，善于发现和利用人性弱点，遇事更加沉着，由好大喜功渐渐转变为运筹帷幄。他敢想、敢做，更善于自保。这位"翰林"身上，深藏着包括"绿林"在内的多重基因。

四

英雄时势

不得不说，曾左李的个人性格不但决定了他们一生事功，而且在一定程度上影响了大清王朝的命运。随着不可阻挡的历史洪流，曾左李个人性格与家国命运的关系，由此变得清晰起来。

千秋万岁名，寂寞身后事

有的时势可以造英雄，有的英雄却不一定能造就时势。晚清的衰败大势，如同一条已经完全淤塞的河流，再大的船也无法行驶了。个人的力量在历史潮流面前总是渺小的，大厦无可奈何轰然倒塌之时，时代的弄潮儿也随之灰飞烟灭。

曾左李均为书生带兵，却以杀立威，鲜血染红了他们头上的红顶子，也为他们的命运唱响了最后的挽歌。

曾国藩个性坚忍、"钝""愚"，但他做事时更倾向于踏实、彻底，以期达到一劳永逸的效果。无论是围剿太平军，还是追剿捻军、镇压回民起义等，曾国藩一如既往地下"结硬寨、打呆仗"的"笨功夫"。

这样依靠国家力量对起义军"斩草除根"，锲而不舍地进行消耗战，对国力本就衰弱的清廷来说，是一种巨大的消耗。曾国藩死心塌地维护儒教，替朝廷打击反对势力，赢得了皇权信任，但也让岌岌可危的清廷被拖入战争的深渊，这可能是他个人永远也无法破解的难题。

左宗棠与李鸿章在军事思想上继承和发扬了曾国藩的"围堵战术"，但左更擅长运用精兵强将采取"奇袭"策略，而李会寻找适当的时机采取"巧夺"手段去争取胜利。

曾左李都是儒学信徒，不过曾国藩似乎更遵循诚信原则，时时事事皆以脚踏实地精神一以贯之。他为人处世圆润周到，行事谨慎，不任性、不妄言，一生注重自我反省和道德修养，以圣人标准要求自己；左宗棠有强烈的责任感和使命感；李鸿章注重实际利益，处世圆滑老到，处处都以"不吃亏"为根本。

在后来的洋务运动中，曾国藩主张"购母机"，看中技术输入；左宗棠比曾国藩更具有国际视野，认为无论是购买母机还是引进技术，都应独立自主而不受制于人；李鸿章与曾、左不同，李鸿章"拿来主义思想"最为严重：无论枪炮船舰，还是技术，只要能让己方暂时受益，他不会太在乎"主权"。简言之，李鸿章看重现实，最为急功近利，而曾、左更多时候是站在国家高度运筹帷幄。

曾左李以书生从军，一方面是为了建立军功以光耀门楣，更多的是视儒教为正统，把国家一统当成神圣天职，对皇权绝对服从。

曾国藩坚持"稳准"而不过于追求速度，左宗棠懂得"灵动"更注重效率，李鸿章善于"机巧"而希望走捷径。对于事功与义理的不同态度，决定了他们不同的人生底色。

曾国藩科举入仕，在京师十年七迁，是湖湘学子争先效仿的典范；母逝丁忧，墨绖出山，以文转武，从头做起，在官场遭遇万般艰难险阻，他不惜被人骂为"曾剃头"，也要建功立业，终至位极人臣，却不料在天津教案中以"外惭清议，内疚神明"收官。无论当时还是后世，人们对曾国藩的评价都呈两极分化。唯有对他自律忍耐的性格，世人少有讥评。

左宗棠几乎可以作为励志典范。科举不第，家贫入赘，这对当时普通人来说是不小的挫折，但他竟然能够一再隐忍，将之内化为另一种人生动力。他不拘泥于成规定矩，也不恃强凌弱，虽然刚愎狂放，但忠心不二。这种做事思己虑彼的风格，即使"敌人"也佩服左宗棠的雄韬武略，敬佩他一身正气。

李鸿章一生都在乱世中博弈。他渴求现世成功，为此无所不用其极。对上哄对下欺，他只求眼前利益，难得深谋远虑。所谓世道人心，在他的一套处世哲学面前不值一提。李鸿章背负的骂名，也是对国人劣根性的一种反省和总结。"年少不知李鸿章，年长方知真中堂。"尽管这其中有太多时代的无奈，但个人的操守在时代的大势面前也并非全无选择。

曾左李在事功义理上的区别，决定了他们在做人处世和人生际遇多方面的差别，对国家命运也产生了深远影响：曾国藩征战时稳扎稳打，耗费军资不菲，让本就衰朽的清廷更加孱弱；左宗棠善用人才，才能在几乎不可能的情况下收复新疆；李鸿章太功利，始终把"权力"放在首位，身边多贪腐之士，甲午惨败与他脱不了干系。

曾左李三位晚清重臣，在功成名就之后，因为性格原因和政治立场等存在很大差别，始终不能拧成一股绳，甚至经常互相掣肘，这不仅是封建社会体制带给他们的束缚，也是他们不能突破人格局限的根本原因。

"为天下惜公"

封建社会封妻荫子的主要途径是走科举之路。左宗棠三次会试都落榜，最后干脆断掉念想告别科场。曾国藩、李鸿章早就通过科举扬名立万，左宗棠则要采取另外一种方式来证明自己的价值，这在那个时代需要的不仅是非凡的勇气，更需要不同凡响的胸襟。

中举之前的左宗棠，其实已经声名远播。陶澍、贺长龄、贺熙龄、林则徐等都称左宗棠为"国士"，并悉心指导，与之真诚相交，说明左宗棠不是浪得虚名。才气过人的左宗棠冷傲之余又多了几分刚烈，时不我待、只争朝夕成为左氏一生的缩影。这既可以说是一种"职业焦虑"，也可以说是一种"知耻后勇"。

面对大清王朝这艘眼看就要沉没的大船，他不仅自己保持着"焦虑"，甚至还常常把这种焦虑传导给别人。通过镇压太平军而进入晋升道路的左宗棠，对"才短气矜"的曾国藩不顾情面地一再"詈骂"，其实他内心深处何尝不佩服曾国藩"知人之明""谋国之忠"？

左宗棠一生都在"心忧天下"。他的"忧"是为国分忧。眼看内乱不息，他忧心如焚，提刀跨马，不停征伐；眼看外敌入侵，他忧愤交加，不畏艰险，顽强抵抗；眼看官场腐败，他忧心如惔，痛心疾首，独清独醒；眼看修缮家屋，他忧心忡忡，毫不留情，破口大骂……左宗棠忧心一生、唾骂一生。他骂人最出名、也付出极大代价的是在湖湘幕府骂樊燮；他骂得最狠、骂得最多的是曾国藩。

樊燮自恃逞强，轻视左宗棠，算是"有眼不识泰山"，被骂不算冤枉，但左宗棠差点因此丢掉性命，虽然最后又因此改变命运，如此福兮祸兮，想来左氏更是从中受益无穷；左宗棠骂曾国藩，却是在以一种独特的方式，为自己、为朝廷寻找和"培育"战友和战将，以求在一个油尽灯枯的乱世之中"相期无负平生"。

曾国藩死后，左宗棠又激烈地与李鸿章怒对上了。在这头脾性倔强执拗的"骡子"身上，"骂"体现了"刚烈"，"刚烈"就是血性，血性就是一种力量。这种力量对应勇于负重的责任感。左宗棠不但要激励自己，也要激励他人，只有这样，晚清这座将倾的大厦才有机会勉强支撑。

当然，左宗棠骂李鸿章是恨铁不成钢，与骂曾国藩有着本质的区别。假如李鸿章先于左宗棠去世，左宗棠一定不会为李鸿章写"和而不同"这样的挽联，更不会说出"为天下惜公"这样的话。李鸿章的为人、为官和行事，左宗棠明察秋毫。他内心对曾国藩的敬爱，远远高出对李鸿章的憎恨。同时，他也知道曾国藩的"才拙"远远多过李鸿章的"机敏"，而李鸿章的私心远远碾压曾国藩的忠心。左宗棠心如明镜，却又无可奈何，气急生恨，恨而怒骂不止。

左宗棠不只骂曾国藩、李鸿章，还骂他的手下。但左宗棠骂过的所有人，都对他心生敬意。李鸿章送左宗棠的挽联中的"为天下惜公"，原来是建立在"唯先生知我"上的。左宗棠在提拔手下时"缓"，跟随他多年的老湘营领头人刘松山、刘锦棠叔侄为此心生不满，甚至公开叫板。不过，朝廷用人，一声呼唤，人才又齐聚在左宗棠周围。原来，左宗棠的"狂放"，不是单纯的"自我逞能"，而是真正的胸怀天下。

左宗棠曾经说过："吾蒙国恩，禄入甚厚，岂能只顾其私？"国家给了左宗棠名誉、地位、利禄，他自然愿意为国家赴汤蹈火。左宗棠不像曾国藩那样固执愚忠，也不像李鸿章那样机巧自私。国家应该维护民众利益，民众才会忠于国家。腐朽清廷给庶民百姓遮风挡雨，首先要领土完整、社会安定。左宗棠内镇外御、果断杀伐，对埋头八股、醉心科举之人从不高看。他舍身忘利、忠君报国，实在是希望让天下人都有一个可以栖身的家。他"以天下为公"的精神实质，促使他对家事国事，无论大小，皆力求完美，否则张口即骂，而且骂不停口、骂不分人。

李鸿章何尝不知道左宗棠隐秘的内心？他诚恳地写出"为天下惜公"，却不是为自己减少了一个"敌人"而庆幸，实在是为国家失去了一位中流砥柱而叹息。只有像"左骡子"这样的人多了，千疮百孔的大清朝才有一丝挽救的希望。不管因公因私心存何念，李鸿章"为天下惜公"都是发自肺腑。

如果要用一个字来总结左宗棠，那唯有一个"忠"字。只有像左宗棠这种把国当成"家"的人，才有可能在镇压少数民族起义时，诚心实意为他们的将来着想，才能够"不问回汉，只问良莠"，才能够自觉实施"剿抚兼顾"的政策。

左宗棠的"忠"，还表现在替普通老百姓着想。

这样的情怀，与他早年的生活境遇密切相关。自己活下来，帮助更多的人也活下去，这体现了一个人善良的本性；自己过得好，也让更多的人过得好，这体现了一个人高尚的品格。还在柳庄半耕半读，刚刚"富起来"的左宗棠，遇到天灾，毅然拿出积蓄赈济灾民，就是秉承家风、心存善念的最好证明；从平民百姓跃升为朝廷重臣，当了官的左宗棠更加体会到肩上的责任，所以他视国为"家"，无怨无悔地为民着想、为国尽忠。

"笨老师"教出"聪明学生"

晚清时新旧观念、中西文化、闭塞开放、守旧创新交织缠绕，古老的中国面对洋人的"奇巧淫技"，显得落魄悲凉。苦读深研"圣贤书"，通过考试筛选出来的"人才"却连家国也难以保住。"夷"风东渐，逼迫曾左李这样饱读诗书的儒家信徒，在内忧外患中必须挺身而出。

曾国藩在父亲方式近乎愚笨的教学下，练就了"凡事耐烦"的性格。读书时一本没读完，绝不去看其他书。读书必用功，用功如挖井，"与其多挖井而不出水，不如守住一口井，力求挖出水来"。拿如今的话说，曾国藩就是把所有鸡蛋都放在一个篮子里的"一根筋"。这样的人肯定有韧劲，有恒心，但确实又"笨"又"倔"，像头不知道拐弯的"牛"。

所幸的是，曾国藩做事不但坚忍，而且虑事极细，几乎少有迷失方向的时候。初战太平军，他冒险驻兵祁门，多人劝阻仍然不回头，最终因为有左宗棠力挽狂澜，转危为安。在之后的军事生涯中，曾国藩一直坚持"结硬寨、打呆仗"，虽然笨拙，耗时费力，但不至于冒险太多。今天的一些成功人士，多是曾国藩这样的"倔牛"型人才。

但是，曾国藩思想固执却并不守旧。了解外洋"夷技"优于传统技艺，他转而大力支持"习夷技以制夷"。并且，他相信只要认真努力，中国人一定不比外国人弱。派遣幼童出洋、购买"母机"回国、建立机器制造局，老当益壮的曾国藩比很多年轻人更善于接受新事物。

有儒家学术积淀，曾国藩的"勤""恒""专"，累积起来的"耐得烦"，就变成了一柄所向无敌的利剑。为这把"利剑"保驾护航的，是曾国藩一生不敢稍微懈怠的"诚"。此"诚"犹如结实厚重的剑鞘，既为曾国藩保存了一生所求，必要的时候还为他增添了一件征服世界的武器。

同治元年（1862年），李鸿章即将率领淮军赴沪，曾国藩问他去上海后如何与洋人打交道，李鸿章顺口回答："跟他们打痞子腔。""痞子腔"即今天人们所说的"忽悠""糊弄""笼络"。曾国藩当时一愣，然后严肃地说出李鸿章刚到自己手下做秘书时的那句话："唯一'诚'字耳。"在曾国藩看来，"诚"乃是真正管用的处世规则。

接着，曾国藩语重心长地解释：外国人也是人，你真心对他，他就会真心对你。这样的话，虽然给人以不明国际大势的迂阔之感，但作为处世为人的信条，也不失为君子之道。"真心"才能换到"真心"，"虚情"只能换到"假意"。曾国藩在晚清乱世中能够有一番作为，与他用这个"诚"字开拓出来的胸怀格局密不可分。

在李鸿章看来，曾国藩的坚忍其实就是另外一种"笨"，甚至还是一种"迂腐"。只有像老师曾国藩这样性格"儒缓"、才识"愚钝"的人，才会用"笨功夫"。像他自己那样"才华绝顶""豪气干云"的人，不屑于运用这些笨人才用的"本领"。当然，李鸿章是不会把这些"心里话"说出口的。

李鸿章的"聪明"有目共睹：科举场上一路凯歌，军功路上频传捷报，官宦途中一帆风顺，即使面对外国洋人，他表面上也从不低头弯腰。虽然他的才学不如老师曾国藩，他的军事能力也不及左宗棠，但他一样做高官、建军功，皇帝太后对他一样高看。这样的"聪明"，一方面源于自身才华与智慧，一方面源于与生俱来的性格。他天生机敏，在家不但受到父兄长辈溺爱，而且带领众多弟弟、子侄读书作文，很早就享受到众星捧月的骄傲，又及早有了锻炼领导才能的机会。

春风得意的李鸿章，被在京做官的父亲接去京师，见世面、拜名师，大开眼界、博采众长，乡下青年的青涩迅速被豪情壮志取代；屡吃败仗之后，有恩师曾国藩为他疗伤，他在曾营潜心学习、日积月累，受益良多；赶赴上海，大哥李瀚章提前为他买枪买炮，竭尽全力支持。有了这些优越条件的支撑，悟性高、肯动脑、有大志，即使普通人，也会与众不同，何况是李鸿章这样出类拔萃的天之骄子？

李鸿章争强好胜、逞强显能有了本钱，但他头上一直有道紧箍咒。这道紧箍咒就是他的老师曾国藩。

不时敲打、常常教训，曾国藩把李鸿章当成自家子弟，倾囊以授、尽力锻造；李鸿章视师如父，洗耳恭听，认真接受。不过，再听话的学生也有调皮的时候，李鸿章对老师"儒缓""朴拙"知之愈多，厌之愈深。口虽未出，如刻在心。祁门之危、剿捻之挫、天津之祸，李鸿章看出老师不但"笨拙"，而且"愚蠢"。要么避而远之，要么取而代之，李鸿章把老师当成了向上爬的梯子。

爬上高处，却不觉寒意森森。经事弥久，教训亦深。"笨老师"教出来的"聪明学生"李鸿章，慢慢揣摩出老师其实并不"笨"。曾国藩正是因为"笨"才"诚"，也才"耐得烦"，最后成就了大事。即使后来被自己"摘了桃子"的剿捻与天津教案，无不是按照老师的方略而成。

李鸿章是进士出身，授翰林院编修，但梁启超却说他"不学无术"："史家之论霍光，惜其不学无术。吾以为李鸿章所以不能为非常之英雄者，亦坐此四字而已。"李鸿章是典型的现实主义者，极为注重眼前利益。所谓义理、考据、辞章、经济，全被"以实心办实事"概括，而他的所谓"实心办实事"，实实在在是"急功近利""吃不得半点亏"的代名词。他的全部才干见识、计谋手段，皆用于求实利。为了利益，李鸿章可以与天斗与地斗与人斗，唯独不与自己斗。他学的是"现学现用"之"术"，一切服从眼前利益，难得为未来考虑，自然"不学无术"。

晚清名人经元善评价李鸿章"前半生勋业，后半截世故"，总结其一生性格处事，可谓一针见血。这样看来，聪明与智慧、权谋与通达，还是有本质的区别。

处世篇：志达天下出英雄

叁

著名学者王立群先生在央视《百家讲坛》读《史记》的一期节目中，归纳过世间有"只琢磨事的人""只琢磨人的人""既琢磨事又琢磨人的人"。这种说法看似简单，实则经得起一番品咂。

"谋事"与"谋人"，虽然只有一字之差，但含义相差万里，代表两种截然不同的价值观念。谋事敬业，时时殚精竭虑；谋人挟私，往往处心积虑。"谋事"出于公心，谋的是大我，有不避人言之心，无委身求全之虞；"谋人"则不同，常出于私心，谋的是小我，俯仰尊贵之颜，逶迤势利之间，为官帽权位讨巧，为一己之私算计。

但话说回来，人皆有七情六欲，趋利避害亦是本能。尤其是曾左李这样位高权重的封疆重臣，能把"权"字认清，把"人"字写正，把"我"字看小，把"义"字放大，没有一番中道圆融的修为，没有炉火纯青的世事阅历，在世风日下、人心不古的晚清官场，何以洁身自好？更不要说成就一世功名了。

曾国藩、左宗棠、李鸿章三人能够拜相封侯，可见智商都不低。但相对而言，曾国藩个性木讷、迟缓，左宗棠、李鸿章都属于才思敏捷一类人物，性格更加张扬外露。

"世事如棋局局新。"曾左李三人也许年轻时都曾冲动冒失，但随着年光渐深、功名已立，他们知人论世、立身行世的功夫日益老到，渐臻化境。这从他们在人生的不同阶段处理一些重大事件的方式中可见一斑。

一

大幕开启

晚清之世，席卷了半个中国的太平天国运动，在十余年中既沉重打击了中国封建统治阶级和帝国主义侵略者，也催生出曾左李这样一批"卫道救时"的朝廷栋梁。当历史大幕徐徐拉开，他们登上时代舞台时价值观有别，动机各异，心态不同。

曾国藩得益于科举入仕，受传统影响甚深，面对太平天国运动带来的社会动荡，他一心想的是如何拯救儒教于水火，用"道德的力量"挽救人心。李鸿章看到的则是乱世中凭借军功可以迅捷成就功名，实现自己"千里封侯"的人生目标。而左宗棠作为科场上的失意者，他最开始只想以"一艺一技"谋生，很早就透过严酷的生活把道德文章看淡。立身行事背后价值原点的不同，造就了他们不同的人生轨迹。

平地一声惊雷

太平天国运动犹如平地一声惊雷，让毗邻广西的湖湘大地为之一震。此时躬耕田陌的左宗棠变得有些迷惘。

左宗棠一生自信、自负，即使因为家贫入赘周家，他也没有挫灭斗志。

在善解人意的妻子周诒端和宽厚仁慈的岳母王慈云的关心帮助下，左宗棠三次赴京参加科考，三次铩羽而归。于是他决定放弃科考，安下心来晴耕雨读。

左宗棠和妻子商量，搬到西屋偏房居住，而且坚持给付租金。后他应诺入安化陶澍家教书八年，以薪酬买地建柳庄，完全独立于周家。亲人朋友也要明算账，可见左氏一生，有脾气、有志气、有骨气。

此时，同辈中的精英早已平步青云。一把年纪的左宗棠内心却保持难得的平静，睁眼看世界，低头写文章，几乎打定主意耕读养家，把柳庄经营成一处世外桃源。

没想到太平军兴，很快向湖湘蔓延。这场运动不仅使天下大乱，也改变了左宗棠的人生命运。

太平军攻入湖南，湖湘天地为之震颤。左氏多年来"身无半亩，心忧天下；读破万卷，神交古人"的桃源梦想瞬间成为幻影。兵荒马乱、人心惶惶之时，左宗棠只好携家带眷，避居东山白水洞。

但左宗棠仍对清廷保持一分清醒的认识："当今国事败坏已极，朝廷上下相蒙，贤奸不分，对外屈膝投降，内部贪污腐化，外敌侵略无已，各地盗贼纷起。"

封建王朝落后腐朽，地主官僚压榨盘剥，水旱蝗灾连绵不断，饥民灾黎被迫起义。生不易，活亦难，饱经生活磨折的左宗棠深刻理解民间百姓为生之艰。有钱读书，大多是为了做官，做官是为了支撑门庭、改变人生，但改变了人生的那些做官人，有多少人能为百姓着想？没钱读书，甚至连活命都难的人，怎么去改变人生？！不为百姓着想的人，作威作福；不能改变人生的人，不愿坐以待毙！太平军大多是由烧炭维生的贫苦农民组成，洪秀全、冯云山、杨秀清、萧朝贵等人不过稍有见识，就能登高一呼、应者如云，点燃整个社会的火药桶，足可以见出"乱自上作"，清王朝已经千疮百孔。

然而"兴，百姓苦；亡，百姓苦"，不管城头如何变幻大王旗，封建朝代的老百姓大多只求一碗饱饭而已。

左宗棠满腹才华，一腔热血，却屡考不中，命运坎坷。他也许想过既然报国无门，那让有识之士改天换地亦未尝不可。因此对于山呼海啸、惊心动魄的太平天国运动，他不可能无动于衷。

咸丰二年（1852年），左宗棠已经年届四十，如果继续隐居湘阴，他的一生很有可能默默无闻。随着太平军进入湖南，事情终于有了转机。

左宗棠熟读史书，对朝代更迭比一般人更了然于胸。在同为落第士子洪秀全领导的太平军汹涌而来之时，失意举人左宗棠忍不住心绪澎湃，也可理解。

太平军起，号令"天下男子皆是兄弟之辈，天下妇女尽是姐妹之群"，所有财物缴纳"圣库"，人人平等享有。看似公允，足以惑众。然而，毁孔庙坏儒教，人伦不分，房倒家破，人去地荒。就凭这些作为，洪秀全最终能够成事？左宗棠知道，乱世之中，要当"太平之民"不过是黄粱一梦。

洪秀全是个连秀才也考不上的人，他和一帮山野草民敢举旗树帜，来势汹汹，说明千里之堤早被蚁穴掏空。不过，古来成大事者，必与常人有异，必有超世之才。左宗棠认为，眼下的太平军喧嚣热闹，恐怕只是昙花一现。谁要与这样的"义军"合谋一处，只怕是上了贼船。

眼前太平军虽前途未卜，但破坏性却很大。心思缜密的左宗棠在变乱时局中早已按捺不住，那柄寒光闪闪的宝剑已在匣中嘶鸣欲出。

想当初，诸葛孔明隐隆中，虽然足不出户，却对天下大事了然于胸。以"今亮"自比的左宗棠，自然也眼观耳闻，不动声色，拔草瞻风，静观其变。他暗暗叮嘱自己，此时何去何从，一定要辨明真伪，否则一失足即成千古恨。

左宗棠与好友郭嵩焘、郭崑焘兄弟，各携家人躲进高山深谷的白水洞，盖茅草屋躲避灾祸。"是我无害于贼，贼无所忘于我，亦无所利于我也。"左宗棠想与太平军"井水不犯河水"，在乱世中各自安好，混乱过后再作他图。

才闻他家桂花香，又见隔壁墙忽倒。在这样的乱世中，左宗棠又怎能独自偏安一隅？

当朝重臣、好友胡林翼接连给湖湘巡抚推荐左宗棠，急急写信送来，连番劝他出山，左氏置若罔闻。地方大员如贵州巡抚贺长龄、云贵总督林则徐、湖广总督程裔采等也欲揽其入幕，左宗棠一样予以拒绝。

左宗棠一心想做"湘上农人"，像诸葛亮一样"苟全性命于乱世"，哪曾想一直记挂他的胡林翼再次急告，在信中连番苦劝"张采臣公（张亮基字采臣）与林元抚公（林则徐字元抚）一样血性热肠，家乡不幸祸在眉睫，请公（指左）出山协助保卫桑梓"。胡林翼还说亲见太平军砸庙焚像、污秽儒教等，连番泣泪申诉，着实让左宗棠心惊气急。

此时，民间又在盛传满朝重臣频频招揽的"国士"左宗棠，也是太平军极力争取的对象。还有鼻子有眼地传说太平军一路急进，遍寻左宗棠未着，早已心痒难耐。

审时度势，衡量再三，左宗棠认为洪秀全不尊圣贤，宣扬异端邪说，必会祸乱中华，更不可能成什么大事。再三等待观望后，左宗棠觉得自己要负起"保卫桑梓"之责。咸丰二年（1852年）八月下旬，左宗棠进入湘幕，佐助巡抚张亮基。他终于坚定地站在了朝廷一边。

一片冰心在玉壶

曾国藩最初决定抗击太平天国、擒杀洪秀全的动机，却与左宗棠有着根本不同。

他以儒学修身养性，再以己推人，甚至想将个人道德标准推及整个社会，达到治理国家的目的。然而社会的复杂性决定了不可能人人都成为道德君子，一味宣扬道德，只会批量制造伪君子。

左宗棠科考失利的经历，使他很早就懂得只有解决实际问题，才能救赎人性弱点，而曾国藩虽然"求大"过虚，但儒家信条早已深入骨髓，这导致他与洪秀全领导的太平天国运动注定不共戴天，必将一决生死。

早在道光二十九年（1849年），由"内阁学士兼任礼部侍郎衔"升补礼部右侍郎的曾国藩，从虚职变为实职，成了清朝开国以来湘乡出的第一个实职侍郎。朝廷正二品大员曾国藩，那时已经预感天下将有可能发生战乱，对国事更加忧心。

其时，太平天国运动正在暗中酝酿，曾国藩对其首领洪秀全亦有相当了解。只比曾国藩小三岁的洪秀全，虽然也熟读四书五经，但考了数次，连秀才也没有考上。最后一次府试落第之后，洪秀全大病一场。病中疯疯癫癫，病愈之后性格突变，他凭在广州府试时意外得到的一本《劝世良言》，开始四处宣扬基督教教义。后来，洪秀全既想通过传教谋生，更想凭借宗教争取人心，别出心裁地分解基督教义，掺入儒教教义与思想，编写出《原道救世歌》，创立了一种与众不同的"拜上帝教"。

洪秀全本来也是吸吮儒家奶汁长大的一代人，但多次科考失利，因此受尽屈辱，他连带对儒学充满了仇恨。《原道救世歌》描绘了洪秀全心中的理想社会，几乎与儒家大同说相类似，其实是把基督教义和儒家思想结合，成为不中不西的"四不像"。

行见天下一家，共享太平，几何乖离浇薄之世，其不一旦变而为公平正直之世也。

洪秀全提炼出这样的思想，让当时文化水平普遍不高、受苦受难的民众，对千百年来求而不得的"公平""共享"充满了向往，更加迷信拜上帝教。随着教众不断增多，渐成雏形的拜上帝教终于帮助洪秀全打开了局面。

道光三十年十二月初十日（1851年1月11日），洪秀全领导民众发动金田起义，自封天王，定国号太平天国。太平天国运动愈演愈烈，洪秀全等人向儒家文化发起挑战。太平天国官兵所到之处，焚孔庙、毁神像、拆庵院、烧书籍。

清朝有文人记录了太平天国大规模烧书的情况：

搜得藏书论担挑，行过厕溷随手抛，抛之不及以火烧，烧之不及用水浇，读者斩，收者斩，买者卖者一同斩，书苟满家法必犯，昔用撑肠今破胆。

只要家里搜出一本儒家之书，不管是读是藏，一概砍头。太平军对与儒家有关的事物恨之入骨，这种文化灭绝政策令人不寒而栗。

曾国藩自小尊儒教、习儒教、爱儒教，孔子就是他的偶像，儒学就是他的信仰。天下忽然出现洪秀全这样的"异类"，毁灭他视为生命的儒学，捏造另外一种混淆不清、颠倒黑白的"精神鸦片"，而追随膜拜者如此众多，这让曾国藩大吃一惊，恨得咬牙切齿。对这样的"异教徒"，曾国藩必有杀之后快之心。

曾氏在咸丰四年（1854年）二月发出的著名《讨粤匪檄》中，说了一句震动天下的名言：

举中国数千年礼仪人伦，诗书典则，一旦扫地荡尽，此岂独我大清之变，乃开辟以来名教之奇变，我孔子、孟子之所以痛哭于九原。

意思是我们这些读书人不能尊崇孔子、读圣人之书，而去信奉无中生有、莫名其妙的"拜上帝教"，置我中华数千年的传统礼仪于不顾，与禽兽何异？遇到这样千古不遇的劫难，我们的老祖宗在地下都会痛哭不已啊！

曾国藩一生考虑问题确实富有战略高度，比如这篇《讨粤匪檄》，不但将自己塑造成正义的儒家信徒、卫道榜样，更号召普通百姓、天下士子团结起来，与洪秀全这种欺师灭祖的"异教徒"血战到底，以挽救我煌煌中华的衣冠文物。这种入脑入心的战斗宣言，无疑给成千上万的儒家士子吹响了共同对敌的冲锋号。

回顾曾国藩的人生历程，他对儒家教义这番赤诚之心并非故作高调、沽名钓誉，而是发自内心。这一路走来，无论有多少曲折沟坎，不管遭受什么挫折，儒学给了他无穷无尽的力量，给了他"打落牙齿和血吞"的勇气，促使他不畏艰难地走下去。

回想起来，他在京师本为朝廷股肱之臣，因为憨直进言得罪圣上；离京赴江西担任乡试正考官途中，却意外接到母亲去世的消息，只好转道回家奔丧；丁忧在家被咸丰皇帝夺情，墨绖出山，又被官场各种明枪暗箭伤得几乎体无完肤……

因此在咸丰二年十二月，曾国藩领旨在湖南即将"帮办团练"时，思考良久仍然彷徨不定、左右权衡。事业功名本未卜，忠孝自古难两全。太平军已经汹涌而至，国家处于危难之中。个人荣辱事小，社稷安危、儒教存亡事大。受命在乡帮办团练、搜查土匪是顺遂圣意，既可安定民心，于平定"异教徒"匡护儒教也名正言顺。何况数年苦读，儒学根植于心，"律"可束人，"德"可治国。再等下去，国将不国，家亦难存！

千思百虑，反复揣摩，饱读诗书、深受皇恩的曾国藩仰天长叹，紧咬牙根，终于下定决心：帮办团练，祛除异端，护卫儒教，报效国家！

怀揣这样的初心，曾国藩遇人杀人，遇佛杀佛，硬是凭着坚忍、朴实、拼命，为剿灭太平军、挽救大清立下了汗马之功。

曾国藩在人生的关键转折点上，迈出的第一步何其悲壮、艰难。而更多时候，方向比努力更重要，曾国藩最大的生存"智慧"，正是来源于这种对理想的坚守。

意气高于百尺楼

面对太平天国运动风起云涌，相比于左宗棠踌躇观望、曾国藩再三思虑，李鸿章早就按捺不住内心的躁动，一心要趁这时代大幕开启之际，抓住机会建功立业，一显身手。

梁启超曾说：

> 天下唯庸人无咎无誉……故誉满天下，未必不为乡愿；谤满天下，未必不为伟人。

意思是说，天下只有平庸的人才没有赞誉，也不会被人诋毁。所以，誉满天下的人，未必不是伪君子；谤满天下的人，未必不是真英雄。

李鸿章是奸雄还是豪杰，见仁见智。不过他与曾国藩、左宗棠在谋事、谋人上大有不同，早已成定论。

而立之年的李鸿章，已经一路飙升至武英殿编修，自然心性颇高，大有气吞山河之势。当年进京参加乡试时，李鸿章曾赋诗："丈夫只手把吴钩，意气高于百尺楼。一万年来谁著史，三千里外欲封侯。"这首诗表明了他的人生可不止小打小闹，而是有"志在封侯"的远大志向。

"入凤池""夺龙头"，成为青年李鸿章梦寐以求的人生目标，在时势催化下，迅即转化为奋斗的动力。在洪秀全领导的太平天国运动已成燎原之际，李鸿章则在京城翘首踮脚，认为投笔从戎、封官加爵的机会指日可待。

"万里请缨终子少，千秋献策贾生推。"终军是西汉著名的外交家，曾先后成功出使匈奴、南越；贾谊是西汉著名政论家，著有《过秦论》《治安策》等。李鸿章志在成为他们那样少年扬名的人物，可谓目标不小，才高志大。

在安徽合肥肥东磨店一带，李鸿章的曾祖李椿、祖父李殿华都是务农的老实人，直到李鸿章的父亲李文安考中进士，李家才正式走上了飞黄腾达之路。

李鸿章大哥李瀚章比他大两岁，小时候李瀚章就是李鸿章的老师，他把自己学过的字手把手地教弟弟认，这个弟弟也有模有样地学。李鸿章刚六岁，就正式进入家馆棣华书屋读书。堂伯李仿仙、合肥名士徐子苓，都是当地很有学问的人。这两位先后教过李氏兄弟。

李鸿章在这期间攻读经史，潜心学习，打下了扎实的学问功底，也开始有了与同龄人不一样的志向。后来，在科举场上纵马驰骋的李鸿章，真真切切看见在京为官的父亲受人尊重，更加明白外面的世界才更加宽广。有了父亲在前指路，李鸿章交游更加广泛，眼界更加开阔，胸怀更加远大。"海阔凭鱼跃，天高任鸟飞"，李鸿章内心躁动，恨不得搬把梯子上天摘月、脱掉衣衫下海擒龙。

据《李文忠公集》记载，有一次李鸿章和别人谈起自己的志向时说："愿得玻璃大厅七间，明窗四启，治事其中。"这在当时可是封疆大吏才能拥有的办公条件。要知道在清代官场，从中进士到成为封疆大吏，平均要熬三十年左右。即使是像林则徐那样的能臣，也用了足足二十六年。可见要打破清朝达官显贵的晋升纪录，李鸿章不可能心平气静，在京都浑浑噩噩白耗时日。遍读史书、深谙官场的李鸿章，知道继续沿着父辈那样按部就班的程序熬下去，真要建功立业不知得等到猴年马月。

咸丰三年（1853年），血气方刚又求功心切的李鸿章，眼见太平军从武汉顺江东下，攻占安庆并杀死巡抚蒋文庆，马上怂恿同乡京官工部侍郎吕贤基，连夜赶写奏章，请求回乡剿匪保卫乡梓。

李心急，吕犹豫。自信满满的李鸿章干脆替吕贤基代笔："江北以庐州府为最要……盖庐郡为七省都会，地势雄阔，城垣险固，江皖水陆皆恃此为屏蔽。应派重臣在此驻守。"整个奏折写得条理分明，头头是道。

乱兵压境，咸丰皇帝正心急如焚，捧读奏折，大为赏识，马上批准吕、李回籍兴办团练。李鸿章终于如愿以偿，开始从文场转向战场，通过追剿太平军走上了梦寐以求的"捷径"。

李鸿章求功心切。回到原籍，凭着父辈福荫，帮吕贤基迅速兴起团练，拉起队伍与太平军接战数回。他"奸巧圆滑"，与敌"浪战"，竟然赢得几回胜利。不过到底还是年轻，刚刚出道的李鸿章不知心急吃不得热豆腐，一口不能吞两匙汤，战场上是真枪实弹地干，缺少军事才能肯定不能一直打胜仗，最终被太平军打得落花流水。要不是回家为父奔丧，寻找借口逃离战场，曾经意气风发的李鸿章十有八九已经死于太平军之手。

有道是"成功细中取，富贵险中求"，李鸿章依靠恩师曾国藩鼎力提携，终于在三十九岁那年出任江苏巡抚。他从二十四岁入翰林到成为封疆大吏，只用了十六年时间，非常意外地创造了奇迹。

李鸿章作为官二代，从父兄、师友身上看到出将入仕的荣耀，上了战场之后，终于也看出其中的不易，深知成大事者，个人能力和人际关系远比寻章摘句更为重要。科举入仕只能按部就班一步一步往上爬，饱读诗书之人也不一定能够取得不朽功名。在乱世中要想脱颖而出，只能先向马上取功名，而马上取功名的必备条件之一则是能力。李鸿章后来在这方面累积起来的"能力"，杂糅进了更多江湖经验，"实用"却显卑劣，所以被很多人不齿。

太平军兴，对日渐衰落的大清王朝是巨大打击，但对渴望快速求取功名的李鸿章等人，却是一个千载难逢的大好机会。由湘军分出来的楚军、淮军，不但帮助曾国藩一跃成为大清栋梁，也让李鸿章顺势踏上官场坦途。若论学问做人，他不及老师曾国藩；若论指挥打仗，他超不过左宗棠。但在太平军行将覆灭，朝廷"撤湘留淮"之际，他趁机接过剿捻大任，一举奠定"股肱重臣"地位；然后再挟胜战余威，接手天津教案，成就一生功业，在官场混得风生水起。

二

自我修炼

孔夫子说，只有学而知之，没有生而知之。人无完人，人亦不是神。即便像曾左李这样权倾一时、名扬后世的人，他们身上都有缺点。这世上能够做到"吾日三省吾身"的人并不多。曾左李成功的秘诀之一就是先于别人思考，先于别人行动，也先于别人自醒。即使由于时代与个体的局限，他们未能达到自我修炼的完美境界，但敢于反思和自我完善的精神弥足珍贵。

"千古完人"的污点

道光二十二年（1842年），曾国藩在写给弟弟的信中说，他已经立定了终身之志："君子之立志也，有民胞物与之量，有内圣外王之业，而后不忝于父母之所生，不愧为天地之完人。"

他给诸弟的信中说，如果做光明磊落的伟人，建功立业自然不在话下，名声既出，信义既著，"不必爱此小便宜也"。

偏偏就是这样一位立志做"千古完人"的正人君子，一生都在追求道德圆满的曾国藩，他的心中却潜藏着一桩痛悔不已的不堪往事。

道光二十六年（1846年）六月二十七日，在京城官运亨通的曾国藩，给他的四弟国潢、九弟国荃、幺弟国葆写信时说：

> 我自从己亥年在外把戏，至今以为恨事。将来万一做外官，或督抚，或学政，从前施情于我者，或数百，或数千，皆钓饵也。

在信中，曾国藩非常沉痛地检讨曾经做过的一件"令人不齿之事"，承认在己亥年（即道光十九年，1839年）耍了一回"把戏"，欠了太多人情，"还人情"可不是那么简单的。

曾国藩所说的"耍把戏"，不是变戏法或者搞杂耍，而是更令人"恶心"的耍"花招"。直白地说，他后悔自己"耍鬼把戏"。

道光十八年（1838年），曾国藩考中进士，点了翰林，就要做官了。这对于任何时代的任何家庭，都是大喜事，曾家也不例外。但是，曾国藩赴京做官遇到一件难事，就是需要大笔银子。

人们只知道做官风光，但在清廷做官不但工资低，而且不解决住房，也不报销往返路费，甚至连官服都要自己掏钱购买。曾家虽然是地主家庭，不过家中子女颇多（曾国藩兄妹九人），而且曾国藩赴京考试开支巨大，如果仅靠家庭自身力量，就是去北京的路费也难以筹措（左宗棠科举"半途而废"，难于筹集赴京旅费是原因之一）。

于是，曾国藩开始"耍把戏"了。

中国自古就是个人情社会，何况曾国藩点了翰林，将来有做大官的可能，不怕没有人送银子。曾国藩耍的"把戏"，就是抓住自己变成"潜力股"的时机，赶快向人伸手要贺礼。

抢着巴结的不必说了，官员、乡绅、亲友，纷纷来送人情，预先埋下一个将来走门子的契机。而对于那些不愿主动来巴结的，曾国藩要主动上门"拜访"了。这就是他说的"耍把戏"。

这样借着"考上好学校""升官"之机，向人"讨喜"并不算丢脸。无论过去、现在、将来，这样的"礼尚往来"在中国都是"人情世故"。只不过，很多人眼里正常的人情交际，在修身养性、誓做圣人的曾国藩看来，"天下最难还的就是人情"。所以，曾国藩在九年之后幡然醒悟，认为自己当初迫不及待甚至有些不择手段地"主动"去"讨赏"的行为，就是世间极丑的"鬼把戏"。

最让曾国藩痛心的是有一乡绅，趁曾国藩上门"报喜"讨赏，添油加醋说一佃农如何如何刁蛮，欠他租谷不给，等等，请曾国藩代他去县衙告发，许诺给多少多少好处。

碍于面子，加上金钱诱惑，曾国藩知道县衙官员只要看他进去，点头哈腰自不必说，官司肯定会赢，也就不管是非曲直，更不管贫弱势单的佃农是否冤枉，违心帮人打了黑官司。

曾国藩以理学名士自居，以"诚"自省。回想那租地的贫苦佃农，也许为此而走上绝境。这不但为程朱弟子不齿，就是一般的正人君子也不屑为之。

这件事成为隐痛，在曾老夫子心中久久萦绕，让他难以忘却。

有人说曾国藩有伪君子的一面，但这件事证明，他在生活中确实在按"圣人"标准严格要求自己。能够承认错误，并加以改正，而且将这些文字留给后人，说明曾国藩的确是敢于自我揭丑、自我批评的典范。

人是复杂的感情动物，每个人都有矛盾的两面性。对名利的追逐，对财色的喜爱，对一切享乐的向往，乃人之常情。但人生活在有规则约束的社会中，凡事不能为所欲为。曾国藩很早就立志做圣人，他按照圣人"修身、齐家、治国、平天下"的规范严格要求自己，所以他一生都在反省。

正所谓知易行难，一个人善于反省不是坏事，也不是一件难事，难的是反省之后要总结、要改正，并且一直坚持反省、一直愿意改正。曾国藩坚持反省了大半生，也在反省中改掉了很多坏习惯。很多人看到他身上依然存在不少坏毛病，便说他虚伪。其实，一个人敢于把自身的陋习公布出来，不但需要勇气，本身就是改变的明证。

曾国藩真诚地认识到自己的缺点，对世界有敬畏之心，小到面对财色控制欲望，大到视名誉胜过生命。初出山战败投水自杀，攻下天京马上裁撤湘军，他不但有自知之明，更保持着敬畏之心。

"处大位大权而兼享大名，自古曾有几人能善其末路者？总须设法将权位二字推让少许，灭去几成，则晚节渐可以收场耳。"这与曾国藩年轻时"耍把戏"挣好处有天壤之别。晚年曾国藩已经修炼得心如止水。去世前两年，曾国藩曾自撰一副对联：

战战兢兢，即生时不忘地狱；坦坦荡荡，虽逆境亦畅天怀。

这样"战战兢兢"的人生，已经失去乐趣，但也说明他为实现自己做"圣人"的愿望付出了多少努力。

晚清社会动荡，要带领能人志士成就一番事业，首先要赢得别人尊重。曾国藩的天资并不比左宗棠、李鸿章高，但他最后的功名声望高过左李，这是他敢于自我反省、讲究诚信，而且持之以恒的结果。

改不了的"痞子腔"

与老师曾国藩苦行僧般的道德修炼正好相反，学生李鸿章"打痞子腔"的习性，一生都没有改掉。

在内忧外患、捉襟见肘的晚清，曾国藩以"诚"与人打交道固然很好，但在列强虎视的现状下，李鸿章的"痞子腔"作为一种"战术"，似乎也可以取得某种效果。

"打痞子腔"是安徽方言，意思是"糊弄""忽悠""油腔滑调"，与曾国藩当年之"耍把戏"有异曲同工之处，都有"哄骗"之意。曾国藩将一生所学传授给李鸿章，李鸿章也是名副其实的曾氏传人。但是，曾国藩具备深厚的儒学功底，并且以儒家理学修身养性，受道德文章约束；李鸿章却在时代潮流中识见了更多西方经世实用之学，逐渐忘记了老师曾国藩教给他的"以诚待人"。

李鸿章用"打痞子腔"的手段"成功"瓦解英国雇佣军，同样用此手段解决了棘手的天津教案。客观地说，李鸿章"打痞子腔"，确实有违道德伦理，但他也以此解决了许多实际问题。

清光绪七年（1881年），在李鸿章的支持下，中国第一条自主修建的铁路唐胥铁路修建完成。针对这条铁路，平民百姓担心"铁路破坏良田、影响风水"，士大夫担心"黑烟影响庄稼生长"，皇室担心"噪声惊动皇陵"，李鸿章于是以"修快车马路"之名修建铁路。路成之后，火车改用马、驴作为动力牵引，以此瞒天过海。

清王朝最初根本没有把与洋人打交道这件事放在心上，当时大多数清政府官员，几乎都保持"对内糊弄朝廷，对外糊弄洋人"的一贯做法。

天津教案发生时，李鸿章与曾国藩对洋人持不同观点。李鸿章幻想以自己的"忽悠术"糊弄一时算一时；曾国藩秉持儒家信条，认为凡事应讲诚信，即使是与洋人打交道，己方首先按约行事，也可减少将自己置于险恶境地的概率，否则，签订更多丧权辱国条约，付出的代价将会更加惨重。从这个方面看来，曾国藩是晚清较早有平等外交观念、坚持诚信外交的人。

长久以来闭关锁国，当时的中国人自视甚高，甚至大多数人还认为只有中国人才是"完全的人"，是文明人。其他族类，则介于人与兽之间："夫戎狄者，四方之异气也。蹲夷踞肆，与鸟兽无别。"清王朝自诩为天朝上国，依然延续过去僵化的"老子天下第一"观念："溥天之下，莫非王土；率土之滨，莫非王臣。"认为对待洋人这种"半人半兽的生物"，就要像对待动物那样敷衍应付，没有必要认真。

英国使臣马戛尔尼访华时，乾隆坚持外国人拜见时要行三跪九叩之礼。等到第一次鸦片战争失利后，中英双方签订《南京条约》时，被打服的清廷只好将中国皇帝和英国女王的名字并排书写，以示地位平等。

李鸿章"打痞子腔"，就是对大清朝"羁縻外交"理念的继承和"发扬"。他认为对待洋人不用讲道理、讲诚信，糊弄就行。中国式的"能拖得一时算一时，能哄得一天算一天"，在李鸿章身上得到超常发挥。

在举朝昏聩的大清，连咸丰皇帝也宣称"自古要盟不信"，意思是以前答应的条件本属权宜，"盟"而无"信"自有其理，引得满朝都倡导"糊弄之道"。

如此"权宜之计"，在外强内弱、实力悬殊的时代背景下，最终让不得其门而入的洋人恼羞成怒，他们再次找借口发动鸦片战争。经受外国列强一次次无情打击，在付出了惨重代价之后，善思己过的曾国藩开始重新审视清王朝的外交之道。他看到外国人有自己的做事原则和文化体系，无论是做个人生意还是和政府签订条约，都讲究一个契约精神。

通过多年来与洋人的交流往来，曾国藩意识到，外国人也是人，既然是人，就要以"人"的法则与其交往。可惜的是，满朝上下，赞同这种观点的人少之又少。

曾国藩曾向皇帝上书："臣愚以为与外国交际，最重信义，尤贵果决。"意思是要讲求信义。诚信外交的基础要求，就是能够遵守条约。尤其在清政府没有足够实力的情况下，遵守条约才是最好的"计谋"，以遵守条约来限制外国列强的侵略步伐，为清王朝"师夷长技以制夷"争取更多时间。

李鸿章成为晚清第一外交官之后，对"诚"字的理解才慢慢深刻起来。直到临终时他还提出"外需和戎，内需变法"，认同曾国藩"守定合约，决无更改"的主张。李鸿章希望通过遵守条约来阻止那些洋人无底线"跨界"，以争取清政府内部"师夷长技"的时间，以求自强。因此，李鸿章的外交主要以"保全和局"为主。他知道，在当时的国际局势下，"开衅即不可收拾，与之战，法始必负，继必胜，终必款"。所以，李鸿章更愿意坐在谈判桌上和洋人"和和气气"地谈判。

与此同时，李鸿章采用"借力打力"的外交战略，即"以夷制夷"。运用远交近攻的合纵连横之术，利用西方列强之间的矛盾和不同利益需求，使强敌相互对立、相互牵制，希望能够以此"坐收渔翁之利"，维持清政府的短暂和平。

然而，李鸿章盲目相信外使的"友谊"或者"诚意"，把国家的命运寄托在列强身上，最终是与虎谋皮。

李鸿章最终依靠"痞子腔"和"诚"字，双管齐下，与洋人艰难周旋，让摇摇欲坠的清王朝又"和平稳定"地多存在了一段时间。他后来回忆道："我办一辈子外交，没有闹出乱子，都是我老师一言指示之力。"

"今亮"胜于"老亮"

曾、李之间，无论大小、疏密之事，都可以商量。左宗棠虽然受曾国藩提携，但因自视甚高，而保持一份人格独立。左宗棠不但对曾氏为人颇有微词，即使在外交理念上，也坚持认为只有大清强大起来，才能让对手不敢小觑。

曾国藩自己也承认在军事才干上不如左宗棠——"论兵战，吾不如左宗棠"，而且"为国尽忠，亦以季高为冠。"虽然这是曾国藩的自谦之语，但从曾、左一生的事功来看，曾国藩说的倒也是实话。

左宗棠对曾国藩的感情极为复杂。左宗棠在科场上确实比曾国藩矮了一大截。而在以科举功名为主流的社会，一步落后往往步步落后。曾国藩只比左宗棠大一岁，只因为中了进士点了翰林，就可以一路高歌猛进，赢得天下瞩目。对此，"高考失败生"左宗棠难免有些许不服。很多时候，他对曾氏怨恨多于爱戴，鄙视甚于尊敬，对抗超过顺从。当然，随着个人修为的不断提高，当手中的权力逐渐转换成为责任和担当，深受儒家思想影响的左宗棠，早已将个人功名转化为忠君报国的追求，而不再仅仅是简单的个人利禄、地位升迁。

在讲求裙带资源、流行暗箱操作的专制社会中，像左宗棠这样没有功名只有韬略的潜龙，如果想出人头地，最重要的捷径就是凭借战功。战场上的厮杀虽然危机四伏、颇多意外，但一战功成却缩短了寒窗苦读的时日。曾左李最初敢于赤膊上阵，除了卫教报国，求取功名、博取更大权力也是心之所思。

曾国藩实任两江总督之后，想方设法将左宗棠扶上了浙江巡抚之位。有了浙江巡抚之职，就有了调动浙江全省军政的权力。左宗棠终于可以大展拳脚，大试身手，攫取更大战功、获取更大权力了。

浙江一直是中国最富饶的地方之一，特别是在战乱频仍的清朝晚期，江南是清廷与各路起义大军争夺最为激烈之地。左宗棠年轻时就对地理舆图、山川风物了然于胸，自然知道统辖浙江的重要性。曾国藩把左宗棠推上浙江巡抚之位后，忽然觉察左宗棠"叛逆"起来。不管在人事调度上，还是在兵饷筹集方面，左宗棠开始虚与委蛇，最后终于公开抵触。

不仅如此，左宗棠竟然开始对曾国藩大肆"攻击"。太平军反围剿攻入安徽北部，左宗棠一反凡事与曾国藩协商之后再向朝廷奏报的做法，径直奏报曾国藩调防御敌能力有问题，奏请朝廷另派杨岳斌来督办江西、皖南军务。此举实际上是分化曾国藩的兵权，但左宗棠却说得冠冕堂皇：为了大清王朝的利益。他在转瞬之间，竟然不惜公开得罪曾国藩，这既体现他忠心谋国的大义，也体现其对曾国藩力小任重、褚小怀大的轻视。

左宗棠确实并非翻云覆雨的小人，他"攻击"曾国藩也真是为了维护清廷的利益。未做浙江巡抚之前，左宗棠只是"帮办军务"，等于是曾国藩的手下，万事还要仰仗曾的提携。纵使左这样刚烈激昂之人，即使不曲意逢迎，也不可能公开与曾唱反调。当上浙江巡抚之后，左、曾不说平起平坐，至少不再是从前那样的"上下级"关系。此时左认为起码可以恢复畅所欲言的本性。想咸丰年间，曾军败自杀、委军回家，都要被左大骂，此时浙江事关战略大计，左又执掌浙江，再不心直口快竹筒倒豆子，就不是"左骡子"了。

在曾国藩九弟曾国荃攻取天京之后，左宗棠因为"伪幼主洪天贵福"下落之谜，与曾国藩在皇帝、太后面前大打笔墨仗，以至于彻底与曾国藩决裂。

清王朝最在意的是皇权旁落。若太平天国幼主真的成为漏网之鱼，残余势力再次蜂聚，数以十年计的艰苦征伐，将可能重复。左宗棠丝毫不念及曾国藩对自己提携保荐的恩情，更不顾及曾氏兄弟将因此而功败垂成，甚至有可能株连亲族。从忠君的角度来看，左宗棠是在尽臣子的本分；如果以师友间的交往来看，左宗棠此举似要置人于死地，的确有不厚道之嫌。

从青年时期与陶澍、林则徐等封疆大吏开始交往起，左宗棠内心的狂傲与他的才学与日俱增，但他的境遇与前途却是一片迷茫。几经磨砺，他终于进入人生突飞猛进的上升阶段。意气风发的左宗棠，把曾国藩视为一生的参照物，也是一生的假想敌。只有超越曾国藩这样的"周瑜"，"赛过诸葛亮"的左宗棠才认可自己的成功。所以，在克己奉公、不断进取的同时，为清廷鞠躬尽瘁的左宗棠"翻脸不认人"，也是他和曾国藩权力游戏斗争中的一种手段。

优点和缺点都丝毫不加掩饰地展现出来，这是左宗棠的个性。无论是与克制、阴柔的曾国藩相比，还是同精明、得意的李鸿章对照，左宗棠似乎都更刚烈、狂放，做事也就更加直截了当。他不像曾、李那样，由科举入仕，更讨厌那些官场虚伪的做派，心有所思，行亦随之。

杜绝浙江赋税流向湘军，是为了让楚军饷源充足；分化曾国藩的权力，是希望朝廷更好把握地方；揭露幼天王漏网，是不愿百姓继续遭受生灵涂炭。不"俯仰尊贵之颜，逶迤势利之间，为官帽权位讨巧，为一己私利算计"，不看达官贵人的脸色，也不屈服于权势名位，只要不是为自己谋取官位私利，左宗棠认为自己出自公心，即使得罪曾国藩，也无所惧。他对自己的才能足够自信，对自己要做的事坚持到底。已经完全独立于曾国藩的左宗棠，甩开一切束缚，大踏步地朝着自己的人生目标迈进。

三

逐梦新篇

　　曾国藩和李鸿章都是进士出身，通过官场浸染重塑，自有一番老练阅世之功；左宗棠历经底层生活锤炼，解决实际问题的能力更加突出。在他们入世之初，曾、左一派儒家君子风范，敬畏之心深入骨髓；而李则看淡章句小楷，只重名利事功，官场习气日重。

　　曾国藩的霸蛮性格，其实就是湖南人典型的"一条道走到黑"。朴诚、坚定、执着，知其不可为而为之，成为引领众人前行的榜样。左宗棠刚强、自信和狂放，不虚伪做作，总是以圣人之念、一己之力，为天下苍生挽狂澜于既倒。李鸿章一生自恃才高，没有曾自虐似的自律，也没有左的狂放不羁，只知奉行"好汉不吃眼前亏"的哲学。

苦闷迷惘

　　拿破仑曾经说过："能管理好自己情绪的人，比能拿下一座城池的将军更伟大。"一个人一生的成就，首先取决于自己的修为。稳定的情绪，是成年人最高的修为。曾左李在没有经历真正的大风大浪前，也不能很好地控制自己的情绪。

咸丰八年（1858年）四月，曾国藩为父丁忧，在湖南湘乡荷叶塘乡居。"闻老九宅中有乩仙降，步往视之。""乩初到，即判曰：赋得偃武修文，得间字，字谜'败'。乩判曰：为九江言之也，不可喜也。"当时湘军在九江大胜，曾国藩判断湘军可以就此顺流而下，一举消灭太平天国，还有何"不可喜"？于是对乩仙的"判词"半信半疑。

半年之后，曾国藩重新出山，湘军在三河战役中大败，湘军悍将李续宾、曾国藩胞弟曾国华阵亡。曾国藩想起往事，忽然顿悟："由今观之，三河之挫，六弟之变，正与'不可喜也'四字相应。"人生事喜忧兼有，由喜想顺，从忧思烦，如行车覆辙，自然事事吻合。曾国藩心中所思乩言应验，实在是牵强附会。但在当时之境，不这样"顺理成章"地自我安慰，万般忧思如何开解？

曾国藩一生崇儒，对"怪力乱神"不以为意。乡居期间，有一次曾国荃之妻熊氏为求顺产，偷偷将道士张师公请进家里作法捉"鬼"，不料正好被曾国藩碰见，一向对此深恶痛绝的他，竟然不顾颜面，破口大骂弟媳。但是，不相信张师公的法术，并不代表曾国藩不信风水，这与其理学家的形象并不矛盾。因为研究风水鬼神，本乃理学家的分内之事。朱熹等理学大家就认为，人死后"灵气"并不会马上消散，而是聚藏于"山环水抱"的福荫子孙之地。

当初考中进士，入京为官，曾国藩选择租房，最注重的就是"风水"。百般挑选、千般打听，极为慎重。听说已经入住的房子"风水不好"，马上退出另选；祖母、祖父、父母的墓地，更是千挑万选。

曾国藩祖母王太夫人下葬地狭隘，曾家人都认为"风水不好"，但由于祖父的坚持而作罢。但在祖母下葬之后，曾家接连添丁，老九曾国荃考中秀才，曾国藩在京又得到升职，曾国藩便认为祖母下葬之地是"好风水"。但是，曾国藩父亲去世时，因为时间仓促，其父下葬地据说有"凶煞之兆"。这件事情让曾国藩忧心忡忡。他一边请知名"地师"（风水师）另求"吉地"，一边命曾国葆自学风水术："为二亲求一佳城，不必为子孙富贵功名，但求山环水抱，略有生气……"曾国藩认为，六弟曾国华之死，便是父亲下葬之地带来的"噩运"。

在一个封闭落后的社会环境中，即便是胸怀天下的曾国藩，在人生遭逢大事的十字路口，也难免通过风水占卜寻找精神出路。直到去世之前几个月，他还通过精通"相地之法"的老友冯树堂为自己挑选坟墓。

理学家曾国藩迷信风水不足为怪。然而在湖南"内靖四境，外援五省"、自称为"今亮"的左宗棠，也对冥冥之中的宿命安排深信不疑，这倒令人颇为意外。

左宗棠名为湖南巡抚手下高级秘书，实则包揽全省事务。为表达对左辛勤付出的谢意，骆秉章与胡林翼筹资在长沙城内替左宗棠买了一处大宅院。左宗棠把宅后园子按其地形地貌，分别建成"武侯池""卧龙岗"，还特别修建一茅草屋，谓之"隐贤庐"，在草屋内挂上"隆中对"古画，模仿诸葛亮"躬耕南阳"。

在隐贤庐旁边，一块巨石雕刻而成的大水牛特别受左宗棠喜爱。与左宗棠同年出生的老表不解地问："表哥您要做今世诸葛孔明，偏要弄个石头牯牛摆在这里，是不是时时准备回家耕田牧牛？"

"这你就不懂了，我是天上的牵牛星下凡，此牛乃是我为世人负重之象征也。"左宗棠一本正经地说。老表见左宗棠一脸严肃，心中不悦，抚摸着牛角，高声争辩道："你说你是牵牛星就是牵牛星？我还可以说我是天上的玉皇大帝呢。"

左宗棠听着表弟的牢骚，不禁揶揄："你还记得我和你去算命的事情吗？"

原来，这位老表是左宗棠三姑母的儿子，住在湘江东面，恰巧和家在湘江西面的左宗棠同年同月同日同时辰出生。老表和左宗棠一样性格刚烈狂放，却没有左宗棠的聪慧敏捷，更不像左宗棠那样胸怀大志。两人一直都争当表哥，左宗棠自作主张："你我争来争去也没用，我们看谁读书成绩好，谁就是表哥。"结果当然是每次考试成绩领先的左宗棠做了表哥。

有一次，左宗棠和老表去算命，左宗棠报出壬申年辛亥月丙午日庚寅时之后，算命先生掐指半天，夺口而出："此八字乃大富大贵也。"

待在一旁的老表也兴高采烈，高声叫道："我也是此时出生，岂不也是大富大贵的命？"算命先生又掐指半天，再摸摸老表的手和头，叹口气道："八字虽好，可惜生错了地方。你是生在河东还是生在河西？"

"河东。"老表不解。

算命先生说："生在河西者，出将入相，杀人万万；生在河东者，屠猪宰羊，杀牲万万。"

这个故事虽不知真假，但左氏一生恃才傲物确实不假，即使对少年得志的李鸿章也不屑一顾。

李鸿章投奔曾国藩的湘军大营，除了兄长李瀚章，在曾国藩手下做秘书的绝大部分人都属湘籍。

才高志大的李鸿章早年就拜在曾国藩门下，颇受老师曾国藩器重，少不了与同为幕僚的许多湖南人打交道。左宗棠受邀入曾营做客，每与曾国藩、胡林翼畅谈军中大事，李鸿章也经常参与。

左宗棠虽然只是个举人，但对进士出身的李鸿章从来没有高看一眼。毕竟，在湖湘政界，左宗棠先后帮助张亮基、骆秉章与太平军交锋对垒，一向胜多败少，连曾国藩、胡林翼都佩服得五体投地。李鸿章也知道左宗棠素来"好大言"，平时有意无意都躲着走。

躲过了左宗棠，却没有躲过另一位冤家彭玉麟。

有一天，左宗棠与彭玉麟等湘军将领讨论起打仗的事情来。几个人说着说着，就议论起是湖南人善于打仗，还是安徽人善于打仗。

这时，一旁的李鸿章也加入进来。要强的李哪会承认安徽人不如湖南人善战？但在藏龙卧虎的湘军营地，目中无人的李鸿章一舌难敌众口。说着说着，李与彭忍不住恶语相向，最后竟然大打出手。

堂堂科举进士，也算饱读诗书，还以如此方式与人争长论短，实在是因为李鸿章抑郁至极。

几年前，李鸿章本来在京师过着安稳日子，只因急着出将入相，才投笔从戎来投奔老师以实现人生抱负。谁知世事难料，不但没有天遂人愿，还差点因为战事失利而丢掉性命。在曾国藩湘军营地，李鸿章看不到出头之日。血气方刚再加上心高气傲，李、彭一言不合之下竟徒手相搏。想不到的是，李鸿章和彭玉麟一生的仇怨就此结下，这是后话。

曾国藩的迷信也好，左宗棠的做作也罢，以及李鸿章的年轻任性，都反映出他们在人生早期同样有过年轻人的迷惘、得意、清高。好在他们都胸怀大志，历经沧桑终于不断走向成熟。

未雨绸缪

在漫长的人生路上，聪明抵不过阅历，阅历抵不过悟性，悟性抵不过反省，反省抵不过改变。成功除了靠自身努力，阅历的积累、心智的成熟是必不可少的一道关口。

曾左李一生遇到的"惊险"事，何止一件两件，但他们都凭借实践累积起来的"智慧"一一化解，最后达到游刃有余的处世境界。

曾国藩署任两江总督前，咸丰皇帝前的红人肃顺给湖北巡抚胡林翼写了一封密信。信中对正在前线与太平军作战的曾国藩、胡林翼等人职务作了详细安排，保奏曾国藩为两江总督，以钦差大臣身份督办江南军务。

此时距曾国藩父丧丁忧夺情出山还不到两年，获取如此职权，实是曾国藩梦寐以求的事。

肃顺是镶蓝旗人，皇室宗亲，志大才高，精明能干，辅助朝政给力，被咸丰皇帝视为心腹，授侍卫内大臣。"行在事一以委之"，"上三旗包衣之政令与宫禁之治，凡府属吏、户、礼、兵、刑、工之事皆掌焉"。肃顺差不多到了"一人之下，万人之上"的位置，一时风光无两。

不过，肃顺自恃有才，又年轻气盛，难免飞扬跋扈，在朝中得罪了很多人。他"轻满重汉"，常感慨："咱们满人混账多，他们懂什么？做事还得找汉人"。"满人糊涂不通，不能为国家出力，唯知要钱！"为此得罪了很多满族高层，后来连一般满族士子都对他没有好感。曾国藩后来对肃顺的评价是："古来如李斯、曹操、董卓、杨素，其智力皆横绝一世，而其祸败亦迥异寻常。近世如陆、何、肃、陈亦皆予知自雄，而俱不保其终。"意思是说肃顺恃才放旷，刚愎自用，难免祸延自身。

曾国藩生性谨慎，从湖南山乡跨入京师重地，突然觉得从凡间进入天堂，应该扬眉吐气超群出众，哪想本来想让自己头角峥嵘，却遭到同僚相讥、咸丰怒斥，这一下子打消了这位新科进士的凌人盛气，让他知道天外有天、人外有人，贸然挽起的那只衣袖，只得又悄悄放下。

在京师为官遭遇过种种难堪，训练湘勇被官绅甚至咸丰皇帝数番羞辱，曾国藩已经深谙官场险恶，知道不可轻易排班站队，依附于人。谁也不知道哪块云彩会下雨，哪座高楼明天会坍塌。他开始懂得临渊履薄，独善其身。如今肃顺虽然炙手可热，但树敌太多，一朝失势则危无可救。君子不立于危墙之下。肃顺要胡林翼转给自己的密信，看过则罢，心知肚明，但不可与他有片言只语的牵绊，以免节外生枝。打定主意，曾国藩与有知遇之恩的肃顺，只是例行公事，从来不回其一封私信。

果不其然，咸丰皇帝驾崩，慈禧太后联合恭亲王奕䜣发动辛酉政变，削夺咸丰遗命的顾命八大臣势力，将肃顺捕杀、抄家。肃顺权倾朝野而不知收敛，广交重臣却毫无顾忌，在与太后争权时百密一疏，轻易放太后和小皇帝提前回京，太后因此为政变做好了准备。掌握实权的慈禧太后，在垮台的肃顺家里搜出不少书信，唯独没有曾国藩的只言片语，这让太后对曾氏放心不少。

很快，朝廷授曾国藩协办大学士，让其统辖江苏、安徽、江西三省并浙江全省军务，所有四省巡抚提督以下各官悉归节制。其时正是攻打天京的关键时刻，曾国藩获此实职，可以及时调动江南四省资源，集中力量投入战斗。而且，有清以来，汉大臣总辖江南四省，驻防将军成为总督助手，实为罕见。

与曾国藩的"老练"相比，左宗棠就显得"幼稚"得多。闹得朝野皆知的"樊燮案"，差点要了左宗棠的性命。

即使知道他飞踢永州总兵樊燮那一脚可能会让自己掉脑袋，如果时光倒回，让他重新选择，恐怕左师爷还是会抬起腿来。因为，只小曾国藩一岁的左宗棠，不但没有曾国藩儒缓的性格，也不像曾国藩那样惯于"修身养性"。

进士不第，是左宗棠最大的遗憾。他对通过科举进入仕途的人隐隐心生不满，但又一生对科举念念不忘。樊燮势利，是非不说，左宗棠对苦求功名的士子们就更多一分同理心。在陕甘主政期间，他极力推动陕甘分闱乡试，让甘肃考生在本地参加考试，不用再千山万水赴陕西赶考，让那些如年轻的自己一样穷困的学子，能节省人力物力。不但如此，左宗棠直到年过花甲，要率军西征，但想到自己还是个举人，竟然想委军不顾，去京师考试，慈禧太后不得不赐他进士之名分，补授东阁大学士。

原来，左宗棠也很在意他死后的谥号。中国古代文人特别重视死后盖棺论定，"生封太傅，死谥文正"是古代知识分子做官的顶级殊荣。左宗棠是举人出身，按规矩死后谥号是不能出现"文"这个字的。但补授大学士的左宗棠死后谥号"文襄"，意思是文治武功，总算实至名归。

当年由于没有进士身份，左宗棠郁闷不已，对看不顺眼的朝廷二品命官樊燮抬脚"惊天一踢"。谦受益，满招损。左宗棠后来能够在收复新疆这件大事情上提前筹谋，提出"欲收伊犁，必先克迪化（乌鲁木齐）"；想方设法筹备军费和粮食；制定"先北后南""缓进急战"的军事战略，就是他未雨绸缪、智者千虑的表现。左宗棠经历人生坎坷之后，终于懂得"谋人"与"谋事"的关系，智商以外又增添了情商。从这个意义上说，正是那一脚，他踢醒了自己。

曾、左性格不同，但都善于谋事。他们在经过世事的不断历练过后，看多了尔虞我诈，看透了世间险恶，逐渐积累起虑事远、做事稳的经验，却依然看不淡名利，只有提前做好准备，防患于未然。

死里逃生

曾国藩和左宗棠曾经遭受的"杀身之祸"来自官场争斗，李鸿章的几次"性命之忧"，则来自战场，特别是在祁门驻军一事上，可谓险上加险。

祁门是曾国藩统率湘军驻地，四面环山，如果被切断唯一通路，则死无葬身之地。不幸的是，曾国藩派去守卫通道关隘徽州的李元度，竟然轻易丢掉徽州。祁门之险，李鸿章一开始就看得一清二楚，而且后来的事实证明其所见非虚。要是太平军情报工作做得再仔细一点，侦知曾国藩就在祁门，那李鸿章可算是离死亡只有一步之遥。

李鸿章之所以在祁门忧心如焚，是因为他曾经在惊险的情况下侥幸逃脱，有一种久经战阵、死里逃生的预感。

咸丰三年（1853年），吕贤基困守舒城，前来援救的李鸿章陪侍在侧。兵士们四下逃命，吕贤基准备以死报国。李家老仆刘斗斋将李鸿章引到僻静处，牵马示意。李鸿章来不及细想，翻身上马，逃之夭夭。第二日，太平军攻下舒城，吕贤基投水而死。这是李鸿章早年在安徽"浪战"，第一次从战场上死里逃生。

至此开始，李鸿章在血与火的战场上，开启了"落荒而逃"模式。

咸丰五年（1855年），李鸿章的父亲李文安忽然去世。他生前恐怕没有想到，自己这一死竟然救了儿子一命。那时李鸿章配合安徽巡抚攻下含山之后，再次配合副都统忠泰乘胜攻打巢县太平军。但这次运气似乎不太好。双方僵持不下，清军逐渐抵挡不住。眼看就要兵败阵亡，李鸿章突然接到父亲李文安去世的消息。于是，李鸿章以回家为父亲料理后事为由离开前线。李鸿章刚走不久，太平军就发起猛烈进攻，清军全军覆没，副都统忠泰战死。

老是吃败仗的李鸿章，即使在家为父守制，也被太平军追得狼奔豕突。咸丰八年（1858年），李鸿章的家乡庐州（今安徽合肥）再次被太平军攻陷。李鸿章正在家丁忧，只好偕家眷仓皇出逃。他辗转至南昌，投靠兄长李瀚章。李鸿章拖家带口出逃之后，太平军赶到了，将李家老宅付之一炬。

前几次侥幸逃生，至今想来心惊胆战。但这次驻军祁门遭遇危险，可是在老师曾国藩眼皮底下，万万不可做出贪生怕死之状。曾国藩素以"诚"修身，亦以"诚"待人。临阵出逃，生而无颜；但此命若休，谈何成事？命悬一线之际，李鸿章心生一条妙计。

既然阻挡不了曾老师驻师祁门，眼下祁门屏障徽州又失，守护徽州之将李元度肯定会被曾老师参劾。那就从这里寻找脱身之计。

果然，曾国藩知道李元度不但违逆自己的意旨，而且兵败不归，在外盘旋日久，甚少悔意，不由得怒火升腾，马上要弹劾李元度。

李鸿章以种种理由劝阻未果，竟然率领一众秘书跪谏。前线战事火烧眉毛，后方众臣心如火燎，李鸿章再如此折腾，祁门大营更是乱得不可开交。

虽然此时曾国藩早就枕剑而眠，但毕竟是一军主将，不到最后关头，不能先自顾名节杀身成仁，丢下大营不管。

"李次青（李元度字次青）一直跟随您，数年以来战功累累，您也亲口说过'三不忘'，今以一城之失，就要参劾，岂不是要寒了湘勇将士们的心？"李鸿章一副义正词严的模样。李元度救过曾国藩三次命，被曾国藩称为"三不忘"，这是众人皆知的事实。

但正是这"三不忘"，让曾国藩恼羞成怒，他大声说："我不能因私枉法！李元度犯了国法，自当参劾。"让李鸿章赶快拟稿上奏。

李鸿章显出委屈的样子，大声抗争道："老师既然坚持参劾李次青，门生不敢拟稿！"

"你不拟，我自拟！"气昏了头的曾国藩，狠狠地盯了李鸿章一眼，心想这小子今天吃了豹子胆？竟然当着众人的面顶撞起我来了？于是毫不示弱地回了一句。曾国藩哪里知道这正是学生李鸿章"高明"的"逃生之计"。

心思缜密的李鸿章，等的就是老师的这句话。

"恩师既然不需要门生，门生就此告辞！"李鸿章面露决绝，内心狂喜。

曾国藩一愣神，一句话夺口而出："请自便！"

曾国藩完全没有想到，他的学生正是为了能够"光明正大"地逃命，才想方设法激怒了他。

李鸿章寻机逃生的目的达到了，但内心还是有些不舍。想到不久之后，老师可能就要以身殉国，自此一别，就是阴阳两隔，他鼻子一酸，弯腰深深一鞠躬，还是转过身，毅然离开了祁门险地。

不知是天意，还是曾国藩实在幸运，太平军竟然不知道他们一心要杀的"曾妖头"，就在眼皮子底下的祁门。李秀成后来在自供状中说，当年要是知道曾国藩在此，必定率军来剿，曾氏绝无活命之机，可见当时情势多么危险。

李鸿章一生充满传奇，他个人的命运沉浮反映了时代的动荡不安。据有关史料说，咸丰三年与吕贤基困守舒城那次，本来李鸿章是下定决心要死守到底的，但忽然接到父亲来信，被家中老仆刘斗斋怂恿，最终才离开。无论如何，李离开了舒城，而被他蛊惑回乡办团练的吕贤基城破身死是事实，"我不杀伯仁，伯仁因我而死"，李的奸猾也被实锤。后来的几次，或偶然，或必然，李险中求生，实在有他的生存哲学。

后来，李鸿章在中日甲午海战中"避战保船"，也被认为是李为自己保存实力。要不是在日签订《马关条约》遭到小山丰太郎那一枪，李鸿章铁定被认为处处贪生怕死、时时临阵退缩。如果辩证来看，保存实力、见机行事也没有什么过错，再说避险求安也是人的本能。不过，李"好汉不吃眼前亏"的实用主义让人实在说不出他有骨气。

四

股肱之臣

支撑曾左李三人奔赴疆场的信仰，是儒学。程朱理学特别强调社会责任感和历史使命感，曾左李深知肩负当下救世之责任，没有退却的道理。

在"君权神授"的专制社会，王权是国家最高权力的象征，曾左李亦是绝对服从的臣民，只不过他们在"服从"的时候，运用了一些个人的"智慧"。从开始镇压太平天国运动，到洋务改革、参与朝政大事，曾国藩最终成圣，左宗棠最终成事，李鸿章最终成功，他们按照自己的思想各得其所。

食君之食，忠君之事

曾国藩的一生，都在践行"诚"字，表现为懂得感恩，做人实诚、做事踏实，不贪恋名利。并且他懂得审时度势，一直心存敬畏。

"与朝廷争权"和"维护朝廷威权"，在曾国藩身上同时存在。这不仅仅说明曾国藩是个矛盾的人，而且说明他在不同时期有不同的处世思想。

先说曾国藩与朝廷争权。

晚清危机爆发的原因之一是"滥用文治，不知武备"。曾国藩是儒学入仕，最初坚守"勤俭持家，兼济天下"的儒家信条，在京师勤勉自励，十年九迁。假如没有太平天国运动，曾夫子也许会安坐朝中，继续节节攀升。但官做得再大，也绝对没有后来的声名之盛。等到曾国藩不得不弃文从武，带领湘勇杀向太平军，"兵要自募，饷要自筹"，他更加懂得权力的重要。

于是，他开始与朝廷争权、与僚臣争功。没有权，就无法征兵筹饷，就不能保证打胜仗，自然也就不能稳固自己的地位；没有功，何以获权？曾国藩想要在乱世建立不世之功，更想在历史上永留清名。他清醒地知道，没有作为，绝对没有地位；要想有所作为，必定要拥有权力。

但是在官场宦海经历一番浮沉挣扎，终于得到自己想要的一切后，曾国藩并没有得意忘形。他比很多人更明白，面对权力带来的名利，如果不能及时抽身而退，"高处不胜寒"将会变成"死无葬身之地"。于是，在平定太平天国运动之后，他自裁湘军，以顺圣意。

由此可见，曾国藩"维护朝廷威权"，既有希冀国家长治久安之意，也有封建士大夫的愚忠固执。他一生似乎有不少机会可以"自立为王"，但他始终没有越过这条红线，心甘情愿尽到臣子本分。

湘军强攻安庆，咸丰皇帝驾崩。新主年幼，太后年轻，朝中权斗，民间乱起，大清王朝似乎已经走到穷途末路。左宗棠、胡林翼等都在曾国藩的麾下，由彭玉麟训练的湘勇水师也渐成气候。曾国藩手握重兵，此时既可与太平军缠斗，亦可反戈一击，自立为王。

此时太平天国虽然经历天京事变，石达开远走川黔，但实力尚存；陕甘起义频仍，捻军骑兵肆虐。如果曾国藩再振臂一呼，挟东南半壁江山与清廷对峙，想来天下拥护者绝不在少数。

另一方面，按照咸丰遗命，以肃顺为首的八位王公大臣辅佐新帝，再分别授印信于慈禧、慈安太后，凡是朝廷上谕，必经两宫太后审阅盖章方可发出。本以为可借此平衡朝政，为爱新觉罗家族保留下江山社稷的咸丰，却不知凡大事需独裁，两宫太后、顾命大臣万一意见不合，岂不是天无宁日？

肃顺虽是皇亲贵胄，但一直以来轻满重汉，特别是对曾国藩，实有再造之恩。即使曾国藩自己不愿问鼎中原，也可与肃顺沆瀣一气，共创新朝。其时湘军已成气候，绿营八旗腐朽透顶，放眼天下，舍曾氏之外，更有何人能与之匹敌？

没想到曾国藩在大清面临巨变之时，其忠君爱国思想反而越来越坚定。

据说，关键时刻，有人送来一纸"神所依凭，将在德矣；鼎之轻重，似可问焉"，暗示曾国藩"问鼎中原"，曾国藩改之为"鼎之轻重，不可问焉"。还有人当面劝曾国藩："鹿死谁手，尚未可料，明公岂有意乎？"曾国藩一概充耳不闻。

这些传说真假难辨，毕竟没有真凭实据可以佐证。不管是当时还是后世，关于"篡位""忠奸"等大是大非的话题，都富有吸引力。特别是在晚清动荡不安、社会极度复杂的背景下，拥有重兵本身就让人浮想联翩。但曾国藩的忠君卫道思想，可以说一直都无比坚定。他是儒家思想的忠实信徒，对"温良恭俭让，仁义礼智信"的儒家理念奉行不悖，给家人的信中常常自诩"吾惟以一勤字报吾君，以爱民二字报吾亲"，这倒不是装模作样。

除忠君思想在起作用，"老实人"曾国藩心中或许对形势有清晰的认识。曾国藩最终没有跨出这一步，就是因为他心存敬畏。镇压太平军、回族起义，追杀捻军，不管有多大困难，那时曾国藩都代表当时的正统，追随他的都是朝廷认可的英雄好汉。曾国藩假如走到朝廷的对立面，无论怎样粉饰，都是"叛贼"，与儒家倡导的道德观背道而驰，肯定会遭受唾弃。曾国藩知道，正义是人心，失去人心，也就失去天下。如果没有朝廷正统作为依靠，他即使有惊天之才，也不可能成功。

曾国藩没有拥兵自重，而是知所进退，避免了国家再次陷入内乱，体现了他忠君卫道出自本心、做人做事不虚伪的一面，也说明他是内心有信仰的君子。排除对农民起义大加杀伐的逆流反叛，曾国藩忠心报国、期盼息战民安的精神，还是值得肯定的。

从遵从儒家道统开始，到"治乱世用重典"的法家凛冽，再到顺应天道、无为灵动的黄老之道，曾国藩可以说是饱尝了在痛苦中领悟、在领悟中痛苦的矛盾与挣扎，最终涅槃。忠诚和敬畏，让曾国藩得到了他想得到的一切，也使他背负了不少骂名。

"倚天照海花无数，流水高山心自知"，曾氏自撰的这副对联，表明了他对清廷的耿耿忠心，何尝不是他一生谨慎自知的真实写照？

失之东隅，收之桑榆

如果说曾国藩以"诚心"感动天地，敬皇权而生畏惧，那左宗棠就是轻视礼仪，终生傲骨刚硬。

当年在醴陵渌江书院，左宗棠作为书院山长见两江总督陶澍，不卑不亢。但晚年入值军机处，他却差点再次惹来杀身之祸。

晚清的军机处是朝廷的权力中枢，入值军机处，相当于坐到了宰相高位。左宗棠性格刚烈而不拘小节，在这种礼仪森严的地方极不适应。

年近七旬的左宗棠，在外一直是领头羊角色，但在军机处，不但要听领班军机大臣奕劻指示，而且因为其性格耿介，常受排挤，甚至连需要阅读的资料也要躬身亲为，自己去寻找。

在一群高谈阔论却不做实事的朝廷高官中，左宗棠显得有些另类。第一次入值军机处不久，左宗棠压抑得喘不过气来，坚请回籍养病，慈禧太后只好将他外放，让他担任两江总督兼南洋通商大臣。

三年之后，为了彻底剥夺左宗棠的兵权，朝廷再次调左宗棠入值军机处。

此时的慈禧大权在握，对心直口快的左宗棠渐生厌恶。工部尚书翁同龢说："窃恐左公不免龃龉矣，正人在位之难也。"意思是左宗棠为人太正，脾气又冲，在军机处任职，难免与人发生矛盾。果然，第二次入值军机处的左宗棠，很快惹来了"祸事"。

左宗棠本来就有些肥胖，已经年过七十，行走不便，朝廷体恤他收复新疆劳苦功高："该大学士卓著勋绩，年逾七旬，着加恩毋庸常川入直，遇有紧要事件，豫备传问。"特准他不用天天上班，遇到紧急事情才传问。

不过，宫廷礼仪繁复，我行我素惯了的左宗棠哪会习惯？转眼到了光绪皇帝的圣诞（生日），文武百官齐聚乾清宫，三跪九叩，祝贺皇帝大寿。左宗棠身为东阁大学士、军机大臣，为文官之首。按照礼仪，他应该带着一班文臣向光绪皇帝叩拜行礼。也许久在边疆不懂礼仪，或者腿脚不便，左宗棠随便做了几个动作，竟然没有磕头，在众目睽睽之下，大摇大摆走出乾清宫。

礼部尚书延煦很快上折指责左宗棠"身履尊严之地，毫无诚敬之心"，说左大人在皇宫禁銮、礼敬庄严之地，没有一丝敬上畏惧之心，对朝廷纲纪视同儿戏。他还深挖细掘左宗棠的过往，说左宗棠本来不是进士出身，却得以封爵拜相，攻击左宗棠"蔑礼辜恩，不守臣节"，请旨将左宗棠交礼部严加议处。

"蔑礼辜恩，不守臣节"，相当于造反。即使有天大的功劳，如果坐实，杀头也是轻而易举的事。

好在慈禧感念左宗棠收复新疆之功，而自己曾经力挺左宗棠西征，重罚左宗棠，就是抹杀其数十年战功，于是只罚了左宗棠一年俸禄。

慈禧或许为了安抚左宗棠，或许对"过分礼敬"光绪暗中不悦，转过身来，她就因延煦以个人而不是礼部名义弹劾左宗棠，而且言语过当，对其处以革职留任的重罚。

已经处于生命倒计时的左宗棠，遭此"不测"之后，有没有想起二十五年前樊燮案惹来的无妄之灾，不得而知。

为了彻底摆脱束缚，更不愿待在这"是非之地"荒度时日，左宗棠坚决要求离开军机处，以钦差大臣身份督办闽海军务，竭力挽救战局。在他心中，这些繁文缛节既虚伪又荒谬，根本就是消耗生命，他真正的舞台，还是应该在沙场。

左宗棠得知福建海军遭遇败仗，急切要求前往整军再战。果然，中法之战中，清军在左宗棠的指挥下取得胜利。但朝廷却要求与法议和。左宗棠悲愤交加，却无可奈何。自知生命将走到尽头，左宗棠向朝廷连上两折，建议国事。临终之前，他仍不忘口授遗折，对朝廷表达知遇之恩，并说："惟此次越事和战，实中国强弱一大关键。臣督师南下，迄未大伸挞伐，张我国威，遗恨生平，不能瞑目！"然后对光绪帝进行劝勉，提出了诸多富强之策和应对方略。

久在疆场征战杀伐，左宗棠知道讲究等级排位是为了让号令通达，但在后方官场，再一味讲究虚文缛节，就是一本正经地装模作样。这和曾国藩在咸丰刚登基时上奏，说新皇帝"小事精明，大事糊涂，徒尚文饰，不求实际"，如出一辙。国家正值多事之秋，外无战事、内振民政，百姓安居、国家富强才是根本；尊上敬老、磕头作揖这些场面上的礼仪，做做样子履行一下程序即可，干吗一定要一板一眼、死搬硬套？

幸好，左宗棠因为"不懂事"，被调离军机处，恰好天遂己愿、因"祸"得"福"。否则，以"左骡子"的性格，一直待在钩心斗角的朝中任职，他不但不能做事，反而可能招来更大麻烦。

其实，"卑贱时锋芒毕露，富贵时谨小慎微"，也不是左宗棠的全部。在湖湘幕府遭遇樊燮，正是左宗棠人生不甚如意的"卑贱"之时，所以他无名火炽；入值军机处，可谓是左宗棠的人生高光时刻，但他一样不注重"为官"形象。与曾国藩的"心怀敬畏之心"不同，左宗棠知敬畏，更一心一意为国家、为百姓着想。在他心中，"做事"远比"做人"重要。

左宗棠以举人身份，一路左冲右突，凭借军功，最终入军机处，他的功劳堪比诸葛亮。"今亮或可胜过老亮"是左常言，他的军事成就与战略眼光，证明他所言非虚。他虽然是科举道路上的叛逆者，却是经世济用的成功者，更是令人敬仰的民族英雄。

生不逢时，生也逢时

如果说李鸿章最初跃马疆场是为了加官晋爵，那么他后来的委曲求全，就不仅仅是为了名利面子那么简单了。

李鸿章视北洋水师为命根子，在光绪十四年（1888年）建成了位居世界第四位的海军舰队，其实力大大超过日本海军，使北洋防区实现了近代化。

但是，此后，对于北洋水师添置舰、炮的经费，朝廷开始拖欠，并且挪用由海军监管修筑铁路的费用。李鸿章心急如焚，但要从当时掌握实权的慈禧手里要到银子，难度实在太大了。

光绪十七年（1891年），李鸿章给皇上、太后上了一道奏折《致海军衙门函》，开头竟然这样写道："颐和园电灯机器全分，业经分批解京，并派知州承霖随往伺候陈设"，说的是给颐和园采办电灯的事，而且随后进一步详细说明这些电灯"机括巧密，料件繁多"，强调这批电灯是广东水师学堂的德国鱼雷教官回国休假时，"令其亲往德厂订购，格外精工，是西洋最新之式，前此中国所未有"。而且"承霖原是安设电灯熟手，惟此系新式，与寻常不同"，请这位德国教官亲自到颐和园去安装。

李鸿章还逐一补充说明颐和园附近西苑"更换电灯锅炉各件"是由洋行代办，不久就可运到天津，"闻器料尚属精美，一俟到齐，即派妥员解京，以备更换"。

堂堂直隶总督兼北洋大臣，对慈禧太后坚持修建的颐和园如此关心，其实是为催要拨款去修筑具有重要战略意义的关东铁路。运用此种委曲求全之法去讨慈禧欢心，确实为难李中堂了。

处于多事之秋的晚清，对内百业待兴，对外要抵御列强侵略，本来财政就捉襟见肘，慈禧又一心一意要修缮颐和园，花费颇巨，就只好扣减军费。

李鸿章早就听到慈禧放出的狠话："今日令吾不欢者，吾亦将令彼终身不欢。"为讨要修路款项，奏折上先报颐和园路灯情况，免得"触怒"太后，可见李之心曲艰难。

户部准备为慈禧祝寿，不但未如数拨付路款，而且还要"商借"海军关东铁路经费。无可奈何的李鸿章，只得在甲午战争爆发前的关键时刻，将已修至山海关、购地已至锦州的关东铁路停建。

甲午战争最后以清廷惨败结束，这一切开始时就已经注定了结果。

同时期的日本，从天皇到百姓，省吃俭用，举全国之力，要与大清大干一仗。日本天皇甚至将一日三餐并作一顿，全国百姓信心更加坚定。虽然有作秀成分，但日本人卧薪尝胆、励志图新，与清王朝的歌舞升平、铺张浪费，有着天壤之别。

李鸿章后来说："十年以来，文娱武嬉，酿成此变。"可谓字字如泣，句句血泪。

日本首相伊藤博文说李鸿章"以一己之力搏一国之力"，可以看作对这位大清国"裱糊匠"的一声叹息。李鸿章无疑是大清国的能臣，他一死，大清上下就失去了一位能够与洋人周旋的人。李鸿章的死，令"太后及帝哭失声"，大清国犹如"梁倾栋折，骤失倚恃"。

毛泽东曾评价李鸿章"舟大而水浅也"，说李鸿章的才能未能得到充分施展，也就是说李鸿章确实有才。李鸿章病逝后，梁启超曾说："鸿章必为数千年中国历史上一人物，无可疑也。李鸿章必为十九世纪世界历史上一人物，无可疑也。"说他"敬李鸿章之才""惜李鸿章之识""悲李鸿章之遇"。以李之才识，如果不生在大清，定能干出非凡的大事；但假如大清没有李鸿章，皇朝一样运转，慈禧和光绪也会找到代替李鸿章的人。只能说，大清这样的时势造就了李鸿章这样的"英雄"，李鸿章这样的"英雄"却挽救不了大清这样的时势。

李鸿章有大智慧，有超前眼光，比起同时代的守旧派，他能清醒认识中外形势；作为晚清重臣，他却无法跳出自身局限。全力保皇、有限改革，效果不佳，也就情有可原。只有把一个人放在当时历史背景下进行全面考察，才是客观公正的。李鸿章为腐朽没落、内忧外患的大清鼎力支撑，虽然个人私德为人诟病，但对于大清王朝来说则幸而有此一人，慈禧称他是"再造玄黄"之人，也非虚言。

人生风雨转瞬过，毁誉是非世间留。生逢其时建立大功，生不逢时万事蹉跎。不想当年，当年雄心依旧；不思未来，未来任人评说。

谋事在人，成事在天

曾左李不可能认识到封建政治制度的腐朽衰败才是清王朝"日之将夕，悲风骤至"的根本原因。他们费尽移山心力想挽救的大清朝，早就走上了一条不归路。他们是那个时代当之无愧的杰出人物，不仅在政治和军事上有着卓越的成就，他们的人生际遇与不同事功也深刻体现了"谋事在人，成事在天"的哲理。但他们接受的教育和所处的环境，使他们不可能"提着自己的头发飞翔"。在处理外交事务上的左支右绌充分说明了这一点。

李鸿章办理外交只求不要出乱子，"能哄一时算一时"。李鸿章能忍，左宗棠不能忍。面对外强侵略，左宗棠竭力主"战"。敢战是因为他一贯自信，坚持"不言和、不妥协，驱除外辱，扬我国威"。左宗棠的外交战略与当时主"和"的慈禧太后一方形成鲜明对照。

曾国藩则多从《周易》这种书中寻求依据。他说："大易之道，重时与位。二者皆有大力者冥冥主持，毫不得以人力与于其间。"面对古今未有之大变局，举国之人皆进退维谷，这些时代的先行者同样也不是先知。

相对而言，曾国藩比大部分晚清官员更具有大局观，很多时候都是站在全局的角度考虑问题。他提出与洋人交往要"大事苦争，小事不拘"。也就是说，与洋人打交道，最要紧的是国家利益、国家主权这种大事，而其他面子上的小事不应该过多纠结。

但是，晚清官员始终迷恋合纵连横那套春秋战国的外交"谋略"，很少有人能够真正睁眼看世界，最后的结果就可想而知了。在一个闭关锁国的时代里，曾左李注定只能在某一方面取得成功，不可能取得扭转乾坤的成就。

曾国藩被誉为"立德立功立言三不朽，为师为将为相一完人"。作为湘军的创立者和领导者，他以深厚的儒学功底和严谨的治学态度闻名；他镇压太平天国运动，为大清重整乾坤；他在两江总督任上，重建江宁城，开办江南机器制造局，推动了中国近代工业的发展；他胸怀坦荡、用人不疑，在晚清政界具有举足轻重的地位；他深知胜利并非仅靠人力所能及，常言"天道难测"，体现了对"成事在天"的敬畏。

左宗棠才华横溢，性格耿介豪迈。他的军事能力超过曾、李。面对沙俄的侵扰和新疆地区的动荡，他毅然领兵西征，展现了非凡的勇气和决心；他提出"塞防"与"海防"并重的战略思想，积极推动新疆的开发与建设，为国家的统一和边疆的稳定作出了巨大贡献；他在曾国藩提拔下担任重要职务，但后来与曾多有龃龉；他的性格缺陷使他少有朋友，但他的军事才能和爱国精神为后人所敬仰；他深知天时地利的重要性，常感叹"人事有尽，天命难违"。

李鸿章是曾国藩的得意门生，是曾氏衣钵传人。作为洋务运动的主要推动者之一，他试图通过引进西方技术和制度来挽救国家危亡，有力推动了中国的现代化进程；他是晚清时期擅长处理外交事务的人才，多次代表清政府与列强谈判，虽然屡遭屈辱，但仍尽力维护国家权益；他身前居高位，死后褒贬不一；他的经历让人深刻体会到，在"谋事在人"的同时，也不得不面对"成事在天"的无奈与局限。

曾左李在各自不同的领域中努力拼搏，但最终的结果却受到多种因素影响。曾国藩的坦荡胸怀和用人不疑的精神，左宗棠的军事才能和爱国精神，李鸿章的果断决策和向现代化的努力，都展示了他们在谋事上的智慧和竭尽全力。然而，历史的洪流和外部环境的变化，使得他们的成就并非完全由个人所掌控。

曾国藩说："自视常若平淡无奇，则成大器；谋事在人，成事在天。"他说一个人既不过分高看自己，也不过分低看自己，保持一颗平常心，成为人才的可能性就很大。"谋事在人，成事在天"强调了人的主观能动性和天命的客观存在。过于高看自己的人容易骄傲自满，过于低看自己的人容易自卑消极，这两种人都难有大成就。正视自己人生的成功失败，正确看待自己的优点缺点，才能不断突破自己，才能不断学习弥补，才能更加成功，才有成大器的可能。

但是，人生活在复杂的社会环境中，难免遇到许多不可预测的因素。有些时候，机缘巧合，无意之中就取得了很大成功；有些时候，费尽心机，拼命努力却一事无成。这样的结果，和个人付出似乎关系不大，也不能完全以人的意志为转移。

曾国藩考秀才堪比登天，但考举人、中进士、点翰林，以及官场升迁，却顺畅得多；左宗棠三次赴京赶考，三次名落孙山；在湘幕辅佐骆秉章，差点丢命，但跃马扬鞭，却一战成名、连战皆捷；李鸿章一路凯歌，年纪轻轻就在京为官，壮志凌云，回家办团练却屡屡战败，后来冒险赴沪，想不到却一飞冲天。

如此种种，是人定胜天，还是命由天定？

曾左李虽然各自的人生轨迹不同，但他们共同展现了在动荡时代中"谋事在人，成事在天"的复杂心态。他们以实际行动，证明了人的主观努力对于改变历史进程的重要性，同时也深刻体会到外部环境和历史大势对个人命运的决定性影响。他们的故事告诉我们，在追求理想和目标的过程中，既要全力以赴，尽人事之所能，又要保持一颗谦卑之心，理解并接受那些超出个人控制范围的因素。

当我们回望历史时，不应仅仅站在今天的立场去评判前人，而应更多地看到，他们相比自己的前人所作出的超越和贡献。这种"同情之理解"，既是对历史的尊重，也是对前人智慧的敬畏。

曾左李固然有各自的缺陷，甚至有被人诟病的处世方式，但他们毕竟已超过同时代的无数精英。

肆

人才篇：
我劝天公重抖擞

"育才造士，为国之本。"人才培养是一个长期过程，不是朝夕之功。环境好，则人才聚、事业兴；环境不好，则人才散、事业衰。怎样才算人才？怎样成长为人才？怎样把真正的人才用起来？"一头绵羊带领的一群狮子，敌不过一头狮子带领的一群绵羊。"这句名言一针见血地点出了领导者对一个团体的重要性。用一贤人则群贤毕至，见贤思齐就蔚然成风；任人唯亲则如埋下"定时炸弹"，对人才生态造成严重破坏，终究引爆矛盾，伤人害己。

历史学家认为，日本明治维新之所以能够取得成功，关键原因就在于以西乡隆盛为中心的一班志士仁人能摒除私念，奋不顾身地为国尽忠，最后建立伟大功勋。无论是在王政复古的风暴还是国民维新的漩涡中，为日本民族掌舵的那些政治家们，用以引领思想航向的，有非凡的智慧，还有高远的精神。英国学者亨利·诺曼宣称：日本同当时其他东方专制国家不同之处在于，"支配日本人的，是人类发明的最严格、最崇高、最一丝不苟的荣誉观"。

通过什么途径和采取什么手段来凝聚、团结部属，这是对一位领导者的极大考验。没有定力的领导是危险的，没有魅力的领导是孤立的，没有耐力的领导是短暂的，没有魄力的领导是软弱的。作为一个集体的领袖，有了魅力，才能产生魄力，而魄力需要借助耐力来施展，最重要的是不能丧失了定力。优秀的品格会给领导者带来巨大的影响力，使人产生尊敬感，并且能吸引人追随。而共同的理想追求，共同的价值观念，是上下团结的桥梁与纽带。

在这方面，曾国藩门生故吏遍天下，"天下督抚，半出曾门"，可见他培养人才之多。左宗棠虽然两度入值军机处，位高权重，却始终没有"经营"出一个自己的"利益集团"，他一生大多数时间在戎马征战，不为个人利益而拉帮结派是重要原因。李鸿章喜欢用家乡人。"吾庐英俊，多从游者"，他更喜欢有能力的奇才异士，对循规蹈矩的读书人则不大感兴趣，所以，他培养的人才与曾、左有较大的不同。

一

人才摇篮

举足轻重的"秘书班子"

"致天下之治者在人才。"成大事者，第一要务是发现和培养人才，然后是尊重和使用人才。把不同的人才放在合适的位置，让他们发挥不同的作用，就是对他们最大的尊重。曾左李克服重重困难，在风雨飘摇的晚清，各辟蹊径，组建"秘书班子"，为朝廷培养了许多人才。

以程朱理学为根本的曾左李，一直都有力挽清王朝于既倒的社会责任感和历史使命感。他们在战场与官场上愈战愈勇、经验愈来愈丰富，将个人与王朝命运紧紧捆绑在一起。通过组建幕府，曾左李培养了大量为我所用的人才，在识别、考察、培养、笼络、驾驭人才方面，他们各具特色，各有千秋，最终依靠这些豪杰之士成就一世勋业。

当时的幕府，类似于我们今天说的秘书班子、参谋部、智囊团等。"秘书班子"所服务的个人或者机构，可以是政府公职人员或者政府部门，也可以是非政府公职人员或者非政府部门。

在清末之前，被称为"幕府"的"秘书班子"已经日臻成熟。组建幕府的"幕主"，与支取政府薪水的"秘书"（"幕僚"，或称"幕吏"）和来去自由、没有官方身份的"秘书"（"幕友"，又称"食客"）表面上不是隶属关系，看似平等，其实幕僚或幕友不可能与幕主平起平坐。

幕府、幕主、幕宾（秘书的统一称呼）的兴衰荣辱，大则代表国家浮沉起落，小则代表幕主前途命运、幕宾功名利禄。晚清中兴名臣曾国藩、左宗棠、李鸿章组建幕府，也就是他们的"秘书班子"，是从镇压太平天国农民运动开始的。

清王朝的江山社稷，传到咸丰皇帝手上，已经在内忧外患中摇摇欲坠。朝廷正规军不堪一击，民间武装力量团练不得不再一次被拎上台面。曾国藩在朝廷的一再要求下，不得不募粮集饷，开办团练；同时遍访贤杰，延揽人才，开设幕府。

曾国藩的首席大秘书赵烈文说："苟非贤杰以天下为己任，流俗之情大抵求利耳。使诚无求，将销声匿迹于南山之南，北山之北，又肯来为吾用邪！"对曾国藩培育人才、广纳天下贤杰的盛举大加赞赏。

曾国藩初建湘勇，朝廷财政空虚，底气不足，募勇、筹饷、练兵、出征诸事，只有让筹办团练之"团总"自己解决。而团总一人精力有限，只好依靠能吏干才，一起完成维持治安、重振山河的重任。

曾国藩在湖南省城长沙以剿匪名义另立"审案局"，"秘书班子"开始有了雏形。郭嵩焘被曾国藩留在身边出谋划策、募捐筹饷，成为曾国藩组建的秘书班子里的第一位"秘书"。

随着湘勇队伍不断扩大，所需粮饷及亟须处理事务迅速增多，曾国藩书生从戎，战场排兵布阵的确是短项。诸事烦琐，前路维艰，曾国藩只好摸着石头过河，采取"兵来将挡，水来土掩"的应急之法，居然摸索出了一条开办秘书班子的成功之路。

"曾氏秘书班子"从咸丰三年（1853年）曾国藩开创湘军始，至同治十一年（1872年）他病逝止，历时近二十年之久。最初开办的审案局，改名为"发审局"，主要负责审理案件，是秘书班子里的常设机构。从清理历年积讼到查捉捻军骨干，直到办理天津教案，发审局立下了汗马功劳；负责思想文化机构的编书局和忠义局、负责军事和情报机构的营务处和采编所，以及负责维持秩序、清查田产、催收钱粮、供应军需、救济灾民、抚恤死伤的善后机构，构成了曾国藩秘书班子的主要部门。特别是战时粮饷筹办、军需采集和分配供应，事务繁杂，需要各种类型的人才，不但要广采博收还要培养储备，更要防止人才流失。

"知人善任，运筹帷幄"，凭借这八个字，曾氏秘书班子滚雪球一般规模越来越大。秘书班子的职能慢慢扩增变更，由军事斗争到安抚民生，再到办理洋务。李元度、李瀚章、李鸿章、鲍超、杨岳斌、彭玉麟等，鱼贯投奔曾营。

曾国藩选拔人才，别具一格、处处留心。他母丧丁忧回家途中，遇到放木排出身的杨载福（后改名杨岳斌）、落魄街头摆摊救急的彭玉麟，招至麾下，悉心培养，就是将不能科举入仕的有用之才，通过军功引导走上扬名立万道路的典型例子。

杨岳斌是在湘江上放木排的一位青年水手，穷苦出身，但水性极好，而且忠勇机敏。曾国藩目睹他在狂风暴雨中的洞庭湖上，不顾生命危险，与急风恶浪搏斗，救回了一个素不相识小女孩，激赏之下，曾国藩介绍杨去从军。曾国藩开办秘书班子后，杨闻讯来投，曾用心调教，杨竟然成为大才：在征剿太平军的战斗中，杨岳斌攻湘潭，取岳阳，掠武昌，克九江，立下赫赫战功，累官至湖北提督、福建陆师和水师提督、陕甘总督。中法战争中，杨岳斌率湘西苗兵协助左宗棠作战，再立战功。死后，追赐太子太保。

彭玉麟与曾国藩的相识更具传奇色彩。道光二十三年（1843年），曾国藩奉旨赴四川乡试正考官途中，偶遇流落开封府的彭玉麟。彭玉麟投亲不成，身无分文，要以祖传兵书《公瑾水战法》换取回家路费。曾国藩见彭玉麟器宇轩昂，说话条理分明，便有心接济，借给他回家路费。彭玉麟诚实有信，清正忠勇。曾国藩创办团练，彭玉麟受曾国藩之邀，至衡州创办湘军水师并成为统帅，斩锁长江铁链、断天京粮道、血战湖北、攻克都昌、进广东、驻虎门，累官至两江总督兼南洋通商大臣、兵部尚书，封一等轻车都尉。

随着战事的不断变化，战场逐渐从湖南地方向全国各地转移，急迫的战事需要更多能人贤士，各路豪杰从全国奔涌而来。近在桑梓的李元度，戴着罕见的放光镜（近视眼镜），早就向往横枪跃马，急切地想立战功。投奔曾国藩，李元度以文转武。曾国藩见李元度不但文笔隽永，而且有经世大志，遂留在秘书班子培养，以期锻炼成栋梁。

不久后，曾国藩发现李元度不仅自命清高，固执己见，而且约束部众失之于宽，这对于一位上阵杀敌的将领来说无疑是重大不足。但曾国藩"读诗读妙处，看人看长处"，他看重的是李元度的高远志向、耿耿忠心。曾国藩虽然一再提醒李元度"足下纪律太宽，吾时时以为虑"，仍然对他委以重任。李元度因为战场失败，与曾生嫌隙，不过最终以军功升任布政使、按察使。可以说，由于曾氏的宽容提携，李元度才得以修成正果。

曾国藩秘书班子规模庞大、人才济济，被称为晚清人才摇篮。这里宛如一个微型政府，帮助镇压太平天国运动，维系了清王朝的统治。在曾国藩手下任职的不少秘书，经过保荐出任封疆大吏，清政府汉族势力渐渐崛起，最终造成督抚专权局面。

不仅如此，曾国藩秘书班子促进了中国早期现代化的起步，为晚清造就了一大批各种各样的人才。可以说，曾国藩秘书班子对晚清政局影响深远。随后左宗棠、李鸿章秘书班子相继开创，几乎都是延续曾氏模式。

依瓢画葫芦

左宗棠、李鸿章无论是建立军功，还是开创幕府，都比曾国藩要晚。曾国藩给他们提供了较好的参照，但他们却没有一味模仿，而是根据自身经验以及实际需要，不断进行调整和创新。曾国藩的性格促使他注重培养实用人才，左宗棠的经历注定他更倾向培育出色的边防人才，李鸿章为人追求实效，喜欢使用现成人才。

曾国藩仰慕左宗棠的才华，一直想收为己用。张亮基从湖南调任湖北，再调山东，左宗棠不愿随往。咸丰四年（1854年），曾国藩写信请左宗棠出山协助，并许诺推荐他任"同知"之职。这对于只有举人身份、又无战功加身的左宗棠来说，算得上天上掉馅饼的大好事。

左宗棠似有自知之明："未尝有一日汗马之劳，又未尝偶参帷幄之议，何以处己，何以服人？"表面谦虚，实则是左宗棠才高志大："鄙人二十年来，所尝留心自信必可称职者，惟知县一官。同知较知县，则贵而无位，高而无民，实非素（夙）愿。知府则近民而民不之亲，近官而官不禀畏，官职愈大，责任愈重，而报称为难，不可为也。"

左宗棠说做知县才能为民做实事，"同知"有点"上不沾天下不着地"，予以谢绝。不过，左宗棠"不图虚名，踏实任事，在晚清可谓一股振聋发聩的"清流"，这个论断从此广为流传，为他开幕纳士打下了根基。

左宗棠在湖湘的张亮基、骆秉章秘书班子，都是以秘书身份行使巡抚权力，实际掌理湖南全省军政，使贫弱湖南一跃成为"东南保障，天下倚属"。经过这段时期的历练，左宗棠已经积累了大量军事、民政经验。楚军既兴，营中事务繁杂。左宗棠本是资深秘书出身，组建秘书班子自然轻车熟路。战争亟须的参谋军事、领兵作战、供应军粮、善后安民的人才，次第被网罗、组织起来。

"兵马未动，粮草先行"是行军打仗的基本常识，人才却是支撑军事行动的根本力量。左宗棠认识到自己"频年戎幕，从未躬履行阵，于战事毫无阅历"的不足，在建立楚军之初，请王鑫的堂弟王开化总领营务，刘典和杨昌濬辅助。王开化是跟随王鑫身经百战的名将；刘典在太平军起时，在家乡湖南宁乡办团练；杨昌濬早年追随罗泽南，也是久经沙场的战将。如此一来，左宗棠的理论知识在楚军将领的实践中得到很好应用，为培养更多军事人才作好了铺垫。

左宗棠入仕之前，以学习经世致用之学和程朱理学为主，虽然中断科考之路，但对"真八股之士"一样尊重。只要精修儒学与经世之学，刚明耐苦、廉洁能干之人，左宗棠一概视其为人才。

他曾经说："天下之乱，由于吏治不修；吏治不修，由于人才不出；人才不出，由于人心不正，此则学术之不讲也。"意思是说天下动乱的原因，是读书人只求应试之学，而不专注程朱理学，所以人心不正导致人才日益减少。

王开化、刘典等第一批进入左宗棠秘书班子的军事、参谋人才，为左宗棠早期在与太平军的战斗中作出了重要贡献；胡雪岩是以筹备军粮兵饷的身份进入左宗棠秘书班子的，自此为左宗棠戎马征战以及后来的洋务运动，作出了不可磨灭的贡献；左宗棠离任闽浙总督前，为使草创阶段的福州船政局不至半途而废，"三顾茅庐"、一片赤诚，坚请尚在家丁忧的沈葆桢接手相关事务。因为沈不但敢于担责，而且极为廉洁。这些都是左氏一生善纳贤才的实例。

左宗棠培养出来的最杰出人才，当数新疆第一任巡抚刘锦棠。刘锦棠是湘军名将刘松山的侄子，与叔父一同随左宗棠挥师陕甘地区。后刘松山战死，刘锦棠继任叔父之职，继续随左宗棠西征。左宗棠欣赏刘锦棠，因其不但足智多谋、作战勇敢，而且"廉干""刚明耐苦"。左对他不断加以磨炼，终使其成为大才。刘锦棠一直是西征军的主力，为收复新疆屡立战功。

自咸丰十年（1860年）到光绪十一年（1885年），左宗棠的秘书班子存在达二十六年之久。从军事斗争、办理洋务再到民生治理，左宗棠秘书班子里的各色人才，随着他任职浙江巡抚、闽浙总督、陕甘总督、两江总督，参与镇压太平军、捻军，直至最后收复新疆、挥师福建，各有建树。

左宗棠手下的秘书分为两种类型：江浙籍秘书多从事出谋划策、综治军饷、文书奏章等文职类工作；湖湘籍秘书擅长办理营务、督队打仗等武职类工作。这也佐证了民间"绍兴师爷湖南将"的俗语。左宗棠几乎半生都在不停征战，因为规模较小等原因，从他的秘书班子里脱颖而出的督抚大员不及曾、李幕府多，但是培养了很多边防军事人才。

李鸿章曾经先后在吕贤基、周天爵、江忠源、福济、曾国藩等人手下做过"秘书"。在这些朝廷大员手下做事，不但要有真本事，而且必须尽心尽力、奉献在先。

"一万年来谁著史，三千里外欲封侯。"李鸿章辞京官不做，就是为了快马扬鞭，早日"得玻璃大厅七间，明窗四启，治事其中"。

李鸿章书生从军，速求成功。眼看进士不第、给人做秘书也差点丢命的左宗棠，几经腾挪辗转，开军幕、建战功、升巡抚，所向披靡，迅成气候。马到成功的左宗棠"量才器使，因人制宜"，身边聚集了王开化、胡雪岩、刘典、王加敏、杨昌濬、夏忻、吴大廷、吴观礼、王柏心、柏景伟、饶应祺等一批有识之士，开启了轰轰烈烈的封疆拓土之业。志大才高的李鸿章，自然也不甘落后于人。

咸丰十一年（1861年），李鸿章遵照老师曾国藩嘱托创办淮军。率军赴沪几个月之后，或奏调，或聘请，已将周馥、黄芳、郭嵩焘、冯桂芬、王凯泰、钱鼎铭、王大经、薛时雨等人招致麾下，初步搭建起了自己的秘书班子。直至光绪二十七年（1901年）去世，李鸿章秘书班子历时四十年。

在李鸿章建立秘书班子初期，太平天国已经是穷途末路。除了周馥一直替他统管营务之外，在安徽老家招收的张树珊、张树声、吴长庆、刘铭传、潘鼎新以及后来招降的太平军降将程学启等军事将领，身上虽然各有劣迹，但对李鸿章镇压太平天国与捻军等都作出了无可替代的贡献。

李鸿章认为袁世凯胆略兼优，是淮军后起之秀，对他多有提携。袁世凯能够在朝鲜发迹，全靠李鸿章提携。袁世凯对李鸿章一度感激涕零，感叹："得李中堂推重，如此知遇，年未三十，名扬中外。擢太急，任太隆啊！"但袁之心性，遮日播雨，实难叵测。

中日甲午海战之前，李鸿章没有按照袁世凯意图派重兵驻守朝鲜，袁世凯失望之际，私下离开朝鲜回国，竟然遍访官员，将李鸿章对外软弱、两次从朝鲜调回淮军，以及他本人在朝鲜如何受李鸿章制约等事，广而告之，企图与李鸿章撇清关系；甲午海战之后，李鸿章下台，袁世凯转投李鸿章的政治对手翁同龢、荣禄等当权人物的门下，继续对李鸿章落井下石。

李鸿章对袁世凯有再造之恩，而袁世凯却忘恩负义，袁世凯的个人私德，实在难以恭维。不过，李鸿章去世之前，一样保奏袁世凯继任直隶总督、北洋大臣。李鸿章这样做可能是为了保全淮军利益，彼时淮系势力中除了袁世凯，实难再选出合适人选，但也可以看出李鸿章重才轻德的一面。

李鸿章一生最辉煌的四十年，正是中国内忧外患，逐步沦为半殖民地的历史时期。中国正历经变局，李鸿章秘书班子里的王树楠、盛宣怀和严复等人对时局都有着清醒的认知，他们开始寻找问题的解决方案，提出变革的主张。李鸿章的秘书班子网罗了不少人才，这些人在中国近代化道路上积极进取，勇于开拓，推动了中国的近代化进程。

美国作家芮玛丽说李鸿章代表"中国保守势力最后的抵抗"。他曲法徇情，公私不明，通过优用乡人和旧部，编织紧密的关系网，形成一股无法忽视的政治力量，这也是李鸿章在晚清官场屹立几十年而不倒的一大秘诀。

种瓜得瓜，种豆得豆

李鸿章是曾国藩当之无愧的接班人。虽然李鸿章是曾国藩的事业传承者，但无论是学问道德，还是人品作风，李鸿章远逊于老师曾国藩。因此他开创的秘书班子无论在规模和影响力，还是培养出的人才方面，远不如曾国藩。但李鸿章培养出了周馥、袁世凯、盛宣怀等人，他们极大地影响了晚清的命运。

李鸿章是曾国藩的学生中最著名的一个。李鸿章不仅后来居上，超过很多同门师兄，甚至事业功名、身份地位亦可与老师曾国藩比肩。

曾国藩去世后，李鸿章所送挽联"师事近三十年，薪尽火传，筑室忝为门生长"，虽有自夸成分，但李自诩为曾"学生之中的老大"，毫不客气地把大哥李瀚章也给比了下去，不无道理。

李鸿章在老师曾国藩去世之后，内办企业、设海军、建学校，成为洋务派的中坚；对外是办外交、订款约等外交事务的实际主持者，逐渐成为朝廷重臣。因此，李鸿章的秘书班子后来以协助处理洋务、外交事务为主。

"挟小智小术，欲与地球著名之大政治家相角。让其大者，而争其小者。"梁启超曾经这样一针见血地评价李鸿章办外交的短板。李鸿章久经宦海，人情练达，累年从军，多以"浪战"；外交事务，直觉多于理性，权谋胜过策略。沿袭春秋战国术，惯于合纵连横，左支右绌，常常疲于应付。

时光易逝，代有传人。有一个人常年伴随李鸿章左右，视李如师如父，他叫周馥。诸生出身的周馥，字迹隽永，办事心细。为避战乱，替人写信抄书为业。咸丰十一年（1861年），周馥在安庆与组建淮军的李鸿章相识，从此一生追随，直到光绪二十七年（1901年）李病逝。

周馥前后担任李鸿章机要秘书近四十年，成为跟随李时间最长的秘书。周馥进入李鸿章秘书班子办理文案，跟随李鸿章镇压太平军、筹划北洋海防、治理直隶和山东水患、参与甲午战争，创办了天津电报局、天津机器局等洋务实业，开创了中国近代工业。并且，周馥主持建立天津水师学堂和北洋武备堂，参与了北洋海军的建立。周馥还写了《治水述要》一书，这是他集毕生治水之法写成的我国治水史上一部不可多得的参考书。

周馥做事勤恳，思虑周全，执行力强，深得李鸿章信任和倚重。他跟随李鸿章转战苏州、常州，替李保管巡抚大印，几乎寸步不离，凡事无一贻误。

李鸿章出任直隶总督兼北洋大臣，在华洋杂处、政繁事殷、社会矛盾复杂而微妙的天津兴办洋务，几乎全靠周馥筹划办理。周馥为人处世颇得李鸿章的称赞，亦因此开始了他的官宦生涯，后官至两江总督，又调任两广总督，成为淮系集团中颇有建树和影响力的人物。周馥对李鸿章可以说是鞠躬尽瘁，死而后已。

为北洋水师筹措经费的海防支应局，在周馥主持下，既要向数省督抚恳请落实朝廷要求拨发经费，又要在直隶开源筹款，用以购置军舰及武器、保障北洋驻军饷需供应。周馥扩建天津机器制造局，增加枪炮、弹药、地雷、水雷等武器的生产，数年间使天津机器制造局"整枪整炮军器生产一新"，成为北洋取给之源。周馥不但创办了中国第一所陆军学堂——天津武备学堂，培养军事人才，还创立北洋水师学堂，为即将成立的水师培养人才。会办电报官局，架设电报线路，附设北洋电报学堂，培养电报技术人才；在山东推行新政，兴办实业，富民强省，疏通黄河，清除水患，这都是周馥对李鸿章淮系集团所作的巨大贡献。

光绪二十七年（1901年），李鸿章弥留之际，心事未了，难以瞑目。陪侍在病床前多时的周馥边哭边说："老夫子，有何心思放不下，不忍去耶？公所经手未了事，我辈可以办了，请放心去罢。"然后轻抚上了李鸿章双眼。

周馥成为晚清金融实业领军人物，后期洋务运动的实际操盘手，继承和发扬了李鸿章未竟的事业。

蒋廷黻认为"曾国藩是我国旧文化的代表人物，甚至于理想人物"，"无论我们是看他的字，读他的文章，或是研究他的为人办事，我们自然地想起我们乡下那个务正业的小农民。他和小农民一样，一生一世不作苟且的事情。他知道文章学问道德功业都只有汗水才能换得来，正如小农民知道要得一粒一颗的稻麦都非出汗不可"。曾国藩培养人才亦如此。他懂得培养人才如种庄稼，不但要选好种子，而且要给予种子适合生长的土壤。

与曾国藩的农民式的"本分"相比，李鸿章在官场上擅长运用权术和手腕，从功成名就后自保的方式上可以看出二人的区别。曾国藩作为镇压太平军的"第一功臣"，他想到的保持身名俱泰的方式是解除兵柄，将部分湘军将士遣散回家，同时把李鸿章和淮军推上前台，自己韬光养晦，免得朝廷疑忌；而李鸿章则将权势看得极重，占据高位不肯下来，并通过罗织关系网以自固。在培养和使用人才时，李鸿章急功近利，他才不管"种子"好坏、"土壤"肥沃贫瘠，只要结果使他满意，过程并不重要。

左宗棠一生培养了三位总督、三位巡抚，几乎都在陕甘、新疆等地任职。在当时，这些地方不但战乱频仍，而且相对落后。平定、治理这些地方，都要付出更多艰辛和努力。左宗棠虽然与这些人才在关键时刻能够休戚与共，但无一例外都与他们闹过矛盾。可以说，左宗棠培养起来的人才，没有一人与他一直保持亲密无间的私人友谊，或者在个人利益上有任何纠葛。这些人与他共事，与他培养他们一样，都秉持一颗为天下苍生的公心。左宗棠为安定天下黎民，不怕任何困难，在任何地方都耐得烦、吃得苦，培养出来的人才同样也是赤胆忠烈之士。

荡平叛乱、剿抚邀功、开创新局、办理洋务，曾左李利用秘书班子的集体智慧，各自建立功勋，在晚清历史上留下"中兴重臣"之名。

作为回报，曾左李秘书班子里辛勤工作的秘书们要么升官，要么发财，更多的人则是名利双收。可以说，曾左李和他们的秘书班子，相互利用，相互成就，而朝廷则牢牢掌控着曾左李的官场命运，居高临下地驾驭着一切。

二

培育"千里马"

晚清时期，最著名的伯乐非曾国藩莫属。曾国藩善识人、善用人，并且愿意培养人。他希望培养一大批精英，为他一心效忠的大清王朝续命。左宗棠、李鸿章在曾国藩这个"榜样"的带领下，迅速跟进，也从"千里马"摇身一变为"伯乐"，培育出了更多为己所用的"千里马"。

军营书院

著名哲学家莱布尼茨说过："世界上没有两片完全相同的树叶，也没有性格完全相同的人。"每个人的气质禀赋、性情抱负，都会受成长环境的影响。曾左李虽然都是晚清精英，但他们对于人才的认识，与他们自身的成长经历密切相关。曾国藩生于湖南偏远山村农家，他早年从祖父那里接受了朴素的富含哲理的教育，对祖父星冈公推崇备至。

曾国藩一直记得祖父讲过的一个故事。说有一个好客的老者，让他的儿子去街上采办酒菜回来款待客人。但儿子去了很久都没有回来，于是老者只好赶去探看究竟。这一看，老者大吃一惊。原来，挑着酒菜的儿子与一个担着货担的货郎，像两只斗鸡，冠抵腰弯，在一条很窄的田埂上互不相让。

老者见状，气不打一处来、先是呵斥儿子一番，再好言好语解劝，希望一方退让。无奈言出风过，两人两担纹丝不动，四目四腿互不相让。老者劝说无果，吆喝自己儿子下田，让货郎先过去，儿子委屈，气呼呼地说："我个子这么矮，下田去酒菜就会被水浸泡。"老者想想也是，酒菜被水浸过，还怎么吃呀，只好又赔着笑，低声下气恳请个子高的货郎下田，让自己儿子先过去。

不想货郎说得理直气壮："我的货比你酒菜值钱，被水浸泡了你赔啊？"不肯相让。老者看这两个愣头青年如此倔强，无可奈何地看了看自己儿子，只好忍气吞声，对货郎说："那好，我下田去把你的货担顶起来，你过去之后我把担子交给你。"

货郎一看，这老者这么大的年龄，怎么能让他下田呢？羞愧不已，红着脸下了田。

这个故事在湖湘一地流传已久，说明此地人既霸蛮，但又"吃软不吃硬"，霸蛮但不愚顽。

曾国藩深谙"仁义礼智信恕忠孝悌"的儒家思想精髓，后来将这个故事扩充，写了一部《挺经》。曾国藩从小接受的教育是做人要严于律己、顾全大局、坚强忍耐、刚柔相济，这为他"修身、齐家、治国、平天下"奠定了基础，也成为他培养人才的准则。

曾国藩很早就认识到人才的重要性。开创幕府后，他指示手下李瀚章说："仆已缄托各处荐人，如有来者，祈阁下优加礼貌，先给薪水，徐察其才之大小而位置之。"意思是我已经广撒英雄帖，邀约人才，如果有人前来，请你好好接待，先给他们发放工资，再仔细观察，视他们的才能大小，给他们安排合适的工作岗位。

不拘一格广收人才、精心培育各种人才、不遗余力爱护人才，是曾国藩一生践行的人才观。只要发现某一方面有能力的人，曾国藩都尽力将其收罗至身边，悉心培育教导。

曾国藩的秘书班子既是服务于他的机构，也是培养人才的大学校。他将天下事分为军事、吏事、饷事、文事，让秘书们各选一项，加以训练。曾国藩几乎把秘书当成弟子，每日早上必定边吃饭边讲为人处世的哲学。即使秘书们不在身边，他也采取通信、批示形式，结合实际进行教导。秘书班子成员无论在战时还是在时局平缓时期，都把诸如拟写奏折、征粮发饷、审案抚民等事当成功课和考试，在学习中成长，在实践中锻炼。

本有知人之明，更有育才之心，曾氏秘书班子职能迅速扩大。曾国藩能成就大事，正如李鼎芳所说："由于其幕府宾僚群策群力互助建功也。"

湖南东、南、西三面皆山，北又被洞庭湖和长江隔开，过去交通落后，相比其他地方，难免闭塞。湖南人性格勇悍、坚忍、好胜、刻苦，民风也颇多偏狭、任性、蛮干。像买酒菜回家"不让路的儿子"那样的"愣头青"，几乎是见多不怪。

兵士以打仗为主，服从号令是根本。为了把在家乡招募的乡农子弟，培养成遵号令、敢冲锋、既明事理又能忍耐的战士，曾国藩将军营变成了学校。

湘勇驻扎之地，成为当地一景。白天操练、出阵，晚上书声琅琅，俨然学校。每逢三日、八日，集体训话，曾国藩要向将士们宣讲"杀身成仁，舍生取义"的孔孟之道，努力把他们塑造成"不要钱、不要命"的卫国保家之士；每到夜晚，教授《四书》《五经》，让将士识字读书，从传统文化中吸取做人、做事的道理。除此之外，曾国藩还亲自编写通俗易懂的《爱民歌》，采用教唱民歌民谣的方式，对军队进行爱民、忠君教育。

在曾国藩治理下，军队上下级之间"以情意相孚"，在下者尊上，"如子弟之事其父兄"；在上者恩威并重，"如父兄之管子弟"；各统领之间，以"平恕之心"相待，处处"严于责己而薄于责人"，内部团结得像一股绳，每战无往而不胜。

唐浩明总结曾国藩的用人原则，说他在选湘军将领时，功名心急迫的人不用，官气重的人不用，口若悬河的人他也不喜欢用，他的理想人选是农民出身，最好祖父辈、父亲辈都是种田人。曾国藩谢绝"侠客"，因为那些人

大多桀骜不驯，容易"坏律"。

"功不独居，过不推诿，用仁施恩，用礼立威。"曾国藩本人非常自律，也严格要求身边的人。凡经过曾国藩同意留在秘书班子里的人，曾国藩都要求他们习得一技之长，养成沉着务实的习惯，说话要条理分明，做事要有诚信。

曾国藩坚持早起，读书、做事都有条有理。他处处为人师表，时时以身作则，仁义诚信，俭朴忠贞。广择心忧天下、能打硬仗的"秘书"，精心培养成"德"字为先、"才"亦必备的人才，让他们上下团结，为国分忧，人尽其才，各得其所。

湖南自湘军崛起，文化兴盛，人才辈出，曾国藩不但为后世称颂，而且带动了一群人、一个集团、一种政治势力的兴起，为晚清同治中兴作出了不可磨灭的贡献，甚至对民国以后的政治也产生了极为重要的影响。

任人唯贤

左宗棠与曾国藩在发现、培养人才方面，都注重"德""才"兼备，知人善任，任人唯贤。左宗棠一生对人才要求的重点放在"廉""干"之上。为了坚持这个原则，左宗棠曾经上演一出让人叹服不已的"好戏"。

同治五年（1866年）春，左宗棠升任闽浙总督，行辕设在福州。他深感振兴海防，造船尤其重要，上疏在福州创办轮船制造局。八月，朝廷批复同意，左宗棠决定在福建马尾开工建设福州船政局（亦称马尾船政局）。这时，西北战事告急，朝廷急调左宗棠转任陕甘总督。如果这时左宗棠离开福建，中国近代为数不多的军工企业势必夭折。为了安顿好福建造船等事，左宗棠特别向朝廷请求延迟三个月到陕甘上任。

左宗棠经过深思熟虑，认为只有丁忧在家的前江西巡抚沈葆桢才能接办船政局。沈葆桢是林则徐的外甥，也是林则徐的女婿，与李鸿章同榜中进士。其人心高气傲，却既有才能胆识，更有血性担当。特别是十年前（咸丰六年，1856年），沈葆桢担任广信（今江西上饶）知府，在妻子林普晴（林则徐女儿）鼎力帮助下，以四百守军力敌万余太平军，而且七战七捷，足见其才。

沈葆桢以"重孝在身"婉拒左宗棠。左宗棠亲自到沈葆桢家，动之以情，晓之以理，恳请沈葆桢出山为朝廷出力。如是数次。沈葆桢终于被左宗棠诚心感动，不但接手创办船政局等事，而且一反之前特立独行的行事风格，完全遵守左宗棠制定的规章制度，彻底贯彻左宗棠的办事原则，将福州船政局办得焕然一新。

左宗棠这边再三坚请沈葆桢出山任职，转身却拒绝女婿陶桄赴西北随军服务。

陶桄是原道光重臣、两江总督陶澍独子，也是左宗棠门生，遵照陶澍遗嘱与左宗棠长女左孝瑜结婚，成为左家女婿。陶桄承袭父荫，倡助湘军军饷，受朝廷嘉赏。左宗棠赶赴陕甘督办军务，女婿陶桄想随军服务，当然是想谋取官职。按说陶桄去西北，在军中筹饷集粮，也算是人尽其才，但左宗棠历来反感任人唯亲，尤其是像陶桄这样既是"门生"又是"女婿"，他更加慎重。左宗棠写信给女儿左孝瑜，严厉斥责她"怂恿"陶桄出门"求官"，不允许陶桄去西北。最终，陶桄"终身不仕"、"家居不闻外事，不履公庭，而梓桑利弊多所兴革"。也就是说，因为岳父一句话，陶桄一直没有出外做官。这事就是放在今天，左之操守家风也属可贵之至。

不但女婿陶桄没有沾到岳父大人的光，左氏的远戚近亲，无人能靠左的关系谋取福利。光绪六年（1880年），陕甘总督杨昌濬接到前任左宗棠的信，信上写道：我的亲戚如有逗留兰州请求收录者，决不宜用，亦可省弟已累也。左宗棠知人善任，不举无才之人，六亲不认可见一斑。

左宗棠把人才当成拱卫国家的栋梁，从小处看性情，从大处看品格，宁缺毋滥。李耀南自咸丰十一年（1861年）即入左幕，随左镇压太平军，同治七年（1868年）又加入左宗棠西征幕府。到了同治九年（1870年），左宗棠查"李耀南性喜挥霍，兼广交结，计一年有余，汇寄之银已千两"。是说李耀南虽然在战场上是一员不可多得的战将，但讲究排场，自己铺张浪费不说，还一年给家里寄回几千两银子，请将"李耀南革职，永不叙用，并不准投效兵营"，对其惩戒之严厉可谓无情。

同治元年（1862年），左宗棠率军进入浙江，马上奏请任用王加敏委办粮饷事务，他认为该员"以浙江之绅办浙江之事，情形较熟，呼应较灵，若令遄赴臣营听候差遣，必有裨益"。王加敏早在咸丰十年（1860年）就跟随左宗棠襄办军务，左宗棠率军入关后，委派他负责陕甘后路粮台，先后十九年有如一日，"其经手出入款项不下数千百万两"，而他自己却始终保持廉洁。左宗棠称赞他"论其志趣操守、才具在监司中亦实不可多得之员"，多次为王加敏请奖，委以重任。

相反，对那些贪图钱财享受安乐或庸碌无能之人，左宗棠则毫不留情地加以惩治和清除。丁太洋，原为左宗棠的老部下，自"人营报效"以来，"临阵奋勇"，算是一名有用之将。可是，他"不守营规章德，竟敢缺短勇额至一百四十余名，希图冒销钱粮"。左宗棠发现后，立即将其"正法军前，以昭炯戒"。

左宗棠考察、培养人才，尤其注重实效。他用人不论亲疏远近和门第派系，尤重人品能力，所以考察人才时久，提拔人才较缓。有的人甚至把左宗棠打造人才时间久，说成"近似折磨"。"量才器使，因人制宜""用其所长，避其所短，各得其宜"。左宗棠对培养使用人才自有一番独特见解："吾察人颇严，用人颇缓，信人颇笃。"左宗棠让手下人长期锤炼，不急求速成，可谓用心良苦。

湘军将领成定康，在咸丰十年（1860年）即加入左幕，成为左宗棠手下主办文书的秘书。平定浙江，成定康累有其功，不过左宗棠的评语却是："过于伉爽，恐遭时忌，故每加裁抑，未遽登之荐牍，冀其养成大器，以备朝廷任使耳。"意思是成定康这个人过于耿直豪爽，如果提升太快，恐怕会遭到别人的嫉妒倾轧，要让他静心息气，多看多练，方能成大器，所以现在没有向上举荐。

直到同治七年（1868年），左宗棠才上保荐折，称成定康有大才，"实为一时不可多得之选"。保成定康"以道员记名，遇有陕甘道员缺出，请旨简放"。成定康这才走上了仕途，最后官至甘肃按察使。成定康在左宗棠手下任劳任怨，将自己的养廉银捐出兴办义学。左宗棠得知成定康奔波劳碌积劳成疾，写信劝勉他：你凡事亲力亲为，但也要爱惜身体。须知做事情也不能逼迫自己，这样才能更多地为国家服务。成定康从来不因左宗棠提拔他"缓"而生气，反而为左宗棠的重情重义而感动。

为官分良莠，平庸即无能。"文官不爱财，再平庸也是良吏；武官不怕死，再粗鲁也是好将。"这句话原是由岳飞"文官不贪钱，武将不怕死，天下太平矣"演化而来。左宗棠一生中的大部分时间都在戎马征战，征粮集饷、转运军需等事务对人才的基本要求是廉洁，但无能之辈再廉洁，亦不能用："廉谨士之一节，不廉固无足论，徒廉亦无足取。"廉洁之人，亦要有较强的工作能力。左宗棠坚决摒除庸才，他的用人标准是既要廉洁奉公，又要务实能干。

景廉，正黄旗人，进士出身。同治十年（1871年），清廷任命其为乌鲁木齐都统，驻扎古城。同治十三年（1874年）改授为钦差大臣督力新疆军务。此人并非贪图享乐之辈，但才能平平。对此，左宗棠上书朝廷，力陈自己的意见："关外统帅景廉，素称正派，才有学问，承平时回翔台阁，足式群僚，惟泥古太过，无应变之才。"说景廉这个人虽然正派廉洁，但办事太拘泥固执，毫无机巧敏锐，希望朝廷将景廉调离西征队伍。不久，景廉便被调离。左宗棠选人用人之道无疑是西征事业取得胜利的有力保障，也是其为官从政遵循的根本原则。

左宗棠殚精竭虑甄选人才，以"能访人才"而著称，用人以"胆大耐劳"为根本，喜"经世有用"之才，对"真八股之士"也热烈欢迎。因此各种人才都能在左之麾下人尽其才，才尽其用，各得其所。

"人无癖，不可交"

与曾国藩、左宗棠不同，李鸿章年少时凭借科举成名，却不喜欢死读八股。在他的人生字典里，"成功"才是最耀眼的两个字。李鸿章的祖父李殿华，为了振兴家业，以培养儿子们成就一番事业，光宗耀祖，据说节衣缩食、"五十年不进城"。李鸿章继承了祖父求取成功的志向，延续"定须捷足随余骥"的自信，毫不犹豫地放弃京城官职，迫不及待回籍办团练，碰了一鼻子灰，再兜兜转转回到老师曾国藩身边，冒险赴沪火中取栗，终于脱颖而出。

李鸿章深知机巧善变的重要性，更懂得每个人都不可能完美。而人性只要有缺陷和欲望，就能够被利用，被驱使。

与胡雪岩"并驾齐驱"的晚清巨富盛宣怀，不像胡雪岩那样出身卑微，在性格处事上和李鸿章极为相近，同样是年轻气盛，追求功名心炽，而且满腹心机，灵动机敏，善于应变，几乎就是年轻李鸿章的翻版。

同治九年（1870年），一心谋求出路的盛宣怀，舍弃福州船政大臣沈葆桢的招揽，前去投靠以钦差大臣身份会同陕甘总督左宗棠镇压陕甘起义的李鸿章。

盛宣怀思维缜密，暗忖虽然跟着林文忠公（林则徐）女婿沈葆桢可以谋得好前程，但假如能攀上炙手可热的李鸿章这座大山，前途更加不可限量。

在投奔李鸿章的路上，细心实干的盛宣怀见入陕淮军因为抢运军需物资，道路拥堵不堪，查看讯问后，思谋计定，迅速给李鸿章淮军总理营务的总办杨宗濂建议："运输军援，应该按其急需排好顺序。粮应该比饷更优先，因人无粮心发慌，军无粮必乱；帐篷应该比枪械弹药优先。因为西北气候特殊，蚊虫凶猛；加之将兵随身都带有少许弹药，应付几日问题不大。"

盛宣怀刚到李鸿章大营，就一鸣惊人，瞬间给淮军解决了运输大难题。

李鸿章从赴任贵州途中，转赴陕甘，陕西虽已平定，但仍有叛军不断发动袭击，他极不情愿再陷入西北这摊"泥淖"之中。更让李鸿章坐卧不安的是，在甘肃取得军事胜利的左宗棠，一直借口回籍养病向朝廷施加压力，想逼走他。李鸿章在西北，战不能战退亦不能退，取功不成夺权不能，可谓上不沾天下不着地，委实尴尬。

此时，李鸿章老师曾国藩在天津处理教案，殚精竭虑，重病缠身；洋人军舰汹涌而来，声称要把天津变成焦土。这些看似风马牛不相及的事件，被盛宣怀串联起来，李鸿章顿悟解决困境妙法。

淮军各部很快接到饬令："停止前进，就地扎营，无命不得擅自拔营。"

三天之后，同治皇帝加急圣谕果然送达："曾国藩病势甚重，一时实乏知兵大员要资战守。刻下陕省军情稍松，着李鸿章移缓就急，酌带郭松林等军克日起程驰赴近畿一带驻扎，届时察看情形，候旨调派。现在事势紧急，该督务须迅速前进，毋稍迟误。"

圣谕要李离陕向北，李鸿章终于顺利摆脱尴尬处境，淮军不必陷在西北难有建树，他自己更有可能借天津教案而扬名四海。

盛宣怀进入直隶总督的秘书班子，协助办理营务，对李鸿章无疑是重大助力。李鸿章很赏识盛宣怀，一再提拔他。盛宣怀一边在官场升迁频仍，一边在商场呼风唤雨。

几十年下来，背靠李鸿章这棵大树，盛宣怀积累了巨额家产，逐渐成为洋务派代表人物，著名政治家、企业家和慈善家。为了帮助李鸿章打压左宗棠（当然也是为自己的利益考虑），盛宣怀还不遗余力地击垮了左宗棠的"钱袋子"胡雪岩。

李鸿章的秘书班子有数百人，至亲中仅有他的大儿子李经方和女婿张佩纶。在风雨飘摇的晚清，李鸿章受益于秘书们的鼎力协助，终于办成了很多大事。

一个人的成功依赖很多人的努力，一个取得巨大成功的人肯定要获取无数人的支持。

喜用奇才异士，对读书人反而不大感兴趣，这是李鸿章在用人上与曾、左不同之处。他挖空心思，极尽搜罗之能事，不拘一格，只要有一长即取。比如清流派张佩纶，"尤以纠弹大臣著一时"，但李认为"在外历练，所成当未可限量"，于是有意扶植，最后"以女妻之"，"占为己有而后快"。

李鸿章深谙人性，他清晰地认识到围绕在自己身边的人，要么唯利是图，要么企求功名，或者想名利双收。于是，李鸿章利用他们某方面的特长才干，诱之以利，施之以名，将他们与自己捆绑在一起，为千疮百孔的大清王朝"勉强涂饰"，极力敷衍。但让李鸿章以及攀附他的人意想不到的是，他们只是"挟小智小术"，揽权牟利，苦苦应对，"争其小让其大"，最终难以力挽狂澜。

李鸿章一生在开办洋务上花了很多时间，好用现成的且具备特长的人才，善于用钱财官位笼络人心。李鸿章用人的目的是利用他们创造实际效益。他与曾国藩不同，不畏人言，极少顾虑，把人才当成他的私有财产。比如周馥，为他尽忠职守服务一辈子；盛宣怀从他的左膀右臂到最后的分道扬镳；袁世凯虽然成为李鸿章的继承人，与盛宣怀一样，都被称为"误国首恶"。李鸿章培养出来的"千里马"，在人品上受人赞赏的不多，被人诟病的却不少。

饱读程朱理学的曾左李，在识别、考察、培养、笼络、驾驭人才方面，别具特色，各有千秋。

总的来说，曾国藩胸怀天下，以培育英才为己任，以诚做人；左宗棠任人唯贤不拘一格，专心做事；李鸿章忠心圣上，拉帮结派任人唯亲，一心做官。曾国藩利用秘书们的智慧，左宗棠善纳下属们的建议，李鸿章乐受追随者的膜拜，留下晚清一段风云际会的士林传奇。

三

人才江湖

曾左李都求贤若渴，也有点石成金的本领，但对于优劣人才的淘汰选择却不尽相同，在历史深处留下一段段恩怨交织的故事传闻。

"非常"之才

英国历史学家包耳格曾说："曾国藩是中国最有势力的人，当他死去的时候，所有的总督都曾经做过他的部下，并且是由他提名的。如果他愿意的话，他可能已经成为皇帝。"话虽夸张，但从一个侧面反映了曾国藩的人才队伍影响之大。

曾国藩的秘书班子在晚清规模最大，培养的人才最多，但其间恩怨是非也不少。曾国藩与李元度的矛盾交恶，在晚清"人才江湖"就属于典型事例。

同治元年二月二十二日（1862年3月22日），两江总督、协办大学士曾国藩上奏严参浙江按察使李元度："臣查义宁、奉新、瑞州皆臣所统辖之地，系贼先自退出，李元度并无打仗克城之事……平日文理尚优，带勇非其所长。其所部安越军八千人，臣当与左宗棠熟商，或全行遣撤，另派差使，或酌留二三千人，令守城池，俟立有功绩，再由左宗棠奏请开复。"其言语之激烈，措辞之严厉，在曾氏奏折中并不多见。

这是咸丰十年（1860年），实授两江总督的曾国藩在安徽祁门险遭覆军灭身之祸后，向朝廷参劾他的知交好友李元度的奏折。曾国藩对李元度"冒领战功""拒援杭州""败不归营""不称军职"等一一严劾，让李元度难以招架。曾国藩说李元度只适合写文章，不适合带兵打仗，要朝廷将李元度统率的八千名"安越军"要么全部遣散，要么只留下二三千人，大有一棍子打死的架势。

一贯以修身养性、谦谦君子自居的曾国藩，为什么要对三救其命的李元度痛下狠手呢？这事还要从头说起。

李元度字次青，湖南平江人，自称"罗江布衣"，比曾国藩小十岁。此人虽然生得瘦小，甚至有点其貌不扬，但文笔甚是了得。《清史稿》评价说"元度擅文章"，曾国藩也称他"下笔千言，条理周密"。但李元度在科考道路上只走到乡试中榜，考取举人之后再无进展，只好转文习武，试图以军功获取功名。李元度素有"好大言"的陋习，也就是喜欢说大话。曾国藩深知李元度拿笔写文章胜于领兵上战场，但李元度在自己初经战阵接连失败时曾经救过自己三次，曾氏是知恩必报的道德君子，于是打定主意加以回报。

正好，让李元度立大功的机会来了。曾国藩在咸丰皇帝的频繁严诏之下，兵驻祁门。祁门安危，全在徽州；守住徽州，祁门险而不危。曾国藩于是专派李元度守徽州，既是报答他救命之恩，也是对他的莫大信任。

其实，曾国藩本有识人之明，知道李元度的本事，更清楚他的缺点。在咸丰五年（1855年）三月二十日的家书中，曾国藩这样评价过李元度："带勇……实非其所长也。"后来再次说："次青实不能治军……渠亦始终不自知其短。"李元度确实喜欢纸上谈兵，不按照曾国藩历来坚持的"结硬寨，打呆仗"策略，老老实实深挖沟高筑墙坚扎营，而专爱意气用事，固执专权。

既然李元度有如此多的缺陷，那他怎么可能"守住徽州"？

也许，正是因为李元度"固执"，曾国藩才误认为他忠心不二。只要李元度能够悉听教诲，守住徽州应该不成问题。况且，曾国藩实授两江总督、节制四省之后，辖地大增，手下兵将忽然稀缺，而李元度当时实授徽宁池太广道（简称皖南道），负有守卫徽州之责。

千叮咛万嘱咐，曾国藩对李元度寄予厚望，希望他在徽州"固守"，"万万不可轻出"。李元度如果照此办理，守住徽州几无风险。

哪想李元度为了表明自己不但能文，而且"武"也不得了，偏偏"哪壶不开，专提哪壶"。到了徽州，不擅长野战的平江勇被李元度分成几路，四处出击，只留下不多兵力守在徽州城内。不到十天，李元度兵败城破，太平军直奔曾国藩祁门老营，祁门迅即危如累卵。

后来，幸有鲍超来救，左宗棠连战皆捷，再加上太平军情报不明，不知曾国藩就在祁门，未能继续进攻，而是绕道浙江去了江西，曾国藩这才侥幸虎口脱险。他本以为李元度已经战死，就上奏为他请功。哪曾想，李元度并没有战死，这且不说，他竟然还丢下溃军独自逃亡，而且暗自投靠了湘军政敌王有龄。

王有龄部隶属何桂清，何与曾是官场冤家。在曾国藩看来，李元度兵败已非小事，还要去投靠自己的对手，投靠就是背叛，背叛就是分裂湘军，万万不可饶恕。于是，气恼羞愧化作刻骨仇恨，曾国藩由是严劾李元度。

曾国藩一生非常爱惜人才，也愿意尽心尽力提携李元度这样的"非常"之才，结果却让善识人、爱人才的曾氏在"朋友圈"惹来一片骂声。

首先鸣不平的是左宗棠。他对曾国藩的幕府知根知底，自然知道平江才子李元度是"非常之才"，而且三次救过曾国藩性命。

在左宗棠眼里，曾国藩明明就是"己过罪人"：你曾涤生既然早就知道李元度"好大言"，只适合在秘书班子出谋划策，不能出阵杀敌攻寨，也不愿按你所嘱安营守寨，那为什么还想借军功报恩于彼？明显是自己用人不当，才造成如今局面，事后却不想承担责任，还想借题发挥，置李于身败名裂之地，天下哪有这样的道理呢？

左宗棠以"今亮"自称，对曾国藩和李元度早就了如指掌，自忖对曾、李心思了如明镜。但左宗棠带兵打仗以来，遭遇的何止李元度这样的"非常之才"？比李元度更渴望在战场上求取成功的奇杰怪才，曾经也让左宗棠忧烦郁闷。

恩怨是非

左宗棠"义正辞严"为李元度打抱不平，但他在用人方面未必比曾大帅高明，同样有过走麦城的教训。

左宗棠在湖湘幕府效力之时，颇为欣赏学士严咸。严咸字秋农，湖南溆浦人，朝廷通政使严正基之子，少年时代即名盛一时，与舒焘、向师棣一起，被曾国藩称为"溆浦三贤"。严咸年少时喜读史书，每论古今，下笔千言，气势不凡。左宗棠读过他的文章，认为他很有才华，将来可成大器。严咸自然早闻左宗棠大名，对左仰慕有加，视为偶像。

严咸经常不请自到，到湖湘衙门找左宗棠谈论国事，探讨用兵之法，谈到慷慨激昂处，常以"烈士"自居。左宗棠深知其人"性虽介猛，但有奇志"，颇为欣赏严咸血性，认定他上战场一定有所作为。

左宗棠开创楚军，挥师东进，急需人才，此时想起严咸，以礼相邀。严咸欣喜不已。其时严父刚去世，但想着有了施展才干的舞台，他抓紧办完丧事，很快赶去楚军营地。

相见之后，严咸开口就要带领一营兵士出去杀敌立功。这位时时自诩为"烈士"的年轻人，以为只要跃马挥戈，马上就可以战功卓著、官袍加身。

左宗棠见严咸如此鲁莽，顿生不安，坚决不允，借口还有更重要的事情等他去做。严咸被当头浇了一盆凉水，以为左宗棠小看自己，情绪十分激动："不让我带兵，那就发给我武器，让我去冲锋陷阵、杀敌立功！"

"我既然请你来，就不是要你做一个普通的兵士。"左宗棠苦口婆心，希望严咸沉下心来，锻炼一番，再挑重担。立功心切、性烈似火的严咸哪里听得进去？

刚好这时楚军内部有一些人事调整，左宗棠身边两名副将获得提升，严咸更认为左宗棠瞧不起自己。他不但对新升职的两名副将恨得牙痒痒，扬言要亲手杀了他们，而且夜闯军营，乱击更鼓，大声咆哮。

楚军营哨惊动，众声喧哗。

左宗棠陡闻更鼓频密，人声鼎沸，以为军营发生变故，最后见严咸击柝骂人，心中更生不安。但他强压怒气，将严咸邀进屋内，好言劝慰。

严咸已被狂躁裹挟，失去理智。他对左宗棠痛哭申诉，似有千般委屈。左宗棠暗忖严咸利令智昏，一再劝他冷静下来，再从长计议。想不到严咸居然负气绝食，每天以头碰墙，大呼求死。

左宗棠这才看出严咸不只是纸上谈兵，分明精神上也有毛病了。他不想就此枉送一条人命，决定派人护送严咸回乡。严咸自知不但无功可建，还将颜面扫地，自然不肯。于是他蓬头跣足，以额撞地，坚决要留下来"杀敌立功"，大大上演了一出闹剧，搞得一生英明的左大帅好不窘迫。

后来，严咸还是被强送回乡。受了这番"奇耻大辱"，严咸自此忧烦抑郁，最后竟然上吊自尽。

对于左氏来说，这起事件不只是一个悲剧，还是天大的误解。

同治元年（1862年）正月，左宗棠在写给朝廷的奏折里，举荐了十七人担任浙江省各府县一把手，严咸的名字就列在其中。左宗棠在举荐材料里还特别附上按语："湖南溆浦县举人严咸，抱负甚伟，饶有识略。"

严咸之死，不是死于左宗棠的"用人颇缓"，而是死于自己的意气与狂躁。

有大才的人多有"粗豪"的弊病，左宗棠早年也有类似毛病，但他凭"涵养需用敬"克服了。严咸在个性修养方面显然不足，缺乏应有的耐性。这一关过不了，命运只能听之于天。

曾国藩参劾李元度时，左宗棠因为兵饷等事，正与曾国藩闹矛盾，心想你不待见之人，在我左某人看来，偏偏就是一个可造之才。李元度与左宗棠不但都是湖南人（左宗棠是湘阴人，李元度乃平江人），而且经历惊人地相似：都只中了举人，未中进士；都是秘书出身，左宗棠在湖南巡抚衙门，李元度在曾国藩麾下；都比曾国藩年龄小，左小曾一岁，李小曾十岁。如此之多的相似之处，加之可能还有左宗棠对严咸的深深愧疚，左宗棠这次打定主意，想扶助李元度重整旗鼓。

于是，左宗棠去信让李元度留数营不撤，以图后起。同时，左宗棠给朝廷上折，说李元度"性情肫笃，不避艰险……频年驰驱戎马，须发尽白，无替厥勤，在时流中亦为难得之选"。他认为李元度是个对朝廷忠心耿耿的人才，自己愿意鼎力相助，请旨"免其治罪，交臣差委，以观后效"，请求皇上不要治李元度的罪，把他交给自己来调教：我左宗棠愿意对其鞭挞慰勉，规诫教导，促其成才，以不负皇上爱惜人才的心意

但人算不如天算，一根筋的李元度并不领情。得知自己再一次被革职，李元度气急败坏，要求全部解散自己组建的安越军，而且赌气将左宗棠指名应留的各营率先撤去，甚至以"遣撤应结清饷银"为由，向财政本就紧张的左宗棠逼饷。

李元度其实善于为人，他与沈葆桢、李瀚章李鸿章兄弟、塔齐布、王有龄等都是好朋友，他去投靠王有龄也并非背叛湘军，而是抱着"哪里跌倒就在哪里爬起来"的心态，才"败不归营"。但李元度实在不擅长在官场混，激怒了曾国藩，马上又得罪了左宗棠。

本想做"好人"的左宗棠，反被李元度倒打一耙，气得七窍生烟。

严咸虽死，恩怨未散；元度未去，是非不分。晚清乱世，人人都想建立军功，但不是人人都具有建立军功的能力。"李元度事件"也算是左氏在选才用才方面的一次深刻教训吧！

"护犊"情深

曾国藩、左宗棠为李元度之事各怀心思，最后都伤神费力，远在上海带领淮军苦战的李鸿章，却凭一身本事打下了自己的山头。

李鸿章率淮军初到上海，"洋枪队"头领华尔看不起衣衫褴褛的淮军士兵，李鸿章也意识到如果把控不当，这支外国雇佣军将来尾大难掉。不久后，华尔阵亡，继任者白齐文更加骄横。李鸿章趁白齐文劫索饷银之机，软硬兼施参劾白齐文，同时极力安抚对朝廷有功的外国使领馆官员和军人，促使英国军官戈登出任常胜军首领，节制了外国雇佣军的权力。

与对洋人的态度不同，李鸿章重用乡人，以利聚人，对以家乡子弟为主力的淮军，即使有错在先，也袒护有加。

刘铭传本是安徽合肥西乡（今肥西县）人，生得瘦弱，脸有麻子，颇具胆略。年未及二十，在家乡遇土豪欺侮，竟然飞身夺刀杀之，后扯旗作匪。

同治二年（1863年），李鸿章回乡募勇赴沪，刘铭传率众来投。刘以打仗勇敢、计谋多端深受李鸿章喜爱。

据轶史记载，曾国藩给刘铭传暗自相面，说刘铭传"脸上有麻者帅才也"，并且嘱咐李鸿章，"淮军野气未脱"，要严加磨砺。

果然，刘铭传跟随李鸿章抵达上海不久，铭字营弁勇在奉贤县县衙滋事，竟然击毙县令。

湘军统帅曾国藩接报大吃一惊，即刻发去批札，严词训诫，要李鸿章在与太平军大战之前，借此杀一儆百，严肃军纪：

"所有奉贤一案，仰铭字营刘游击查出行凶弁勇，捆送李抚部院大营，尽法处治，不可袒护一二滋事之勇目，败坏淮勇全军之声名也。"

曾国藩认为淮军将来要为国家建功立业，将领必须都是忠臣名将，兵士不能做为害国家的骄兵悍卒。这次奉贤县令被击毙一案，刘铭传、李鸿章应严厉查处，不可袒护，不能因此败坏了淮军名声。

李鸿章接到曾国藩批札，只是命令刘铭传追查凶手，捕杀为首闹事的一名帮办、两个勇丁，旋即回报曾国藩："刘铭传虽近粗鲁，尚知大义，不谓遭此不白之冤，只有奏请薄惩。"

李鸿章回信说，刘铭传虽然粗鲁，但知晓大义。这次是遭受了不白之冤。大敌当前，请老师象征性地惩罚即可。不但不将刘铭传撤职查办，而且坚持将刘铭传暂时"革职"，留任军营，继续为他效力。

随后，李鸿章将刘部调至四江口，与太平军激战。随后，李鸿章上奏，说"刘铭传三战三捷"，奏请撤销刘的"革职处分"，并以副将"尽先推补"。

李鸿章对刘铭传的公然袒护，还不止这一次。

同治六年（1867年），太平军余部遵王赖文光联合捻军，形成了威慑清政府的又一大敌对力量。清廷命湘军鲍超部与淮军刘铭传部，与东捻军在地肥物丰的尹隆河展开决战。

同治六年正月十四日（1867年2月18日），刘铭传与鲍超约定于第二日辰时分路进攻，鲍超所部由西向东，刘铭传所部自北向南，两面夹攻捻军。

这一情报为赖文光所知，赖为避免被夹击，使了离间计，给刘铭传写下"挑战书"："鲍妖勇略非汝所及，汝何不与鲍妖合，至明日辰刻同来战，顾以孤军驻下洋港，宁非送死！"意思是鲍超既没有你刘铭传的武略，也没有你有谋略，你们干脆两个一起来，我将你们一起搞定。

刘铭传其实心中明白，鲍超率领的湘军比自己率领的淮军更英勇善战，而且鲍超声名早在自己之上。但鲍超行伍出身，胸无点墨。据说有一天曾国藩忽然收到鲍超派人急送来的一块小白布，白布正中用墨笔写了一个"鲍"字，外面接连画了好几个圆圈。曾国藩马上破译出这是"鲍超部被围困"的求救信号，迅速派出救兵，鲍超这才得救。刘铭传对"能武不能文"的鲍超很是轻视，鲍超也不大看得起"既不能武也没有多少文"的刘铭传。两将不和，外敌觊觎，刘铭传争功好胜，果然中了赖文光计谋。

刘铭传召集手下众将，鼓动说："度我军之力可以破贼，若会合霆军而获捷，霆军必居首功，且谓我因人成事，不如先一时出师，俟翦此寇，使彼来观，亦当服我铭军之能战也。"与手下将领商量，决定于庚午日卯刻秣马蓐食，由下洋港进逼尹隆河。

逞强好胜又抱有侥幸之心的刘铭传，心想如果按时与鲍超霆军出击，即使胜利，功劳也被霆军抢去，不如提前进攻，这样功劳就可全归于己。

第二日（同治六年正月十五日，1867年2月19日）凌晨，刘铭传提前一个时辰出战。东捻军早有准备，兵分三路攻击刘铭传部，刘几乎全军覆没，最后与部将"俱脱冠服坐地待死"。正在千钧一发之际，鲍超率军杀来。捻军大感意外，仓促反击，无奈鲍超霆军勇悍无比，更兼捻军后路被湘军马队截断，军心大乱，慌忙撤退。

鲍超扭败为胜，刘铭传却未念救命之恩，为掩盖过失，反而污蔑鲍超部"违约误期"才导致他"独自力战"，企图嫁祸于鲍超。

李鸿章清楚事情始末，但他早就看出刘铭传不但勇谋兼备，而且素有大志；鲍超亦是将才，但谋略志向均不及刘。况且，刘鲍分属淮湘，"护犊"保刘，几无悬念。李鸿章按刘铭传所述上奏，致使鲍超因功获罪，反褒为贬。

刘铭传倒也不负李"护犊"之情，屡立战功，成就大业，后来担任台湾首任巡抚，为台湾地方行政区划奠定了基础。此乃后话。

李鸿章身处新旧交替、道德失范的晚清，仍然聚集培养了一批和他一样胸怀大志、急于建功立业的人才，以经世致用之道成就一番事业，本身也非一件易事。为了事功，不计义理，这正是李鸿章这个大清"裱糊匠"的本色。

老湘营传奇

在晚清历史上叱咤风云的湘军，其首领曾国藩名扬四海，但湘军真正创始人并非曾国藩，而是江忠源、朱孙诒、罗泽南和他的学生王鑫。然而青史留名的湘军大帅曾国藩，在对待同袍上也曾有过局狭之时，这一点倒是出人意料。

曾国藩还在朝廷为官，太平天国已在广西起事。太平军发展如火如荼，不久兴军征战，所向披靡。朝廷从全国调集大量的八旗军、绿营兵，已不能抵御风头正劲的太平军，不得不号召民众起来自卫，鼓励地方开办团练"助剿"，湖南多支地方武装应运而生。

罗泽南和门生王鑫、县学生员刘蓉在乡绅朱孙诒支持下，创办团练，是为湘军根基。

咸丰六年（1856年），罗泽南在武昌之战中中弹，伤重身亡；江忠源咸丰四年（1854年）在庐州城破投水殉节，朱孙诒已投骆秉章，王鑫实为湘军幸存最老创始人。

王鑫，字璞山，湖南湘乡人，出身书香门第，自幼天资聪慧，勤勉好学。三岁可识字读书，十岁能熟读经书，对于历史名典有着浓厚兴趣。王鑫长相清瘦，说话声音洪亮，而且语速极快。据传王鑫六岁时，父亲听说家乡有人在长沙乡试中举，叮嘱王鑫要好好读书，将来也要考举人、中进士。王鑫不屑一顾："能不能中举不是人所强求的，我的目标是造福天下。"足见其人志大自负。

王鑫继承老师罗泽南遗风，骁勇善战，治军纪律严明，队伍战斗力极强。骆秉章评价说："其纪律严肃，神机妙算，求之古名将，亦少见。"曾国藩团练创立时间晚于罗泽南、王鑫等人，又同在湖南一地御敌，虽然不喜欢王鑫恃才傲物，盛气凌人，但对他治军大为欣赏。为了拉拢王鑫，曾国藩不惜将自己赴京赶考途中用借来的一百两银子买的《二十三史》送给王鑫，要知道，这套书曾国藩一直带在身边，连自家兄弟也不能随便翻阅。

经过战场不断历练，王鑫屡立战功，更加骄傲自满。曾国藩多次好言劝勉，王鑫依然我行我素。彼此心中暗生不快。

咸丰三年（1853年），湘勇损失严重，曾国藩打算招募军队，提高战斗力，批准王鑫募勇三千。王鑫借机扩大自己的实力，私自招募一万人。

曾国藩虽然清楚王鑫是个将才，但对他不听从指挥大为恼怒。这时曾国藩团练刚刚创立，维护自己的威严无比重要，忍不住下令，要王鑫自行遣散多招的兵勇。王鑫不肯，两人矛盾公开化。王鑫自恃有才，竟然与曾公开叫板，以让曾将自己撤职相激。曾国藩创办团练是为了剿杀太平军建功立业，本就对王鑫势力过强心生惧意，见王鑫如此放肆，自知难与共谋大事；王鑫对这位仍摆京官做派的"团总大人"早就大为不满，马上率军而去。湖湘人的霸蛮，由此尽显。

其时左宗棠已在湘幕，对王鑫部训练有素、军令严明暗自欣赏，见状劝说骆秉章收王鑫部于麾下。王鑫得到骆秉章支持，将部下以老湘营命名，以示与先前曾国藩统率湘勇有别。

老湘营虽也吃了不少败仗，但最终成长为晚清团练中一支战斗力超强的部队。太平军称王鑫为"王老虎"，对老湘营惧怕有加，相互告诫"出队莫逢王老虎"。

曾国藩见王鑫找到骆秉章作靠山，对他由惧生恨。纵是曾国藩这样被后世誉为"千古完人"的大儒，也有"小心眼"的时候。曾国藩对王鑫渐起杀心，在湖广总督等人面前诋毁王鑫"才器不够，难以服众"，对他"招募过滥"大加攻击，要他裁军。

幸好有左宗棠在旁洞若观火，极力劝说骆秉章支持王鑫，老湘营才得以幸存。

骆秉章为了维护王鑫，公开表态："该勇三千四百名，仍应暂留省城，照常管带，暂缓裁撤。"胡林翼亦给予高度评价："王璞山之部，百战之欲，其锐不可当。"在朝廷重臣的庇护下，曾国藩对老湘营无可奈何。

经过多年征战，王鑫积劳成疾，在咸丰七年（1857年）病逝于镇压太平军征途中。王鑫去世之后，老湘营主力为其老部下刘松山、刘锦棠叔侄统领，余部后成左宗棠楚军基础。

刘松山叔侄随张运兰转战各地，屡建战功；至同治四年（1865年）归至曾国藩麾下剿捻；同治六年（1867年），左宗棠西征，曾国藩调配刘松山老湘营部予左宗棠。自此，老湘营部完整归于左部。左宗棠是老湘营创立、成长的见证者，也是老湘营部的"受益者"。可以说，无老湘营的强大精悍，西征会更加困难。

左宗棠对手下管理严格，对信得过、准备提拔任用的人才，更是不断打磨。但是只要认定其人，便坚信不疑。从王鑫老湘营走出来的刘松山，曾经因为左"提拔颇缓"，心生不满，要带兵离去，左好言劝慰，方才作罢。后来刘松山不幸阵亡，左宗棠大胆起用他的侄子刘锦棠。在此之前，刘锦棠因为军饷分配、奏报战功正在与左宗棠闹矛盾。

一贯节俭的左宗棠，再三要刘锦棠减少军费开支，但刘锦棠部自曾国藩、沈葆桢时期就累欠下数十万两军饷。经左如此"提醒"，刘锦棠立感左怀疑他虚报人数，冒领军饷。

追随左宗棠多年的刘锦棠部，感到朝廷对他们封赏不公，很大原因是左宗棠有意抑制。幸运的是，左、刘在国家利益面前，抛弃个人恩怨，最终摒弃私见，携手共进，收复新疆，建立了不朽世功。

虽然老湘营一直受曾国藩节制，后来左宗棠西征，曾国藩以老湘营相送，但是如果没有左宗棠对王鑫的慧眼独具、对老湘营的暗中支持，老湘营在曾国藩与王鑫意见不合之时，就有可能遭裁撤甚至遣散，自然也就不会有后来的战将刘松山、新疆第一任巡抚刘锦棠。

王鑫去留、老湘营存亡等，反映了曾国藩、左宗棠作为普通人的真实心态。曾国藩"有意"排挤一位血性强悍的战将，左宗棠"无意"间为大清国保存了一支劲旅。千里马常有，伯乐不一定常有。而伯乐的气量眼界，往往决定了千里马的前景未来，是故选人用将者，不可不慎之再三。

四

各领风骚数百年

曾国藩由理学名臣到带兵之将，从败多胜少到胜多败少，逐渐累积起如何做人、如何做事、如何带好团队的丰富经验，打造出了一批又一批为我所用之才；左宗棠饱读经世济用之书，早年即对社会现实有深刻认识，不遗余力吸附一切力量效忠清王朝；李鸿章看透功名利禄却知道功名利禄对人有着巨大的吸引力，最终凭借利益笼络并左右了一批势利之人。他们创办的秘书班子规模不断壮大，人才辈出，晚清在倒塌之前开始"回光返照"。

一个好汉三个帮

中国有句古话叫"一个篱笆三个桩，一个好汉三个帮"。曾左李是影响晚清历史的重臣，他们自身具备的才干胆略是成功的基础，但获取成功需要更多人的帮助。他们利用自身不断累积的经验，各施所长，在时代浪潮中最大限度实现了自己的人生价值，也成就了许多人。

曾国藩的秘书班子走出了以李鸿章为代表的一众精英，"天下督抚，半出曾门"所言非虚。左宗棠、李鸿章的秘书班子也培养了大量人才。刘典、胡雪岩、赵烈文、盛宣怀等走进了左宗棠、李鸿章的军营，随同他们出生入死，在为清王朝效力的同时，也成就了自己的功名事业。

胡雪岩是在晚清冉冉升起又突然坠落的一颗流星，他的平地崛起与忽然坠落，与左宗棠"不遗余力"聚集一切力量为清王朝服务有密切关系。

左宗棠与胡光墉（字雪岩）的结识，似乎有点"天命"的成分。江南大营是清军为钳制太平军的都城天京所设，不幸被太平军攻破。其时左宗棠以四品京堂候补，随同钦差大臣、两江总督曾国藩襄办军务，率楚军开赴江西、安徽与太平军作战。

虽然楚军在左宗棠指挥下连战连捷，左宗棠很快补授浙江巡抚实职，但此时前线战事激烈，粮饷接洽困难。正在左宗棠为粮饷之事焦头烂额之际，意想不到的事情发生了。

左宗棠竟然得到了"天上掉下来的馅饼"。

原来，出身卑微、精于算计的胡雪岩，与左宗棠的前任浙江巡抚王有龄早就搭上了关系。胡雪岩一直替王有龄采买军火粮食。王有龄战死，胡雪岩并没有侵吞这批物资，反而找到左宗棠，送来军火粮食解了楚军燃眉之急。从此，胡雪岩的命运与左宗棠紧密联系在一起。

有了左宗棠的威信作支撑，胡雪岩从事贸易活动如虎添翼，商号遍设市镇，生意风生水起，利润滚滚而来。短短几年，胡雪岩家产如滚雪球般迅速膨胀，成为当时的"中国首富"。左宗棠在福州开办福州船政局，成立中国历史上第一家新式造船厂，胡雪岩建言献策，鼎力协助。

左宗棠西征，军饷本就困难，而西征大军有增无减，需求日益迫切。

光绪元年十二月（1876年1月），当西征军整装待发之际，左宗棠在"饷源涸竭，局势难支"时，上奏清政府说：现在西师既不撤，且须增出塞之师，筹塞外之粮运、屯垦、经费日增于前，而各省关应协西饷愈减于前。全陇瘠苦情形甲于天下，就地既无可筹，专盼各省厘金协济，而各省厘金大宗又均为洋防占尽。意思是说西征粮运、屯垦、饷筹的需求等更甚于前，而各省协饷却在不断减少。陕甘一带贫困堪忧，就地筹集粮饷困难重重，如今各省协饷被洋防占尽，西征筹饷更是难上加难。考虑到内筹难济，只好转向借外债。

财政压力大的清廷向外国银行举债，竟也十分困难。胡雪岩一直替左宗棠打理粮饷军火，与外国各大洋行关系紧密。左宗棠请胡雪岩出面，多方游说江苏、浙江、广东三省巡抚，将海关关税作为向外国银行贷款的抵押，再以胡雪岩个人资产作担保，先后数次向外国银行借到上千万两白银，终于为左宗棠支撑起西征的巨大军费开支。经过不到两年的努力，左宗棠顺利收复新疆。

由于辅助左宗棠有功，胡雪岩先后授江西候补道，赐穿黄马褂；被授予布政使衔（三品），赏穿黄马褂、官帽上可带二品红色顶戴，并总办四省公库。虽然胡雪岩最终落了个悲惨下场，但对左宗棠他是仗义的。如今仍存的胡庆余堂，即是胡雪岩留下的产业。

左宗棠成为胡雪岩的伯乐，胡雪岩这匹"千里马"也给左宗棠帮了大忙。但胡雪岩最后在劫难逃，除了他自身的因素，清王朝政治腐朽、体制不完善也是重要原因，为此左宗棠只能仰天长叹、无可奈何。

个人命运在时代潮流的冲撞下，会在历史长河里激起炫目的浪花。李元度、李瀚章、李鸿章等人在曾国藩手下担任秘书，出言献策屡建功勋，左宗棠的秘书刘典，也为收复新疆立下了汗马功劳。

湖南宁乡人刘典，世代务农。太平军兴，在家乡办团练的刘典追随左宗棠，总司营务，后因战功，官职不断得到提升，最后官至巡抚。

左宗棠因收复新疆被誉为民族英雄，在历史上留下了不朽美名。但收复新疆"筹饷难于筹兵，筹粮难于筹饷，而筹转运尤难于筹粮"。西征军饷有巨大缺口，军营粮草极度紧张。运往新疆前线的军粮草料，远者五千里，近亦二三千里，路途遥远，高山险阻，且大漠戈壁，无法征粮。兵员人数众多，没有后勤保障，出征备受艰阻。

刘典在去世前四年（光绪元年，1875年），在左宗棠坚请下第三次出山，据守甘肃兰州大本营，为大军粮饷一事操心劳神。后方军饷供应、裁撤军队、平息哗变、安置难民等劳心费力之事，均由刘典一力负责。直到光绪五年（1879年），刘典病逝于甘肃军营。

左向朝廷上奏，曾称刘"谋勇兼优，才堪大用"。在左宗棠眼中，刘典"倡勇敢之气，然性稍褊急，有所见必直达其是"，意思是刘典性格耿直、偏激。胡雪岩虽然为左筹谋军饷立下了汗马功劳，毕竟本质上是商人，牟利是其根本，不过胡雪岩在左宗棠心目中一直留有"豪侠之概、深明大义、做事诚心"的印象。左宗棠看中了刘典、胡雪岩等或赤诚或能干的品性，刘典、胡雪岩等为了体现自己的人生价值，愿意为左宗棠效力。

左宗棠培养人才"缓""稳"，在他手下做事要"耐得住""忍得了"；他用人很宽泛，但强调两个字：廉干。廉干也就是廉洁能干，其一是廉洁，不能贪钱，不属于你的，切莫伸手；其二是能干，不能够做事的人，不能让他们做官。左宗棠用人看中的是能力。只要能为自己办事，其他的缺点都不重要了。

众人拾柴火焰高

"一人拾柴火不旺，众人拾柴火焰高。"在成功者背后，总有一群殚精竭虑的人在默默付出。

如果说没有李元度，晚清历史就有可能重写，也许相信的人不多；但如果说没有曾国藩，晚清历史就有可能会改写，相信的人会成倍增加。实际上，如果没有李元度，也许就没有后来的曾国藩。

在苦心办团练两年后，咸丰四年（1854年）正月，曾国藩率领浩浩荡荡的湘勇挥师东下，开始第一次出征。可惜在靖港水战中，曾国藩被太平军石祥祯部击败。自觉愧对朝廷圣恩、无颜再见湖湘父老的曾国藩，恼羞交加，在靖港对岸铜官渚投水自杀。

当时在曾国藩手下做文字秘书的李元度，早就预料到曾老夫子会因兵败寻短见，已悄悄命人提前潜伏在船舱之中，奋力救起了曾国藩。

咸丰四年十二月（1855年2月），湘军水师在湖口被太平军用计偷袭，再次大败，曾国藩座船被掳，多年积累的文稿及军中档案尽毁。气恨攻心的曾国藩再次选择跳水自尽，又被李元度事先预料到，派人潜伏于船舱所救。

两次败于水师，曾国藩未被敌伤，却求自杀，李元度认为应创建一支亲兵，专门保卫曾国藩的安全。书生李元度迅速组建了"平江勇"，成为一名将领。这支武装力量很快派上用场。不久之后，曾国藩被围困于江西南昌，几与外界隔绝。李元度在江西东北一带拼命支撑，力保江西与浙江之间供给曾营的粮道不至断绝，再救曾氏一命。

李元度救了曾国藩三回命，曾国藩感慨地说："生也有涯，知也无涯。此三不忘者，鄙人盖有无涯之感，不随有生以俱尽。"

李元度对曾国藩从敬仰到忠心耿耿，使曾国藩绝地而后生。

下属为上司两肋插刀，可以是像李元度这样以命相搏，也可以像李鸿章那样用智慧解围。

就在李元度兵败徽州的第二天，身在祁门的曾国藩收到咸丰帝送来的十万火急的上谕："着臣曾国藩，火速派遣湘军将领鲍超带领三千人马，兼程前进，克日赴京，交胜保调遣。"

原来，英法联军逼近京城，咸丰皇帝惊恐万分，急令曾国藩派部将鲍超前往京城救驾。

此时正是围攻安庆的关键时期，鲍超部是湘军劲旅，撤走鲍军就会让围攻安庆计划功亏一篑；但不北上勤王，就是对皇上见死不救，一旦咸丰皇帝怪罪下来，革职事小，曾氏全族都有可能被累及。

况且，原本是曾国藩下属的胜保，骄纵嚣张，尤其擅长争权夺利，早就觊觎湘军支柱鲍超部。假如鲍军此去，肯定有去无回。

曾国藩犯难了：去则湘军更加危急，不去就可能背上"不忠"之名。接到圣旨的曾国藩焦头烂额，连续几天"竟夕不寐"，真是到了寝食难安的地步。秘书班子中少数人认为"将在外君命有所不受"，反对发兵；大部分人都知道发兵不妥，但不发兵更不妥。

"犹疑彷徨，绕室无计"，心如火烤，肝裂胆战，曾氏秘书班子急乱如麻。

李鸿章条分缕析，计从心出。英法联军攻破北京城只在旦夕，而湘军远在千里之外，派兵北援是远水解不了近渴。并且，英法联军出兵的真正目的，不是侵占大清领地，而是想以"金帛议和"谋取经济利益。对眼前威胁清廷统治的太平军，才不可掉以轻心。但公开反对发兵北援万万使不得，不如"按兵请旨，且无稍动"。

这八个字犹如醍醐灌顶，曾国藩顿时恍然大悟。

请旨文书、皇帝上谕一来一往，在路上就要耽搁十几天。如果再拖延时日，一个月的时间转眼即逝。

在这段时间内，清廷与英法已经达成和议，自然就不再需要湘军派鲍超北上。

事情后来果真如李鸿章所料。老师曾国藩不能破解的难题，被学生李鸿章给圆满解决了，真是江山代有才人出。后来盛宣怀解李鸿章陕甘之窘，与此类同。

李鸿章选人用人的基本标准是"忠信义"，就是要对他绝对忠诚。《清史稿》说李鸿章"独主国事数十年，内政外交，常以一身当其冲，国家倚为重轻"。他之所以能够如此，绝非一人之功，而是与其拥有一个能量巨大、执行力强的秘书班子密不可分。

光绪五年（1879年），英国人赫德向清廷总理衙门呈递《试办海防章程》，提议由他总司中国南北海防，负责购船、选将、保卫中国东南沿海门户。其时李鸿章筹办海防久无成效，清廷同意赫德兼任总海防司。如此清廷海防则掌控于外国人之手，李鸿章将无权过问海防事宜，丧失督办北洋海防权力。朝廷批准赫德请求，李鸿章十分气恼，却无计可施。

薛福成原在曾国藩秘书班子里做文字秘书，是"曾门四弟子"之一。曾国藩去世之后，薛转投李鸿章。精于"文事"、转攻"军事"的薛福成深感事态严重，认为"中国兵权、饷权皆入赫德一人之手"，马上向李鸿章献计："宜告赫德以兵事非可遥制，须令亲赴海滨专司练兵，其总税务司一职则别举人代之，赫德贪恋利权，必不肯舍此而就彼也，则其议不罢而罢矣。"

原来，赫德担任的总税务司是可以捞取许多好处的肥缺，如果他想担任总海防司，那就要他亲自去海滨练兵，因此必须放弃总税务司的职务。

果然，总理衙门采纳了李鸿章的意见，赫德不舍总税务之缺，自动辞去总海防司一职，矛盾迎刃而解。

在后来的洋务运动中，包括被曾左李等清廷权臣聘用的外籍"秘书"，都秉承中国的一句老话："有志吃志，无志吃力。"自认为有志向、有武力、有智慧的精英们，在乱哄哄的世道里义无反顾拥向各种秘书班子，时刻准备着在军务、政务以及洋务中建立不朽功勋。

晚清曾左李的秘书班子无一例外，都是按照"军事、吏事、饷事、文事"这四个类别来发掘、培养为我所用的人才。他们的秘书班子像农民播种育秧的"母田"，无数人才由此分蘖；是众流汇集所在，造就经世治国的人才，让无数人涅槃重生，寻找到了另外一条封官加爵的道路。

总的来说，曾国藩利用个人魅力驾驭人才，左宗棠展现自己的才华吸引人才，李鸿章则是用看得见摸得着的利益去吸引人才。所以，曾国藩手下的人才不仅愿受驱使而且受益终生，左宗棠能够带领一群志同道合的信仰者收复边疆领土，惯以利禄驱众的李鸿章则饱受诟病。

人才观是价值观的折射。曾国藩为人处世深受湖湘学风影响，遇事讲原则道义。他善于吐故纳新，广纳贤才，尤其重用读书人和老实人。在优秀人才中再精挑细选，奖赏有法，宽严有度，着力培养。曾国藩慧眼识人，为国育材，造就了"督抚满天下"的局面。左宗棠在培养人才方面，不像曾国藩那样善于激励扶助，而是要求很严格，有时近乎苛刻。他还喜用勇猛血性之将，对曾、李不待见之人格外上心，好像要竭力证明自己眼光独到，但结果往往不尽如人意。李鸿章偏好用没读过多少书的人。他与曾、左最大的区别就是在培养和使用人才时，缺乏监督，失在太宽，更喜欢下属的恭维奉承，更看重能否给他带来实际利益。

伍

家事篇：落花流水春冬夏

　　"祖宗虽远，祭祀不可不诚；子孙虽愚，经书不可不读。"这是晚清三杰曾国藩、左宗棠、李鸿章经常用于塑造家风、教育子孙的一句格言，出自《朱子家训》。

　　自古以来，中国重视宗法制度，家族就是维护纲常礼仪、等级秩序最有力，也最有效的单位。由同宗血缘的家庭扩展成的家族，对社会形成重要的影响。历代统治者对家族和族长都给予肯定和重视。在动荡不安的晚清社会，曾家、左家、李家能够逆流而上，繁盛一时，与这三大家族的代言人曾国藩、左宗棠、李鸿章的影响密不可分。

　　曾左李在他们"修身齐家治国平天下"的人生历程中，逐步完成对个人、家族、国家的责任和义务，让家族迅速崛起，并且屹立不倒，其中的奥秘值得总结。

一

家世家风

《易传·文言传·坤文言》云："积善之家，必有余庆；积不善之家，必有余殃。""积德累善"是一个家族长盛不衰的永恒动力。而善恶标准虽有不同，但如何立身行事、阅世做人，却是一道必答题。比如："子孙若如我，留钱做什么？贤而多财，则损其志。子孙不如我，留钱做什么？愚而多财，益增其过。"这句话直到今天，还时时警诫世人。一个人不可能选择他的出身，但一定会受到家风的影响。曾左李出身不同，决定了他们在人生之初的起跑线不同。反过来，以他们为出发原点的家族，又因不同的家风底蕴而命运各异，前景不同。

传世之家的苦苦挣扎

"穷不离猪，富不离书。"这是中国的一句老话，蕴含着一个农耕大国的生存智慧。能够对一个家族形成恒久影响的，一定是读书育才。在风云激荡的晚清，曾国藩、左宗棠、李鸿章既是朝廷的股肱之臣，也是孝子严父，都不忘诗书传家、培育子孙，让家族成员在变化的时代中不至于落伍甚至被淘汰。

从曾国藩这辈往上数几代，曾氏家族都是普通得不能再普通的家族，从宋朝末年到清朝，几百年里没有出过一个秀才。到了曾国藩曾祖父这代，曾氏家境才开始转好。

曾国藩的祖父星冈公，年轻时爱慕虚荣，喜穿华服，好骑骏马，常年流连街市招摇显摆。人们背地里都讥嘲他。有一次，一位老翁呵斥孙子："你不好好读书，长大了像荷叶塘白杨坪曾家那小子，不学无术，游手好闲，岂不丢了我的老脸……"这话被曾星冈听见，恍然才知自己在人们心目中的形象如此不堪，竟然成了人家教育孩子的反面教材。曾星冈马上卖马脱衣，赤脚回家，开始发愤图强。

曾氏家族的命运从星冈公的悔过自新开始慢慢改变。星冈公知道，自己此生发奋读书，不但为时已晚，而且也不具备读书的资质，便拼命积聚财富，为家族后人通过读书改变命运做准备。经过数十年奋斗，星冈公使曾家成为殷实之家，他终于洗去"浪子"身份，在乡间不再受人歧视。

从此，"传家不外重耕读，教子唯期重德行"这一中国传统理念，深深植入曾氏家族的血脉之中。星冈公深知，家族中如果没有知书识礼的人才支撑门户，钱财再多也有可能败落。他倾尽积聚的财富，供养儿子读书，希望儿子们能够科举成名，光耀门庭。但长子曾麟书却不是读书的料儿。铁了心的星冈公坚信，只要坚持不懈，没有做不到的事。儿子不行，那就孙子，要是孙子不行，那就孙子的儿子……星冈公开始对长孙曾国藩进行督促。曾国藩虽"笨""缓"，在祖父、父亲影响下，牢记"人要以懦弱无刚为耻辱，男儿应当自立，必须有倔强之气"，刻苦攻读，终致成名。

《曾国藩家书》将"早扫考宝，书蔬鱼猪"作为"家训"，记载并留传下来。清咸丰十年（1860年）闰三月二十九日，曾国藩写信给在老家的四弟曾国潢，说他曾经与九弟曾国荃讨论祖父星冈公治家之道，对"早扫考宝，书蔬鱼猪"做了简单的解释："早，早起；扫，洒扫；考，祭祀祖先；宝，待人接物是无价之宝；书，读书；蔬、鱼、猪，种菜、养鱼、喂猪是也。"这"八字家训"既可以让一个家庭充满生气，也可以让一个人充满生气。

曾国藩不但继承和发扬了祖父、父亲勤俭刚强的家风，还牢记祖父年轻时因不学无术而受人奚落的难堪经历，要求弟弟、子侄们坚持读书。曾国藩进士中榜，进京做官后，轮番接弟弟们到身边读书；后来对家中子侄们要求更加严格，甚至对儿媳也不忘教导。

曾家的儿媳几乎都出身名门，嫁入曾家，言传身教，也是家风传承不可忽视的力量。曾氏家族才女媳妇郭筠（曾国藩儿媳妇，曾纪鸿夫人）、刘鉴（曾国荃儿媳妇，曾纪官夫人）、陈光璐（曾国潢儿媳妇，曾纪梁夫人）等，对曾氏文化传承、发扬作出了巨大贡献。凡家族中人，莫不以读书为要。曾氏家风传承有序，百年不衰，与曾家读书蔚然成风密不可分。

在祖父影响下，曾国藩经过坚持不懈的奋斗，终于把一个偏远山村的小地主家庭，打造成为辉煌耀目的盛大家族。

与曾家相比，左家的起点明显低得多，属于"用了半生才到达罗马"的那类家庭。左宗棠家族祖籍江西，南宋时迁到湖南，世居湘阴。左宗棠的曾祖父左逢圣虽然清贫，却乐善好施。祖父为国子监生，父亲为县学生员，都没有举人身份。左家为典型的耕读之家，平常生存尚可，假如遭遇天灾人祸，只有靠典当、借贷度日。左父年轻时出门教书为业，左氏三兄弟随祖父在家读书。后来，左父在长沙稍微稳定，左宗棠三兄弟才随父去长沙跟读。

左宗棠天资聪颖，却因家境贫寒而难以继续科考，博取功名。

父母先后亡故，大哥早逝，家中除了破房瘦田，还欠下一堆债务。左宗棠与二哥左宗植商量，承担了所有债务，将家中薄产全部交给寡嫂孤侄。左宗植年长左宗棠八岁，多次会试不第，承继父业，教书为生。左宗棠同样科考不第，年纪渐长，无奈之下，只好入赘周家。

以左宗棠刚烈不羁的个性，真是被逼到了走投无路的绝境，才会去做上门女婿。左宗棠在周家完成了他的性格熵减，虽然照样豪耿火爆，但是经过这样的生活磨难，后来他遭逢艰险几乎无坚不摧、为达目标锲而不舍，与此段经历不无关系。

一个人绝地求生所迸发出来的勇气，饱经苦难磨砺出来的人生经验，可以成为他的命运财富。

心高气傲的左宗棠，在仕途看多了倾轧算计，因此生出了不让后代子孙再染指官场的想法。左宗棠早年就总结出人的一生应该"慎交友，勤耕读；笃根本，去浮华"，这也是他对子孙后代的深深期许和谆谆告诫。

"要大门间，积德累善；是好子弟，耕田读书。"意思是要成为显门旺族，靠祖辈历代多做善事；家族要出好儿孙，靠鼓励种地读书。如此家族才能百年兴旺，屹立不垮。

李鸿章的一世祖姓许。收养许姓继子的李家人是做豆腐生意的李心庄。李心庄之后开始的李氏一脉，家境都不好。一直到李鸿章的高祖（爷爷的爷爷）李士俊，才从平民跃升为小地主阶级。到了李士俊的儿子李椿，也就是李鸿章的曾祖一代，李家才有能力供养孩子读书学文，以期走科举取士的道路。

李鸿章的曾祖李椿、祖父李殿华，在科举道路上一无所获。祖父李殿华是一个醉心科举的读书人，科举不顺之后在家开馆教学，培养子孙。此时李家有几十亩田地，但日子并不好过，每到年终，到家里要债的人如过江之鲫。

在李氏几代人的期许和鼓励下，李鸿章的父亲李文安终于考中进士。李鸿章兄弟也开始在科举道路上有了收获。特别是李鸿章，意气风发，未满四十岁便成为威震一方的封疆大吏。

李鸿章的家教不在于训诫家人如何做官、如何处世，而是读书求学和养生之道。这是李鸿章从科举获取功名，但又从中看到弊端，以及目睹老师曾国藩饱受疾病之苦而得出的教训（曾国藩一生身体都不大好，特别是饱受皮肤病困扰）。

让人意外的是，与同时代传统教育重义轻利、重农抑商的观念不同，李鸿章"别出心裁"地给子女们灌输"工商立国、自强求富"的思想，认为"国是日非，吾等执政，虽竭力谋强盛然未见效，深为可叹，国人思想受毒根深……受人凌辱之原因，莫外乎不谙世事，墨守成法，藏于文字之间而卑视工商，岂知世界文明工商业教重于文字"（《李鸿章家书·示儿》）。能够将西方知识观念作为家庭教育的主要内容，这与李鸿章长期从事外交和洋务的"职业"密切相关。他对国际社会逐渐了解，视野不断开阔，对传统伦理观念也就有了更为深刻的反思和认识，所以在家庭教育上就显得大胆前卫，与众不同。

不同的人生起跑线

"不能让孩子输在起跑线上"，是自古以来望子成龙的家长最真实的想法。其实很多家长并不知道孩子们的起跑线到底在哪里，至少，晚清曾国藩、左宗棠、李鸿章三大家族的孩子，根本就不在同一条起跑线上。

曾左李经过艰难打拼，终于在清帝国的权力场上抢占了一席之地。他们的家族，随之迅速崛起；他们的后辈，终于有了选择的机会。不可否认的是，曾左李三人不但对家族家风形成巨大影响，他们苦心培塑的家风也直接关系家族成员的得失成败。

亲情至爱，是曾左李三人成就功业的人生基础。曾国藩在镇压太平军的沙场苦旅中，几番身陷死亡绝境，他的弟弟们义无反顾整军救援。在血与火的战场上，曾氏兄弟们并肩作战，有的甚至献出了生命。左宗棠在湘阴白水洞避居之时，二哥左宗植就屡劝其出山建功立业。李鸿章跃马疆场，大哥李瀚章一直紧密关注，其他兄弟也步其后尘。曾氏兄弟成为战场上的战友，左氏兄弟聚少离多遥寄诗书，李氏兄弟互相砥砺，他们都在为自己的个人前途、为家族的振兴拼命努力。

曾、李家族兄弟众多，他们各有分工。曾家老四（家族排行）曾国潢、李家老四李蕴章在家照顾长辈、打理家务，负责理财，其余兄弟在外征战、为官。曾家老九（家族排行）曾国荃，无疑是曾国藩的左膀右臂、得力干将；李家大哥李瀚章，对李鸿章提携扶助、庇护有加；左宗棠二哥精于学问，虽然未在事业上给左宗棠提供多少直接帮助，但两人信函往来，对家族崛起同样拼尽全力。

家族要传承，教育不可缺。饱经世事历练，苦读儒家经典，曾左李家族都注重教育，重视对后代价值观的培养。"凡人多望子孙为大官，余不愿为大官，但愿为读书明理之君子。"这是曾国藩的肺腑之言，也是他屡经宦途之险后，对家族后世子孙的谆谆告诫。今人从曾国藩留下来的文字里，可以窥探其对官场忧惧多过喜爱的端倪。

由于特殊的价值观念和时代的不断更迭，曾左李三大家族的第二代、第三代渐次少了做"官"的机会，但这三大家族的后世子孙，几乎都在历史的天空里闪耀出不同的光芒。这与他们自身崇奉程朱理学，形成坚定的"理高于势""道统高于治统"，重视经国治世之学不无关系。

子女是父辈物质的继承者，更是思想的传承者。曾左李对后人同样抱有"长江后浪推前浪"的想法，希望他们的家族一代更比一代强，持续欣欣向荣。而由于言传身教的重点不同，他们的后代也呈现出花开百样的欣欣景象。

曾国藩一生有"三耻"：天文、算学，毫无所知为耻；每做一事，治一业，辄有始无终为耻；作字太钝，废阁殊多为耻。在视求取功名为正途的封建社会，曾国藩鼓励并支持儿子研习外文、西学，后来次子曾纪泽（长子曾纪第早夭）在外交上卓有建树，便是受父亲的深刻影响。光绪七年（1881年）2月，曾纪泽在俄国彼得堡的外交谈判中据理力争，有章有法，终于和沙俄签订了《中俄伊犁条约》和《陆路通商章程》。清王朝虽然在通商方面有所让步，但却争回了大片领土。

曾纪泽这次谈判取得成功的一个重要原因，就是坚持父亲曾国藩办外交时的一个原则："大事苦争，小事放松。"大事上毫不退让，小节处则稍作妥协。伊犁谈判取得了举朝都没有料到的结果，曾纪泽因为从沙俄"虎口夺食"，索回了新疆伊犁，在世界范围内声名鹊起，一举奠定了"晚清中国最杰出的外交家"的名声。

曾国藩季子曾纪鸿成为晚清著名的数学家，把圆周率的数值推到小数点后一百多位，这在当时数学界是一个很大成就。曾家的四、五、六代人中，也涌现了很多优秀的专家学者，如曾国藩的曾孙曾约农是著名教育家，曾任台湾东海大学校长；曾孙女曾宝荪毕业于伦敦大学，在教育界卓有建树。曾国荃的后代也非常优秀，比如新中国成立后，他的玄孙女曾宪植曾担任全国妇联副主席，另一位玄孙女曾宪楷是中国人民大学教授，等等。

和曾氏家族比起来，左宗棠的后代就廖落得多。但左宗棠一生要儿子们认真读书、学做好人：

尔年已渐长，读书最为要事。所贵读书者，为能明事理。学圣贤，不在科名一路。如果是品学端优的君子，即不得科第亦自尊贵。

也许是自己家孩子的优劣短长，自己心里比谁都清楚，左宗棠从来不要求家族中人涉足官场。左氏家族后代很少经商从政，多专才，特别是在医学上有建树者居多。

李鸿章相比曾、左出国最多、见识洋务最广，对世界的认识、对伦理观念的理解，与曾、左有较大区别。在家庭教育上，李鸿章自然有一套自己的想法。他对子女教育更多重"实利"而轻"八股"。他的三个儿子都精通外文，有与洋人打交道的经验。尤其是三子李经迈，精通英语，善于理财，成为李氏后人中最富有者。李氏后人"多商贾，重财富"，而不像曾、左后人那样好学问，多专才。

不管曾左李如何教育后人，他们当时的教育理念已经超越了时代。家族虽然已经日渐繁荣，但"世事如棋"的古训依然盘桓于心，曾左李希望家族中人能够推陈出新，子孙后代的眼界应当更加开阔，通过读书明心智、长见识，获取生存的本领。

曾左李不但是影响时代的重臣，更是家族继往开来的引领者。他们的价值观和思想，极大左右了家族未来发展的方向。

金钱观里有家风

曾国藩认为"天下无一成不变之君子，无一成不变之小人。今日能知人，能晓事，则为君子；明日不知人，不晓事，即为小人"。能够知人晓事、做人做事合情合理的人，就是真正的君子。

古往今来，一个人对待钱财的态度，往往反映其人品底色。古人云："志以淡泊明，而节从肥甘丧。"人的志向因为恬淡寡欲而高远明确，而气节因为追求奢侈的生活而颓废丧失。

曾国藩在道光十八年（1838年）进士中榜，准备进京做官，在湖南乡下四处"耍把戏"，以求乡友赠礼金充作旅费，这件事令他一生愧悔。

三十岁之后的曾国藩，一直秉持"轻财尚德"的金钱观："予自三十岁以来，即以做官发财为耻，以官囊积金遗子孙为可羞可恨，故私心立誓，总不靠做官发财，以遗后人，神明鉴临，予不食言。"曾国藩发誓说他做官的目的不是为了发财。通过当官发财豢养子孙，是一件可耻的事情。后来的事实证明，曾国藩确实践行了他当初的承诺。

曾国藩做过镇压太平军、捻军等农民运动的统帅，当过总督，人生的最后十二年，一直稳居总督高位，但去世时留下的银子只够操办丧事。

咸丰四年（1854年），曾国藩率湘军打了胜仗，托人带回家一百两银子，将其一分为三：

兹因魏荫亭亲家还乡之便，付去银一百两，为家中卒岁之资，以三分计之，新屋人多，取其二以供用，老屋人少，取其一以供用，外五十两一封，以送亲族各家……

曾国藩对这一百两银子的用途作了详细安排，生怕有一丝浪费。曾国藩的女儿结婚，嫁妆无一例外是二百两银子；接家中妻女儿媳到总督府，便着手为女人们安排做小菜酒酿、做针线活、做鞋子、纺线等劳动，无一人空闲。

> 余服官二十年，不敢稍染官宦气习，饮食起居，尚守寒素家风，极俭也可，略丰也可，太丰则吾不敢也。

曾国藩坚持勤俭节约，写信教导儿女：

> 凡世家子弟，衣食起居，无一不与寒士相同，庶可以成大器。若沾染富贵气习，则难望有成。

他语重心长地教育儿子们：

> 断不蓄积银钱为儿子衣食之需，盖儿子若贤，则不靠宦囊，亦能自觅衣饭；儿子若不肖，则多积一钱，渠将多造一孽，后来淫佚作恶，必且大玷家声。

意思是说若子女能干，不依靠做官也能养活自己；若子女没有本事，祖宗先辈给他们留下的钱财越多，给他们造孽越多。一人作恶，整个家族的名声都会受到损害。

曾国藩一直按照圣人的标准要求自己，没有给儿孙们留下遗产。他的小儿子曾纪鸿生病无钱抓药，只好向远在新疆的朋友刘锦棠借。左宗棠得知，拿出几百两银子给曾纪鸿。曾国藩一生俭朴，他的薪酬要么充公，要么资助贫寒的读书人。

立志当圣人、做不贪财的清官，对金钱和物质享受看得比较淡的曾国藩，办起正事却有生财之道。自咸丰三年（1853年）办团练起，至同治十一年（1872年）在两江总督任上逝世，曾国藩劝捐、收厘金、以盐抵饷，样样办得有声有色，所筹资金全部用来"厚饷养兵"，而从不借此为子孙谋利。曾国藩和普通的官僚一样，也遵循各项陋规，对前来巡视的官员，同样赠送程仪，他并不想在官场上标新立异，开罪同僚。

曾国藩清醒地认识到，没有充足的财力和物资作后盾，就无从治军理政。只有遵守官场潜规则，才能得心应手，左右逢源。

树立正确的金钱观，其实是树立正确的价值观的一方面。曾国藩"不留钱财给后人"，却给后人留下了一笔巨大的精神财富。数量庞大的家书、家训、日记等，让曾氏家族后辈深受曾国藩思想和智慧的熏陶，自立自强，栋梁之材层出不穷。时至今日，曾国藩家族依然兴旺发达。曾氏家书家训，更成为今天长销不衰的各种"宝典秘籍"，影响众多中国人的育才理念，不得不说这是少有的。

"发上等愿，结中等缘，享下等福；择高处立，就平处坐，向宽处行。"左宗棠写的这副对联，被很多人当成修身处世的准则。

左宗棠与曾国藩一样，一生节俭，即使位高爵显，依然保持着"非宴客不用海菜，穷冬犹衣缊袍"。平常时候，他都是穿普通的棉布衣袍，只有在比较正式的公事场合才穿官服。左宗棠克勤克俭，还留下一个动人故事。

有位好友远道而来见左宗棠，非常惊讶地发现，在寒冷的冬天里，堂堂浙江巡抚左宗棠竟然只穿了一件布面皮袍和他谈话。更让人不解的是，皮袍的衣袖套了一个布套。吃饭时，桌上只有几片白肉和一盆鸡汤。那个用来防止频繁修补衣袖的布套，就是后来闻名于世的"宫保袖"。

左宗棠的俭朴，让人肃然起敬。

他不但本人节俭，对家人也"苛刻"：

付今年薪水银两百归……念家中拮据，未尝不思多寄，然时局方艰，军中欠饷七个月有奇，吾不忍多寄也。尔曹年少无能，正宜多历艰辛，练成材器，境遇以清苦淡泊为妙，不在多钱也。

　　左宗棠每年定额给家里两百两银子，从不多给。即使知道家中经济困难，左宗棠也坚持不多给养家银子。他给家人的解释是：军中欠饷已经超过七个月，我实在不忍心多给家里一分钱。左宗棠对家中子女们说，你们正年轻，要养成艰苦朴素的好习惯，多学本领，树立远大的人生理想，而不是追求奢侈生活，养成好逸恶劳的坏习惯。

　　同治元年（1862年），左宗棠的夫人患病刚刚痊愈，左宗棠在给儿子的信中写道："衰老之年，药饵不可缺，近因省钱，故不服补剂。"

　　左宗棠的夫人周诒端出身书香门第，精通经史，勤俭持家，与左宗棠举案齐眉，相夫教子任劳任怨，对左宗棠情深义重，左宗棠对她也心怀感恩。夫人大病初愈，左宗棠希望儿子们自己省钱来提供药饵，不打算改变每年两百两养家银子开支的计划。左宗棠对家人要求之严格，可见一斑。

　　有一回，次子孝宽修缮家中旧屋花费了一些银两，左宗棠觉得过多，写信痛骂："贫寒家儿忽染脑满肠肥习气，令人笑骂，惹我恼恨。"

　　对家人如此"小气""抠门"，对"外人"却一掷千金。左宗棠下属刘典去世，他自掏腰包，一次性给予刘家属六千两银子抚恤；长子孝威赴京赶考，左宗棠特地嘱咐儿子去钱庄取一千两白银，资助湖南籍贫困考生回乡。

　　左宗棠的薪酬、各种陋规收入，几乎都用在扶贫救灾和修城墙、办书局书院、资助西征军粮饷等方面。在福建时，听说鱼雷、水雷威力大，左宗棠自掏腰包购买一批鱼雷、水雷来装备海军。左宗棠对子女们说：我挣薪俸不是让你们坐享其成，有多余的钱，我随手就安排做了其他事，你们要想安身立命，请自力更生。（"我廉金不以肥家，有余辄随手散去，尔辈宜早自为谋。"）左宗棠去世后，果然没有多少银子留给家人，证明他是心口一致、言出必行之人。

　　因为性格耿介，左宗棠一生遭到不少同僚嫉恨，但即便遇到再多的非议弹劾，却独独没有贪污受贿这样的指控。美国人贝尔斯熟悉大清官场，也不禁感慨道："对他（左宗棠）的指控中，唯独没有贪污公款这一条。即使左宗棠最强硬的对手，也从来未能指责他从公款中攫取一个铜板据为己有。"

曾、左二人，镇压太平军、平捻、收复新疆，手下将兵千千万万，经手钱饷万万千千，但他们都秉承初心，洁身自爱，保持君子之风，从不贪占分毫。一代封疆大吏，逝后一生积蓄就消耗殆尽，令人景仰。

但是，与他们关系密切的李鸿章，对待钱财的态度却大相径庭。

穷奢极欲的李氏家族

"宰相合肥天下瘦，司农常熟世间荒。"这是人们讥讽李鸿章贪财，说他穷尽天下之财为一家享用的话。

依靠淮军成事发迹，李鸿章很快便跻身督抚高位。凭借自己非凡的能力，李鸿章后半生执掌国家外交洋务大权，既为清王朝办事，也为自己聚敛了巨额财富。

李鸿章的财富，仅以推崇他的梁启超所说，也有"数百万金之产业"。梁启超说的数百万金产业，是指李鸿章通过洋务运动拥有的轮船招商局、电报局、开平煤矿、通商银行的股份，还不包括数量巨大的土地宅院等不动产。

李家后人保存下来的李氏直系子孙遗产分配合同，可以证实李鸿章在合肥、巢县、六安州、霍山等处，置办了大量田产，在扬州、庐州、江宁、上海等地有大批房产。除此之外，金银财宝等动产部分，更是不在少数。

李鸿章追逐功名的欲望极为强烈，他几乎一直保持着对官场生活的向往。

从同治元年（1862年）独步官场开始，到光绪二十七年（1901年）去世，李鸿章除母亲去世在家耽误几个月外，一直没有离开官场半步。

享清福不在为官，只要囊有钱，仓有粟，腹有诗书，便是山中宰相；祈大年无须服药，但愿身无病，心无忧，门无债主，即称地上神仙。

这是李鸿章晚年写的一副对联，表达了他对理想生活的向往，一副超然物外的模样。然而真实生活中的李中堂，完全没有这种世外高人的追求。李鸿章的"理想"，是神仙也难做到的人生至臻之境。所以，他要在有生之年，做一个现世享受的"活神仙"。

曾国藩孙女婿吴永（曾纪泽女婿）《庚子西狩丛谈》一书，记载了晚清包括慈禧太后在内的名人生活。因为他时任慈禧太后"西行狩猎"的粮草负责官员，曾近距离接触朝廷官宦，所载史料有较高可信度。

吴永这样描绘晚年李鸿章的奢侈生活：

> 早间六七钟起，稍进餐点，即检阅公事……午间饭量颇佳，饭后更进浓粥一碗，鸡汁一杯。少停，更服铁水一盅。……即牵帘而入，瞑坐皮椅上，更进铁酒一盅，一伺者为之扑捏两腿……凡历数十百日，皆一无更变。

这杯"鸡汁"，是由两只鸡细火慢慢熬成。而所谓"铁水""铁酒"，是用人参、黄芩等配制的补品。

梁启超写的《李鸿章传》有同样的记载：李鸿章"每膳供双鸡之精汁，朝朝经侍医诊验，常上电气"。而且，李鸿章热衷于享用洋酒、咖啡和高档洋货。李鸿章在家书中说：

> 吾年衰耄，当终老京师，岁需食用应酬万余金，时形竭蹶，不复能顾家事。兹因李楼小宅倾圮，不得已勉筹修费六千余金。

这就是说，李鸿章在北京养老时，一年至少花费一万多两银子，所以，没有更多钱寄给家里。这次家里修房子，勉勉强强凑了六千两银子寄回去。

李鸿章不但自己乐于享受生活，对家人亦是不吝厚赐。

光绪二十三年（1897年），李鸿章在致女儿李经璹的信中说："附寄燕窝十二合（盒），聊供早餐。"光绪二十四年（1898年），李鸿章在致儿子李经方的信中说："昨又寄到鱼翅百斤，照收。"同年另一封信又说："两次寄到板鸭百四十只，未免稍多，其味尚美。"光绪二十五年（1899年）李鸿章在致李经方的信中提到："十月朔日通永镇专弁送到蟹二千只，多而且旨，此次仅坏千一百只。"

光绪元年（1875年），李鸿章寄给家兄李瀚章"碧螺春茶六瓶，海虾三百对，呈堂上用"。光绪四年（1878年），李鸿章在致李瀚章的信中说，今年的燕窝是专门托香港商人从东南亚购得，而茶叶则是苏州人、道员潘其钤在其家乡附近选定茶园，每年专门为他特供的，价格很低，但品质难得：

敝处年例购呈母亲上白燕窝，碧螺春新茶等项，燕窝系托香港商户由暹罗觅购者，内地无此好货。碧螺春系潘道其钤家中附近山产，每年为我选定，价廉品精，兹各寄上十斤。

李鸿章孙女出嫁，他一送就是一千两白银："二孙女喜期闻在冬间，拟给奁资一千两，将由义胜源汇交张媳代存。"

李氏家族生活奢侈，爱讲排场，花费自然很大。家族有事，总是习惯大操大办。

在李鸿章身边做秘书的赵烈文留下的日记中，这样描述同治十一年（1872年）正月，李鸿章五十岁生日的场面：

总督衙门内烛爆如山，组绣成队，宾主仆从无虑千人，人气如烟云，声如闷雷，目为之炫，耳为之震。

李鸿章为母亲庆贺八十大寿，更是盛况空前，不但在京津两地同时操办，而且场面盛大：

此间轰动一时，京外送礼称祝者络绎于道，因设寿堂于两江会馆，初二留面，初三设烧烤全席，共二百余桌。津署亦设堂开筵，令方儿代为谢客，约花费四千金。而人情过重，除珍异之物璧却外，寿屏五十架，联二十余幛、三百余轴，如意仅收百枝，计所费已不赀矣。

也就是说，李鸿章在北京两江会馆和天津北洋公署两处设宴，席面是"烧烤全席"，摆了两百多桌，花掉四千两白银。收的礼品当中，仅如意就有一百枝。当时高官大吏中，能做到这样地步的并不多见。

不光是位高权重的李鸿章如此，李氏家族其他兄弟亦然：

惟丧具称家有无，汝姊及榘（李昭庆次子）等既非素封，汝亦虚有其表，不必效三姊、五叔之丧，花至巨万，炫耀乡邻。

可见李氏族中办事，大抵都习惯于铺张喧闹、炫耀乡邻。

李鸿章平生追逐的就是烈火烹油的盛大繁华，在拼尽全力坐上权力高位，得到清廷信任重用后，自然更加春风得意，飞扬跋扈。

也许，此时的李氏家族骨子里认为半个清朝都是李家天下，殊不知再好的风水，也不可能永远都罩着李家。

二

封疆大吏背后的女人们

"妇女能顶半边天"，不是说女人一定与男人一样，在外建功立业。家庭是人生事业的起点，更是培养人成才的源头。女性是组成家庭、孕育人才的关键。

"天下之本在国，国之本在家。"曾左李的母亲、祖母、妻子以及她们背后的家族，对他们的成长，起到了至关重要的作用；她们对儿女子孙的成长、成才和人生、命运，也产生了深刻的影响。

家教源远流长

一个家庭中最重要的人是母亲。母亲至少会影响三代人：作为妻子，会影响丈夫的事业、命运；作为母亲，会影响孩子的性格、成才；成为祖母，会影响孙辈的志向、成长。一位母亲在家庭中充当的角色举足轻重，一个家族的繁荣兴旺，母亲的作用不可忽视。

曾左李三杰中的左宗棠，母亲去世得最早，留下的史料也不多。母亲在与左宗棠相伴的十五年中，给他最大的鼓励是一句戏言"我儿可封侯"；左妻周夫人知书识礼，与他相敬如宾，给了他无微不至的关爱和温暖。曾国藩母亲江太夫人、妻子欧阳夫人，李鸿章母亲李老夫人、妻子赵夫人，都给家族作出了不可小觑的贡献。

曾国藩的外祖父江沛霖在湖南湘乡也算一个颇有豪气的人物。虽然江沛霖的父亲江宏辉是国学生，善于理家，积聚了不小家业，但身为富家子弟的江沛霖，因为想成为家族族长，在分家时主动提出少分家财。所以江沛霖这支，家境相对贫寒。江沛霖的子女从父亲那里继承了坚忍和勤奋的精神，以及乐观豁达的性格，其中就包括女儿江氏。

江氏比曾麟书大五岁（曾国藩的祖母比祖父大七岁），在曾家任劳任怨。江氏为曾家生下五男四女，不但悉心养育，而且常说："吾家子女虽多，但某业读，某业耕，某业工贾。吾劳于内，诸儿劳于外，岂忧贫哉？"意思是儿女们只要努力、坚持，将来随便做什么都可以养活自己。曾国藩兄弟从母亲身上继承了很多优点："吾兄弟皆禀母德居多，其好处亦正在倔强。"

即使曾国藩的父亲曾麟书，也曾受到岳父教诲："不以外物移其志，不以世不录用而迁其业。"意思是一个人不受外在的金钱物质迷惑而改变志向，不为功名利禄而轻易放弃读书学习。多年以后，曾麟书仍感激念叨，对岳父不忘感恩。江太夫人遇到再大困难也言谈诙谐，她上侍奉老人，下抚育儿女，对性格木讷钝缓的丈夫多有包容支持。一家人在她的支撑下，日子过得虽不甚宽裕，但其乐融融。

曾国藩后来娶了老师欧阳凝祉的女儿欧阳氏。这位欧阳夫人勤俭持家，温柔贤惠。曾国藩说她"静若萤光，动若流水"，"静若半睡，动若鹿骇，别才而深思"。嫁入曾家以后，性情温和的欧阳夫人，上敬老人，下和弟妹。数年间，她不仅要侍奉老人，还要忙里忙外，养猪种菜，不辞劳苦。

更加难能可贵的是，曾国藩的祖父星冈公生命的最后三年卧床不起，江太夫人毫无怨言，协助丈夫曾麟书尽心尽力赡养。欧阳夫人亦"未尝得一安枕"，是当地有口皆碑的好孙媳。在江太夫人和欧阳夫人的榜样示范下，曾家的女人们没有一个好吃懒做、养尊处优。她们共同维持了曾氏家族的家风美德。

郭筠是曾国藩三子曾纪鸿的夫人，算得上传承曾氏家风最卓著的功臣。她悉心照顾视力减退卧病在床的欧阳夫人，欧阳夫人感动不已："吾妇贤若此，吾忘吾贞疾。"在儿媳妇的伺候下，她都忘记自己有病在身了。

在曾国藩指导下，郭筠读完《十三经注疏》《御批通鉴》等书。她不但孝敬公婆，后来丈夫曾纪鸿三十三岁去世，郭筠承担起曾氏家族后辈子孙的教育之责；精心编撰曾国藩遗留下来的著述。郭筠说："我家行之，一乡风华，则强国之根基于此矣。"

在荷叶塘，曾家人应是起床最早、睡得最晚的人了。早起晚睡的曾家男人，读书、出门办事，为振兴家庭废寝忘食；勤劳贤惠的曾家女人，纺线织布、操持家务，帮扶提携，任劳任怨。全家人都在身体力行"勤俭兴家、忠厚为人"的美德，人人善于自律、勤于自勉。这就是曾国藩倡导的家教家风"不谈过高之理，不行架空之事"，从"早扫考宝，书蔬鱼猪"的八字家训，到"居官以不要钱为本，行军以不扰民为本"，由小到大、从简至繁，为曾氏家族奠定了求真务实、内外兼修的家风根基。

富贵勤苦得，骄奢败家快。一个家庭若有"勤"的家风，便是祥瑞。曾家上下一团和气，曾国藩的母亲说话风趣幽默，曾国藩的夫人性情温润。女人特有的柔情温婉，让一家人如沐春风。

曾国藩教导子女说"居官不过偶然之事，居家乃是长久之计"。居家过日子看似平常世俗，但把居家过日子做好了的人，才有做好官、干大事的潜质。

与曾家相比，左氏家族的女性更多了几分巾帼英雄的气质。左氏家族是书香门第，女性受丈夫影响，俱有豪爽耿直的男子之气。左宗棠的祖母杨夫人，心地良善，谨守封建社会女人"三从四德"。她不顾家庭并不富裕，极力赞同丈夫左人锦倡导族人捐粮，为左氏宗族设立社仓，在遭遇荒年时救助左氏族人。这种乐善好施的精神，在左氏家族中一直传扬。左宗棠的父亲左观澜承继祖辈留下的薄产，终年在外开馆授徒，母亲余夫人时常佐以粗糠菜叶，勉强让一家人吃上饭。

虽然左家也算耕读之家，但实际上过着社会最底层的生活。左母在家勉力支撑，左父在外仗义执言。左观澜继承乃父遗风，不顾家庭生活艰难，带头修建左氏宗祠，为此几乎将家产耗空。幸好左父开馆授徒，可以让左宗棠兄弟随馆读书。

左宗棠五岁的时候，有一天左父抽读左宗棠的大哥左宗棫、二哥左宗植《井上有李》一文之后，问他们文中"昔之勇士亡于二桃，今之廉士生于二李"中"二桃"的典故出处。左宗棫、左宗植答不上来，一旁的左宗棠回答："这是出自《梁父吟》中的'一朝被谗言，二桃杀三士'。"原来左宗棠在哥哥们读书时，早就记住了父亲的讲解。

余夫人知道这件事情后，抚摸着聪敏顽皮的左宗棠的脑袋，半是感慨半是鼓励地说："我们老三将来要封侯。"左宗棠在家排行老三，人称"左老三"。母亲这句看似玩笑话的戏言，对孩童时期的左宗棠是一种莫大的鼓励。后来母亲去世，左宗棠常常想起母亲这句随口而出的话，暗暗激励自己，以至他在六十多岁时，还念念不忘母亲当年对自己的期望。

长大成人却家贫如洗，左宗棠只能入赘周家。在封建社会，入赘是极没有面子的事，特别伤人自尊，何况左宗棠本就是性情刚强、孤傲清高的人。

左宗棠命运坎坷，却又非常幸运，岳母王慈云视他如亲生儿子，妻子周诒端与他举案齐眉。他生活陷入困顿，却在另外一个家庭中感受到家庭的温暖。

血气方刚的热血男子，不但没有被生活抛弃，反而再一次被爱热烈拥抱。岳母和妻子给左宗棠莫大鼓励，左宗棠的性格逐步发生了变化。左宗棠逐渐明白自己"气质粗驳，失之矜傲"，是因为性情"乖戾"，"药方"是"涵养须用敬"，便先从"寡言、养静"二条做起。性刚似火的左宗棠开始改变自己，向成功迈进。

做了十三年上门女婿，左宗棠不仅受到周家最大的尊重，还得到理解和支持。

周夫人身体病弱，主动为左宗棠纳张姓女子为妾，为左家生育儿子"传宗接代"。后来，左宗棠踏上漫漫征伐之路，与家人聚少离多，又是周夫人在家独撑家务，让左宗棠心无旁骛，在前线专心军务。

可以说，王慈云与周诒端这两位了不起的女性，重新塑造了左宗棠的灵魂，造就了晚清历史上最重要的风云人物之一。

李家"奇事"

李氏家族的女性泼辣多智，对丈夫虽然依顺，但颇有主见。后来李鸿章的大儿李经方娶了英、法女子为妻，其教育理念的不同"制造"了李家广为人知的"奇事"。

李鸿章的母亲也姓李。李太夫人幼时因患天花，被家人遗弃。李鸿章祖父李殿华是略懂医术的小地主，虽然他当时已有四个儿子需要养活，但还是把这个弃婴捡了回来，悉心医治养育。

女婴慢慢长大，脸上有出天花时留下的麻点，双脚也不像其他女孩一样缠裹。她虽然没有读书，但是懂得感恩，家里家外忙活，一刻也不肯空闲。

李殿华见儿子李文安与这位"李姓义女"年龄接近，青梅竹马两小无猜，便决定让他们结为夫妻。从"义女"到成为李家儿媳，本来就善良厚道的李氏心里充满感激之情。李夫人为李家先后生下六子二女，在李夫人的悉心养育下，都成可塑之才。李文安的资质平常，但在李夫人无微不至的关怀和帮助下，科考之路颇为顺利，并且在官宦生涯中与人为善，深得同僚尊重。

李文安在外做官，勤勉敦厚；李夫人在家操持家务，任劳任怨。后来李鸿章说他母亲"尺布寸缕，拮据经营"，对母亲的敬佩之情溢于言表。

李夫人虽然没有读书，不会识字，但她用生存智慧告诫孩子们，"水满则溢，月满则亏"，要他们低调谨慎、勤勉谦恭。李鸿章兄弟六人个个争气，人人都成才成器。李家出了两个总督，四个一品大夫。两个女儿也没让人失望，大女儿嫁给同县人张绍棠（记名提督），二女儿嫁给同县人费日启（江苏候补知府）。两个女儿都嫁得风光，地位尊崇。

李鸿章原配夫人周氏，是老师周菊初之女。周夫人与婆母李太夫人一样，一双大脚，勤俭持家，性温笃，善与人相处，深得李太夫人喜爱，伴随李鸿章走过了最初的人生岁月。周夫人不幸于同治元年（1862年）病故。

随后，李鸿章于同治二年（1863年）迎娶赵氏。赵氏名为赵小莲，出身于安徽太湖名门望族。赵小莲祖父赵文楷是嘉庆元年的状元，做过册封琉球国王的正使，后官至山西雁平道；父亲赵畇，道光朝进士，做过咸丰皇帝的陪读；哥哥赵继元，同治朝进士。

赵小莲不但家世显赫，而且能干有主见，看人的眼光也非常特别。在赵小莲陪伴李鸿章的三十年时光里，李鸿章通过军功博取官位，兴海军、建学堂，搞洋务、办工厂，在政坛大放异彩。想来这书香之家出身的女子，对李鸿章的帮助不可谓不大。赵小莲生子李经述、生女李菊藕。李经述是才华横溢的大孝子，李菊藕是民国著名才女张爱玲的奶奶。

同样一个家族，可以是"虎父无犬子"，也可能"一代英雄三代痴"。李鸿章本人可能怎么也想不到，这样辉煌的大家族中，后来竟有人落得饥寒交迫的下场。

1953年秋天的一个晚上，安徽芜湖市，一个衣衫褴褛的中年男子沿镜湖跟跄独行。他面容枯槁，精神萎靡，醉眼迷离，眼角似乎流出一滴泪。

中年男子在湖边踌躇一会，看那湖面漂浮的落叶恍若一艘艘可以渡他去天国的神船。他轮廓分明的脸部露出决绝的神情，一头栽进湖里。

这个在贫病之中绝望自杀的中年男子，时年四十三岁。他叫李国焘，晚清遗少中著名的败家子，李经方的儿子。

李经方是李鸿章的长子。李鸿章一生叱咤风云，年过四十还没有儿子，过继六弟李昭庆的儿子李经方作为子嗣传承。虽然李经方拜二伯为父之后，这位二伯迎来了自己的亲生儿子经述、经迈，但李经方和李鸿章的父子之情，一生从未有过任何改变。"大儿"李经方追随父亲李鸿章，是称职的秘书、得力的助手、合格的儿子。

李经方娶了六位中国妻妾，还不满足，出使英国时又先后娶了一位法国女子和一位英国女子做妻子，先后生子国焘、国然。想不到，这两个儿子虽然外表英俊，又接受了优质教育，却是不折不扣的败家子。特别是英国妻子生的儿子国然，成为民国时期最著名的败家子。

李国然1910年出生时，爷爷李鸿章已经作古接近十年。丰裕的物质遗产让含着金汤匙降生的混血儿李国然从小就锦衣玉食。李鸿章去世后，混乱时局让终于可以"自作主张"的李经方格外忙碌，提倡自由放养的英国母亲则完全把教育儿子的责任扔给高薪聘请的私人教师。等到忙碌不已的李经方夫妻觉察宝贝儿子竟然已沦为眠花宿柳、抽食鸦片的不良少年时，李国然已经无法无天、不受管教了。

狂嫖滥赌、嗜食鸦片很快败光家族分给自己的巨额遗产，李国然身体被拖垮了不说，精神更是颓废至极。后来，父亲去世、母亲回国，没有管束的李国然身无分文，填饱肚子已是难事。

镜湖里的落叶没有成为李国然度劫的仙舟，李国然最终成为李氏家族贪婪自毙、门风败坏的最佳"广告"。一个家族就像一棵大树，总会有几根旁逸斜出的枝条，如果没有好好收拾修整，这些枝条要么会影响整棵树的生长，要么就会独自枯死。李国然的结局，令人不胜唏嘘。

好在除去李经方的两个儿子醉生梦死、无所作为，李经述、李经迈及其后人，在各个领域颇有建树者不在少数，李鸿章的其他兄弟的后人也人才辈出。

"子孙若如我，留钱做什么？子孙不如我，留钱做什么？"倘若李中堂泉下有知，面对李氏后人的兴衰沉浮，是否对这句话有更多的感触？

三

豪门嫁女

"自古女婿半个儿"。曾国藩对女儿们的教育，虽然也承袭"女子无才便是德"的封建思想，但作为父亲，他衷心希望自己的女儿婚姻美满、生活幸福。结果事与愿违，曾国藩在为女择婿这件事情上，可以说是彻底地"翻车"了。曾家女儿除去曾国藩"放任不管"的幺女，几乎都以悲剧收场。左宗棠与李鸿章在选择女婿上虽然不像曾国藩那样一再失误，但其间波折也不算少。豪门嫁女的悲欣交集，是一个时代发出的感喟叹息。

曾国藩择婿

作为封建社会的一员官僚，曾国藩也难以免俗，门当户对的婚配观念根深蒂固。为了维护沿袭千年的封建伦常，他一次次置亲情于不顾，一手制造了女儿们的婚姻悲剧。这是曾氏家族的不幸，更是一曲悲凉的时代挽歌。

同治四年（1865年）二月初九夜半时分，为湘军大营经理粮饷的徐州粮台内，人心惶惶，奔走喧哗，一件大事猝然发生了：两江总督曾国藩的大女婿、徐州粮台经办袁榆生吞服鸦片自杀了！

消息传到总督府，一向以沉着坚毅著称的曾国藩，一边疾呼下人全力救治，一边惶然不安，踱步疾走。

曾国藩时年五十四岁，官至封疆大吏，身兼江苏、安徽、江西三省的军民政务，可谓百战功成，阅世已深。可面对这么一桩发生在自己家里的命案，曾国藩竟有些茫然失措。一时间，他不仅为自己的女婿有可能命归黄泉而痛心，更为自己择婿不慎而自责痛悔。

《曾国藩家书》流传于世，被无数人奉为治家圭臬，但"大清第一能臣"曾国藩亲自挑选的女婿却一个不如一个。他的五个女儿，除了幺女因为"自由恋爱"结婚终获幸福外，其余四个皆命运悲惨，结局凄凉。向来看人很准的曾文正，何以在挑选女婿上遗祸爱女，一再徒伤家族门风？

经过一番折腾，曾国藩的大女婿袁榆生终于被抢救过来，两江总督大人免于更大的羞辱。但此事已经轰动朝廷内外，尽人皆知。虽然事后经过大女儿曾纪静耐心解劝，袁榆生赴总督署向岳父曾国藩"谢罪"，表示"愿图自新"，但其人实在是江山易改，本性难移。

同治五年（1866年），也就是吞食鸦片自杀的第二年，袁榆生在徐州粮台贪污挪用公款六百两白银。一贯以清廉自持的曾国藩忍无可忍，愤而宣布与这个女婿断绝关系。

曾国藩是理学名臣，未能摆脱封建道德的窠臼，认为"女子无才便是德"，努力把女儿们培养成"贤妻良母"。他事无巨细，耐心地将女儿们每天的"功课单"写成文字，形成制度："早饭后，做小菜、点心、酒酱之类，食事；巳午刻，纺花或绩麻，衣事；中饭后，做针线刺绣之类，细工；酉刻，做男鞋、女鞋或缝衣，粗工……"此外，他还要亲自"验工"，并再三强调："吾家男子于看读写作四字缺一不可，妇女于衣食粗细缺一不可。"

培养女儿，连绣花织布都要管；为女择婿，曾国藩也可谓费尽心思。总结起来有两条要求：第一，孩子的父亲都是曾国藩熟识的人，要么是湖南老乡，要么是官场同僚，而且都是品格高尚、颇具才气之人；第二，这些孩子都是他亲自见过，甚至亲自教育过的。如此择婿，应该说符合曾氏做事稳慎的做派，应当十拿九稳了。

长女曾纪静满六岁那年，曾国藩就给她订下亲事，对方是翰林院编修太史袁芳瑛的儿子袁榆生。袁芳瑛是曾国藩的湘潭老乡，工书法，尤其善写白折小楷，又嗜藏书，是晚清著名藏书家。曾国藩也是爱书之人，二人经常走动，相互品鉴，探讨学习。其时袁芳瑛的大儿子袁榆生七岁，生得虎头虎脑，伶俐聪明。曾国藩知道袁芳瑛是谦谦君子，博雅好学，认为这样的父亲肯定会教导出不一样的儿子，于是就主动提亲结缘。

然而，第一次择婿就栽了大跟头。曾纪静嫁入袁家之后，才惊愕地发现，袁榆生的恶习不止嗜赌滥饮，竟然在她进门之前，就已经瞒着曾家先娶了妾。这在当时的世家大族里，简直是天大的笑话。

原来，袁榆生的父亲袁芳瑛长于藏书而短于教子，对这个聪明可爱的儿子娇宠有加。袁榆生长大之后，"不喜读书雅记"，只爱"豪迈博饮"，全然一副浪荡公子模样，不服管教。父亲袁芳瑛去世之后，儿子袁榆生更如脱缰野马，成天呼朋引伴放荡豪饮，以至负债累累，家道渐衰，于是不惜售卖父亲一生辛苦收集的累屋藏书。

曾国藩在好友袁芳瑛死时，已经觉察到这位准女婿袁榆生品行堪忧。如果为女儿的未来着想，他原本应该悔婚了断。但曾国藩一生尊儒重道，又是位高权重的国家勋臣，此时悔婚既有负死去的老友，更怕世人唾弃他嫌贫爱富。瞻前顾后之下，为了面子虚荣，他竟将爱女推进万劫不复的深渊。

对于这样一位朽木难雕的女婿，曾国藩并未轻易放弃，而是再三力图将其拉回正道。

曾国藩处心积虑地给家人打招呼，让他们表面上对袁榆生仍要尊重："尔等在家却不宜过露痕迹，人所以稍顾体面者，冀人之敬重也。"曾国藩的意思再明白不过了：他怕家人流露出对大女婿袁榆生的鄙夷厌弃，这样袁榆生会破罐子破摔。

但是，曾国藩的一番苦心却不见成效，袁榆生婚后仍不安心读书，荒度岁月。于是曾国藩另觅他途，转而让袁榆生锻炼经办具体事务的能力，读好

"世事"这本书，把他安排到徐州粮台经理湘军粮饷。

谁知袁榆生到了徐州不久，不但大肆招嫖，还仗着总督女婿身份横行霸道、欺压平民。曾国藩处置此事时思前想后，还是给女婿袁榆生留了一点面子，"因派人去拿其家丁四人，杖责三百、一百不等。唯许满未责，令与中军同去拿娼家哈氏女子，亦掌嘴数百，发交首县管押"。曾国藩只派人责打家丁、抓了妓女，怙恶不悛的袁榆生却丝毫不顾及岳父的情面，竟然吞服鸦片自尽，以示反抗。

与曾国藩断绝翁婿关系的袁榆生不思悔过，更加猖狂，把一腔怨念转嫁到妻子曾纪静身上，不但平时与她形同路人，即便在曾纪静大病卧床之时，也拒绝探望。曾纪静在袁家上下的冷漠和敌意中，孤独无靠，又无子嗣陪伴，竟至抑郁而终，时年仅二十九岁。

曾家女儿难

曾国藩的次女曾纪耀算是所有女儿中最至诚贤惠的一个。

曾纪耀比姐姐曾纪静小两岁，自幼知诗书、会女红，精通外语。在姐姐曾纪静出嫁后的第二年，曾纪耀也出嫁了。曾纪耀嫁给了曾国藩的养子陈松生。陈松生的父亲陈源兖是曾国藩的至交，并且曾、陈既是同乡，又同为戊戌科进士，同时入选翰林院庶吉士。两家一向交好。陈松生幼时父母双亡，曾国藩领养了故友之子，是看着陈松生长大的。

陈松生的父亲陈源兖出身寒微，陈家的经济状况困窘。陈源兖十多岁丧父，虽然陈母含辛茹苦供他读书，陈源兖也十分用功，但在中了进士之后，家境并没有多大改善。曾纪耀嫁入陈家，注定生活会很艰难。

曾国藩"顾全大局"，谆谆告诫女儿，不能因为陈家困顿而另有想法。曾纪耀自然不忘父亲教诲，想方设法经营家庭，"委屈顺从，卒无怨色"。

不久丈夫生病，性情变得急躁，曾纪耀"扶持调护，真能视于无形听于无声"。不但如此，曾纪耀对其久病的嫂子也尽心照护，毫无怨言。

曾纪耀不但爱其夫婿，而且孝顺父亲。在父亲曾国藩病危之时，她听信古人传说故事，竟然真的"祷天割臂以进"，把手臂上的肉割下来给父亲当药引。其做法虽近愚孝之举，但其对父亲的心意可见一斑。

但是，曾纪耀和丈夫陈松生没有生育孩子，这在当时是一件大事。好在曾纪耀没有公婆，陈松生虽然性格偏执急躁，但后来曾纪泽出使英国，提携这位妹婿，让陈松生做了自己的帮办。曾纪耀在异国他乡过了一段较为舒心的日子。但由于终身未育，且身体素弱，也"抑郁终身"，"无生人之欢"。曾纪耀到英国的第三年便病逝了，时年仅三十九岁。

在曾国藩的五个女儿中，也许三女曾纪琛的命运最为不堪。

曾纪琛生于道光二十四年（1844年），比二姐曾纪耀小一岁。和家中姐妹一样，她从小深受曾国藩严格的家教。在曾纪耀出嫁的同一年，她嫁给湘军有名的战神罗泽南之子罗允吉。罗泽南为了回援被困战阵中的曾国藩，急攻武昌城不下而战死，年幼的罗允吉因此早年丧父。

曾国藩和罗泽南是患难之交，罗泽南亦是为回援曾国藩而战死，这番交情非同一般。有人在罗泽南去世后不久向曾家提亲，想把曾家三女儿曾纪琛许配给罗泽南小儿子罗允吉，曾国藩一开始并没有同意。曾国藩之所以不同意这门亲事，是因为此时的罗允吉因为父亲的功勋，小小年纪就被朝廷钦赐举人，授内阁中书，赏戴花翎。曾国藩担心"恐人疑为佳婿而争之也"，同时他想吸取前面嫁女的教训，"意欲择一俭朴耕读之家，不必定富室名门也"。

然而造化弄人，曾纪琛的悲惨命运又在曾国藩的回头转念之间被决定了。

曾国藩暗忖罗泽南生前极为清廉，到底不算富裕之家，罗允吉肯定没有沾染贵公子的习气。更重要的是，罗泽南是为救援自己才战死的，现在他的儿子罗允吉成了孤儿，自己责无旁贷负有抚育教导之责，因此又同意了这门婚事。

同治元年（1862年），曾纪琛与罗允吉成婚之后，曾家人才发现这位名门之后原来是个不可思议的小气鬼：

> 局量褊浅，又甚愚昧不谙事，常与其胞叔晓屏龃龉。前因修砌祖坟，晓屏未出费赀，遂磨治碑碣，灭其名。晓屏讼其侄于亲串，至今尚未勾当。顷闻刊发讣闻，又因乃叔不出费赀，欲不列其名。剌谬如此，殊为可忧。

这是曾纪泽在老家寄给父亲曾国藩的信。信中历数这位妹夫诸多"褊浅""愚昧不谙事"之事，竟因叔父未出修砌祖坟费用而磨碑灭名，又在发布讣告时仍因费用之事不具叔父名，足见其人之偏执浅陋，可悲可叹。

罗允吉没有继承乃父的奇崛大气，反倒成为一个顽固愚昧的笑柄。

更没想到的是，罗允吉的生母是罗泽南的小妾。此小妾出身农家，没有文化见识，只是妾凭夫贵，夫死只有靠儿子，从此便对这根独苗惯养娇宠，以致罗允吉养成暴烈、说一不二的性格。曾纪琛的婆婆还不明事理，把一切怨气和不满全撒在儿媳妇身上，居然让大家闺秀自己刷马桶，还怂恿婢女辱骂曾纪琛，可谓百般轻贱侮辱。

罗家恶劣的生存环境让曾纪琛备感压抑，但一向谨守程朱理学的曾国藩一直嘱托女儿"不可有片语违忤"，并且写信给儿子曾纪泽，明确表示：

> 罗婿性情乖戾，与袁婿同为可虑……尔谆劝诸妹，以能耐劳忍气为要。吾服官多年，亦常在耐劳忍气四字上做工夫也。

曾国藩说，罗允吉与袁榆生一样，性格乖张。你们要警告三女，要遵守妇德，极力忍让。我给女儿们的嫁妆不丰厚，但她们在生活上有困难，我还是要尽心尽力给予帮助的。眼下二女所嫁陈家确实有点困难，但袁家、罗家还过得去。你们要劝导姐妹们，凡事忍耐为要。我做官这么多年，都是在"耐劳忍气"这四个字上下功夫。曾国藩对每个女婿的缺点都很了解，却一味让女儿们默默承受婚姻的不幸，要"耐劳忍气"，做贤惠孝道妇人，不要辱没了曾氏家风。这种封建道德下畸形的父爱，着实令人不寒而栗。

"君虽不仁，臣不可以不忠""夫虽不贤，妻不可以不顺"。忠君、孝父、顺夫、守礼，在曾国藩心中已经根深蒂固，却不想他最终把女儿们推向彻底、深重的灾难之中。

光绪十四年（1888年），罗允吉因病去世，四十四岁的曾纪琛开始守寡。对于纪琛，曾国藩反复教导女儿谨守妇道礼仪，不能对性情凶悍、为人刻薄的婆母有丝毫怨念。直到1912年，在长孙罗延庆出生之时，在艰难痛苦中煎熬了一生的曾纪琛才终于熬尽了漫漫余生，年六十八岁。

曾国藩自己是个有信仰的人，他一生忠君事亲，无不以诚。但他用自己的道德标准去绑架女儿们，明知亲生骨肉在夫家饱受折磨，也要把她们献祭给无望的未来，纵使牺牲亲人幸福，也要保全世家脸面。对于封建纲常而言，他是一个合格的卫道士；但作为一位父亲而言，他却是不折不扣的残忍帮凶。

曾国藩唯一的安慰，是四女婿郭依永令人满意。

四女曾纪纯生于道光二十六年（1846年），比三姐曾纪琛小两岁。曾纪纯嫁给了晚清名臣郭嵩焘之子郭依永。郭依永和父亲一样聪明好学，兴趣广泛，文笔俱佳，尤喜作诗，有名士风度。曾国藩很喜欢这个女婿，对他的诗作给予高度评价："依永之诗，嵯峨萧瑟，如秋声夜起，万汇伤怀；又如阅尽陵谷千变，了知身世之无足控持者。"

这个女婿的人品、学识都很优秀，与三个姐姐相比，曾纪纯品尝到了夫妻和乐、举案齐眉的幸福快乐。可惜的是，曾纪纯的婚姻生活虽然美满，但却好景不长。郭依永身体一直不好，和曾纪纯结婚三年，生了两个儿子之后，在二十一岁就去世了，曾纪纯从年纪轻轻的二十岁就开始守寡。

不仅如此，曾纪纯的后半生也不好过。郭依永的母亲是郭嵩焘的小妾，性格多疑，为人刁钻刻薄，对曾纪纯充满敌意，曾纪芬称"（四姐）日食至粗之米，唯以莱菔为肴，月费一银亦吝而不与。其境遇艰苦可知矣"。后来曾纪纯一个人把两个孩子抚养长大，生活很是拮据。由于操劳过度，身心俱疲，她在三十六岁就去世了。

曾国藩一生风雷激荡，立德立功，但女儿们在婚姻中要么遇人不淑，要么福薄无命。这些悲剧大多由他这位父亲一手酿成，对于凡夫俗子也许还罢，但对于曾氏这样的大人物来说，这样的结局着实令人掩卷三叹，深思悠长。

奇迹终于诞生

曾家四个女儿命运如此多舛，一生迷信风水命理的曾国藩也感到回天无力，颜面不保。他最后归咎于自家祖坟风水不对，暗中将祖坟进行一番调整之后，对外宣称再也不管小女儿的婚事了。

事情说来也巧，幺女曾纪芬在二十四岁的"高龄"才出嫁，却过得比哪个姐姐都更幸福。在她结婚前，父亲、母亲以及夫君聂缉椝的父亲都过世了，小两口失去了父辈的荫庇，也少了很多封建伦理的羁縻，一切都靠自己奋斗，一切也更自洽完美。

聂缉椝历任浙江按察使、江苏布政使、安徽巡抚、浙江巡抚等要职。后来不做官的聂缉椝开始经商，到洞庭湖区垦种，积累起雄厚的资本，1908年以三十二万两银子买下一家纺织公司，成为近代中国早期著名的民族资本家。其子聂其杰于1920年出任上海总商会会长，聂氏家族在上海工商界地位举足轻重。

作为五姐妹中唯一留下回忆录的人，曾纪芬在《崇德老人自订年谱》（曾纪芬自号崇德老人）中提及其父亲的地方并不多。在她的回忆里，曾国藩是一个非常严肃的老头，刻板得有些不近人情。

曾国藩的教女方式非常传统，坚信女子无才便是德，因此曾家女儿在成长过程中，都是"大门不出，二门不迈"。前四个女儿的悲苦命运，可能也与曾国藩从小对她们的妇道教育过于严格有关，这些女儿因之性格过于僵化刻板，不敢反抗父辈安排的不幸婚姻。

好在对这个最小的女儿，曾国藩似乎略有所悟。这位素来固执己见的父亲，或许已经觉察对女儿们太过严厉，眼见她们结婚之后过得实在不好，有些于心不忍，开始改弦更张。

曾国藩夫人一共生过六个女孩，在生曾纪芬之前，第五女"因脾虚病痢失于调理而殇"，"故余生而欧阳太夫人及诸兄姊保抱提携，怜爱弥笃"。对"失而复得"的小女儿曾纪芬，全家人都非常疼爱。曾国藩对这个"满女"也不像对别的女儿那样严苛，有着一份与众不同的怜爱。曾纪芬从小的生活氛围应该是比诸姊轻松自由得多。长大成人之后，她也不像几位姐姐那样逆来顺受，所以在选择自己的婚姻时多了些自主，最终得到了幸福。

面对女儿们的婚姻再三出错，曾国藩百思不解之下，只得从风水命理上寻找解决之道。作为理学名臣，他一面高调宣称"不信风水"，一面半明半暗悉心维护曾氏先人坟墓。重视曾氏祖坟不说，曾国藩对母亲江老夫人娘家的祖坟，也一一查验。

曾母江氏老祖原籍江西，迁到湘乡后，第十二世祖江嘉爵病故，安葬之时没有请风水先生勘相"阴宅"，贸然葬于湘乡仙人山。后来据风水先生说，江嘉爵葬地仙人山被称为"仙女袒肤"地。意思是此地是仙女所据，葬于此地的人家，要送九代头胎女孩性命去陪伴"仙女"，否则于她出嫁的男家不利。

江氏族人与同时代的其他人一样信命。江嘉爵之后传至曾国藩外祖江沛霖，其间繁衍了二十八个男孩，没有一个女孩。曾国藩的母亲出生后，被她的父亲江沛霖偷偷地丢到床下，企图让她冻饿而死。但是，此女命大，既冻且饿，却哭声不绝。

江沛霖大惊，心想老天不绝，其后有福，便不再顾虑，起乳名"怜妹子"，悉心养育。后来，江氏嫁给曾麟书后，丈夫中了秀才，儿子官封一品，荣华已极。先前"害"江家的不吉之地，反倒成为曾家发迹之源，这似乎符合中国人"大凶必有大吉"的"平衡哲学"。

不过，这块"发儿害女"的江氏祖葬，又被视作曾家诸女命运多舛的"根源"。

曾国藩眼看四个女儿婚姻屡遭不幸，终于再次延请高级风水师，对江氏坟地作了调整。不过，这些属曾家绝密的字据后来全部销毁，真实情况如何，只有天知道。再说，过去族谱上记男不记女，"繁衍二十八男无一女"，也就不足为奇。

今天看来，曾国藩在挑选女婿上的失败，与他在行军打仗及官宦生涯中的"识人如神"，不能不说是"智者千虑，必有一失"。曾国藩是晚清"中兴四大名臣"之一，醉心于程朱之学，是晚清著名理学名臣，更是封建礼教的卫道者。他在选择女婿时更多的是看中"门当户对"。表面上看他选择女婿看中的是知根知底的老乡、与自己颇有交情的朋友之子，但实际上他选择的这些女婿的家庭在政治地位上与其不相上下，也就是男方和曾家门当户对。

但曾国藩忽视了"有其父未必有其子"。在为女儿择婿上，曾国藩与普通人无异。他眼中只看中男方父亲的品行功绩以及权势地位，以为自己女儿嫁过去既能和自己的身份面子匹配，又不会"差到哪里去"，这既是一种当时流行的政治联姻，也是一种"虎父无犬子"的错误认识。

曾国藩一生阅人无数，又以识人见长，并著有识人之书《冰鉴》，但却失察于择婿，所以常自责和反省。最终，曾国藩醒悟：父亲好，并不能保证儿子一定就好；小时候聪明可爱，长大后并不一定成器。等到晚年时候，他对自己当年择婿的理念也深感后悔，沉痛地说出"联姻不必富室名门，择子莫择父"这样的话。也许正是有了这样的惨痛教训，曾国藩这样一位既是名臣贤人又能"识人如神"的父亲，对最小的女儿曾纪芬的婚姻"放任不管"，让她自己选择嫁给了在当时身份等级都与自己家族不太相符的聂仲芳。后来曾纪芬儿孙满堂，不但夫妻和睦家庭幸福，而且还罕见地活到九十岁的高龄。

乘龙快婿

和曾国藩为女择婿一再"闪腰"相比，做人做事一向雷厉风行的左宗棠，在这件事上不但体现了大马金刀似的果决明智，还有一份众人钦羡的好运气。因为左宗棠的女儿左孝瑜刚满五岁时，就被当朝名臣陶澍"预定"为儿媳妇了。

陶澍是晚清杰出的政治家、经世派领袖。道光十八年（1838年），二十六岁的左宗棠进京会试再次落败，应邀前往江宁拜见时为两江总督的陶澍。两人会面时，陶澍主动提议，请求左宗棠将长女孝瑜许配给他的幼子陶桄。

左宗棠虽然满腹才华，被称为"国士"，但毕竟当时身份只是落榜举人，与当朝一品大员陶澍结儿女亲家，简直就是不可思议的"高攀"。而且，按照陶、左两家曲里拐弯的"亲戚关系"，陶澍应该算是左宗棠的长辈。左宗棠和陶澍年龄相差三十三岁，但陶澍一句"君（左宗棠）名位尚在吾右"，竟然让地位如此悬殊的"陶左联姻"落到实处。

陶澍如此信任左宗棠，当然有极为欣赏左之才华的原因。但在这个原因背后，是陶澍自知年岁已大（与左认识时陶五十八岁，左二十六岁，陶澍儿子陶桄七岁），如果陶左联姻成为事实，左宗棠一定会以岳父名义，培养陶桄；假如自己不幸去世，左宗棠更会视女婿陶桄如同己出。所以陶澍无视与左宗棠年龄、地位的悬殊，更不惜违背封建长幼有序的儒家礼仪，"名不正、言不顺"地与左联姻。这种对于左宗棠的"穿越"式信任，足见陶的眼光和格局。

天有不测风云。果然，第二年（道光十九年，1839年），陶澍去世。左宗棠应诺到陶家，既做未来女婿陶桄的老师，又帮助陶家料理家产。左宗棠前后长达八年时间在陶家博览群书，其学识和思想境界有了很大的提升。

更为重要的是，陶澍官拜两江总督，为官期间，曾督办海运，剔除盐政积弊，兴修水利，改革大清货币，开中国经世致用之先，留下了大量奏折。通过阅读这些官场文件，左宗棠掌握了为官基本知识，等于提前预习了大清官场规则，为他一生建立功勋打下了坚实基础。

左宗棠的这个大女婿经过他亲自培养，学有所成。陶桄听从岳父劝告，"终身不仕"。左孝瑜不但是位才女，而且善理家政。左孝瑜与陶桄结婚后，育五子二女，她悉心帮助丈夫陶桄："家中钜细悉委夫人。每有疑难，当机立断，内外整肃条理秩然。"

为名臣抚育后人，自己能力也得到大幅提升，这是左宗棠通过儿女婚姻获得的收益。这与曾国藩择婿害女又怄气相比，确实高明太多了。

次女左孝琪因病未婚。三女左孝琳嫁给江南道监察御史黎光曙的儿子黎福昌，婚姻幸福。四女左孝瑸，嫁给舅表哥周翼标，两人相敬如宾，恩爱有加。本来可以是一对神仙眷侣，但是天不遂人愿，婚后不久，周翼标患了癫痫病，久治不愈，过早离世。丈夫死后，左孝瑸悲伤不已，整天郁郁寡欢，不久因忍受不了夫妻天人两隔，竟然自杀殉夫，年仅三十三岁。左孝瑸的刚烈，真有乃父风范。

左宗棠女儿的婚姻，除了长女左孝瑜嫁入"豪门"，其他的都平淡无奇。李鸿章女儿的婚姻就有些与众不同。

李鸿章在择婿这个问题上着实出人意料。

他居然把一个女儿李经璹（李菊藕）嫁给两度丧妻的张佩纶，另一个女儿李经溥嫁给了直隶布政使任道镕的儿子任德和。张佩纶比李菊藕大十八岁，任德和比李经溥小六岁。一个老姑爷，一个小姑爷，年龄差距如此之大，这在那个时代无疑是不走寻常路的惊人之举。

张佩纶为同治十年（1871年）进士，光绪元年（1875年）以编修大考擢升侍讲，充日讲起居注官，晚清著名才子，与张之洞齐名。而且，张佩纶能言善辩，是当时清流派重要人物，以擅长弹劾大臣而闻名。因为父辈关系，张佩纶颇得慈禧太后赏识。

在中法战争中，一贯是主战派的张佩纶被朝廷派往福建前线。这一下，惯于纸上谈兵的张佩纶出了大洋相。他没有实战经验，指挥不当，导致福建水师覆灭，马尾船厂被毁，结果被革掉官职，发配流放。张佩纶历经磨难，年过四十，相貌本来就生得不好，又结过两次婚，仕途更是充满不确定因素。可以说，这时的张佩纶几乎走到了人生绝境。

谁也料想不到，朝中炙手可热的李鸿章向张佩纶伸出了援手，不但请他到自己手下来任职，而且要将年轻貌美、博学多才的女儿李菊藕嫁给他做老婆。足见李鸿章欣赏张佩纶的才华，欲占之为己有而后快。

李菊藕比张佩纶年轻十八岁，几乎可以做他的女儿。

李菊藕虽说才华不及张佩纶，但在父亲李鸿章的调教下，工于诗文，擅长书法，可以代李鸿章批拟公文，十分了得。最让人称道的是，李菊藕生得亭亭玉立，清丽脱俗。民国作家曾朴形容李菊藕："貌比威施，才同班左，贤如鲍孟，巧夺灵芸。"用南威、西施的美貌，班昭、左芬的才华，来形容名重一时的李鸿章之女，可以想见，李菊藕该是多么优秀。

李鸿章要把这么优秀的女儿嫁给失意落魄、境遇不佳的张佩纶，自然遭到李菊藕母亲赵小莲的强烈反对。

不过，赵小莲反对无效。

结果出乎意料。

李菊藕不但愿意嫁给张佩纶，而且和张佩纶婚后琴瑟和谐。婚后夫妻二人诗酒唱和，张佩纶不但成为一个好丈夫，还成为一个好女婿。

可惜，张佩纶五十八岁就过世，留下四十岁的李菊藕守寡。

李鸿章的小女儿却没有大姐的幸运，婚后一直被夫婿嫌弃。李鸿章的曾外孙女张爱玲说："男大女再多，女的都不敢嫌男的老，任家姑爷终生都嫌弃妻子比他老。"李经溥的婚姻，不幸福也就多了一条理由。

李鸿章不仅看中女婿的才华，更看中他们身后家族的威望，希望通过与当时其他豪门联姻，巩固家族利益，使家族势力愈发壮大。

四

家风传承

　　家庭对子女的教育培养，不但影响他们个人的发展、成才和事业，还会影响子女的婚姻家庭、家风传承。

　　曾左李家族表现得尤其明显，甚至具有一定的标杆意义。我们从他们的家族传承中，可以看到曾左李个人的影子，了解他们的为人处世、道德修养，体会他们曾经的挣扎、努力，当然也能看到他们的缺陷与不足，吸取他们的经验教训。

耕读传家

　　北宋"仁宗盛治"，皇帝赵祯颁布劝耕劝读政策，要求参加科举考试的士人、农家子弟，必须在本乡本土读书、参考。如此一来，不但促使各地大兴学校，而且让读书人也要学会耕田种地，耕读文化深入人心。其实，在有官方政策号召之前，农耕与读书就在儒人雅士之间流行，诸葛孔明躬耕南阳、陶渊明隐居田园就是典型的耕读结合。耕读传家成为中国家族文化的精髓，曾国藩家族就是这方面的榜样。

　　星冈公是曾氏家庭崛起的奠基人。"敬祖宗一炷清香，必恭必敬；教子孙两条正路，宜读宜耕。"他每每教诲子孙要敬上诲下、耕读传家；曾国藩将之归纳为"早扫考宝，书蔬鱼猪"八字，然后在理论与实践中加以升华，提出"耕读孝友"的治家主张。

"天下官宦之家，多只一代享用便尽……能庆延一二代者鲜矣；商贾之家，勤俭者能延三四代；耕读之家，谨朴者能延五六代；孝友之家，则可绵延十代八代。"

这是曾国藩在京为官时写给兄弟们的信。他说：我仔细思考，普天之下官宦人家，大多数仅仅一代人就把家业享用殆尽了。他们的子孙开始骄奢淫逸，后来又放荡不羁，最后身填沟壑，能够延续一两代的人家实在太少见。商贾人家，勤俭的能延续三四代。耕读人家，谨慎淳朴的能延续五六代。孝友之家，就可以绵延十代八代。

曾国藩在修身养性的过程中，清晰地认识到天下家族传承的精髓，别出心裁地提出并创新"耕"与"读"的新概念，并加以扩展。

"耕读"是做事的态度，注重"勤"或者"早"；"孝友"代表做人的态度，注重"诚"和"敬"；"耕"是谋生，是生存下去的基础；"读"是提高，是谋取发展的升华。同样，"孝"是对前辈的继承，"友"是对自身的发展。曾国藩把"耕读孝友"与社会发展紧密联系起来，个人、家族的发展，必须和社会的进步一致，甚至走到时代前面，这样家族文化才能与时俱进，或者超越性发展。

曾国藩家族以耕读传世，以军功起家，深知"打仗"是人世间最大的"作恶"，所以曾国藩劝诫后人不要进入军政界。这与左宗棠坚决不要后辈做官同为一理。

权力和财富都难以传过三代，一个家族要长久兴旺，唯有良好的家风可以福泽后人。这是经过时间检验的真理。

左宗棠从来不利用自己的权力为子嗣谋福利。他曾无数次告诫自己的子女"断不可恃乃父，乃父亦无可恃"，要子女们不可依仗自己的权势胡作非为。左宗棠的子女当中，尽管没有成就比得上他的人，但是儿子们都有自己的事业，女儿们也个个有才。

左宗棠性格刚烈耿介，他无论对外还是对内，都养成说一不二的习惯，严厉成为他生命中最主要的特色。由于左宗棠常年在外，教育子女的责任落在妻子周诒端身上，左宗棠只有通过书信，对儿女们进行"远程教育"。左宗棠深悟官场斗争的残酷，常常把自己的人生经验通过书信传递给家族中人。通过遗留下来的书信，可见左宗棠育子之严格、言辞之严厉。

咸丰六年（1856年）正月二十七日，左宗棠写给二哥左宗植次子的信《与癸叟侄》中，有这样的话："一国有一国之习气，一乡有一乡之习气，一家有一家之习气。有可法者，有足为戒者。心识其是非，而去其疵以成其醇，则为一国一乡之善士，一家不可少之人矣。"左宗棠警告侄儿，学会敬畏，遵守规则，是做人的根本。

《左宗棠全集》（刘泱泱等注释，岳麓书社2014年出版）收录了左宗棠从咸丰二年（1852年）到光绪九年（1883年）写的一百六十三封家书，其中一百五十余封是写给四个儿子左孝威、左孝宽、左孝勋、左孝同的。其中写给长子左孝威的至少有一百零九封。在信中，左宗棠教儿女们读书、做人的道理，表现出一位严父对儿子们的殷切期望。

可以说，左宗棠虽然离家万里，但从来没有放松对儿子们的教育。

咸丰十一年（1861年）正月，左宗棠给长子左孝威写信说："尔年已渐长，读书最为要事。所贵读书者，为能明白事理，学做圣贤，不在科名一路，如果是品端学优之君子，即不得科第亦自尊贵。"左宗棠告诫儿子们读书最重要的是明白事理，而不只是为了科举功名。

纵读数千年奇书，无实行不为识字；要守六百年家法，有善策还是耕田。

这是左宗棠为左氏宗祠撰写的楹联。他要家族中人学经世致用的真本事，培养子孙艰苦奋斗、自食其力的能力。"勤耕读"是左宗棠制定的传家之本，他要求子侄后辈在力耕和勤学上下足功夫："要大门间，积德行善；

是好子弟，耕田读书。"百余年来，左宗棠一脉人丁兴旺，生生不息。他们秉承左氏家风，在教育、科研、医疗、文化、艺术等领域都颇有建树。

结合曾、左家族前后数百年的延续，可以看出他们都把"耕读"当成传家之训，由"耕读"而勤奋、坚忍，边耕边读，既强健身体，又能通过读书不断反省提高，族中子弟自然德才兼备，家族也就日益强盛。"耕读传家久，诗书继世长。"自古以来，这则古训被不少家族奉为治家金科玉律，无数家族因此振兴，无数能人志士从中受益无穷。

余韵悠长

李鸿章给周馥父亲写的墓志铭中，有这样一句话："修德获报不及其身，必及其子孙。"意思是一个人积德行善，如果没有在自己身上有所反应，那么必定会回报给子孙后代。

行善如此，作恶亦如此。自古以来，中国人都希望子孙富贵长久，家族枝繁叶茂。家族繁盛如同大树生长，根越深植，树越繁茂。家训就是家族的"根"，"善"就是滋养家族的养分。李鸿章家族在兴旺发达之后，一样重视读书。

吾国自古相传之伦理曰五伦，此五者直纲纪在家庭封建时代似可通行，然之不甚适当。

大地交通，国家种族之竞争愈烈，故吾之伦理，愈不适应于当世，可吾国人犹泥之……

这是李鸿章写给侄儿的家书，他对中国传统道德和家庭关系作了精辟的论述。这也是李鸿章推行改革和洋务运动的思想基础。李鸿章的一些观点，在当时看来相当激进，在今天也具有指导和借鉴意义。

李鸿章是清王朝"睁眼看世界"之人，对传统伦理观念弊病有足够的认识，家庭教育因此与其他士大夫家庭有根本的不同。李鸿章对长子（嗣子）李经方一直视如己出，为了锻炼和培养他的能力，长期将他带在身边，让他帮忙处理政务，李经方在学习和实践中不断增长见识才干。

李鸿章还写信给家族中其他后辈，告诉他们"近在上海，设立外国语言馆，聘请外国知名之士为教授，专授外国语言。吾儿待国学稍成之时，可来申学习西文，余未读蟹行文字，每与外人交涉，颇感困难。吾儿他日当尽力研求之"。李鸿章的家庭教育中，洋溢着浓厚的西学氛围和洋务精神，他的子女包括家族中其他子弟，深受西方文化的浸润，眼界见识超过一般人。

李鸿章要家族中人"凡做好人、做好官、做名将，俱要好师好友好榜样"，告诉他们"作官能称职，颇不容易，做一件好事，亦须几番盘根错节，而后有成"。李鸿章的"机巧"，还在于他能吸收化用他人长处，并将之传承给家族中人。

曾国藩给朝廷上奏折时绞尽脑汁，将"屡战屡败"写成"屡败屡战"。李鸿章反复揣摩，觉得其中精妙无穷。"屡败屡战"不但成为李鸿章的叙事风格，而且成为李鸿章家族口口相传的"家训"，深深融进李氏后人的血脉中。这也是这个大家族注重经济实效，而且越来越繁荣的原因所在。

曾左李故去之后，他们的家族没有"朱雀桥边野草花，乌衣巷口夕阳斜"式的衰败，后辈子孙依然出类拔萃，这与他们注重自身修为，给家族后辈留下好的传统有着密切关系。

从曾左李写给家族后人的书信中，可以看出他们在完成自身性格锻造之后，找到家族繁盛"密码"，开始利用家训严格要求后辈子孙。整个家族中人像跑接力赛一样，人人目标明确，个个熟悉规则，时时作好准备，代代加油使力，家族人才辈出的盛况自然就会出现。

自然，人的思想是复杂的，处在不同的时代，纵使像曾左李这样的大家族，也会出现败家子。但这毕竟不是主流，"积善之家，必有余庆；积不善之家，必有余殃"，"积德累善"才是一个家族长盛不衰的永恒动力。

让人想不到的是，曾左李家族后代子女的互相联姻，不但让前辈们曾经的恩怨渐渐消弭，而且给后世留下不少余韵悠长的故事。

同治元年（1862年），李鸿章率淮军赴上海，曾经遭到江苏巡抚薛焕排挤，两人交恶。李鸿章在曾国藩帮助下，挤走薛焕，继任江苏巡抚。鲜有人知的是，薛焕与李鸿章大哥李瀚章关系非常好，两人是儿女亲家。李瀚章有十一个儿子，长子李经畲迎娶了薛焕的长女，次子李经楚迎娶了薛焕的次女。李瀚章女儿李经萱嫁给了曾国藩的外孙（曾纪芬之子）聂其焜。李鸿章家族与曾国藩家族关系更加亲密。

李鸿章六弟李昭庆儿子李经榘，娶清朝第一任驻英国公使郭嵩焘的女儿；李经榘弟弟李经叙之妻，是翰林院许其光的女儿，他们的儿子李国源，与段祺瑞的女儿成婚；李鸿章一家与刘秉璋一家关系密切。李昭庆四女，嫁给刘秉璋长子刘体乾；刘秉璋次子刘体智则是文渊阁大学士孙家鼐女婿。李鸿章四弟李蕴章的二小姐嫁了刘家的刘诒生；李蕴章的儿子李经达则娶了刘家的另一个小姐；李蕴章的孙子李从衍娶的也是刘家的孙女。

左宗棠家族在豪门联姻中也不甘落后。左宗棠二哥左宗植与湖北巡抚胡林翼成了儿女亲家。左宗植长子左癸叟在咸丰六年（1856年）迎娶胡林翼妹妹胡同芝。左宗棠与陶澍是儿女亲家，胡林翼又是陶澍的女婿，左宗棠比胡林翼大一辈。这一来，左宗棠的侄子成了胡林翼的妹婿，与胡林翼两人又变成了平辈关系。

曾左李三大家族的朋友圈因此愈来愈大，更加热闹非凡、传奇惊艳。

曾左李家族之间的相互联姻，并非只是相互攀连盘结，这些家族之间同样有着相似的门第观念和价值理念。他们已经将"耕"转换成其他形式的人生追求，但"读"却是始终不变的根本追求。如果没有源于"书中自有黄金屋"的理想追求，再轰轰烈烈的家族也不过三代，李国烋这样的败家子只会越来越多，家族传承就会成为一句空话。

陆

心智篇：
经天纬地各有术

一个人的成功与心智密切相关。心智是思维活动的总称，是一个人有了阅历和省悟能力之后形成的处世智慧。心智使人在思维情绪、自我认知、自控能力、社交技巧等方面形成惯性模式，以不易被察觉、潜移默化的方式，不动声色地影响人的生活。曾左李是历经磨炼才逐步成长起来的人才，他们的心智也有逐渐成熟的过程。在风云激荡的晚清，内有太平天国运动，外有帝国主义列强侵略，朝廷正规军已如强弩之末，朝政腐朽没落，官员各自为政，人心极度涣散。能够力挽狂澜者，必须具备先人一步的见识、非同寻常的文韬武略、牵一发而动全身的领导力，以及与众不同的心智。曾左李各施所长，暗中较量，最后各有斩获，留名青史。

一

胸有成竹

曾左李三人能够建功立业，不是靠蛮干，而是凭借审时度势、相时而动。老道成熟的心智是他们能够在风高浪急的人生关口步履从容的重要原因。在筚路蓝缕、草创事业的阶段，他们也不能脱俗，主要以目之所及的利益来平衡各方。他们的个人威信和官场声望，也在各有千秋的驭人有术中达到巅峰。

郭嵩焘筹了二十万两银子

曾国藩一生稳慎，懂得节制。初创团练，"巧妇难为无米之炊"，他苦苦等来了郭嵩焘筹募的二十万两银子；经营湘军，经手的银子何止成千上万，他没有深陷其中而污一世清名，殊为难得；攻破天京，朝廷下达上谕追索天王府财宝、追查幼天王下落，他马上自裁湘军，终善其身。

咸丰二年（1852年）十月，湖南湘阴城西人郭嵩焘，再一次来到两百里之外的湘乡荷叶塘白杨坪曾家。这次，郭嵩焘不但与曾国藩进行了一席长谈，而且还答应回家募集二十万两银子交给曾国藩。

这笔银子，是给曾国藩办团练用的。

咸丰皇帝下达圣谕，湖南巡抚张亮基再三邀请，众位亲友兄弟苦苦劝勉，曾国藩仍然以"为母丁忧"为由不肯出山。早在京师遍兼五部侍郎之时，曾国藩就已深知国事维艰，特别是太平军烽火燎原，朝廷八旗绿营却已经腐朽无能，要靠这帮八旗子弟、绿营兵将剿灭太平军几无可能。

兴办团练不是说句话那么简单。依照朝廷惯例，勇必自募、饷要自筹，以自己这有名无实的"在籍侍郎"身份，如何才能筹到粮饷？巧妇难为无米之炊，无粮饷则无勇丁，无勇丁何以剿匪？郭筠仙（郭嵩焘字筠仙）这一出手，解了自己燃眉之急。只要有了银子，自然就有勇丁；有了勇丁，粮饷筹措也就顺当得多。

曾国藩下定决心要做的事，一定要做成，而且一定要做好。八旗军、绿营兵是朝廷正规军，但毫无战斗力。因为饷薄，很多兵士竟然还有"业余职业"：开理发店、茶馆，杀猪卖鱼甚至与人为仆者，比比皆是。操练雇人点卯应付，临战闻风而逃。让人惊讶的是还有弁兵聚开赌场、杀民邀功等恶劣情状。这样的弁兵挖空心思投机钻营，费尽心机养家糊口，哪里还有心思上阵杀敌。为了使自己队伍里的勇丁专心致志练武作战，曾国藩决定给将勇们发放厚饷。乱世之中，唯活命最为首要。重赏之下，必有勇夫。曾国藩饱读诗书，了解人性。人无利不起早，何况在你死我活的战场上，如果没有真金白银的利益吸引，哪来舍身卖命的将士？

要想彻底改变军队恶习，不但要对兵士进行思想教育，最根本的是要让他们有生存资本。有了郭嵩焘募集的银子垫底，曾国藩终于有信心一展身手。不久后，一支意气风发的团练队伍终于创建起来。

咸丰四年（1854年）四月，曾国藩开始正式出征。他深知名不正则言不顺、言不顺则事不成的道理，公开祭出"消灭太平军护家保国、铲除上帝教以卫圣教"的大旗，用儒家信仰凝聚共识，一下子占据了道德制高点。

性格"稳""慎"的曾国藩，历经沧桑世事，才练就这番谋定后动、高屋建瓴的功夫。赴京做官，响应咸丰皇帝号召，曾国藩上折议论朝政，差点引来杀身之祸。这个从湖南湘乡山村走出来的农家子弟，可谓饱受磨难。

作为家族长子长孙，他要给兄弟子侄作出榜样；作为儒学信徒，他要尽忠报国。一再受挫的曾国藩省悟到自己与当朝很多大人物相比，其实既"笨"且"拙"，而解决的办法，就是"稳""慎"二字。

"三思方举步，百折不回头。"曾国藩通过家乡父老兄弟，已经知道湖南存在多支团练。此时应召而出，早已落后于人，再无银子作支撑，形势肯定极不乐观。

曾国藩认定无论做人还是做事，都要谨言慎行，力求稳妥，临渊履薄，方能取胜。有了郭嵩焘的资助，还需要更多人才襄助，创办团练才有成功的把握。所以，曾国藩在这次长谈中，恳请郭嵩焘来做筹办秘书。

稳慎徐图、谋定后战的思想贯穿了曾国藩一生。后来他遭遇多次艰险，几乎身死命亡，每次都是靠这一秘诀渡过了难关。

曾国藩一生最大的危机，来自九弟曾国荃。

曾纪芬（曾国藩的小女儿）说，曾国荃每攻下一座城池，都会发一次财，然后回家买地造房。"大夫第"是曾国荃为自己在家乡修建的住宅，历时八年，楼院亭阁，堪比王宫帝府。曾国藩得知后，极为反感。除了担忧修房造屋、求田征地与邻居发生纠纷，更对自家兄弟在乱世之中露财忧心如焚："我家若太修造壮丽，则沅弟（曾国荃）必为众人所指摘，且乱世而居华屋广厦，尤非所宜。"

曾国荃与大多数湘军将领相比还算"清廉"，但距离曾国藩的修为还差得太多。他对钱财名利的贪婪，让曾国藩忧心不已。

对这位作战勇猛、性格不羁的弟弟，曾国藩时时敲打："吾通闻古今人物，似此名位权势，能保全善终者极少。"要曾国荃不要过于贪恋钱权财势，而要修身自律。但曾国荃听不进大哥的意见，依然一意孤行。

天京破城，发了狂的湘军在城内到处拆房、挖穴、掘塘，日夜不息搜查全城，找寻太平天国的"金库"窖藏。据统计，经过这次抢夺，曾国荃部下的每个无名小卒都发了横财。城内的金银财物不仅被洗劫一空，湘军连人家的屋梁都拆下运回家。时有人记载："泊船水西门，见城上吊出木料、器具纷纷。"说城门太挤，湘军就从城墙上往外吊木料、家具。长江中千万只大船，每艘都满载从天京抢来的财物、妇女，日夜不停地驶向湖南。湘军如此猖獗，清廷大为震惊，派出重臣，到南京明察暗访。曾国荃"老饕"之名广为传扬，朝廷震怒。

曾国藩接到圣旨，马上请求自裁湘军，并以老九（曾国荃）"身体有病"，请求"开缺回籍"，终于侥幸躲过一劫。

"说话要软，做事要稳，手段要慎。"曾国藩过于求稳而事缓难进，也非处世良方。晚清名臣、曾国藩密友胡林翼就说过："求完全者，无一全。处处谨慎，处处不能谨慎。"曾国藩后来不断反思，又总结出这样的经验教训："军威所以大振者，全是打出来的。四分把握，六分冒险……近来各军专图十分把稳，不肯冒一二风险，以致穷蹙者不肯降，裹挟者不肯散。"

曾国藩在不断总结中提升自己的心智思维，这造就了他一生求真务实、愈难愈进的性格特征。

费尽心机挖老师"墙脚"

李鸿章是中国传统的文人士大夫，有着士大夫共有的特性与缺陷。他身上忠邪兼备，拥有超人的智慧和眼光，又锋芒毕露。梁启超说他"挟小智小术，欲与地球著名之大政治家相角……"纵观李鸿章一生，用"小智小术"获"胜"，最终取得的成绩却落后于曾国藩和左宗棠。

和老师曾国藩相比，李鸿章做事简洁明快。获准组军赶赴上海，李鸿章压抑内心的狂喜，开始处心积虑延揽人才。有早年淮北浪战的惨痛教训，他深知组建一支过硬队伍的重要性。

组建淮军之际，虽然有盐贩子出身的刘铭传、靠办团练起家的痞子张树声、张树珊和周盛波、周盛传等迅速投靠，但熟悉军事的只有之前在军队做过中下级军官的吴长庆。这些人出身比较卑微低贱，优点是崇尚江湖义气。要想打造一支敢战能胜的队伍，就必须网罗一些身经百战的军事将领。

"各营官尚有可用之材，但无统将……独立无助，能不愧惧。"

手下缺少经验丰富将领的李鸿章，盯上了曾国荃手下的猛将程学启。程学启是太平军降将，也是李鸿章的安徽老乡，勇猛无比、计谋多端。此人原在太平军中屡立战功，累官至"弼天豫"之职。咸丰十一年（1861年），"安庆之战"中，为了得到这员猛将，曾国藩兄弟不惜以杀程学启乳母相逼，才迫使重情重义的程学启投降。

程学启降清之后，虽然屡建战功，但在曾氏兄弟手下混得并不如意。特别是曾国葆攻占三河之后，为报六哥曾国华前次三河大败被杀身亡之仇，欲下令满城屠戮，被程学启出面阻止，两人为此几乎反目。

千军易得，一将难求。程学启虽然和曾氏兄弟不睦，但此时曾国藩鼎鼎大名，备受朝廷青睐；李鸿章"绿林"声名在外，还没有显达迹象。对程学启而言，与其去上海冒险，还不如跟着湘军干，前途稳妥得多。

李鸿章既有胆量从老师帐下挖墙脚，还有本事说服程学启死心塌地跟着自己去前途未卜的上海火中取栗。

摸清楚程学启的情况后，李鸿章以老乡身份，言辞恳切地对他动之以情、晓之以理：大丈夫宁为鸡头，不做凤尾。你今天在湘军作战再骁勇，也难以出头。我在曾门日久，知道湖湘人门户之见很重。像我们这种客籍人，如果不离开这里另起炉灶，休想有出头之日。

见程学启低头不语，李鸿章知道他心有所动，不过还有顾虑，于是搬动三寸不烂之舌，进一步蛊惑：上海看似死地，但上海人有钱。有钱可以发厚饷，有钱可以买枪炮，有枪有人就有战斗力。关键是有钱人最爱命！只要你诚心诚意跟着我干，凭你的本事，平步青云岂在话下？

程学启的老师孙云锦在一旁点头称是。当初劝程学启投降曾氏兄弟的，也是这位儒学名士。孙老师同情程学启处境，亦望这位作战勇猛、计谋兼备的老乡有所作为，一番劝慰，先骂曾氏兄弟心胸不宽广，再称赞李鸿章是人中豪杰，然后慷慨激昂："大丈夫仰人鼻息，还不如一死！"老师此话一出，犹如惊雷霹雳，程学启陡然动心起念。

其时曾氏兄弟一直疑神疑鬼，担心程学启会反目。湘军每到一地扎营，都秉承曾国藩训导，"深挖壕、高筑墙"。壕有两条，分里壕外壕。里外壕之间，是湘军大营。围城之时，里壕攻城，外壕御敌。程学启部一直驻守外壕，抵御太平军后援部队。没有命令，程不得擅入里壕，军饷、伙食，都是通过吊桥输送。

程学启在军中的待遇堪比俘虏，情状亦如困兽，被逼得想要撞墙自杀。后来他屡建战功，情况虽有好转，但仍时时处在监督之下。如今李鸿章求才若渴，视自己如栋梁柱石，加上孙云锦的劝说，深思熟虑之后，程学启决定离曾投李。

"吾辈皖人，于湘军终难自立。大丈夫当别成一队，岂可俯仰因人？"

李鸿章喜不自禁，悬悬而望，终于如愿以偿。

程学启果然不负所望，率军往沪，屡建战功。苏州之战中，程学启更是现身说法，与李鸿章一起设计诱降苏州太平军守将郜永宽等人，巧取守备森严的苏州城，为清廷立下大功。

李鸿章早年离开京师，回乡组织团练，见多了战场险恶，明白争功求名是人的本性，只要给将士赢取军功的机会，就有人愿意奋不顾身供自己驱使。

程学启妻儿都被太平军所杀，因此对太平军充满刻骨仇恨；投降曾氏兄弟，期望杀敌立功，为自己挣得一个大好前程，梦想难以实现之际，自然渴望再觅他途。李鸿章正处于需要将才的关键时期，争取程学启加盟，不但给他创造了杀敌立功的机会，而且迅速壮大了自己的军事实力。

随程学启从太平军投降的丁汝昌，被李鸿章的另外一员大将刘铭传看中，征调过去建立马队。因作战英勇，丁汝昌不断得到提升，成为刘铭传手下得力干将。同治十三年（1874年），朝廷下达"裁军节饷"谕旨，刘铭传准备裁撤丁汝昌所在的马队三营。正顺风顺水的丁汝昌异常愤怒，拒绝执行命令。刘铭传大怒，要按军法处决丁汝昌。幸好丁汝昌提前得知消息，赶紧逃回家乡避难。

丁汝昌也是血性汉子，日渐对居家偷生感到厌烦。此时朝廷开始筹备海防事宜，直隶总督兼北洋通商大臣李鸿章奉命督办。丁汝昌闻讯，赶紧前去投奔。

虽然丁汝昌是主动投奔李鸿章，不像程学启那样是被"挖墙角"投到李的门下，但李鸿章深知"丁刘过节"，刘也是李手下一员干将，收留丁势必得罪刘。李鸿章知道丁汝昌对海军一窍不通，但此人是淮北老乡，又是落难投奔，对自己肯定忠诚。最重要的是，丁家贫好学，素有大志，李坚信丁不会辜负于己，便以派丁去国外购船舰为名，让丁去英国学习海军，回国后委以重任，视其为心腹。事如所料，丁汝昌果然不负所望，在中日甲午战争中，以海军提督身份督战，力战不胜后自杀。

李鸿章用人唯才，只要忠诚于他，"英雄不问出处"，收归己有，悉心培养。这是李鸿章求功心切，信奉"实用主义"的如磐初心。

"忘年交"成了亲家

左宗棠不似李鸿章那样圆滑，也没有曾国藩那样的圆融。他年轻时以"今亮"自比，认为自己是诸葛孔明再世，后来更是毫不客气地说"今亮或可胜老亮"，意思是他胜过了诸葛亮。左宗棠的"不谦虚"是有底气的，从他早年与陶澍的交往可以看出他后来取得的事功并非偶然。

陶澍是道光朝重臣，是当时的经世派领袖，倡导编著经世巨著《皇清经世文编》。他在任职期间，特别注重对湖南家乡人才的发掘和培养。经他发掘的湖南籍人才主要有贺长龄、贺熙龄、魏源等人，他对"湘军三杰"曾国藩、左宗棠、胡林翼都产生了深刻影响。可以说，有了陶澍这个湖南人才肇兴的源起，才有曾国藩推动湖南人才发展的兴盛。胡林翼是陶澍的女婿，与曾国藩、左宗棠关系密切，特别对左宗棠赞赏、敬佩有加，多次在陶澍以及朝中重臣面前极力推荐左宗棠。

道光十七年（1837年），两江总督陶澍请假回湖南安化小淹给父母扫墓，顺带探亲休假。途经醴陵，县令闻讯，立即准备接待。

陶澍是文化名人，欲取悦其心，自然就得准备书法字画之类。小小县衙，哪有能入陶澍法眼的人才？县令忽然想起在醴陵渌江书院教书的左宗棠，不仅陶澍女婿胡林翼对他推崇备至，本省大儒贺长龄、贺熙龄兄弟对他也赞赏有加。素闻左宗棠个性桀骜不羁，县令不敢掉以轻心，亲自去请左宗棠来县衙，负责接待陶澍陶大人。左宗棠不卑不亢，说他教学很忙，没有时间。耐不住县令低声下气求告，左宗棠沉思片刻，一挥而就，写下一副对联，让县令带回。

陶澍被迎进县衙，对过分热情的县令有些不悦，因旅途疲惫，本想摆脱不必要的应酬，忽然，一副对联映入眼帘，眼前一亮：

春殿语从容，廿载家山，印心石在；
大江流日夜，八州子弟，翘首公归。

陶澍一惊，醴陵竟然有这样的人才？！

这副对联蕴含着陶澍一生的高光时刻。那是道光十五年（1835年），陶澍五十六岁，因为政绩卓著，被道光皇帝点名进京述职。道光皇帝对勤于政务、胸有成竹的陶澍颇有好感，一月之内竟然召见十四次。

有一天，道光皇帝问起陶澍老家的事，陶澍满怀深情地回忆起自己的家乡。他对听得津津有味的皇帝说，家乡有一条河流经家门口，穿过如门洞一般壁立的石崖，潺潺流向远方。石崖下有一大石突出水面，方正如印，人称"印心石"。小时候，陶澍就坐在这块石头上读书，把双脚浸泡在清澈的河水里，任由鱼儿环绕穿梭。河边修筑的书屋，就叫"印心石屋"。

道光皇帝听罢，感动不已，提笔写下"印心石屋"，御赐陶澍。更为难得的是，第二天，道光皇帝说他对昨天给陶澍写的字感到不满意，决定重写，直到满意了再赠送给陶澍。

陶澍把字刻写在家乡河中那块石头上，引以为傲。如今有人提起这件事，离家在外做了二十年高官的两江总督，霎时神清气爽，兴致高涨，对县令刮目相看。

县令不敢贪功，赶快说明这副对联不是自己写的，是在渌江书院教书的左宗棠写的。说罢，他赶快叫人去请左宗棠来见陶澍。县令心想：我请你请不动，两江总督想见你，你怕是求之不得。

陶澍一听左宗棠的名字，想起女婿胡林翼早就向自己举荐过此人，果然不同凡响。如此有才气之人，自己应该礼贤下士，亲自去书院见他才是。果然，性情倨傲的左宗棠拒之不往，对来请他去县衙的人说："我教我的书，他任他的总督，两不相干，我为什么要去见他？"

见左宗棠如此野性难驯，跟在陶澍后面的县令急得抓耳挠腮。陶澍来到书院，看见左宗棠正提笔写字，不动声色，悄悄接过书童手中提的灯笼，亲自为左宗棠照明。

左宗棠写毕，忽然看见提灯人换了，讶异间，县令赶紧趋前作了介绍。左宗棠赶忙行礼，抬起的手却不小心扯断了陶澍胸前挂着的朝珠。朝珠代表官员的身份和地位，县令吓得大惊失色。左宗棠却不慌不忙，弯腰捡拾珠子，从容不迫回答陶澍的问话。

陶澍在官场历练多年，见惯了各种人物，左宗棠这样不矜不伐、沉着镇定的人物，还是第一次遇见。"目为奇才"，陶澍屏退左右，寓于书院，二人秉烛夜谈，"谈古论今，通宵不寐"。

两江总督陶澍大赞这位书院教书先生："金鳞岂是池中物，一遇风云便化龙。"有了这番交集，陶澍对左宗棠不但刮目相看，而且心生敬重。像左宗棠这样的人才，未来肯定是国家的中流砥柱。后来左宗棠赴京赶考回来，应邀转道江宁，与陶澍再次彻夜长谈。

陶澍不顾两人年龄、地位悬殊，主动与左家联姻，成就一段佳话。

左宗棠早年之所以得到包括陶澍在内的高官赏识，被贺长龄、贺熙龄、林则徐等朝廷重臣、鸿学大儒引为知己，正是因为他具有刚直果敢、脚踏实地的人格魅力。客观地讲，左宗棠很早就具备担负家国大任的勇毅和心智。

"能受天磨真铁汉，不遭人嫉是庸才。"左宗棠在坎坷人生中积累了独特阅历。他历经生活磨砺，练就了坚韧不拔的品格，既没有曾国藩"发誓做完人"的压力，也没有李鸿章"快速求成功"的负担，最终凭借看似鲁莽、实则无畏的坚定，完成收复新疆的伟业。

二

异轨殊途

中国有句古话叫"活到老，学到老"。每个人都在世事变幻中不断学习以适应环境，只不过每个人学习的目的不同，获得的结果自然也就不一样。

从科考开始，曾左李踏上了不同的人生之路。曾、李进朝为官，与上层权力有了接触，官宦仕途对他们的影响不可谓不深；左宗棠科举落第，学习经世致用之学，太平天国运动风起云涌，不可避免地影响了他的人生。他们从不同的轨道、以不同的方式，追寻自己的人生梦想，心智在一次次的磨砺中愈来愈成熟。

君子不立危墙之下

"天下无一成不变之君子，亦无一成不变之小人。今日能知人，能晓事，则为君子；明日不知人，不晓事，即为小人。寅刻公正光明，则为君子；卯刻偏私晻暧，即为小人。"

曾国藩说君子与小人不是永久不变的，圆滑与老实也不是对立面，真正的高手，会熟练地将二者融合。

曾国藩对人对事不轻易赞誉或指责，凡事深思熟虑，这是他在京为官就

228

已练就的本领。

道光十八年（1838年），曾国藩高中进士，位列三甲第四十二名。五年之后，道光二十三年（1843年）八月，曾国藩翰林大考，补授翰林院侍讲；十二月，充文渊阁校理。如坐上火箭一般，在京师十年七迁，曾国藩成为最年轻的五部侍郎。

曾国藩飞速提升的背后，还有一段传奇故事。

清朝科举考试，分为童试、院试、乡试、会试、殿试和朝考。通过童试的是童生，标志着具备初级学历；通过院试的是秀才，相当于现在的大学学历；通过乡试的是举人，具有了做官的资格；通过会试，相当于今天通过了国家公务员考试；殿试由皇帝亲自选题出题，考完之后分出三甲，一甲三名，就是状元、榜眼和探花，算是进士及第，直接进入翰林院，授予官职，状元授予翰林院修撰官职，榜眼和探花授予翰林院编修官职；二甲若干名，称为进士出身；三甲若干名，称为同进士出身。除了一甲前三名直接封官授职外，其余的二、三甲进士要参加朝考，最后结合殿试和朝考的成绩分别封官授职，如授予庶吉士、主事、知州、知县等职务，成绩优异者亦可进入翰林院。

曾国藩考中进士，并不意味着立即拥有高官厚禄。况且他还是"三甲第四十二名"，这样的名次，一般情况下不是去哪个地方做个县官，就是到各部任职，很难进入翰林院。但在朝考的时候，军机大臣穆彰阿将他列为朝考一等第三名，道光皇帝又亲自将他拔为第二名，选翰林院庶吉士。

穆彰阿原来与曾国藩素不相识，他的门生劳崇光是湖南善化（今长沙市）人，与曾国藩是湖南老乡。通过劳崇光牵线搭桥，曾国藩结识了穆彰阿。穆彰阿是镶蓝旗人，深受道光皇帝宠信。此人虽无多少才学，但很受道光皇帝器重，权倾一时。他主持三次乡试、五次会试，并在殿试、朝考中评选文章，还充任编纂国史等史料的总裁官，门生众多，很多知名之士都受其引荐。穆彰阿在朝中遍树党羽，号称"穆党"。穆彰阿很欣赏曾国藩，视其为心腹亲信，极力栽培。

曾国藩能从湖南农家子弟，一步跃升为京师官员，全凭穆彰阿慧眼识珠、点石成金。穆彰阿是曾国藩的贵人。然而世事如棋，福祸相依。风水轮流转，江山几度变。咸丰一贯看不惯穆彰阿的做派，甫一登基，马上以穆彰阿"伪学伪才，揣摩以逢主意""恃恩益纵，始终不悛。遇事模棱，缄口不言"为由革去职务，"永不叙用"。咸丰皇帝憎恨穆没有真才实学，只是凭借揣摩圣意讨好圣上而求官保爵，"门生故吏遍于中外，知名之士多被援引"。所以撤职严办。追随穆彰阿的"穆党"心惊胆战，但曾国藩安然无恙，原因是两人之间并没有密切往来，穆只是曾的"座师"而已。

曾国藩不是寡情薄恩的人，只是他从小受祖父星冈公言传身教，做事要踏实，做人要低调，只有不张扬的人，才不会受人嫉妒。穆彰阿在朝中呼风唤雨，但朝中官吏钩心斗角，主和派与主战派针锋相对，穆璋阿"多磕头，少说话"的官场做派，树敌不少，曾国藩心里也有些轻视他。"国藩从宦有年，饱阅京洛风尘，达官贵人优容养望，与在下者软熟和同之象，盖已稔知之而惯尝之。"他写信给家乡的地方官黄淳熙说，官场你好我好大家好，大家都在做老好人，已经成为一种习气，我是知道的。他当然也熟知穆彰阿的行为方式，但穆又是提携帮带自己的恩人，只能看破不说破，说彼不说此；人前不说，人后暗中去探望。曾国藩既要让穆彰阿知道他心怀感恩，又要和他保持足够距离。

新皇帝咸丰登基后接到曾国藩多个奏折，很快体会到曾国藩这个"老实人"办事认真踏实，对国家、对朝廷忠心耿耿。穆彰阿倒台，也就没有对曾国藩造成消极影响。

曾国藩运用祖父星冈公的处世经验，成功破解人生危机，不只这一次。十年之后，与穆彰阿一样竭力帮扶曾国藩的肃顺倒台，对曾国藩的仕途同样没有造成任何危害，因为曾国藩有君子不立于危墙之下的"先见之明"。

除了对官场争斗谨慎防范、尽量远离，曾国藩对虚名浮誉更是分得清、看得明。同治七年（1868年），曾国藩调任直隶总督后，接到好友朱学勤转来的一封信，信是醇亲王奕譞写的，对曾国藩大加恭维。原来醇亲王有意向曾示好。醇亲王是慈禧太后的亲妹夫，权势正隆的皇亲国戚，很多人争先恐后拍马逢迎，曾国藩接到信后却置之不理。不久，曾国藩的另一好友黄倬又转来醇亲王的诗文，希望曾国藩应和，曾国藩同样没有片言只语回复。

曾国藩向人解释他的举动是"避内外交通之嫌"。不管有多少名利诱惑，也不违背亲王与外藩之间禁止私下交通的政治原则，此乃曾国藩的处世方式。

老子有言："知其雄，守其雌，为天下溪。"说做人要刚柔并济，达到矛盾统一的局面，"雌雄同体"才是最佳。中国历来就讲求方圆之道，不管是天圆地方的宇宙观，还是铜钱外圆内方的独特外形，方与圆在汉语语境中，不仅指两种构图形状，还蕴含着最具中国特色的待人处世智慧。

八面玲珑，圆滑透顶，就是"只圆不方"，没有原则，缺少操守；过于刚正，不分场合，处处让人下不来台，就是"只方不圆"，不仅难以令人接受，甚至容易生祸端。人生的巧妙，在于将"内方"与"外圆"合而为一，既坚持正确的原则，没有抵触对方，掌握分寸，既化解了矛盾，又给了对方台阶下。

"举世皆浊我独清，众人皆醉我独醒"固然是一种做人的境界，但在现实生活中，藏巧于拙，寓清于浊，有利于团结一切可以团结的力量，调动各方面的资源，从而成就一番事业。曾国藩后来说"尤不愿得清官之名"，就是说他不想让别人认为自己是一个清官。他外出时与清朝官吏一样"讲排场"；一样遵循潜规则，该收的陋规照收，该送的礼一样要送。但是，他该拒绝的"人情往来"一样拒绝，对自己和家人严格要求，生活节俭，从不浪费。

曾国藩以儒学信徒自居，做事不违背良心，不做为人不齿的事，面对大是大非，勇于任事，敢于担当；对于小事琐事，高风亮节，大智若愚。怕事躲事，畏首畏尾，一生没出息；谋事干事，勤勉做事，终能成大器。

多歧路，今安在

咸丰二年七月二十九日（1852年9月12日），长沙城南门，炮声隆隆，杀声震天。

忽然，一声巨响，鲜血四溅。位居洪秀全、杨秀清之后的太平天国西王萧朝贵应声倒地。指挥这场战斗的清军统领，是代替巡抚张亮基行使职权的师爷左宗棠。

轶史记载，左宗棠的名字从此被太平军牢牢记住。

咸丰四年（1854年）四月，太平军再占岳州、湘潭，钳制长沙之时，据说曾经去白水洞寻找、捉拿左宗棠，为西王萧朝贵报仇雪恨。不管此说真伪，左宗棠的命运从此与太平天国更加紧密地联系在一起倒是真的。关于他与洪秀全见面的传闻，就曾经见诸史书。

清朝资产阶级革命家、小说家黄世仲（1872—1913），算是最早提出"左洪相见"一说的人。1905年，他在香港《唯一趣报有所谓》上连载的通俗小说《洪秀全演义》（1908年香港出版，54回，未完稿版）中，即出现此说。范文澜在《中国近代史》（人民文学出版社，1955年）中写道"当太平军围长沙时，左宗棠曾去见洪秀全，论攻略建国策略"，即来源于此。简又文在《太平天国全史》（简氏猛进书屋，1962年）中说："左宗棠尝投奔太平军，劝勿倡上帝教，勿毁儒释，以收人心……不听，左乃离去，卒为清廷效力。"萧一山的《清代通史》、张家昀的《左宗棠：近代陆防海防战略的实行家》、稻叶君山的《清代全史》等，皆有类似记载，说左宗棠在太平军围长沙时曾想去投奔太平军，可是因意见不合而与洪秀全产生了矛盾，拂袖而去。甚至，左宗棠的曾孙左景伊所著的《我的曾祖左宗棠》（中国文史出版社，2020年）、《左宗棠传》（长春出版社，1994年）都有如此模糊记载。"左洪见面"一说云里雾里，真相到底如何？

读史首先要了解历史人物，研史更要厘清真伪。从笔者搜集、研习的晚清历史资料来看，左宗棠与洪秀全见面或者"共谋大业"，肯定是以讹传

232

讹，根本没有可能。

首先是在时间上、地点上不存在可能性。太平军从广西进入湖南，一路所向披靡。咸丰二年七月二十八日（1852年9月11日）兵临长沙城下，这段时间左家从湘阴柳家冲柳庄，转避东山白水洞。八月十九日（1852年10月2日），在好友胡林翼的屡荐、湖南巡抚张亮基的屡请之下，左宗棠终于答应出山。

左宗棠在八月二十四日（1852年10月7日），来到长沙城下，冒着炮火"缒城而入"。十月十九日（1852年11月30日）洪秀全、杨秀清放弃攻打长沙城；十月二十三日（1852年12月4日）洪、杨开始攻占武昌、十二月初四（1853年1月12日）攻克武昌，左宗棠跟随升任湖广总督的张亮基离开长沙奔赴武昌，三个多月时间内，左宗棠一直都在湖南巡抚张亮基的眼皮子底下，不可能分身与洪秀全见面。咸丰三年正月（1853年2月），洪、杨放弃武昌，统率大军，水陆并进，向东挺进。其后，洪秀全建都江宁，改江宁为天京，待在天王府十数年不出，左宗棠更是没有机会与之见面。

其次是左、洪二人对儒学的态度有着很大的差别。虽然他们都是科场失意之人，但左宗棠无论在应试为文方面，还是在经世致用之学方面，都胜过洪秀全。左至少考取了举人，洪连秀才也未中；还有他们留下的诗文作品、治世政绩，逐一对比，两人差距有目共睹。左绝意科考，但对儒学十分尊崇，在军务繁忙之际，一样重视开办学校，甚至倡导学生留洋。

洪秀全在科考失意之后，开始信仰上帝、反对孔孟、抨击儒学。金田起义后，洪秀全更加激烈地反对、批判儒学。天京内讧之后，拜上帝教受到严重打击，洪秀全重拾儒学，利用儒家文化维护统治秩序。洪秀全领导的太平天国运动，建立与清朝封建政权对峙十余年的政权，沉重打击了中国封建统治阶级和外国侵略者，在中国历史上写下了光辉的一页。但起义之初倡导的"同食同穿""天下为公"未落到实处，统治集团逐渐腐化堕落，推行个人集权、唯我独尊，更彰显了它没有创造出新的社会形态。

左宗棠深受儒学影响，身上有封建知识分子坚定不移的修身以致良知、以天下为己任的社会责任感。他佐幕张亮基，通过官方渠道，进一步了解了战况，愈加清楚兵燹对普通老百姓的伤害。

所以说，左宗棠与洪秀全见面，并争论"拜上帝教"的弊利，以左性格之倨傲，以及时间和地点的原因，绝无可能。

而且，左入湘幕，与张亮基一起抗击太平军，时太平军将领萧朝贵战死，双方剑拔弩张，形同水火。东王杨秀清与天王洪秀全率大军进驻石马铺时，太平军已定下撤湘北进之策。洪、杨齐聚长沙城妙高峰药王庙，假称在药王神座下发现前明传国玉玺，太平军随后迅速撤退，挥师北进。此时左宗棠在长沙城内与巡抚张亮基紧张至极，城外洪秀全志得意满。左已为敌，便是"清妖"。太平军人心向背，对清廷重视之人痛恨有加，"左洪相见"更无可能。

太平军兴之初，不得意的清廷举人左宗棠，与后来同样靠剿杀太平军扬名立万的曾国藩、李鸿章不同。曾、李一开始就义无反顾扬起屠刀镇压这场轰轰烈烈的农民起义。左宗棠曾经为天下苍生遭受战火劫难心忧如焚，对生活在水深火热之中的人民举旗造反深表同情。究竟是顺应太平军加速朝代轮回，还是阻止人民起义护教平息兵燹，他也曾经犹豫，这可以理解。最终，他对照古人义理，遵守传统道德，分辨是非得失，得出太平军毁灭传统文化，不一定能够建立更适合人民生存发展的制度的认知，终于作出后来的选择。说左宗棠贸然与太平军接触，甚至与洪秀全见面，实在与他的性格、思想、为人处世原则有悖，也小看了左氏在大乱之世中的心智和能力。

封官加爵的"通行证"

非常之世，必待非常之人。如果说左宗棠在乱世之中的关键时刻始终保持一份清醒的心智，那么李鸿章翻云覆雨的权谋狠辣，则体现了其深不可测的似海机心。

同治三年（1864年）三月十日，苏州。一位五短身材、状如书生的清军将领，口中喃喃自语："君亦降人也！君亦降人也！"然后气息渐弱，双眼圆睁，倒毙在亲兵怀中。这就是威名赫赫的原太平军将领、现淮军进攻嘉兴主将程学启。

程学启追随李鸿章开赴上海，因淮军穿着土里土气、个个呆头呆脑，再加上武器装备低劣，被上海士绅和洋人耻笑为"乞丐兵"。想不到这位其貌不扬的淮军将领，很快就让人刮目相看，先后将兵临城下的太平军忠王李秀成和听王陈炳文击败，程学启因功升为副将，被赏赐勃勇巴图鲁称号。

同治二年（1863年）十月，在攻取苏州时，程学启因为痛恨太平军残杀他的妻儿，誓与太平军为敌，所以先设计诱使守将郜永宽等太平军将领杀主将谭绍光后投降，再杀害了郜永宽等四天王四大将，而且要对当时苏州城内太平军将领大开杀戒。李鸿章一边要在清军势单力薄时拿下苏州城，一边又深恐将来太平军因此抵抗更加顽强，因而犹豫不决。程学启就以不久之前，李鸿章之弟李鹤章攻夺太仓，太平军守将蔡元隆诈降，差点要了李鹤章的命的事例，说服李鸿章，促使李鸿章下定决心。

李鸿章对程学启指手画脚颇为不满，更为了推卸自己杀降的责任，面无表情地对程学启说："君亦降人矣！"一句话戳中程学启痛处。自此之后，程学启虽然作战勇猛，但心亦伤透；假如程学启不死，断然不可能与李鸿章长久共事。

对下属要么以名利诱使，要么用威权相逼，是李鸿章的拿手好戏。程学启死后，早年随李鸿章的父亲李文安在安徽合肥办团练，后来加入淮军，隶属于程学启部的吴毓芬、吴毓兰兄弟，因与刘秉璋争功，惹恼了李鸿章。刘秉璋时为统领，而吴毓芬只是营官，刘秉璋仗势欺人，鞭打吴毓芬。但吴毓芬的官职比刘秉璋要大，吴毓芬就向李鸿章告状。李鸿章疏吴氏兄弟而近刘，于是呵斥吴毓芬："你好歹也算读书人，不知道在军中要服从军法？"吴毓芬气愤至极，很快借故辞营归乡，而且写信给其他淮军军官，劝说他们不要给李鸿章效力。

李鸿章对下属如此"苛刻"，甚至刻薄，是因为他很早就接受老家皖北自古有之的草莽之气和底层文化熏染，了解"忠诚""豪迈"才能维系大众。而所谓的"忠诚""豪迈"，就是"江湖义气""粗鲁浅薄"，表现形式之一就是"打痞子腔"。

淮军初创，李鸿章依靠程学启为其主力，再以厚利组建"常胜军"，迅速累积了军功，拿到了封官加爵的"通行证"。曾国藩九弟曾国荃围攻天京，想要回程学启，李鸿章坚拒不允。淮扬水师的黄翼升，也为曾国藩借调给李鸿章助攻苏州之用。苏州之战后，曾国藩准备调黄翼升攻打周家口，前后与李鸿章函商十三次之多，都被李鸿章拒绝。最后曾国藩实在没有办法，以向朝廷参办相威胁，李鸿章竟然以"将在外，君命有所不受"搪塞老师。

不但如此，等到"天京攻陷"，湘军大裁撤，朝廷命曾国藩督军剿捻之时，两江总督李鸿章调拨淮军给老师曾国藩，暗中却紧抓军权不放。

"目下淮勇各军既归敝处统辖，则阁下当一切付之不管，凡向尊处私有请求，批令概由敝处核夺，则号令一而驱使较灵……"

对淮军调动不灵的曾国藩，只好给弟子李鸿章写密信"商量"指挥军队的事。说淮军现在归我统帅，除解除升任营官以上职务我要与你商量外，其余诸事，我可以独自做主，按照我的意思安排。如果有什么不妥当之处，请你写信告诉我。

心知肚明的李鸿章接信后，故作姿态，给淮军将领潘鼎新写信"教训"一番：

湘军将帅，藐视一切淮部。如后生小子亦思与先辈争雄，唯有决数死战稍张门户。

其实李鸿章不会缩回暗中钳制淮军的手，只是形式上有所收敛而已。因为他深知"有军才有权"，有权才能累积更多军功、获取更大的成功。

李鸿章最初从京城随工部侍郎吕贤基回原籍安徽督办团练，饱尝"无兵""无权"之苦，虽然屡换"老大"，但都胜少败多，甚至差点丧命，以至落下"浪战"之名。直到最后重新投到恩师曾国藩幕下，才终于遇到"贵人"。李鸿章深刻认识到，要以军功换取功名，必须手握兵权。笼络具有优秀指挥才干的将领，就有了更多摘取胜利果实的机会。对素以"诚"待人的老师曾国藩，李鸿章运用"拖""推"之法，使用无赖的手段，以达到自己的目的。

李鸿章一生惯于"打痞子腔"，他对自己与洋人打交道的"本事"颇为自得。在处理天津教案上，李鸿章再次公开向老师曾国藩"传授"自己的"忽悠经验"。

曾国藩对天津教案颇感棘手，李鸿章也牵挂不止，他几次写信将他与洋人打交道"参用痞子手段，不宜轻以一死塞责"的"经验"送授给以诚信为本的老师，并且强调：

鸿章前云痞子手段，我于尽情尽礼后，若再以无理相干，只有一拼而已。

翰林出身、饱读诗书的李鸿章，深谙"痞子交际"。对待老师时毕恭毕敬，但与下属说话时常常言语粗鲁。每次给下属安排好任务后，他都会用安徽方言骂一句粗话。因为李鸿章深知与手下那些读书不多的人打交道，最好模仿他们的脾气性格，让他们以为自己与其同为一类人，少有隔阂。于是，在李鸿章手下谋事的人，竟然以是否挨骂来衡量李对他们重视与否。

李鸿章的"粗俗"，与洋人打交道时表现出来的流里流气，看似欠缺礼数，实则是大智若愚。能够让利益向自己倾斜，有能力平衡人际关系，这就是李鸿章立于不败之地的原因，更是他在驰骋疆场、运筹官场、布局洋务时得心应手的"通行证"。

在晚清这间千疮百孔的"破屋"里，只有随时与人"将心比己"，才有可能与人相处无间。只不过李鸿章把自己的真实感情隐藏起来，使用另外一面所谓的"诚"来换取他人的"真"。在与老师曾国藩商量回调程（学启）、黄（翼升）等将领时，他言语恭敬，不像左宗棠、沈葆桢那样对曾国藩快人快语，但态度也强硬。李鸿章的一生，就是在这一文一武、一软一硬的"两手抓"之间，把封建官场的心智谋略玩到了极致。

三

潜移默化

在血雨腥风的杀伐决断之中，曾左李不断学习总结。他们在为人处世、行为准则方面不断变幻。从普通农家走出来的平凡人，到挥斥方遒的一方大员，敢抗旨不遵，与同僚相搏，是因为他们在风雨征程中逐渐看懂了功名利禄背后隐藏的玄机，在自我成长过程中不断受时俗世风潜移默化的影响。

抗旨不遵逃过一劫

曾国藩苦读经年，屡遭挫折，早就明白磨刀不误砍柴工的道理。虽然以文转武，但他也从书上知道练兵一事非一日可成。尤其是湘勇大部分是农家子弟，只有蛮力，枪炮都没有见过，不经苦练，哪敢轻易上战场？苦练经年，既耗钱粮时日，又呕心沥血，自然应倍加珍惜。

作为大清王朝的三位忠臣，曾国藩、左宗棠、李鸿章都有过"对抗"朝廷的经历；他们与将士之间也有恩怨是非。今天回首审视，会发现曾经的他们也有犹豫、纠结，但他们在深思熟虑之后，终以"忠""义"为重。

咸丰三年（1853年），太平军向长江中游地区挺进，清廷八旗、绿营节节败退，湖南、湖北、江西、安徽全线危急。短短半年之内，咸丰皇帝连下四道圣旨，严令曾国藩带兵出征，但曾国藩不为所动，抗旨不出。

曾国藩胆敢公然抗旨，按道理无论如何都应该受到惩罚，但他为何能一次次安然度过危机？细究起来，这里面纵然不乏精于算计的一面，但更多的还是对于当时大势的准确把控。

其实，曾国藩作为一支武装力量的统帅，不打无准备之仗，"抗旨不遵"正是他爱护将士、审时度势的具体表现，不然咸丰皇帝肯定不会轻易放过他的。

咸丰皇帝饬令曾国藩出征救援的是江忠源和吴文镕。江忠源是曾国藩早年好友，并且受曾国藩举荐，以战功不断升职。咸丰三年十二月（1854年1月），被围困安徽庐州的江忠源，弹尽粮绝，急函曾国藩救援，咸丰皇帝也诏令曾国藩出兵。但曾国藩不但不出手相救，反而阻止手下王鑫出兵。最后庐州城破，江忠源投水自杀。

吴文镕是曾国藩的座师，其忠勇诚义被咸丰帝所看重。咸丰四年正月（1854年2月），已经调任闽浙总督的吴文镕眼见太平军向北进发，本来可以抽身而退，远离是非之地，但他不是见风使舵的人，决定暂时不离开湖北，严守武昌。朝廷已经调胡林翼从贵州带领黔勇、令曾国藩从湖南调集水师，前往武昌夹击太平军。

胡林翼带着六百黔勇，昼夜兼程，由南向北疾驰；吴文镕督导兵士，困守孤城，苦苦等待救援；曾国藩按旨不动，一兵未出；太平军猛烈攻城，武昌城杀声震天，吴文镕如火烤心。只可惜胡林翼因为路途遥远，一兵未到；曾国藩廊下徘徊，未出一兵。太平军将士愈战愈勇，吴文镕虽然奋起抗击，终因力寡，虽力战亦终败。在太平军猛攻之下，吴文镕只好步江忠源后尘，投塘自杀。此时距江忠源殉国还不到一个月的时间。

造成如此严重后果，咸丰震怒，实乃情理之中。

曾国藩一生诚信血性，对老师、挚友向来尊敬有加，但为什么在他们性命攸关的时刻，却眼睁睁看着他们身陷绝境而不施救？

"事势所在，关系至重，有不能草草一出者。"这是曾国藩给咸丰上奏不出兵的理由。他说所购洋炮还没有到位，勇丁也还没有训练成熟，假如贸然出击，肯定会与待援部队同归于尽。曾国藩说的确实是事实。他不愿遵旨前去搭救恩师好友是事实，他保护还未训练成熟的将士也是事实。但他百般辩解、竭力推挡，宁受苛责也不出一兵一炮，细究其因，虽不免过于固执自私、冷漠残忍，但其胸怀大局、不为私惑的如钢心智，却足以令人敬之畏之。

试想，曾国藩在湖南受尽排挤蔑视，初历血雨腥风的战场，费尽心机终于拼凑出一支新生力量，如果遵旨贸然出兵，拼完了这点家底，他又如何能东山再起？所以，对于四顾茫然的清王朝，尽管曾国藩的自我保全难免自私，但这也是出于无奈的明智之举。

咸丰皇帝此前对在京为官的曾国藩一度印象不佳，见曾国藩抗旨不遵，曾经以调侃的语气讽刺他：今览你的奏章，简直以为数省军务一身承当，试问汝之才力能乎否乎？平日矜诩自夸，以为天下人才没有超过自己的，及至临事，果能尽符其言甚好，若稍涉张皇，岂不贻笑于天下！同时警告："必须尽如所言，办与朕看。"说我看你的奏章，以为你承担数省军务，是个了不得的人才；你平时也是夸夸其谈，好像天下再也没有比你能干的人。到了有事需要你去摆平的时候，你却张皇失措。如此言行不一致，是不是让天下人笑话？你按照你说的那样，做出个样子来，让我看看。

面对咸丰皇帝的冷嘲热讽，曾国藩没有惊慌失措，依然坚持绝不出征，而且还竭力争辩：

> 伏乞圣慈垂鉴，怜臣之进退两难，诚臣以敬慎，不遽责臣以成效。臣自当殚竭血诚，断不敢妄自矜诩，亦不敢稍涉退缩。

曾国藩自剖其心，赌咒发誓，表明自己一片忠心。咸丰皇帝看了曾国藩的奏折，见曾"据理"力争，为了缓和关系，同时也不愿让这支民间力量去白白送死，心念一转，不再催促他赴援外省，还以"朱批"安慰：

成败利钝固不可逆睹，然汝之心可质天日，非独朕知。

看到皇帝终于松了口，给了自己一个台阶，曾国藩"闻命感激，至于泣下"。

为维护大局，避免不必要的牺牲，曾国藩刚柔并济，以"实无胜算"自剖心扉，表明心迹，让"抗旨不遵"变成"为江山社稷着想"，从而获取皇上的理解。这是曾国藩年光渐长、阅历已深换来成熟心智，敢于巧用手中之笔与朝廷周旋，最终"平稳落地"的一个经典案例。

收放自如"江湖俊才"

说李鸿章为了他的功名前程而不择手段，无疑也是片面的。利用人性贪婪、驱使人为自己卖命，是他的长项。但他也注意在某些时候节制自己的贪婪欲望，保持理智克制的判断。对待曾氏兄弟攻取天京这件事情，足以说明他"纵横捭阖有度"，有选择地恪守儒家思想里的"忠""义"。

"金陵城大而坚，围攻不易。诚恐各营将士号令不一，心志难齐，曾国藩能否亲往督办？俾各营将士有所禀承，以期迅速奏功。"

从同治帝的这道上谕可以看出，在进攻太平天国最后的堡垒天京城这件大事上，朝廷明明白白是想让曾国藩把李鸿章率领的淮军、左宗棠率领的楚军调来，三军合击，尽快收复天京，以竟全功。

在曾国藩手下做了几年"高级秘书"的李鸿章，早已学会审时度势，非复吴下阿蒙了。

在此之前以"浪战"闻名的李鸿章，现在早就"尽改湘军旧制，更仿夷军"，装备洋枪洋炮、仿照"夷军"训练方式，采取招降纳叛、兼收并蓄的策略，不但掌握地方实权，而且队伍规模迅速扩大，成为清军中装备精良、战斗力强大的武装力量。可以说，以他此时的实力而言，与曾氏兄弟合攻天京，取之易如反掌。

曾国荃在同治元年（1862年），率部抢驻雨花台，第二年五月，湘军水师攻克九洑洲，肃清长江水面；八月，湘军攻克天京东面、南面十处太平军的坚固堡垒；同治三年（1864年）正月，天保城被攻克，湘军占领太平军在钟山之巅修筑的堡垒。至此，湘军合围天京宣告成功，太平军已断绝了外援，只能靠城内粮米苦苦支撑。此时只要加大攻势，天京城破只在旦夕。

朝廷给曾国藩的这道上谕，曾国藩转手给了李鸿章，并复奏："自苏、常攻克之后，臣本拟咨请李鸿章亲来金陵会剿，特以该抚系封疆将帅之臣，又值苦战积劳之际，非臣所敢奏调，是以未及具疏上陈。"

本就心思缜密的李鸿章，经过世事历练而变得更加敏锐。对于这封复奏，他自然心领神会，知道老师其实并不想让自己率兵会剿，而是暗示他按兵不动。

李鸿章知道老师曾国藩想要胞弟曾国荃独取攻占天京头功，特在给皇上复奏中写明要李"亲来金陵"，再说什么"苦战积劳"，"非臣所敢奏调"，其实就是要自己"切莫轻举妄动"。

再说，战场不是操场，情况瞬息万变，围攻天京几近三载，军饷弹药只能勉强支撑；将兵死伤无数，更替维艰。要是立即应旨前往天京，倘若不如人意，岂不自寻无趣、徒增恼恨？思前想后，眼下最为稳妥之法，莫过于虚与委蛇。

接到老师信函，李鸿章马上顺水推舟，真的生起"病"来。李鸿章不但自己"生病"，而且以"诉苦"方式向皇上"抗旨"：将士苦战数年，不止劳苦，而且伤病累累；我还要驻防多处，不能撤围让太平军又反扑；曾国荃围攻天京两年，已经接近成功，皇上不用太担心。说自己休养一段时间，等待天气凉下来就可以前往天京。既替曾家兄弟向皇上表功，又申诉自己暂时不能去天京的理由，而且要皇帝放下心来，收复天京已经指日可待。

曾国藩自然暗暗高兴，但还是向皇上请旨："合无吁恳天恩，饬催李鸿章速赴金陵，不必待七月暑退以后，亦不必待攻克湖州之时。"请皇上催促李鸿章快点赶赴天京助攻，没有必要等到七月天气转凉以后再去，也不要等攻克湖州。曾国藩这番说辞冠冕堂皇，大公无私，实则是做足表面文章。师徒两人一唱一和，在皇帝面前将这出心照不宣的双簧演得可谓天衣无缝。

李鸿章心中早就权衡，不能和曾氏兄弟争功，还想和曾国藩接着唱双簧。但朝廷谕旨又下：李鸿章所部兵勇攻城夺隘，所向有功，炮队尤为得力。现金陵功在垂成，发、捻蓄意东趋，迟恐掣动全局，李鸿章岂能坐视？着即迅调劲旅数千及得力炮队，前赴金陵，会和曾国荃围师，相机进取……

天京只要一日不收回，朝廷就一日不得安宁。李鸿章手握重兵，又有炮队，助曾攻城，如虎添翼，所以皇帝不断严旨催逼。

面对朝廷的再三催促，李鸿章心坚如铁，不为所动，反而掉头南下，进入浙江地盘。他后来给朝廷上奏说"浙江匪患正盛"，实际是去越境抢功，气得驻守浙江的左宗棠七窍生烟。

李鸿章宁愿得罪左宗棠，也不愿意（或者说不敢）得罪曾国藩，这可以诠释为"手段的卑鄙证明了目的的卑鄙"（《马克思恩格斯全集》语），也可以说是他"纵横捭阖有度"。李鸿章熟练地运用江湖经验，既应付了皇上催促，又让曾氏兄弟看到他"用心良苦"，连得罪左宗棠也在所不惜。"人在江湖，身不由己"，李鸿章是"人在江湖，事要由己"。

天京让功，说明李鸿章对大局的把控已经游刃有余，对名利诱惑也能冷静地自我约束，开始了收放自如的腾挪辗转，不再寸功必争、分权不让，对"江湖规则"愈加熟悉，对人情世故更加熟稔，心智更加成熟起来。

曾、李师徒围绕是否助攻天京，可谓费尽心机。曾国藩的老谋深算，李鸿章的机敏诡诈，在现实利益面前，都转变成了拿捏得当的人情世故。今天的人们从这幕历史活剧中，也能体会到如果只有运筹乾坤的能力，而没有变化多端的心智，这些晚清能臣即便有天大的本事，恐怕也难以在错综复杂的官场立足，更不说成就大事了。

恃才放旷培植亲信

左宗棠一生看似豪迈不羁，实则心思灵动、做事严谨。他与曾国藩"对着干"的事例不少，与朝廷"对着干"的事也不止一件两件。但他从来不是蛮干，而是讲究方法步骤，让对方挖空心思也抓不住小辫子。

钱能壮人胆，才促豪气生。郭嵩焘的银子让曾国藩开启团练之路，李鸿章"借鸡生蛋"开拓了军功晋升的征途，左宗棠凭借他的"诸葛之智"和"唯才是用"，在血与火的战场上团聚了一批勇猛之士。

清军入关后经过上百年磨合，满汉逐渐融为一体，尊儒敬孔仍是主流。但满族统治下的大清，怪事还是层出不穷。同治十年（1871年），左宗棠接到朝廷要他调查"七品中书斩杀二品总兵"谕令，说楚军中官职才七品的吴士迈竟然斩杀了二品大员朱德树。

封建社会等级森严，官大一级压死人，七品小官属于县级芝麻小官，二品大员相当于省级以上的大官，竟然发生这样"小官杀大官""以下犯上"的事情，难怪朝廷要下旨追究。

但是，怪事的确发生了。楚军统帅左宗棠不但不为二品大员叫屈，反倒为七品小官撑腰。

左宗棠给同治帝回复：

军事以号令为重，令进则进，令止则止，统领以之钤束营官，营官以之钤束哨官、什长，哨官、什长以之钤束兵勇，违者得以军法治之……节节相制，然后驱之出入生死之地而不摇。

他振振有词地说，吴士迈为执行军纪而斩杀朱德树，"是统领以违令杀营官，非中书杀总兵也"。七品中书虽犯下擅杀的过错，但并无枉杀之大罪。

原来，左宗棠组建楚军较湘勇晚，将兵来源混杂。凡是他认为可以利用的将才，无论出自何处，他都照收。湖南巴陵（今岳阳）人吴士迈，先投李元度，后来李元度离开曾国藩，吴士迈弃李投曾。曾国藩认为吴士迈不是将才，独具慧眼的左宗棠却收留了吴士迈。

被曾不喜的吴，却深受左宗棠赏识，很快升任统领。吴士迈进入楚军时间不长，资历不高，官级仅为正七品的中书科中书。但他手下被左宗棠冷落的正二品朱德树，已保至记名总兵。清朝候补官员较多，军中以军功任事，吴士迈虽然只是七品中书，但在军中却是朝廷正二品朱德树的上司，朱德树违令，理应归吴处理，虽是"职级不符"，似不合情理，但与军纪不悖，看似怪事，其实并未违规。事虽反常，却有其因。

同治九年（1870年），左宗棠以钦差大臣身份督统军务，进入陕甘地区，命统领吴士迈率马步七营增援李辉武，围攻起义军。

营官朱德树在军中时间日久，并且对"七品上司"指挥自己这个"二品大员"心存不满，正好看见李辉武部形势非常危急，自认为有了敷衍吴士迈的"正当理由"，便去救援李部，因此没有到达吴士迈指定位置，导致左宗棠围攻起义军的计划落空。战后，吴士迈开始秋后算账，以朱德树不服从安排、擅自改变作战计划，违抗将令、轻视长官为由，毫不犹豫地将朱德树斩杀。

左宗棠偏袒吴士迈，还有他自己"非科举求功名"，一直对虚有其名的人打心底蔑视的原因。所以在对待"功名"出身问题上，左宗棠的看法一向别具一格。

据轶史记载，左宗棠从闽浙总督调任陕甘总督，北上路过九江。他查看官员履历，知道九江道、府、县的长官都是进士出身，唯有九江同知是举人出身，就着意叫来此人，刻意问道："你说做官是举人出身的好，还是进士出身的好？"

九江同知词正理直地回答："自然是举人出身的好。"

左宗棠以为九江同知晓得他是举人出身，故意拍马屁，于是板着脸问："为什么？"

九江同知不慌不忙，一板一眼地说：中进士、点翰林，必专心致志于诗赋、小楷，哪有时间学习实用的学问？而举人做官，脚踏实地，讲求实际，做事认真，善于学习。两相比较，举人出身的官吏，一定比进士出身的官吏更有可能做出利国利民的事。

左宗棠拍掌大笑，对九江同知刮目相看。

虽是轶史不足为信，倒也符合左宗棠一贯的务实求真精神。"官大"不一定才高，学历低不代表能力低。

八股取士造就了很多"考试机器"，左宗棠虽然对"真八股之士"，也就是有真才实学的人，还算客气，但对"假八股之士"，比如借科名混功劳的人，着实鄙视。何况，曾国藩创建湘军时，曾经制定这样一条规定："只论事寄轻重，不在品秩尊卑。"意思是说，在湘军的队伍中不论品级高低，只论军职大小，高品级官员如果军职低，反而要听从品级低而军职高者的命令。曾国藩之所以这样做，是因为创建湘军之初，他自己的品级也不是特别高，他最担心有人仗着品级高狐假虎威，不听从军队命令，所以索性在湘军中不认品级只认军职，使湘军做到上下齐心、令行禁止。

虽然斩首朱德树符合军规，但吴士迈得知朱德树亲属弹劾自己，还是有些惴惴不安。关键时刻，左宗棠挺身而出，力保吴士迈。左宗棠的理由，正是曾国藩制定的"只论事寄轻重，不在品秩尊卑"。

朝廷犹豫再三，考虑到湘军的特殊情况，加之吴士迈虽在军中供职，但他毕竟是文官出身，应当没有藐视朝廷之意，只好宣布吴士迈斩杀朱德树合情合理，没有过错。

左宗棠巧妙借曾国藩的"军令"培植了自己的亲信，不仅是恃才放旷，而且是敢作敢当。

四

云开雾散

坚定的意志是成功最根本的保障。纵观曾左李三人，不管个人秉性如何，都曾经有过"出格"之举：曾国藩敢违抗圣旨，左宗棠在危急关头强自镇定，李鸿章懂得适时节制欲望，表现出"不管不顾、各行其是"的"愚顽"，实则是懂得"因时而动"的处世之道。

咬定青山不放松

曾国藩说自己"余性鲁钝""秉质愚柔"，便"笨人用笨办法"，从不取巧，踏踏实实做事，以期在日积月累中有所建树。

最开始在长沙创建团练时，曾国藩致力网罗儒学深厚的罗泽南等前来教习训练勇丁。在曾国藩看来，读书人明事理，特别是像罗泽南这样有血性的读书人，不但博古通今，而且视名誉为生命。假如把这些人当成"种子"，那么在他们的影响下，无数人就会成为他们那样的人，由儒学浸染而充盈血性，最后为名节而战，为忠义献身，成为国家的栋梁。

果然，在曾国藩的带领下，罗泽南"朝出鏖战，暮归讲道"，"所部壮丁，习矛火器之暇，以《孝经》《四书》转相传诵，每营门夜肩，书声琅琅出壕外，不知者疑为村塾也"。这样一位教书先生，不但以教书育人为己任，作战更是勇敢。

在武昌城下，罗泽南被太平军炮弹击中头部，"伤深二寸，子入脑不出"，虽然"神散气喘，汗出如洗"，仍然嘱咐飞驰而来见他最后一面的胡林翼"危急时站得定，才算有用之学"，叹息"死何足惜，事未了耳"。在湘勇中受理学信仰熏陶的将士，何止一个罗泽南？这也是湘军敢战能胜的原因之一。

曾国藩把军营变成学校，"此间尚无军中积习，略似塾师约束，期共纳于轨（规）范耳"。他像一位德高望重的老师，身体力行地教育他能找到的每一个人才。曾国藩虽然有选择性地招募"有操守，没官气，多条理，少大言"的朴实读书人在手下做军官，但常常用"唯天下之至真能胜天下之至伪，唯天下之至拙能胜天下之至巧"这句话教育他们：天底下最真实的东西能够胜过最虚假的东西，天下看似最笨最拙的东西能够胜过最聪明最巧妙的东西。他的本意是要提醒将领们脚踏实地，忠于信仰。

"平稳二字极可玩，盖天下之事，惟平则稳。行险亦有得，终是不稳，故君子居易。"曾国藩的守拙而勤，不是"笨"，而是放低姿态，采取老老实实的态度，打好自己的根基。守拙而稳慎，守拙而坚忍。大巧若拙，大智若愚。由于深受湖湘习气影响，曾国藩遇事讲道义原则，在与人打交道时，基本上是不到迫不得已，不会和人决裂。宽厚忍让的性格为他赢得了很多赞誉，也在潜移默化中感化和团结了不少精英。

被曾国藩提携起来的江西巡抚沈葆桢、浙江巡抚左宗棠，因粮饷等事先后与他闹僵。曾国藩采取的对应"措施"，只是暗自发发牢骚而已。甚至，在已经收到九江关税，但沈葆桢以辞官相威胁时，曾国藩为了息事宁人，竟然主动退还银子，而且写信给沈葆桢，主动道歉并挽留他。

曾国藩对左宗棠的多次詈骂，更是习以为常。从曾国藩靖港兵败，直到天京城破、太平天国幼主漏网脱逃，左宗棠对曾国藩所作所为一直不大客气。但曾国藩一直退避三舍，以和为贵。即使视曾国藩如师如父的李鸿章，在协商退还程学启、黄翼升等将领时，对曾国藩也很强硬，曾国藩同样忍气吞声。

在曾国藩的一生中，只有对李元度三次弹劾，似乎有些不近人情。但在其后，曾国藩也采取了一些补救措施，并且与李和好。

曾国藩一生以"立德、立功、立言"为最高目标，也就是努力提高个人道德修养，成就一番有利于社会的功业，在做这些事情时尽量不发牢骚。

左宗棠不像曾国藩那样凡事求"稳"、时时谨慎，也没有曾国藩那样的"好脾气"。

要说左宗棠生前几无好友，也许是他的"刺猬"性格所致。胡林翼是左宗棠一生唯一没有闹僵过的朋友，这是因为胡林翼和左宗棠之间的关系结合了世交、同学（同为贺熙龄的学生）、朋友、姻亲晚辈、精神同盟者五种关系为一体。在左宗棠还没有成名之前，胡林翼已经与他结为知己了。应该说，最了解左宗棠也最愿意帮助左宗棠的晚清名士，胡林翼算是死心塌地的一个。左宗棠也把胡林翼引为知己，二人算是惺惺相惜。可惜的是，胡林翼英年早逝，左宗棠此后再难有知己。

建功立业需要助手相帮，上阵杀敌更需要勇兵悍将，左宗棠不再奢求在茫茫人海中寻找到胡林翼那样的知己，但必须寻找与自己志同道合的帮手。

他眼光挑剔，几乎看不起任何人，打仗又需要能干精悍的将领，于是左宗棠在偏强与妥协中不断挣扎、变通。左宗棠不拘小节而且自尊心强，这让他看起来强硬甚至粗鲁，极大地掩盖了他内心的悲悯与善良。

慈禧太后能原谅左宗棠"礼数不周"、体贴他"年老功高"，算是对左宗棠的为人和个性有相当的了解。刘锦棠、刘典等血性将领，尽管与左宗棠曾有不快，但只要左一召唤，便前嫌尽弃，誓死来报。他们打心眼里认同左宗棠为国为民披肝沥胆、毫无私心杂念的耿耿之心。

与对待皇上和下属不同，左宗棠除了和胡林翼保持了终生友谊，与曾国藩、李鸿章、沈葆桢、郭嵩焘等重臣都矛盾重重，甚至绝交。左宗棠心中只有国家，对损害国家利益的任何事情，只要他知道，无不反对。与曾氏兄弟因"幼主逃逸"起嫌隙，和李鸿章因为海防、塞防争论不休，与沈葆桢因为争军饷反目成仇，与郭嵩焘因为广东军务事而绝交，如此种种，不能简单地说谁对谁错，但左宗棠刚烈的性格往往激化了矛盾。

纵观左宗棠与上下级和同僚之间的关系，可以看出他胸怀坦荡。让他像曾国藩那样以"忍气吞声"来换取信任和支持，左宗棠是不会甘心的。这位少年时就以"今亮"自居的侠义之士，凭借赤胆忠心成就一番伟业，身边汇聚的自然是一批廉洁自律、能战敢打、愿死命效力的勇士。

刘锦棠返家养病，竟然因为生活艰难被阵亡叔父刘松山之妻咒骂，刘锦棠后来在出征途中苍凉去世；被左宗棠盛赞"刚明耐苦，廉公有威，世所罕见""至其亲老从戎，出处迟速之间，一衷诸是，非同时自命贤豪者所可几也"的刘典，去世时老母尚在，并欠宿债，左宗棠一一替他还清欠债、操办丧事、抚恤家人。即使对因苛敛捐输、诬民为逆、纵兵攻堡、冤毙人命被他严劾的乌鲁木齐提督成禄，最初左宗棠也给予最大限度的容忍，劝成禄改过从善，与大家风雨同舟，完成收复新疆大业。

左宗棠不媚上，不鄙下，对权力不卑不亢，不仅力求下属和衷共济，而且在生活上也多关心周恤。左宗棠用他的廉洁与自律，在风气恶浊的晚清官场中，铸造出别具一格的行动力，打造出一支独具特色的队伍。

人生贵相知

左宗棠锋芒毕露的性格，源于他的自负。樊燮案是左宗棠一生的重大转折点，彼时的左宗棠还是寄人篱下的"师爷"。虽然湖南巡抚骆秉章委以左宗棠重任，放手让他操持军政大事，但朝廷没有正式给左宗棠任何实职，与十年后的"钦差大臣""陕甘总督"相比，身份上有天壤之别。但真正"位高权重"之后，左宗棠却意外地变得"温顺"起来。

同治六年（1867年），左宗棠以钦差大臣身份督统军队，率部镇压起义，积极准备西征。

此次出征，对左宗棠来说，意义非比寻常。自率军出征以来，左宗棠屡建战功，但都是在曾国藩的统领之下。天下人都以曾公为瞻，堂堂左季高只不过是曾中堂之下一名干将而已。

西北乃天下贫瘠之区，饷源不能指望当地，西征势必要"用东南之财赋，赡西北之甲兵"。此次筹饷是取胜的关键所在："仰给各省协款，如婴孩性命寄于乳媪，乳之则生，断哺则绝也。"左宗棠重视筹饷更甚于募兵，而能够承担西征粮饷重任的人实在难觅，他为此夙夜焦虑，烦忧不止。

偏偏这时，左宗棠得知曾国藩回任两江总督，不由得心生寒意，仰天而叹："我既与曾不协，今彼总督两江，恐其扼我饷源，败我功也。"左宗棠与曾国藩因太平天国"幼主"逃出天京而心生嫌隙，一直未通书信，近乎断交。值此关键时刻，万一"老对手"曾国藩掣肘，粮饷筹措不力，左宗棠极有可能功败垂成。

然而，左宗棠的担心并没有持续多长时间，曾国藩供应的军饷竟然源源不断输送过来，曾还将自己最为倚重的部下刘松山调拨给左宗棠使用。这一下，着实让一直自诩为"今亮"的左氏，自心底对曾大大地敬重了一把。

其实，曾国藩对左宗棠的才能一直赞佩有加，从湖湘初识感叹"弟之调度，远不如兄，无所庸其谦也"，到提携之初的"左宗棠刚明耐苦，晓畅兵机……予以地方，俾得安心任事，必能感激图报，有裨时局"，再到西征助力时的"论兵战，吾不如左宗棠；为国尽忠，亦以季高为冠。国幸有左宗棠也"，曾国藩对左宗棠一直尊重佩服，尽力维护推崇。

如此看来，曾、左之间冲突的根源是他们立场不同、性格差别、思想有异。

曾国藩的举动，让左宗棠的思想不能不受震动；曾国藩的气度，不得不使左宗棠受到感染。但李鸿章与左宗棠却时时针锋相对，尤其是在有关权力的争斗中，李鸿章丝毫没有老师曾国藩那样的大度。

同治九年（1870年）二月，清廷突然接到袁保恒奏折，说左宗棠所部老湘军、卓胜军"饥疲之余，现存不过十之五六"，陕甘战场危在旦夕，力促清廷将左宗棠下辖各部裁撤归并，将节省军饷另调淮、皖各军。其时，左宗棠是陕甘总督，正在指挥最重要的金积堡战役，统帅清军镇压陕甘起义军。

正在这关键时刻，不幸的消息传来，左宗棠手下王牌战将老湘营统领刘松山在作战时左胸中弹身亡。这使朝廷更加认定之前就已岌岌可危的陕甘战场败局已定，急命湖广总督李鸿章赴陕西"督兵剿办"，实际上就是准备让李鸿章取代左宗棠。

李鸿章早就想为属下谋夺陕甘总督之位，他一边率部向陕西挺进，一边大造舆论，说刘松山已死，左宗棠如果不赶紧退兵，就是"刚愎无理，恐自取败"。他不但散布对左宗棠极为不利的消息，还批评其手下将领杨岳斌虽然勇猛，但格局不大；刘蓉、刘典虽然都担任过巡抚，但只适合在南方作战。

李鸿章认定，让左宗棠继续主持西北事务，是不会有好结果的。而他的手下大将刘铭传是北人，更适合在陕甘地区作战，取胜的把握也大得多："淮军于北路人地较宜……"于是，李鸿章请求"谕旨以陕省兵力空虚，深虞该匪窜突，拟令刘铭传督办陕西军务，自系备豫不虞之计"。意思是为了消灭起义军，最好让刘铭传督办陕西军务。

身在前线的左宗棠哪会不知道李鸿章的用意？朝廷虽然还没有明确给自己下旨，但只等自己一兵败，就会让李鸿章带领袁保恒、刘铭传二人接替自己。

老湘营统帅刘松山不幸阵亡，对左宗棠确实是个重大打击。

面对危机，左宗棠当机立断，迅速让刘松山侄儿、时年仅二十六岁的青年将领刘锦棠接统老湘营，将黄万友配给刘锦棠做副手。万幸的是，早已身为提督，无论职务还是资历都远胜刘锦棠的黄万友和刘锦棠配合十分默契，"上下辑睦，军声大振"。西征军很快度过了刘松山阵亡以后的不稳定时期，前线战事，节节取胜。

一心想做陕西巡抚的刘铭传，马不停蹄赶到陕西的时候，历时十六个月、整个陕甘内战中最艰巨的战役——金积堡之役，以左宗棠胜利告终。

袁保恒奏请裁并老湘营等军，并绕过左宗棠调集军队"助战"；李鸿章、刘铭传与左宗棠势若水火，朝廷的见风使舵，确实给左宗棠带来了一定压力。左宗棠表面不动声色，心中无限忧凄，他甚至要家人做好抄家籍没的准备："我内无奥援，外多宿怨，颠越即在意中。"

此时的左宗棠，不再是十年前为樊燮那一句问安而大发雷霆的易怒之人，他也有曾国藩"打落牙齿和血吞"的坚忍，更有狭路相逢勇者胜的豪情。

左宗棠心里明白，此时个人得失不能与国家利益相比。如果为了个人利益任性而为，楚、淮两军内讧，平定叛乱、西征收复新疆将成水中月镜中花。

大敌当前，左宗棠为了国家社稷，抛弃个人恩怨，摒弃门户之见，不再计较李鸿章的倾轧，主动与刘铭传洽商铭军进兵的具体事宜，按照清廷的指令进行了必要的布置，并且和袁保恒保持密切联系，为西征胜利做好了准备。

左宗棠曾说："穷困潦倒之时，不被人欺；飞黄腾达之时，不被人嫉。"意思是当年我一无所有，难免有人想踩我，如果没有火暴脾气，早就奄奄一息了；如今，我身居高位，如果还像以前那样暴躁，就会给人一种仗势欺人的感觉，被人嫉恨，将来也许是个麻烦。

左宗棠像历史上许多越活越清醒的智者一样，能够通过不断累积的人生经验，站在更高的层面看待事关个人与国家的问题，从根本处省悟并弥补性格缺陷。这就是他能在晚清经天纬地、团结一批人做成大事的根本原因。

丈夫只手把吴钩

曾左李一生亦友亦敌。曾国藩和左宗棠比李鸿章更富有教养，但李鸿章的"粗俗"，也是一种别具风格的"武器"。为了清王朝的"前途命运"，更为了给自己争取功名地位，他们最大限度运用自己的"特长"，左冲右突，终于迎来云开雾散；他们承受的巨大压力与取得的成就一样，是同时代的很多精英无法超越的；他们非凡的心智和坚忍的意志，更在中国近代史上留下了深刻印记。

李鸿章常说的一句话是"静坐常思己过，闲谈莫论人非。能受苦乃为志士，肯吃亏不是痴人"。意思是人要经常反省自己的过失，与人交谈不要说人是非，能吃苦的人才是有志气的人，肯吃亏的人不一定就是傻子。这句话既是李鸿章警醒自己，更是说给下属们听的。李鸿章早年却从不肯吃亏，在人生成功之时却如此总结，说明他的心智在不断成熟。

曾左李都是饱经儒学浸润，再以军功建立功名，他们的心智逐渐成熟的历程，就是他们人生不断成功的过程。李鸿章敏锐的政治嗅觉和务实的改革精神，使他既有对传统体制的坚守，也有对时代走向的积极探索。他审时度势、洋为中用，度人省己，争官夺权，一生毫不示弱，始终不肯居于人下。曾国藩一生深研儒学，做事坚韧不拔，虽"笨拙"但真诚，虽少急智，但知行合一，而且勤于思考、善于总结，最终名留青史。左宗棠是胸怀天下的大丈夫，他的战略眼光和锐意进取精神，他的非凡勇气与家国情怀，远远超过"不肯吃亏"的李鸿章和"一直吃亏"的曾国藩。

左宗棠抬棺收复新疆，李鸿章建设北洋水师，都是"一人对一国"的巨大挑战，结果却迥然不同。除受国内国际环境影响，单说他们个人对战争胜败、个人利益的态度，结果其实早已注定。

李鸿章视北洋水师为他个人利益的"守护神"，只要北洋水师存在，他就没有多大损失，战争胜败于他个人来说并不置于首位；左宗棠义无反顾，连个人生死都置之度外，求胜之心异常坚定，冒险从英国人那里借到钱，在某种程度上左右了战争的结果。

李鸿章身为道（光）、咸（丰）、同（治）、光（绪）四朝元老，慈禧太后极为认可并赏识他对清廷的忠心，盛赞他"忠诚坚韧，力任其难"。李鸿章一生"未忍乞一日之假，偷一息之安"，死心塌地为清廷效力，让清廷对他更加倚重信赖。在李七十寿辰时，慈禧与光绪共赐寿联，称其为"栋梁华夏资良辅"。不过，朝廷对李鸿章为利而谋、以利驱人的所谓"智慧"，看破不说破，对他也是利用而已。李鸿章晚年权不再增、官不再升，意味深长。

可以说，李鸿章除了对皇上、太后和老师曾国藩还能保持起码的尊重，他几乎对任何人都颐指气使。

李鸿章一生除了早年（37岁之前）"运势不佳"，他的才气和运气，使他一直都处在"人上人"的位置。

李鸿章的骄横自有他的才华支撑，即使晚年老朽病弱，也上蒙皇帝、太后尊重，下受文武百官敬仰。更重要的是他惯于用威势去震慑他人。他的颐指气使，抛开个性方面的原因，也许是利用这种"逼人就范"的态度，从心理上给他人一种压力，最终完成他建功立业的宏伟愿望。

"我辈受国恩厚义，未可以言去，只有竭力支持，尽心所事而已。"李鸿章具有鲜明的开拓意识，但他接受的是以儒学为主的传统教育，只能成长为杰出的封建官僚，驾驭下属才能巩固其地位。

如果从为人处世上来看，曾要高过左李；如果从谋事的能力上来看，左要强过曾、李；如果从激励人才的角度来看，李要胜于曾、左。每个人的一生不可能万事都如所愿，也不可能处处都超过别人，只有分清自己的优点缺点，正确看待成功失败，不断总结反省、扬长避短，才会有所建树。

曾国藩在大清的最后中兴上起到了至关重要的作用。他的性格看似温和儒缓，实则刚强耐烦。懂得拿捏分寸，知道轻重缓急，善于笼络人心，更愿意培养人才。曾国藩是综合型人才。既懂得人心所思，又具备专业素养，最重要的是他心胸坦荡，尽忠报国，愿意无私付出。

左宗棠收复新疆为大清挽回了最后一丝荣誉。刚烈狂放、果决孤傲是他的标签。他宁可负重前行，也不愿委事于人，体恤善待下属，千锤百炼人才。左宗棠是偏执型性格，行事独断，言出必行；敢于揭人短处，愿人尽其用，但少施恩于人。左宗棠能够在乱世中开辟出新天地，却少具备培养人才的能力。不过，正是因为"固执"，左宗棠才有坚定收复新疆的信心，并且不畏一切艰难险阻，最后取得成功。

李鸿章是大清王朝最后力挽狂澜的砥柱。他志大自负，极善于从某方面找出人性的弱点而加以利用。为了达到目标，他可以使用一切可以想到的办法，主动求变是为了主动应变、主动防变，大智慧兼顾小手段。李鸿章是权谋型人才，既可在庙堂之上运筹帷幄，亦可在江湖之中使诡计阴谋。施之以利，才为我用，李鸿章懂得人情世故中的一切规则。

曾国藩一直朝着"圣人"的方向迈进，他时时严格要求自己，真正做到了以自己的人格去影响社会，从而团结、锻造了一大批人才。左宗棠遵从自己的天性，不愿意压抑自己，也赢得了志同道合者的尊敬，为国家培养了难得的军事人才。李鸿章是不肯吃亏的，他以利益为诱饵，让其追随者一同成为逐利者；维护晚清的腐朽统治，是他作为臣子的本分，也是为了实现个人的终极目标。

柒

事功篇：风云际会自有时

曾国藩从办团练起家，左宗棠率楚军无往不胜，李鸿章因淮军强势崛起，三人何以从手握毛笔的文人书生成为建功疆场的统帅？

今天关于曾左李三人的书铺天盖地，讲他们怎么混官场，怎么教育子女，甚至怎么给人看相，俨然把他们包装成了"成功学符号"。然而，如果说为官哲学、持家之道只是曾左李的面子，那么军事成败才是他们的"里子"。湘军、楚军、淮军这三支由私人招募、非专业人员组成的军队，是怎么产生的？在军事制度已经非常成熟完备的清朝后期，这几支来自民间的军队，是怎么争取到生存空间的？曾左李作为一介书生，是怎么带出如此劲旅的？成败得失、治军为略不但是认识曾左李的一个关键视角，也是洞察晚清政治风云的一扇重要窗口。

一

治军有方

"恩威并重"历来是治军"良方"。在烽火遮天的变乱之世，凡夫俗子只求苟全性命，渴望功名的人不顾一切火中取栗。曾左李对人性特点洞幽烛微，在治军过程中采取利诱威慑、恩威并举的手段，极尽能事培养了一大批冲锋陷阵的死士，尸山血海成就了他们的功名。

曾氏治军"两手硬"

湖南人历来能打仗，有道是"自古无湘不成军"。但直到近代以前，把湖南人战斗力发挥到极致的，大概要数曾国藩的这支湘军了。民国时期著名军事理论家蒋百里，甚至把湘军称作"中国军事史上的一个奇迹"。

清朝正规军包括满蒙八旗和汉军绿营这两个系统，他们是清代前期国家的常备军、主力军。从清政权入主中原，到清朝前期对内对外的历次战争，基本上都是靠他们打的，战绩都还不错。但是到了19世纪初，嘉庆、道光时期，这两支军队就逐渐没落了。这里边有腐败、待遇下降、战术和装备落后等多方面原因，但主要还是清朝制度设计存在问题。总之，到了太平天国运动兴起的咸丰年间，八旗和绿营的战斗力已经非常糟糕了。

曾国藩了不起的地方就在于他打着办团练的旗号，建立了一支新军。从兵源、组织框架、人事任免权，到薪饷待遇、训练、战术、装备，曾国藩的湘军和绿营等传统军队完全不同。而正因为跟旧的军制切割得最彻底，曾国藩的湘军才能脱颖而出，成为当时奉旨创办的一干团练武装里最成功的一个。

著名学者罗尔纲在《湘军兵志》一书里总结曾国藩治军的成功之道，首先是借重儒家的"礼"来统帅军队。

这个"礼"往小处说，就是"规矩"，是"纪律"。强化"礼"，就是强化纪律，令行禁止。其实"礼"不光是一种行为规范，还是一种价值规范，它根植于儒家价值观，比如要尊重人伦、尊重等级序列。当这些观念在湘军中深入人心，官兵之间的互爱、下级对上级的绝对服从就会建立起来，这是湘军凝聚力和执行力的重要保证。

咸丰三年（1853年）十月，湖南衡州（今衡阳）演武坪，帅旗猎猎，军威凛凛，五千湘勇庄严列阵。湘勇统帅曾国藩面无表情，内心却波涛汹涌。这些都是第一次与太平军真刀实枪较量过的官兵，他要在这里上一堂思想教育课。

首先，大张旗鼓奖励此次与太平军作战归来的湘勇官兵。带领"泽"字营和"龄"字营出征的两位营官罗泽南、金松龄及哨长、什长都得到丰厚赏银，即使一般的散勇，每人也得到五两银子的奖赏。没有参战的湘勇们，眼馋地看着手捧白花花银子的"泽"字、"龄"字营勇丁，投去嫉妒的目光。受到奖励的湘勇官兵兴奋莫名，喜形于色，演武坪上一阵压抑不住的骚动。

正在群情激奋之时，穿戴整齐官服、一脸严肃的曾国藩突然一声断喝："将'龄'字营营官金松龄绑了，推出斩首！"

眨眼之间，刚才还兴高采烈的金松龄就要人头落地，将官们心中一震：刚刚还皆大欢喜，转眼就要血喷当场，这曾大帅到底唱的是哪一出戏啊？

众所周知，金松龄是曾国藩的心腹，两家关系非同一般。据说金松龄之父金老太爷，曾经以家传秘方救了曾国藩母亲一命，两家人可谓有世交之谊。这次偷袭太平军的作战虽然得胜而归，但其间金松龄见罗泽南部误中埋伏，遭到太平军伏击，为保存实力自己却率兵先逃，难怪曾国藩要拿金松龄开刀。但眼下正是与太平军对垒、急需将才之时，于公于私，曾大帅怎么能对自己人大开杀戒？

"上阵作战之兵，都是父子兄弟，最忌胜则抢功、败不相救！"

曾国藩神色凛然，对伏地为金松龄求情的将领训道：兄弟们冒着掉脑袋的危险与敌作战，不外乎保卫乡里，让家人免遭涂炭；再则建立军功，替父母妻子争光。如果将来你们在战场上也遇到像金松龄这样的将官，恐怕连性命都难保，还怎么耀祖光宗、求取功名？

曾国藩起家的第一代湘军班底，全都是湖南湘乡的兵。他说，"同县之人易于合心"，也就是说，一支军队里的兵全是老乡，大家容易齐心合力。他还写信给弟弟曾国荃，说只用湘乡人还不行，最好是全部用"屋门口周围十余里之人"。

按照曾国藩这样的招兵方法，一支军队里必然存在"亲兄弟""父子兵"，打起仗来，怎么能"败不相救"呢？

不光是普通士兵，湘军的将领之间也有千丝万缕的关系。他们大部分是湖南老乡，但在同乡之外，还有师生关系、姻亲关系。比如，湘军将领胡林翼把妹妹嫁给了罗泽南的长子，曾国藩把三女儿嫁给了罗泽南的次子，把四女儿嫁给了将领郭嵩焘的儿子。类似这种特殊关系，在湘军将领中有很多。这些特殊关系，在当时有效强化了湘军的凝聚力。

在编制上，湘军的基础作战单位叫"营"，一个"营"有五百人，由"营官"管理；每营下设四个"哨"，由"哨官"管理；每一个"哨"又下分为八个"队"，每个"队"有十到十二个人，由"什长"负责。"营官""哨官""什长"共同构成一个营的三级干部。剩下的兵士，由营官编成自己的亲兵队。这样，一个"营"就组建成了，逐级管理，各负其责。

由此可见，湘军的人员关系，一方面是将官之间有师生关系、姻亲关系，打断骨头连着筋；另一方面，在军中有提拔关系，上下级之间有知遇之恩，直到最小的作战单位，都是如此。

曾国藩知道打仗非儿戏，兵勇非将强，将强必先忠。"忠"的要义，即是绝对服从。在血与火的战场上，"忠义血性"是将领必须具备的首要条件，也是上下一心的精神纽带。因此曾国藩制定铁法：营官阵亡，哪怕这个营建制齐全，也要解散，新任的营官重新招兵。哨官阵亡，也是如此。这样，湘军一直保持兵由将选、兵随将走，同时保证了官兵对上级的死命效忠。

因此，对"兵为将有"的湘军来说，必须对将领严格要求，不能给他们任何"有令不行"的借口。让将领学会敬畏，便是统领兵士最好的办法。《曾国藩日记》中有这样的记载："兵者，阴事也。哀戚之意，如临亲丧；肃敬之心，如承大祭，故军中不宜有欢欣之象。"时时保持严肃、肃敬，像对待盛大的祭祀那样，心中自然产生一种激情，直至勇往直前赴汤蹈火。

严格要求，唯有以杀立威。斩杀金松龄，是曾国藩为他创建的这支以农民、知识分子为主的湘勇队伍立信树威。湘勇不比八旗绿营建制，所有营官直接听令于曾国藩，营官下辖哨官、哨官下辖什长、什长下辖伍长、伍长下辖散勇，呈金字塔式的管理结构。曾国藩常常训导营官，把所有湘勇拧成一股绳。金松龄被斩杀，湘军官兵深受触动，这根绳被绞得更紧，更加结实有力。

打仗毕竟是玩命的事，湘军的营官、什长们，又如何忍心把自家的亲戚朋友都拉上战场呢？这就要说到曾国藩练兵的第二个要素：好处给足。

湘军是曾国藩自己筹建的，朝廷就放宽政策，允许他自己制定工资标准，这样，湘军的待遇就远远高出作为正规军的绿营。绿营兵的粮饷，是清初的顺治时期定的，马兵一个月工资二两银子，步兵一两五钱，守兵一两。另外，无论什么兵，每月给米三斗。这个工资标准，从顺治到咸丰，两百多年间物价不断上涨，但工资却没怎么涨过。到咸丰年间，很多绿营兵无力养家，只好一边当兵，一边偷着干点副业，勉强糊口，这样的兵怎么可能有战斗力？兵丁抽大烟、将领逛青楼，甚至在军队中开有集市、做起小买卖来。一到会操即雇人点卯，打仗时对方战鼓一响，就屁滚尿流争相逃命，这样的军队还有什么战斗力可言？

再看曾国藩的湘军，步兵每月工资四两二钱，是绿营马兵的两倍，步兵的三倍，守兵的四倍。至于军官，湘军的营官每月工资是五十两银子，一年六百两，这个工资水平相当于绿营的提督。提督可是朝廷从一品的高官。湘军一个营官，拿的是国家从一品大官的工资，怎么可能不好好干呢？

湘军从创建到壮大的整个过程，曾国藩的灵活性、前瞻性、坚韧性体现得淋漓尽致，它们既是湘军成功的重要因素，也是曾国藩成为一代名臣、一代名将的内在原因。

非名利，无以鼓舞俊杰

清朝入关后，采取了汉族大臣的建议，在每个省都建立驻守军队，这就形成了绿营。绿营为清政府快速统一、巩固政权发挥了不可取代的作用，甚至在西北成为国家边防的主力部队。

但是，清政府在重视八旗、限制绿营的指导思想下，出台了多种不利于绿营发展的政策。绿营在兵源、装备、晋升上都受到掣肘，再加上绿营自己沾染腐败习气，终于不可避免地衰败了。经过白莲教起义和太平天国运动的接连打击，绿营再也不复当年之勇，成为存在感很低的二等军队，直至退出历史舞台。而绿营没落造成的军事力量真空，又为曾左李等汉族大臣提供了发展空间。他们凭借地方武装起家，依靠沙场征战杀伐，成为新一代政治新贵，反过来极大影响了晚清政坛格局。

曾左李明白在复杂的人性面前，任何空洞说教都苍白无力。自古当兵吃粮，除了用严格的军纪来约束，还必须诱之以利，方有万千死战之士前赴后继杀敌。

清廷正规军走向没落的重要原因之一，就是一直以来实行的低饷制。将士粮饷都难以养家糊口，还谈什么为国家卖命？而湘军集团（后来演化为湘、楚、淮三军）虽然隶属民兵编制，但兵由将募，将由帅定，饷由帅筹。作为统帅的曾左李虽然承担更大压力，但也拥有更多自主权。他们打破清廷建制，仿照前明先进兵制，重新制定了顺应时代的勇营募兵制度。

曾国藩自咸丰二年（1852年）奉旨帮办团练，一心要区别于八旗和绿营。他下定决心要以厚饷养勇，锻造一支钢铁之师。几经波折，团练创立，曾国藩率湘勇与太平军作战，先湖南省内，再湖南省外。咸丰五年（1855年），曾国藩不幸身陷江西。

曾家上下焦急万分。本来要赴京应试，却被阻长沙的曾国荃，应吉安知府黄冕恳求，前去收复被太平军占领的吉安府。曾国荃正想前去江西救援兄长曾国藩，于是模仿大哥之前的做法，开始在家乡募集湘勇。

消息一经传开，应者如云。这些老实巴交的贫苦庄稼人，不全是为了营救曾大人，去抢太平军的钱财，才是他们的目的。

一大早，南五舅就心急火燎地带着一个相貌憨厚、衣衫褴褛的年轻人，赶来荷叶塘白杨坪，要曾国荃把这个叫江满伢子的青年带去江西救援大外甥曾国藩。

曾国荃心里感激娘舅。那年大哥赴京应试，盘缠不够，南五舅把自家的小黄牛都卖了，送来银子资助。如今对生死不明的大哥又如此关心，曾国荃的眼睛湿润了。但对身材清瘦、弱不禁风的江满伢子，曾国荃并不满意。南五舅见状，赶忙一迭声说了许多好话，曾国荃实在不想忤逆娘舅，想想江满伢子与母亲娘家沾亲带故，人看着还算实诚，也就收下了。

曾国藩说："大抵用兵而利权不在手，决无人应之者。"他规定湘军正勇月饷四两二钱，亲兵护勇还高于此；并且给予将士厚赏：临阵杀死一名太平军士兵，赏银十两；活捉一名太平军士兵，赏银二十两。受伤士兵给"养伤银"，上等三十两、中等二十两、下等十两。如果阵亡，抚恤金六十两。

每一项都比朝廷正规军待遇高出一倍左右。如此优厚的待遇，无怪乎像江满伢子这样的贫苦农民托关系也要加入。

如果说曾氏以利禄驱众只是手段之一，一生惯以"实用主义"带兵打仗的李鸿章，其利弊并存的治军方式显然更值得玩味。

光绪六年（1880年），朝廷决定在辽宁旅顺口打造北洋海军的军港基地，李鸿章派遣亲信黄瑞兰督造可供战舰维修、停泊的大船坞。黄瑞兰利用职权，大肆贪腐，差点让拦海大坝溃塌。参与建造船坞的外国技师忍不住向朝廷告发，皇上震怒不已，严旨命令李鸿章查办。

李鸿章接到上谕，不慌不忙，从容回奏："该员貌似质直，而举动任性，办事糊涂，文武将吏皆不愿与之共事。迹其语言狂妄，似有心疾者……"

李不但袒护黄瑞兰，还替黄瑞兰辩护遮掩，说他有可能精神方面出了问题，而且对黄瑞兰"用石头冒充炮弹"的荒唐事只字不提，最后将黄瑞兰免职了事。

如此偏袒黄瑞兰，就因为他曾经是李鸿章的救命恩人。

早在十多年前，李鸿章追剿捻军，因为战事不利加之天气炎热，背上生了毒疮。当时没有条件手术，黄瑞兰用嘴把李鸿章背上毒疮里的毒血吸吮出来，李鸿章才转危为安。李鸿章从此将黄瑞兰视为亲信心腹。

李鸿章虽然进士出身，但不喜欢用读书人带兵，倒是擅长以感情联络将领，以利益驱使兵士。他率领的淮军，主要将领都是安徽人。在一众淮军将领中，只有潘鼎新是举人，其他的不是太平军降将，就是贩夫走卒出身的中下级军官。按照湘军惯例，淮军各营都以将领名字命名，在军队中也确立了层层隶属关系。这些人出身低微，崇尚江湖义气，一旦受到李鸿章的重用，就会死心塌地为其卖命。

"人以利聚，非名利，无以鼓舞俊杰。"李鸿章把这句话当成口头禅。无论是在后来的洋务活动中，还是在与政敌博弈的官场上，为李鸿章出谋划策和效力的大都是这类人物。

曾国藩书生带兵，除了使用恩威并重的手段，还注重以忠勇血性激励部属；左宗棠苦读兵书，深知"狭路相逢勇者胜""打铁先要自身硬"，兵在精而不在多，将在勇而不能懦；李鸿章眼界开阔，机变通达，只要能够取得成功，就可以不择手段。

曾左李人格特质相异，所带领的队伍风格气质也就不同。在理想与利益之间，在品德与荣誉之间，在私利与家国之间，他们作出自己的选择，同途异路。

兵在精而不在多

曾国荃带领湘勇去江西几年之后，已经建立赫赫军功。左宗棠招兵募勇的消息传开，像当年江满伢子那样的乡民也积极响应，蜂拥而至。

长沙城内，一片喧嚣。

前任巡抚高级"秘书"、现在的楚军开创者左宗棠，派人把前来应征的人按照高矮胖瘦分成几组，然后让他们负重奔跑，再把优胜者集中起来，让他们去解拴在细柔树枝上的绳结，以解绳结数量多而伤树枝少者为优。这些被评为"优"的人，就是楚军预备人选。

左宗棠年轻时家境困窘，最熟悉并且理解江满伢子这样的人，老实木讷，体衰力弱，求生不易，却不自量力，或者因为无知所以无畏，无头苍蝇一般，懵懂茫然，乱抓瞎撞。他绝不允许像江满伢子这样的羸弱之人上战场。一个手无缚鸡之力更兼木讷呆板之人，自己的小命尚且难保，何谈杀敌？

左宗棠早年就熟读兵史舆地之书，特别推崇戚继光的《纪效新书》《练兵实纪》，左宗棠不但赞同"厚饷练兵"，还最先提出仿效明朝抗倭名将戚继光的"束伍"之法，为湘勇制定了具有创新意义的军事制度："先择将而后募勇，有将领而后有营官，有营官而后有百长，有百长而后有什长，有什长而后有散勇，其长夫又由各散勇自募。"

也就是说，先选将再募兵，兵为将有，知其所属。此举避免了朝廷正规军兵源方面的长期弊端，即"官皆补选，兵皆土著，兵非弁之所自招，弁非将之所亲信，既无恩义，自难钤束"，自此"上下相维，将卒亲睦，各护其长"成为湘军新风。

左宗棠通过在陶澍家经年累月的苦读，再加上对有史以来战争的思考，悟出将领是决定战争胜败的关键。将强兵勇，将弱再强的兵也会失去夺取胜利的勇气，所以组建队伍，首选是选择将领，再由将择兵，让将兵紧紧凝聚在一起。

后来，左宗棠总结补充："查营勇病故逃亡，势所不免。然无精壮有根着勇丁挑补，宁缺勿滥……兵在精而不在多，亦未尝不可得力。"

明确指出，打仗兵勇因为病亡甚至逃跑，缺员需要补替，这是不可避免的事情。挑选兵勇一定要看身体是否健康，最好是知根知底的人，再三强调"兵在精不在多"。

左宗棠对将勇的管理也极为严格，凡偷奸耍滑者，一律开除；对伤残老弱者，一律劝退。楚军之中，不但等级森严、互有节制，而且一定要保证旺盛的战斗力。

按照左宗棠的训示，楚军将领甄选兵士的方式，可谓别具一格。胜出者身体强健，手脚又灵活，而且心思缜密，反应机敏，比较符合左宗棠一再强调的"兵之用在精"。

凡勇夫人等，务须一律精壮朴实，毋得以吸食洋烟及酗酒、赌博、市井无赖之徒充数。

左宗棠嘱咐将领在添募兵员时，绝不要吸食鸦片、酗酒赌博的人，更不要那些无事生非的地痞无赖，坚持"挑选精壮，无论南北籍贯"的原则，坚决实行"兵不可多，饷不可少"，以高薪养精兵，论人才而不分地域。

曾国藩赏罚分明、治军有方，但其军事指挥能力实在不能和他的为人处世相提并论。咸丰十年（1860年），曾国藩执意屯兵祁门，李元度丢掉徽州之后，祁门危如累卵。曾国藩除了飞书急调鲍超部前来救援，只有寄望于刚成军两个多月的左宗棠部了。

这是对左宗棠治军方略的首次考验。

此时，左宗棠所率楚军已经开到距江西景德镇不远的乐平。不管这支人数比太平军少很多的新军能否解祁门之危，但总能给几乎陷入绝境的曾国藩带来一丝希望。谁知在这事关曾国藩存亡的危急时刻，左宗棠却命令队伍停止前进，让所有人目瞪口呆。这还不算，让人大吃一惊的事还在后头。

从湖南湘阴奔袭江西景德镇的楚军来自湖南各地。与曾国藩"悉以文员领兵"不同的是，左宗棠"以勇敢朴实为宗"，多用廉干武人，特别是善用职业化的军人。比如之前与曾国藩不睦的王鑫，由左宗棠牵线，被湖南巡抚骆秉章收至麾下，不但立下汗马功劳，而且带出了威名赫赫的老湘营。如今在楚军中，王鑫堂弟王开化、王开琳负责抓军队管理，早年追随湖湘名将罗泽南办团练的杨昌濬、刘典负责军事参谋。这些将领都身经百战，左宗棠视其为臂膀。

楚军停驻江西乐平，就在马上要与太平军一较高低的时候，左宗棠竟然对自己的队伍"大开杀戒"：

革一营官戴国泰、三什长，斩一勇一夫，责革吸烟勇丁三十余名。

他将千里迢迢赶赴前线杀敌立功的部分营官、什长、勇丁开除，而且还在阵前斩杀了两人。更让人费解的是，这些人都是左宗棠从湖南带出来的老乡。

左宗棠如此作为，自有一番道理。

原来，早年就致力于经世致用之学的左宗棠认为，能力与人品有问题的将士，上阵不一定冒死拼命，下阵一定争功夺赏；即使阵亡，假如大家都以他们为榜样，军中习气肯定会被污染得一团糟糕。这次被用来杀鸡儆猴的两名勇丁、长夫结伙偷卖军中物资，吸大烟的勇丁被开除，分管的营官、什长也被革职。左宗棠下定决心以严治军，可见一斑。

左宗棠在湖湘佐幕八年，积累了丰富的行政和军事经验。左宗棠由此更加坚信要想增强战斗力，必须将悍兵精，严明军纪。

后来的事实证明，左宗棠战前整肃成效显著，十日之内连获三捷，连克两城，未亡一卒。从此，左宗棠开始"以少胜多"、步步为营的军旅生涯，带领一干人马取得骄人战绩。

二

各有所长

晚清平息内乱、与外敌作战的过程中，曾国藩、左宗棠、李鸿章分别在其统领的湘军、楚军、淮军中，制定了同中有异的制度。这些制度让下属有章可循，又鼓舞了士气。

将帅的智慧引领部队的方向，公开的制度规范军人的行为。制度具有可操作性，才能被执行。好的制度，能让坏人干不了坏事；不好的制度，会让好人去干坏事。至于是否严格执行制度，就看主帅的决心了。

曾国藩赠送腰刀

从古至今，打仗取胜不但要靠计谋、武器，另一个重要的因素是人的决心。曾国藩说的"制胜之道，实在人而不在器"，强调的就是如何最大限度地激发士兵的潜能。在危机重重的战场，如何号令将士奋勇冲杀，是一门深刻的学问。

咸丰五年（1855年），湖北巡抚衙门，一场隆重的军功表彰仪式正在进行。

湖南水陆提督塔齐布，训练湘勇，成绩卓著；攻城略地，连战连捷，乃我湘勇第一功臣！本部堂赠你第一号腰刀。

接过曾国藩赠送的这意义非凡的腰刀，塔齐布兴奋不已。

塔齐布是曾国藩一手提拔起来的湘军名将，他帮助曾国藩创建湘勇并立下赫赫战功。武将不怕死，自然崇尚荣誉，即使文官，效力军营，也要有尚武精神。将士求取军功，不仅为了真金白银的奖赏，还想封妻荫子。湘勇兵饷远远高过朝廷正规军八旗、绿营，此外根据战功还有丰厚奖赏。金钱奖励满足了一部分湘勇的欲望，曾国藩又利用军功保奏让战功卓著者能够青云直上。

不过，清朝的候补官员实在太多，朝廷下旨封赏的官位，大多是"记名待缺"的纸上虚职，也就是记录下来，表明你有某个官位，但要等到有实缺，才能任实职。这可能一辈子都是镜中花水中月。当兵打仗是提着脑袋玩命的事，对于那些文墨不多的武夫来说，看得见摸得着的东西才最实际。

古人说："功名只向马上取，真是英雄一丈夫。"人是有思想有尊严的高级动物，在满足了基本的生存需求之外，还需要道德感、荣誉感的加持。将勇们的心思，曾国藩早就摸得一清二楚。他要让部将视荣誉如生命，甚至把荣誉看得超过生命。经过冥思苦想，曾国藩决定采用激励之法，利用湘勇统帅的身份，以个人名义，赠送有功将士一把腰刀，既表达了自己与受赠人的私人感情，又鼓励其尚武精神，这样他们自然会感受到无上荣光。

做工精细、上刻"殄灭丑类，尽忠王事"八字的腰刀，只有五十把，但其时哨长以上的湘勇军官足足有四百名。获赠此刀代表一种荣誉，对血性忠勇的湘勇将士来说，这可比金银财宝、官职爵位更有吸引力。这把腰刀足以最大限度激发湘勇们的荣誉感和责任感，让佩刀者凸显出与众不同的身份。

这是湘勇攻克武昌、汉阳之后，湘勇统帅曾国藩举行的又一次表彰仪式，更是一次别开生面的思想教育大会。善于鼓舞军心士气，是曾国藩率将统兵、出奇制胜的法宝之一。

眼看五十把腰刀就要奖赠完毕，得到腰刀的将士趾高气扬，还没有得到腰刀的将士眼睛瞪得比牛眼睛还大。随着曾国藩一声声高喊，将兵们不再像刚才那样紧张到屏声静气，而是激动得大声嚷嚷起来，没有得到腰刀又自恃战功卓著的人开始公开大喊大叫：

"我应该得到腰刀！"

"凭什么我没有得到腰刀！"

"你凭什么比我有资格得腰刀？要不，咱们比试比试！"

说着嚷着，居然有人不顾曾统帅在场，相互扭打在一起。奇怪的是，一贯严肃得如同神像般的曾老夫子，对当着他的面不成体统厮打的将官无视，他沉默着，一双三角眼铁水浇铸似的，一动不动。

场面一度失控。

"战功是在战场上去夺取，不是在自己家里丢人现眼！"随着曾国藩一声暴喝，湘勇将士立即翻身而起，笔直站立，个个规规矩矩。又是一番令人发聋振聩的说教，得到腰刀的和想要得到腰刀的人，都被曾国藩的慷慨激昂感动得涕泪交流。湘勇将士们人人眼睛发红，像吃了炸药，随时都有可能爆炸一样。

曾国藩的厉害之处，就在于他对人心极其高明的掌控。他除了通过这种荣誉激励，还开军队思想教育的先河。曾国藩在治军方略上苦费心思，以仁礼忠信作为治军之本：

"用兵者必先自治，而后制敌。"

这是他得以统率湘军镇压太平天国运动的重要原因。

湘勇创建之初，曾国藩仿效并改进明朝戚继光"束伍"之法，其中最重要的一条就是"将募兵，兵认将；将亡营撤兵自散"。意思再明白不过：再英勇无畏的兵勇，如果他们的营官阵亡，所在营制即时解散。兵勇们上阵杀敌是基本功夫，保住自己的上级才是获取利益的根本保障。于是，湘勇对敌作战的时候，将官带领兵勇冲锋陷阵、兵勇誓死追随将官。

曾国藩说："赏罚不明，百事不成；赏罚若明，四方可行。立法不难，行法为难。凡立一法，总需实实行之，且常常行之。"他深谙带人之道，攻心为上；不但要攻心，而且要做到赏罚分明。分明才能见公平。把赏罚摆到明面上，人人服气，更容易激励大家不服输的精神。

这种公开表扬的方式，极大地增强了受奖者的荣誉感和归属感，同时对其他将士起到了示范作用。只要将士们把打仗这件事不再只当成升官发财的途径，而是当成自己的责任扛起来，不怕牺牲、敢于拼命的动力就从物质层面跃升至精神层面。人心齐，泰山移，部队的战斗力将会显著提升。

曾国藩熟读儒家经典，对人性了然于胸。人的本性固然是追求利益，但人也为尊严而活。战场上的胜利就是军人最大的尊严。激励将士去争取更多、更大的胜利，就要赋予他们荣誉。

"装神弄鬼"与料事如神

自古以来，"封狼居胥""勒石燕然"都是大多数军人建功沙场、奏凯而还的至高理想。

晚清时期最大的事件，当数以左宗棠为首的将领带兵收复了新疆。这件彪炳史册的大事，不但让左宗棠以汉大臣身份入值军机处，成为晚清三杰曾左李中唯一获此殊荣的人，而且为他赢得了至高无上的话语权。

西北不但道路艰险，而且气候条件恶劣，既有长年不化的雪山，又有一望无际的戈壁。气候恶劣也就罢了，钱粮不能足额供应，前线将士为此牢骚满腹。特别是西征先头主力老湘营将领刘松山不幸战死之后，南方将士开始对迢迢千里的西征产生畏难情绪。

左宗棠知道此时无论用银子激励，还是以杀立威的手段，都不能使将士们迅速振奋起来。大军出发在即，鼓舞士气成为第一要务。左宗棠年少即以"今亮"自居，如今在战场上统率千军万马，看多了生死，比谁都更明白军心于军队的重要性。

熟读史书、博古通今的左宗棠，想起当年唐玄宗马嵬坡遇六军不发，只得忍悲吞声，饬令杨贵妃自尽，借此收复人心。如今挥师西进，万般艰难险阻在前，凝聚军心为重中之重。左宗棠冥思苦想一番，计上心来。

光绪二年（1876年），一番准备之后，西征大军在肃州集结，祭旗后开拔。仪式正在进行，忽然，一名年老兵士披头散发，直冲祭台，向主持祭祀仪式的左宗棠大叫大嚷。亲兵们知道大家都有厌战情绪，怕这老兵士捣乱，迅速上前阻拦。左宗棠一脸威严，喝止亲兵。老兵士衣衫褴褛，却满面肃然，左宗棠喝令亲兵将老兵士押过来。

老兵士不待左宗棠发问，早就涕泪横流，手足乱舞，呼天抢地："刘老将军说了，左大人您不发军饷，我们怎么到新疆打仗？左大人您给我们发军饷啊！"

"你说哪个刘老将军？发何军饷？"左宗棠故作糊涂。

"提督大人刘松山呀……"老兵士手舞足蹈，泪流满面，边哭边说，"我们随刘老将军西征新疆，刘老将军命我前来向左大人您讨要粮饷啊。"

"原来是寿卿（刘松山字寿卿）啊！"左宗棠闻言，做恍然顿悟状，面露悲戚，抚额长叹："忠魂归天，还记得来报国谢恩。今之为鬼，亦不忘杀敌立功！"左宗棠面对惊诧莫名的将士，威严地扫视一圈，满面悲壮，双手抱拳，向天拱礼，又诚恳地对老兵士说："你快回去告诉刘老将军，我这就给他送粮饷军衣。"

老兵士拱手还礼，忽然倒地若死。亲兵拿水喷面，老兵士恍若梦醒，被亲兵扶起。老兵士惊慌失措，竟不知刚才发生何事。

左宗棠转身面向众将士，慷慨激昂地说：寿卿死时就说过不要把他的遗体运回家乡，他就是变成鬼也要杀去新疆。今天，是他带领阵亡的一众英魂前来随我等出征。左宗棠说罢热泪长淌，带头向天膜拜。随即隆重对刘松山进行祭奠，焚化纸马牛车，还烧了大量纸钱、纸衣和纸兵器，说是给刘松山等牺牲的将领兵士们送去"军饷衣粮"。

接替西征主力部队的新统帅、刘松山的侄儿刘锦棠，慌忙跪下磕头，仰天长呼："叔父在天之灵带领侄等前往新疆，肯定所向披靡，我军战无不胜！"

"战无不胜！"

"战无不胜！"

"战无不胜！"

将士们一直钦佩爱戴老湘营统帅刘松山，如今亲眼见证他们深切怀念的老帅仍然要和他们一起去新疆杀敌报国、建功立业，大家情绪高涨。众人饱含热泪，一起磕头顿首，人人激动不已，个个欢欣鼓舞。全军将士挥动双手，欢声雷动，刹那间士气激昂。一声令下，牵骡驱骆，人欢马叫，肩背手推，大军向西进发。

茫茫戈壁，气氛肃杀，低矮的天空中，不时盘旋黑压压的乌鸦。南方将士哪里见过这等阵仗？大家不免有些恐慌。毕竟乌鸦在很多人心中象征着不吉祥。左宗棠看了，却拍手大笑："这是刘寿卿带领乌鸦兵来帮我们了。"又命兵士们鸣炮致敬。

一场好戏，足抵千军。

左宗棠巧妙利用兵士们的迷信心理，借已故老帅刘松山的英魂来提振士气，将士们果然不负众望，鼓足勇气，坚定信心，昂首挺胸，向新疆挺进。

左宗棠熟读兵书，知道"自古用兵，以正合，以奇胜，奇正结合，方能百战不殆"。曾国藩用兵重正而舍奇，所以被左宗棠耻笑为"拙于兵事"。相比之下，左氏用兵于奇正中更显巍峨大气。他主张用兵要有"视天下事若无不可为"的坚定信心，并把作战比作下棋，认为"举棋不定，不胜其祸矣"。

其实，左宗棠用兵能够"于奇正结合"，一方面因为他善于见机行事，甚至"装神弄鬼"，一方面在于他善于观察，缜密思考，能在不经意间拿出解决问题的稳妥办法。

左宗棠率军西征，途中困苦，不胜枚举；百般惊险，都被化解。

有一天夜里，安营扎寨完毕，将士们刚刚进入梦乡，左宗棠突然传令：部队马上开拔，不得违令！

大家疲惫不堪，睡眼惺忪。这时前无来敌，后无追兵，夜黑道艰，军令一出，众人都满肚子怨气。谁都不想夜里行军，但左大帅令出必行，无人敢违，只得拔营移寨。

移营三十里，忽听原宿营地轰隆巨响，地陷土掩，恍若天塌。忽然四处火把摇动，喊打喊杀之声不绝于耳。

诸将大惊，争相询问。左宗棠这才道出原委。原来他听闻营中更鼓，回音频频，如入洞穴，心知有异。果然是敌人预先挖坑埋雷，等楚军宿营熟睡之后，再放炮偷袭。

左宗棠不但能"装神弄鬼"，亦能料敌如神。

"用兵一事，先察险夷地势，审彼己情形，而以平时所知将士长短应之，乃能稍有把握。"是说他用兵先看地形，对敌我了然于心。故而他自称"每发一兵，须发为白"。曾国藩也赞扬左宗棠用兵"谋划之密，远出国藩与胡宫保（胡林翼）之上"。

李鸿章的"实用主义"

相比曾国藩的"荣誉激励"、左宗棠的"装神弄鬼"，李鸿章管控手下将领的手段简单直接，格外"高明"。应该说，比曾、左年轻的李鸿章，更加懂得利用"温情抚慰"、心理施压的方式，这是物质奖赏、精神"按摩"之外的一种更具威力的"武器"。

左宗棠署任浙江巡抚、李鸿章署任江苏巡抚之时，正是镇压太平军的关键时刻。尝到洋枪洋炮甜头、领略到西方先进武器厉害，左建立"常捷军"，李建立"常胜军"，雇佣外国人使用洋枪洋炮对付太平军，战斗力立时飙升。

但这些为钱而战的洋人，在中国的土地上惹出了不少事端。

最早的"洋枪队"，是太平军忠王李秀成占领松江直逼上海时，上海的外国人为了保护自己的人身和财产安全而自发组建的。后来，江苏巡抚薛焕、上海道台吴煦在洋人买办、宁波富商杨坊支持下，联络美国海盗出身的华尔，招募外国失业海员、逃兵、流氓无产者，帮清王朝镇压起义军。这些人素质参差不齐，尤其是华尔的助手白齐文，凶狠贪婪，为了钱可以不顾一切。

华尔为表示对清王朝的忠心，不但娶了杨坊的千金小姐为妻，而且主动加入中国国籍。清廷也对华尔破格重用，在李鸿章的推荐下，华尔成为清军"副将"。朝廷接薛焕上奏，同治皇帝赐名这支外国雇佣军为"常胜军"。

不料，常胜军虽然屡获殊荣，却并不"常胜"，华尔在与太平军的战斗中被击毙，白齐文继任队长。

华尔岳父杨坊"综理夷务"，负责发放常胜军军饷。白齐文从松江刚回到上海，马上到杨坊开的银号索要常胜军欠饷。几经争执，白齐文讨饷不成，竟然将杨坊痛打一顿，抢去饷银四万两。兼任通商事务大臣的李鸿章，早就对白齐文看不顺眼，见状马上急奏朝廷，参劾白齐文，最终将白齐文革职。后来，这个热衷冒险的法裔美国人反阴复阳，投靠太平军，被清廷抓捕后送交美国领事馆。不甘心灰溜溜离开中国的白齐文偷偷潜回，再度被逮捕，最后在转送至美领馆途中突遭"船漏"溺毙。不到三十岁就暴毙的白齐文，死因不管是故事还是事故，都与李鸿章的"实用主义"脱不了干系。

第三任"洋枪队"队长戈登因为李鸿章苏州杀降事件，义愤之下率领常胜军脱离李鸿章节制，意图逼迫朝廷撤除李鸿章的职务。

李鸿章对常胜军首领恨得咬牙切齿，趁机上奏朝廷，说"洋人弁目一百几十名，都是外国流氓"，要求解散常胜军，遣散戈登。他一边对外宣称"杀降"是"中国军政，与外国无干"；一边对洋人士兵尽加抚恤，利用大把银子，安抚、收买外国雇佣军为己所用。

对外施以机巧，在笼络和控制之间找到平衡；对内找到辖制将领的关键

点，李鸿章丝毫不像老师曾国藩那样"循规蹈矩"。

他认为既然将领带兵杀敌为国立功，那么"一切小过，悉宽纵勿问"，随心所欲"原谅"手下过错，也就理所当然。在李鸿章的默许下，淮军只要打了胜仗，便放任抢掠。如此一来即使"欠饷"，或者少发饷银，士兵也不会过于不满。淮军将士趁机大发其财，也就和李鸿章联系得更加紧密。

淮军是掌握在李鸿章自己手里的"湘军"。始创时完全按照曾国藩的训导依样画葫芦。等到淮军来到上海，李鸿章近距离体会到洋人坚船利炮的威力，马上加快整改部队的步伐。

李鸿章请洋人军官严格训练兵士，按照洋人规制改革队伍，迅速购买洋枪洋炮更换装备。善于机变的李鸿章，比起曾、左两位前辈来，可谓用心良苦，建设军队的收获最大。

初到上海，数战连捷。上海士绅终于松了一口气，心甘情愿掏出银子让李鸿章装备淮军。火速升职的李鸿章自然扬眉吐气，除了对他自募的将勇大力改革，对曾国藩"借"给他的程学启部也花大力气整改。人情世故练达的李鸿章深知追名逐利是人的本性，通过让程学启不断建立军功，把他与自己紧紧捆绑在一起。

李鸿章表面推崇曾国藩的"以诚为本"，私下却屡屡打起"痞子腔"。淮军兵士依照"制度"受将领层层节制，将领听命于李鸿章，即使曾国藩也难以调动。

李鸿章在海军建设上同样抱着实用主义。他花费大笔银子从外国购买战舰，希望迅速以海洋"实力"吓唬日本，阻止日本入侵。但他购舰而不添炮、建海军而窘无经费维护，北洋舰队战斗力可想而知。

不但如此，在洋务运动中，李鸿章通过引用西方的技术和管理经验，意在增强国家实力，但对外国过度依赖，没有及时形成自主发展能力，自然也就缺乏核心竞争力。

在外交策略上，李鸿章更是以实用主义为基础，屡屡使用"痞子手段"，想方设法利用列强之间的矛盾与竞争争取更多支持和利益。但这样的左支右绌，让他背负"卖国贼"的骂名。

纵观李鸿章一生，太看重眼前利益的实用主义，使他善于抓住一切机会，吸引甚至不惜代价争抢一切资源为己所用，这确实使他在较短时间快速成功，不过这样的"成功"最终在历史上的"功"竟不抵"过"。其中纵然有形势比人强的因素，但他个人性格的缺陷无疑是一大败笔。他在为人上没有曾国藩的坦诚，在做事上没有左宗棠的刚毅，"机关算尽太聪明"，反误了一生名节。

英雄所见

曾左李一生各有建树、毁誉不一，做人、做事的方式有异，取得成功的手段不同。但他们看似变化无穷的杀敌制胜战术，实则殊途同归。正所谓英雄所见，大抵相同。

"结硬寨，打呆仗"是曾国藩一贯坚持的作战方针。湘勇每日行军半天，选择有利地形驻扎下来，无论寒风冷雨、酷暑烈日，马上挖沟筑渠、抢修围墙，而且必须在规定的时间内完成。墙高八尺、厚一丈；沟深一尺、宽两丈。然后兵分成三，用其一轮流站岗，谓之"站墙子"。湘勇大多是老实听话、能吃苦耐劳的乡民，在曾国藩的调教下，几乎都被训练成擅长修建工事的"工程兵"了。湘勇的每一个宿营地，都是一座坚固的"城堡"。

曾国藩攻城的方式更加奇特：不强求攻坚、不主动出击，隔而不打、围而不攻。紧紧阻隔对方与友军联系，利用道道深沟形成一圈又一圈的包围，切断并消灭援军。然后趁对方因无外援，粮草断绝、将疲兵乏之时，再一哄而上，冲锋掩杀。曾国藩的弟弟曾国荃率领的"吉字营"，执行这项战术最为彻底，被誉为"曾铁桶"。

同治元年（1862年）三月，曾国藩给率军围攻太平军的弟弟曾国荃写信，部署前线作战：贼寇末路，但尚有精兵强将数万，粮草无数，加之城墙易守难攻，万不可速战、急战。今我兵众势广，粮草充足，数倍于敌，且已成合围之势。此时不可冒进。我意将贼城四面围定，包围十重。每重之间，相隔百丈，深沟高垒，铺设陷阱，堵住地道，如此，则十重围兵，九重深沟，围定贼兵。贼兵不出，我亦不出。贼兵若出，我不动。断绝贼寇水源，如此，不下百余日，城内必然无水，贼寇虽有粮草，亦必不能久持矣。

曾国藩对敌我双方情况做了仔细分析，一再强调用铁桶合围之法，将"贼"困死。与太平军诸多战役，曾国藩均采取此法，最后都取得了胜利。

相比之下，左宗棠更擅长采用变幻无穷的战术，对敌军各个击破、分而歼之。在曾国藩指挥曾国荃"困死贼军"之时，左宗棠却反其道而行之。他几乎在曾氏兄弟通信的同时，给湘军将领彭玉麟写了一封信：贼众势大，深沟高垒，粮草充足，不宜强攻，只宜智取。我今伏于贼城东门外侧林带，你可引军两千搦战。若贼不出，你可令士兵马匹就地而驻。同时派人报我。若贼出，不可恋战，且战且退，但亦不可速退，要让贼相信你是因为害怕而退却，此时我从后杀出，分一军夹击之，另一军直取东门，并令士卒向城内放箭，如果能够赚开城门，则可不战而屈人之兵矣。

左宗棠与曾国藩对敌情的分析都一样，但他却采取不同的方法，"主动出击""巧妙智取"，而且考虑周全。

与曾国藩的"傻瓜战法"相比，左宗棠的战术显然激进不少。但结果是"左氏战术"胜多败少，而且大大缩短了敌我双方相持时间，自然也减少了战备资源消耗。

西征收复新疆，左宗棠坚持"缓进急战""先北后南"的作战方针，其实就是曾国藩"结硬寨，打呆仗"的翻版：花大力气做好准备，然后迅速出击，争取在较短时间内取得胜利。在战略上藐视敌人，在战术上重视敌人。

李鸿章不愿意像老师曾国藩那样"老实人打笨仗"，他也没有曾、左对敌人那种"治病当断根，除恶应务尽"的想法，只求取得胜利。李鸿章曾经取笑曾国藩剿捻的"筑城墙法"："古有万里长城，今有万里长墙，不意秦始皇千余年后遇公等为知音。"但在接统剿捻大任、连遭败绩之后，他还是采用老师的办法。

不过，李鸿章作了"扼地兜剿""弃地灭贼""借地利以图合围"等调整，也就是采取占据重要据点，把捻军围起来追着剿灭的根本策略。此外，他还利用一贯的离间法，分化瓦解捻军，最后取得成功。

左宗棠作战方式灵活善变，有些激进，这与他早年熟读兵书，科举不中落后于人，想奋起直追，所以善于开动脑筋有关。左本来就是有急智、出奇计、善巧干的人，往往使一分力收两分利。这让他后来者居上，功名超过比他早入仕途的人。

曾国藩"结硬寨，打呆仗"，拼的是蛮力，效率极低，耗费颇大，但可以保证百分之百取胜，左宗棠、李鸿章的战术都在此基础上进行变通。曾国藩后来对自己的战术总结说："十余年来，但知结硬寨，打呆仗，从未用一奇谋，施一方略制敌于意计之外。"

打仗也反映了主帅的性格。左宗棠的灵活、机巧，与曾国藩的死板、笨拙形成鲜明对比，与李鸿章的投机取巧亦有区别。

左宗棠勇于冒险但三思而动，从不给敌军可乘之机；曾国藩从不冒险，稳打稳扎，从来不给敌军漏网逃脱的机会；李鸿章凭借武器优良、善用策略分化人心，从来都是把取胜当成唯一目标。

曾左李的经历、性格不同，所建事功就有显著区别。假如时光可以倒流，让曾左李在相同历史背景下，互换位置重新去选择，曾国藩不可能做成左宗棠收复新疆的伟业，左宗棠一定会比曾国藩提前击败太平天国运动，李鸿章肯定不会去收复新疆。当然，假如曾国藩像左宗棠那样屡考不中，只可能像他父亲那样在乡下教书，最多以文章道德留名后世；左宗棠像曾、李那样高中进士，他取得的功名可能也不会逊色于后来。

三

用心良苦

苏轼在《晁错论》中说："古之立大事者，不惟有超世之才，亦必有坚忍不拔之志。"

要想做成一件事，首先得有志向，即确定目标、明确方向；其次在做事的过程中要有胆有识，不断反省自身、研究现状；最后，还要心中有恒，坚持不懈、勇往直前。

太平天国翼王石达开曾这样评价曾国藩："虽不以善战名，而能识拔贤将，规划精严，无间可寻，大帅如此，实起事以来所未见也。"曾国藩没有左宗棠、李鸿章的机敏计巧，但比他们更善反省、更加勤勉。曾左李在历史上的地位，与他们的付出紧密相关。

世间"高人"多自省

李鸿章早年到曾国藩手下做秘书，自恃科举之路高歌猛进，加之自由散漫惯了，日子一久不免有些优越感。每天熬夜加班、喜睡懒觉的李鸿章早起吃饭总是迟到，最后被曾国藩一句"我平生待人只一个诚字"警醒，李为此反省了一辈子。

"卑者安流俗庸陋之规，而日趋污下。高者慕往哲盛隆之轨，而日即高明。"曾国藩时常给下属讲解这句话的意思：世上有两种人，一种安于现状，碌碌无为；另一种不走寻常路，与众不同。前者虽然可以一生安稳，难免平凡；后者虽然注定一生颠簸，并且会遇到制度束缚，但有可能脱颖而出。不过，这样敢于开拓的人生才更加有意义。借此鞭策下属志存高远，希望他们成为有理想、愿奋斗的豪杰壮士。

"勤"能让人生慧，"志"能促人成功。但要想建立不朽之业，还需要有人帮助。曾国藩虽然历经磨难，但天资只能算是中等。特别是对下属过于严格，这在某种程度上使得他事业"缓进"。

咸丰七年（1857年），本来希望趁父丧丁忧，从咸丰皇帝手中讨得实权，哪想天京事变，咸丰以为太平天国马上就可荡平，借坡下驴，趁机将曾国藩"晾"了起来。曾国藩在痛苦中想起与自己同辈的胡林翼，甚至自己手下的罗泽南、鲍超等都获取军功，扶摇直上，忽然明白原来自己所做的一切努力，其实都毁在心胸狭隘、固执计较之上。

向咸丰皇帝要官，虽然是为了更好地募集军饷，但不会审度时势，实在是操之过急；战后谨慎保奏下属，本来是为了不虚占朝廷爵位，也不让自己落下贪、占恶名，但太小心拘谨，让很多渴望早日凭借军功飞黄腾达的下属失望。

任何成大事业者，都要有人才帮衬。提携人才，不但是为国家培养人才，而且也可施恩于人，让人才更死心塌地地为自己服务。人与人之间的恩义，才是维系彼此关系最重要的手段。这些道理，曾国藩很早就明白。他认为即使为国家培养人才，也不能与个人修身养性有所抵触。

学生李鸿章不但志大，而且才高，只要好好锤炼，一定会成为栋梁。睡懒觉虽然是小事，但小过不改，怎能成就大事？自咸丰皇帝要他复出，曾国藩整个人好像变了个样，保荐人才不再拘泥，竟然在当众批评李鸿章睡懒觉这样的"小事"之后，心里也隐觉不妥。好在李鸿章有自知之明，从此顿悟，甚至一生不再睡懒觉。不久之后，趁上海士绅求援，曾国藩推举李鸿章赴沪，李鸿章从此一飞冲天，曾国藩"知人善任"的美名传开了。

曾国藩时时处处自觉反省，检讨自己的不足，尽量做到事事完美。他起初认为注重个人修身养性，摒弃狭隘自私，就可成就大事，但在现实中发现事实并非如此。在打仗胜利后，曾国藩保举人才不多，很多人因此与太平军作战时畏缩不前，不像以前那样冲锋陷阵，因此与太平军陷入拉锯战。反倒是九弟曾国荃的吉字营，不断在战场上取得胜利。曾国藩暗暗思虑，最后终于找出问题症结。原来，曾国荃做事不像大哥曾国藩那样"沉思熟虑"，仗打完，马上保奏有功之人。曾国藩这才知道举荐人才的重要性，于是不再像往常那样磨磨蹭蹭、事事临渊履薄，而是不断接纳、培养、提拔更多优秀人才，一步一步向治国平天下的目标靠近。

即使像曾国藩这样躬身自省、谨小慎微的大儒，在一生恃才放旷、性格刚烈的左宗棠眼里，也不是完人，甚至可以随口詈骂，可见左宗棠的任性不羁。但出人意料的是，在属下刘典父亲过世之后，左宗棠不但亲自撰写挽联，还主动为刘父写了情真意切的墓志铭。

在这篇据说是左宗棠一生唯一为人撰写的墓志铭中，左宗棠对刘典盛赞一番，多有溢美之词。不但如此，数年之后，退休在家的刘典还接到左宗棠一封言辞恳切的信，信中有"自君（指刘典）之去，弟（左自称）势益孤……思吾同舟之侣，渺不可即，私衷郁结，益自悲伤……"等句，真挚之情，感人至深。这不仅是左宗棠对昔日战友加兄弟的真情流露，也是意在恳求刘典再次出山辅助。

原来，左宗棠即将率军西征收复新疆，但西北贫瘠苦寒，道路险阻，粮饷筹措维艰，运输更难。西征要想取胜，不但要求兵精将悍，更重要的是粮饷必须有保障。左宗棠遍览手下，认定只有曾经与自己共过事的刘典能承担如此重任。

刘典已经申请致仕，在家侍奉垂垂老母。让刘典再次出山，左宗棠自己也觉得有愧于刘。但收复新疆是国之大事，自感无人可用的左宗棠为了国家大局，只好以情动人、以理相告，再用义气相激。

一向狂傲自负的左宗棠，在陕甘总督任上时曾与时任陕西巡抚刘典意见不合，刘典最后愤然求去，所以左氏此时才如此低声下气恳求下属。在左宗棠的极力请求下，刘典终于以国家大义为重，按照左宗棠的安排，据守甘肃兰州大本营，为西征军的粮饷问题殚精竭虑。

与刘典在后方筹粮饷不同，军事将领刘锦棠在前方带兵打仗，更迫不及待要建功立业。谁知作为督办新疆军务，实为西征军最高统帅的左宗棠，向朝廷奏报军功时"有意拖延"，这让左、刘之间的隔阂越来越大。

终于，血气方刚的刘锦棠为了向左宗棠表达自己内心的强烈不满，以讨回老湘营将士欠饷为由，作势拉着队伍回老家，公开向左宗棠摊牌：既然你对我老湘营封赏不公，那么我就辞职不干。老湘营是收复新疆不可或缺的主力，刘锦棠是不可多得的将才。一贯傲骄自负的左宗棠在此关键时刻，也不得不向刘锦棠低头解释，百般劝慰。

左宗棠其实并没有克扣刘锦棠等部下军饷，只是他培养人才一贯"用心良苦"。他认为要成为能够拱卫朝廷的大才，需要千锤百炼。所以，即便像刘锦棠这样久经战阵的大将，左宗棠认为也要假以时日精雕细磨。

这既体现了左宗棠对人才考察认真细致、对事情负责到底的良苦用心，也体现了他"唯我独尊"的自负个性。

刘锦棠有统帅三军之才，且正是博取功名的关键时期，对左如此"磨炼人才"，心中自然不满。刘、左彼此心生芥蒂，最终矛盾公开化。

战士以军功求前程无可厚非，将帅对部属"用而不任"，会让下属误认为是故隐其功。左宗棠的容人之量，起初确实不大。

他终于省悟到自己举荐下属不力的缺点，于是放下身段，耐心解释。在朝廷的一番斡旋下，刘锦棠终于与左宗棠尽释前嫌，精诚团结，同心协力收复新疆。

任人唯亲还是"任人唯疏"

晚清乱世，兵将私募，军中乱象自是层出不穷。

同治十三年（1874年），淮军马队统领丁汝昌被总兵刘铭传以违抗朝廷"裁军节饷"令追杀，丁汝昌提前得知消息，纵马奔逃回安徽老家。数年之后，在老乡李鸿章大力保荐下，这位马队统领竟然一跃而成北洋水师海军提督。光绪二十一年（1895年），在中日甲午战争中，丁汝昌自杀殉国，北洋海军全军覆没，举国一片哗然。

不少人攻击李鸿章"任人唯亲"，甚至朝廷不允许丁汝昌的遗体下葬。光绪帝下旨"籍没家产"，丁汝昌子孙被迫流落他乡。清廷对待丁氏是否公正自有历史作出评判，但他的遽然高升，确有不一般的故事。

原来，出身贫寒的丁汝昌为了维持生计，早年参加太平军。后丁随程学启投降曾氏兄弟的湘军，再随李鸿章淮军赴沪。逐渐以骁勇善战建立军功的丁汝昌，又被李鸿章手下另一名将领刘铭传要去建立马队。捻军被剿灭之后，刘铭传受命拟裁撤丁部，丁汝昌据理抗争。刘铭传气极生恨，要斩杀丁汝昌。因提前得到消息，丁才挂冠而逃。

罢职归田的丁汝昌不甘就此碌碌无为终其一生，再次前往天津，投靠时任直隶总督兼北洋通商大臣的老乡李鸿章。李鸿章爱其"才略武勇"，忠厚少言，便排除碍难，将丁汝昌留在天津，因为创建海军需要人才。

丁汝昌先后去英国、德国学习海军，最终成为李鸿章统领北洋海军的核心人物。以丁汝昌的果敢、智慧、坚忍，再加上李鸿章的信任和提携，北洋海军在丁汝昌的建设下，虽然军纪不够严明，但对李鸿章言听计从，成为名副其实的"李家军"。

李鸿章之所以重用丁汝昌，确有其"不善言辞"、易于控制的原因。但是在晚清派系林立、明争暗斗的情况下，特别是自己的老对头翁同龢掌握了财政大权，对北洋水师拨款苛刻至极，李鸿章不能不对"命根子"北洋水师的统领人选十分谨慎。

有一次，得知翁同龢在背后骂他"任人唯亲"后，李鸿章勃然大怒："老子才不上他的当，不任人唯亲，难道还任人唯疏不成？"

"人无癖，不可交。"李鸿章深知丁汝昌一心想要建功立业，其人敦厚，久历战阵，坚决服从上级命令。此外，李鸿章任用丁汝昌，很大程度上还因为看中了他的学习能力。

少时家贫的丁汝昌只上过几年学，加入太平军后，得到程学启赏识，在军事上积累了很多经验。后来他随程学启加入淮军，又得到刘铭传的赏识，由步兵到骑兵（马队），都取得了不俗的战绩。最终他竟然同时得到左宗棠与李鸿章的厚爱。

李鸿章任人唯亲在晚清无出其右者。淮军将领多数来自他的老家。依靠这支"家乡人"统率的部队，李鸿章参与镇压了太平天国运动、剿灭捻军，建立了不世之功。

自同治三年（1864年）平定太平天国运动到光绪二十一年（1895年）甲午战争战败期间，李鸿章统率的淮军是晚清最强的陆军；他控制的北洋舰队，是晚清最强的海军；晚清最强的四大军工企业，他控制了其中的"江南制造总局""金陵机器局""天津机器局"。

李鸿章像爱护自己的手足、耳目一样，时刻不忘把权力紧紧攥在手里。在就任直隶总督时，尽管离上海的江南制造总局十万八千里，李鸿章依旧要安排自己的人牢牢控制这座兵工厂，不让外人插手。慈禧太后派崇厚去建立天津机器局，让李鸿章帮忙，他也是各种拖延百般推脱。直到朝廷答应由他来接管，李鸿章才从上海调人推动了天津机器局的创建。

对权力到了痴迷的程度，自然就更害怕失去权力。不可能事事亲力亲为，就要在关键位置使用自己可以信赖的人。李鸿章进士及第，他对读书人的迂腐和心机多有了解。他宁肯相信那些读书少甚至没有读过书的人，认为他们心思较读书人"纯正"，少"盘算"、知感恩、好任用。特别是来自家乡的人，不但对他这个饱读诗书的翰林发自内心地敬畏，更有乡土的淳朴和纯真，更多实诚。如同曾国藩募兵多以家乡人，"尤以家门十里之内为佳"

一样，李鸿章对家乡人多了一分信任。这样的信任，是受共同的地域文化熏陶所致，也源于内心对外部世界的不信任。

李鸿章开明的方面是聘请外援，引入先进的治军方法；守旧的方面是对外援的不信任和对亲信的偏信。在他的字典里，"成功"永远排在第一位。而保证成功，就要做到让心腹、亲信替他把控各个关键位置。他驱使下属为他卖命最有力的武器，就是"信任"。这种"信任"很多时候又变成宽容。李鸿章把对下属的"宽容"，当成了"人尽其才、才为我用"的策略手段。他认为只要"施恩于人"，"人必报之"。利益交换才能换来不断成功，不断成功才可得到更高地位。李鸿章的"唯利"主义，使他更加"任人唯亲"。封建社会的制度乱象，在李鸿章这样的官吏身上体现得淋漓尽致。

与李鸿章"任人唯亲"不同的是，曾国藩和左宗棠对待下属比较真诚。曾国藩推崇的是："己欲立而立人，己欲达而达人。"只有与人推心置腹，才能与人同舟共济。左宗棠懂得战争决胜的关键是团结一切可以团结的力量，特别是要团结手下的将领。信任就是战斗力，对部属的培养、信任，往往会让领导者事半功倍。所以曾、左既不"任人唯亲"，也不"任人唯疏"，而是"任人唯才"。

四

沧桑事功

曾左李诞生于晚清时代，是"生逢其时"还是"生不逢时"？他们以文转武，在血与火的战场上建立军功，既为个人攫取名利，也护卫儒教、匡扶清廷；睁眼看世界，在与外国列强的争斗中，逐渐清醒，从"师夷技以制夷"的理论准备，到敦本务实购置装备，一路坎坷，最后毁誉参半。

血泊中建立起来的军功

曾国藩在湖南初创团练时，其实并不得人心。不说成为人人喊打的过街老鼠，长沙甚至整个湖南的人，对"在籍侍郎"曾经的仰慕一下子化为乌有倒是事实。

震惊长沙的"抢米行事件"，是曾国藩在湖湘人心目中从"天堂"坠入"地狱"的开始。

咸丰三年二月（1853年3月）的湖南长沙，农历新年刚过完，城内大西门的五谷丰米行忽然发生老板以霉变大米掺好米卖高价，老板被打、米行被抢事件。曾国藩新办的团练闻讯而至。团练勇丁们团团围住米行，将参与打砸抢米行的人全部捆起来。

按照以前的规矩，为首者杖责一百，游街三日；其余的杖责五十，杖完即放。即使有屡教不改的"重犯"，也只是囚禁起来。但这次不同，这次抓人的是曾国藩新设的审案局。审案局说参与抢米的十三个人是"串子会"的人，不容分说，押到红牌楼全部砍了脑袋。

乱世用重典，曾国藩在湖南从文转武，即以杀人开始。"若非痛加诛戮，与草薙而禽狝之，则悍民不知王法为何物……书生好杀，时势使然耳"，剿匪如割杂草捕禽兽，皆因"悍民不知王法为何物"。如此重典之下，治安确实有了好转，"曾剃头"的名声也不胫而走。湖南人对曾国藩这位"团练大人"，再也没有了当初对"在籍侍郎"的尊敬。

随着与太平军战斗日益激烈，曾国藩又是书生带兵，虽对官兵多有约束，但毕竟兵多将广，战线漫长，而且湘军是自筹军饷，故意枉杀以夺其财者众，屠杀敌方将兵甚至百姓之事频发，件件触目惊心。

曾国藩所率湘军杀人之多，不可计数，似与曾国藩频频训示有关。比如曾国荃围攻安庆时，曾国藩专门给他写信："克城以多杀为妥，不可假仁慈而误大事。"（《致沅弟》咸丰十一年五月十八，1861年6月25日）意思是攻克城池不要认为多杀人不妥，不能因为一时心软而误了大事。安庆城破，曾国藩又特意修书鼓励安慰弟弟："既已带兵，自以杀贼为志，何必以多杀人为悔？"（《致沅弟季弟》咸丰十一年六月十二，1861年7月19日）明白无误地指出"军人以杀敌为己任"，对残杀太平军丝毫不予同情。

身怀利器，杀心自起。对于掌握着生杀予夺大权的人来说，人生信条和价值观念直接决定他们对待"刀把子"的态度，从中也可以看出他们对待世间苍生的态度。

曾国藩不但鼓励自家兄弟杀人，而且对李鸿章杀人高调点赞："此间近事，惟少荃（李鸿章字少荃）在苏州杀人最快人意，殊为眼明手辣。"岂知，李鸿章苏州杀人，差点引来大祸。

同治二年（1863年）冬天，一名英国军官提着手枪在苏州城里城外乱窜，声言要杀死江苏巡抚李鸿章。一个外国人，在中国的土地上公然要枪杀朝廷命官，这还了得！但面对气势汹汹的英国军官，没有人上前阻挡，连清军将领程学启都神情恍惚，心有余悸，任由英国军官用含混不清的中国话大喊大叫。

此时，苏州城外一条船上，已凭卓越战功兼署五口通商大臣的江苏巡抚李鸿章，正有条不紊地批阅着公文。听了戈什哈的报告后，李鸿章淡淡地说了句："不要管他，等这个疯子闹一阵就没事了。"

原来，这个"疯子"是"常胜军"统领、英国军官戈登。

同年二月，李鸿章统率的淮军及戈登统领的"常胜军"，以上海为根据地西进。攻太仓、取昆山、夺江阴、克无锡，直取其时江苏省城苏州（太平军谓为"苏福省"）。苏州城防严密，守将是太平军慕王谭绍光，另外还有纳王郜永宽为首的四王四将八大首领。城坚将广，攻取不易。

很快，戈登派出的奸细得到情报，纳王郜永宽等将领已生异心。特别是纳王，已经厌倦在战场上拼杀，早就想解甲归田安度余生。惯以"浪战"闻名的李鸿章，马上舒展双眉，定下一条取城"妙策"。

在戈登和太平军降将程学启的撺掇下，郜永宽说服其余七大首领，终于与清军达成投降协议。为了保证投降后的利益，也为了表示投降"诚意"，郜永宽等人请求戈登为他们的投降作担保。

李鸿章与太平军打了多年交道，对其忌恨疑虑的情绪根深蒂固。他发现等待清廷封赏的郜永宽等部仍然装备精良，据守关卡，不但坚持原来编制，还要扩营增寨，更加怀疑太平军有可能诈降。但此时太平军方面无论是地利，还是兵力，都明显优于清军。假如硬拼，李鸿章取胜的可能性不大；要是不答应太平军八大首领的条件，那么太平军必然顽抗到底。

世故圆滑的李鸿章在程学启的"启发"下，事急智生，巧设一计，避开戈登，以给"投诚八大将领"发放朝廷官服为名设宴，请来太平军降将。

酒酣耳热之际，八名武弁捧上朝廷官服，等投降的这四王四将兴高采烈换装之际，武弁抽出利刃，手起刀落，割下了郜永宽等太平军将领的脑袋。

然后，清军进入城内，以安抚收编为名，让太平军列队进入布置好的场所，逐一绞杀。

戈登作为太平军投降将领的担保人，惊闻事变，深感名誉扫地，认为李鸿章无情背叛和侮辱了自己，这才有了洋人到处追杀清廷巡抚的"特大新闻"。

与曾国藩"治乱世用重典"、左宗棠"剿抚兼施"安定边疆地区不同，李鸿章杀降是"取巧善变、巧布计谋"，最后达到"以弱胜强"的目的。李鸿章苏州杀降，是以大量愿意放下武器的太平军的生命，换取他的加官晋爵。

赔了夫人又折兵

太平天国运动如火如荼，其水军控制了长江中下游的富庶地区，对清王朝统治构成重大威胁。如何平定这场运动，不但让朝廷君臣、民间团练绞尽脑汁，后来外国列强也参与其中。

咸丰十年（1860年）第二次鸦片战争结束后，清王朝分别与英、法等国签订了《北京条约》。为了保护自己在中国的利益，英国开始倾向与清政府"合作"，维护清政府的统治。

英国人赫德向清政府总理衙门大臣恭亲王奕䜣建议购买英国舰只用以建立中国海军。内忧外患下的清王朝见识了外国列强坚船利炮的厉害，意识到建立现代化军队的重要性，于是双方一拍即合。

想不到，这样一桩双方均有利可图的交易，最后演变成了清政府"赔了夫人又折兵"的闹剧。

帮助清廷购买战舰的差事，落到时任清海关总税务司英国人"中国通"李泰国头上。李泰国的父亲担任英国驻广州第一任领事时，就把十岁的儿子带在身边，不但给他取了个中国人的名字，而且刻意把他培养成一名"中国通"。李泰国长大后依靠父亲的关系，担任清廷海关的英方税务司之职。他把鸦片称作"洋药"，列入税率表，提高对洋货船的检查标准，居然将税收增加至清廷户部拟定的六十倍。如此"能人"，自然得到清廷信任，获取了清廷总税务司之职。

曾国藩统率湘军围困天京已久，为了独占夺回天京之功，建议在江北造船，用以装备湘军，以御太平军水师，但遭到恭亲王奕䜣以及朝中大臣文祥等人反对。奕䜣等人听信赫德信口开河："如果清廷在1861年年底订购船只，则次年9月船只到华。经过一段时间训练，1863年4月即可进入长江作战，6日之内抵达太平天国首都天京，一天之内攻破江宁。"

见有如此"好事"，奕䜣等人马上否决曾国藩的建议，认为"造船必先设船厂，购料兴工非年余不成，自不如购轮船剿办更为得力"，便提出购买西方舰船，加强清军水师作战能力的主张。奕䜣是咸丰信任的弟弟，他的意见得到咸丰皇帝赞同。清王朝希望借助洋人先进的舰船增强作战能力，尽快剿灭据守在江宁的太平军。

经过商议，清廷以六十五万两白银，向英国"购办中号轮船三只，小号轮船四只，连配炮位、火药、火弹"等，并议定"一年以内备齐到口。其船内所用管理火轮器具、炮手、水手等人，须向外国招募。此外，水勇、炮手、水手人等，则应由中国选派"。清廷的如意算盘是借机选派"自己人"上舰学习"夷技"，等待时机成熟，再行"接管"，然后发展壮大清廷水师。

此时，眼看阻挡不了朝廷从洋人手里购买洋舰的湘军统帅曾国藩、淮军统领李鸿章，转而寄望于清廷将这支新创水师调派给自己，加速镇压太平天国运动，攫取更大战功。

承办此事的李泰国不但从中获取好处，将所定费用由六十五万两白银增加到八十万两，再增加至九十二万两，还找到英国皇家海军上校谢拉德·阿思本，请他协助有关购买事宜，同时呈报英国当局。英国政府暗中策划，要借此机会控制中国海军，卖给中国落伍舰船，使其根本构不成对英国海上武力的威胁。

李泰国与阿思本企图控制中国海军的野心逐渐膨胀。他不顾与清政府之间的协议，擅自招募英国水手和军官六百多人，自作主张制作军旗，以阿思本为司令，成立所谓"舰队"。

同治二年（1863年）一月，李泰国未通过清廷，擅自以中国全权代表身份，与阿思本签订了一个所谓"合同"，包含极不合理内容，如规定舰队由阿思本管辖调度，阿思本听从李泰国指令；李泰国与清廷皇帝商议一切事宜，但不一定"事事听从"；清廷必须一次性支付舰队四年费用一千万两白银；等等。

如果按照李泰国所拟"合同"，等于清廷拿银子替他个人建立舰队，清廷自然不干。几经磋商，未有结果。

九月，阿思本率舰队到达上海，称"务须悉照所立各合同办理，未能稍为更移"。否则，"将员弁水手等遣散"。清政府据理力争，曾左李等大臣更是强烈反对。

正在这时，曾国藩探悉内情，并得知阿思本气急败坏，说要"率领舰队去收复南京"，他担心湘军夺取天京首功的机会被洋人抢走，立即想方设法解散这支舰队。曾国藩在给李鸿章的信中说："此次总理衙门奏定条议，将兵柄全予李泰国，而令中国大吏居节制之虚号……即吾二人，亦从何处着手？"说假如朝廷把控制舰队的权力交给李泰国，那这支舰队还与你我何干？

李鸿章哪会不知老师心思，回信说："金陵已成合围之势，可勿庸外国兵船会剿。"对解散舰队表示支持。

奕䜣见洋人喧宾夺主，固执己见，清廷控制舰队已经无望，气急生恨，也上奏朝廷："（此舰队）有害无利，已属显然，若或勉强从事，中外将恐不能相协，将来胜则彼此争功，败则互相推诿，设一旦激发声辩，于大局关系匪轻。"要朝廷痛下决心，"将轮船撤退"。

朝野上下，终于难得地"团结一心"。在又一轮谈判中，清廷采取强硬姿态，终于以不明不白损失六十七万两白银的代价，解散了这支"英中联合海军舰队"。

这次以自损银两换来的"成功"外交，却在无意中成就了另外一个英国人——赫德。

赫德在中、英政府间上下其手，挤走了一心要为中国海军作"贡献"的李泰国，如愿以偿成为第二任清廷海关总税务司，控制中国海关达四十八年之久，极为深刻地影响了近代中国的政治、经济和外交。

万事潮头起

咸丰三年（1853年），美国"蒸汽船之父"、东印度舰队司令佩里率队悍然闯入日本。日本明治初年（1868年）的启蒙思想家福泽谕吉在《文明论概略》中写道："嘉永年间（1848—1854）美国人跨海而来，仿佛在我国人民心头燃起了一把烈火，这把烈火一经燃烧起来便永不熄灭。"这把烈火就是指"汲取西洋文明的热情"，和改弦易辙拥抱全球化的心态。

美国黑船汽笛的一声鸣叫，使原本一心练习剑术的伊藤博文们幡然醒悟：学剑只能敌一人，而不能"与万国对峙"。他们认识到仅仅改朝换代，不足以救日本了！

其实，早在十年前的道光二十二年（1842年），清朝魏源已经编撰完成《海国图志》。这本在中国少有人问津的著作，在日本却成为畅销书。清晚期，"睁眼看世界"的人中，曾国藩、左宗棠、李鸿章应该是看过这部著作的极少数人。

接受儒家思想熏陶的曾左李，坚定不移地维护清王朝封建统治。但他们明白闭关锁国日久的清王朝，在日新月异的"夷技"面前，确实极端被动。既想使中国落后封闭的局面得以改观，又不想全盘西化的士大夫们，逐渐接受"师夷技以制夷"的观点。"中学为体，西学为用"成为大多数晚清有远见卓识的精英们认同的一种新的指导思想。

同治元年三月（1862年4月），李鸿章率淮军先遣队抵达上海与太平军作战，初出茅庐的他显示出与一众大清国官员的不同之处，那就是对西方科技兴趣很大。

抵沪之后，在"华洋会剿"的硝烟战火里，他亲眼看见外国枪炮性能优越，杀伤力强，而中国人生产的军工产品却质量低劣。同时他又发现太平军也使用洋枪，尤其是李秀成所部洋枪最多。

谁也想不到，仅仅两个月后，李鸿章就创造了不可思议的奇迹：他的淮军队伍里变戏法般出现了一支全副武装的洋枪队。

李鸿章通过他在广东做官的哥哥李瀚章，利用靠近香港之便，购买了大量西方新式枪炮，不仅用来武装改编后的淮军，还分拨给曾国藩、曾国荃的湘军使用。

作为西洋枪炮的终生崇拜者，聪明老练的李鸿章显然比其他人算得更精，看得更远。他认为，清军作战往往数倍于敌，仍不能胜，原因就在于武器不行，如能使火器与西洋相称，则"平中国有余，敌外国亦无不足"，今起重视，最后可达自主。

他算过一笔账：一发英国的普通炮弹在市场上要卖到三十两银子，一万发铜帽子弹要卖到十九两银子。这些玩意儿又不是什么金贵之物，大清国凭什么要把白花花的银子送给洋人？

银子还不是最重要的，李鸿章上奏朝廷说，治国要做到自强，自强以练兵为要，练兵又以制器为先，"我能自强，可以彼此相安"。李鸿章看到连日本这样一个小国都能通过向西方学习，自主制造洋枪洋炮，从而不再惧怕英国人的恫吓，中国若要减少外国武装对内政的干涉，就必须学会自己制造西洋枪炮，以免将来受制于人，仰人鼻息。

于是，李鸿章一边忙着指挥与太平军作战，一边开始了他在中国近代军事工业之路上的急行军。

同治元年闰八月（1862年10月），李鸿章拨出专门军费，安排由中国人自己生产炸药及雷管。同治二年（1863年），李鸿章紧锣密鼓引进西洋机器，一口气开办了三个炸炮局，称上海"炸弹三局"，时人又称上海洋炮局。这些军工企业大都不雇佣洋匠，只选中国工匠，仿照洋人做法，争取早日掌握西洋"制器之术"。同治三年（1864年），淮军刚打下苏州城，李鸿章就把洋炮局直接迁进了苏州城中的太平天国纳王府，规模比在上海时大得多。短短几年时间，在李鸿章等洋务派领导人的主持下，中国的近代军事工业体系基本建成，火枪、大炮、弹药、蒸汽战舰已能够在国内建造，其决心之大、动作之快令中外为之震惊。

此后几十年，李鸿章以令人眼花缭乱的进度，主持创造了据说中国近代史上多达四十七项"第一"：第一座钢铁厂、第一座机器制造厂、第一所近代化军校、第一支近代化海军舰队、第一个译书机构……练淮军、兴北洋、开招商局、置机器局，制造兵器、倡设铁路……其影响不可谓不大。

同治十二年（1873年），日本侵扰台湾岛，清廷重提对外购置战舰事宜。事隔十年，赫德再次成为清廷对外购买舰只的经手人。至光绪五年（1879年），他为清廷购置舰艇十二艘。一些英国人为此生出忧虑，担心这些炮舰成为对付英国人的武器。赫德对此早已成竹在胸，他推荐购买的都是一些吨位与作战能力无法对英国远东舰队构成威胁的舰只。

清廷最终知晓赫德的私心，下定决心自建海军。光绪十一年（1885年）清政府成立海军衙门，建立旅顺、威海等海军基地。先后从西方购入"定远""镇远""经远""致远"等铁甲巨舰，组建了一支吨位规模位居世界第九的大型舰队。

然而，腐朽的清王朝无力支撑强大的海军。光绪二十年（1894年），中日甲午战争爆发。光绪二十一年正月（1895年2月），日军围攻威海，孤立无援的北洋水师难以抵抗，于光绪二十一年二月十八日（1895年3月14日）向日军投降。中国建立近代化海军十余年的成果毁于一旦。

甲午之败让中国的有识之士重新思考以"中学为体，西学为用"为指导思想的洋务运动。

可以说，"中体西用"论在洋务运动时期，对于传播西方近代文化与科技起着积极作用。但是，事实也证明，这种文化观因其自身的局限性和内在的矛盾无法从根本上推动中国发展与变革。

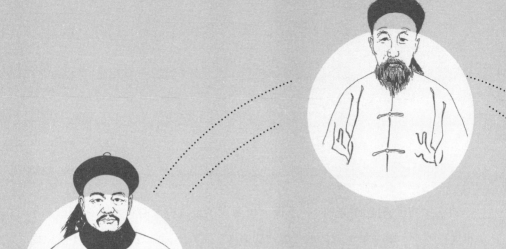

权谋篇：

天下英雄谁敌手

捌

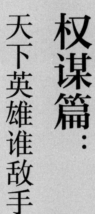

清末民初学者陈澹然说："不谋万世者，不足以谋一时；不谋全局者，不足以谋一域。"意思是不能长远考虑问题的人，眼前的问题也看不到；不能全面地把握局势的人，在细节上也处理不好。君子谋国，凡人谋身，在有我与无我之间，小我与大我之间，蕴藏着深远无穷的选择智慧。

在晚清三杰曾左李之间，曾经上演一幕幕或明或暗，你来我往，既事关国家生死存亡、又涉及个人恩怨的权谋游戏。了解这三个人的故事，看他们纵横捭阖的谋事技巧，风格各异的行事手段，以及谋身谋国的不同结果，对我们正确看待权力、取舍利益，甚至涵养人生、提升格局都大有裨益。

一

悬鼓待擂

俗话说"人生不如意事十之八九"。要想改变这个"规律"，似乎很难。左宗棠年过四十，在人生"失意"几乎成"定局"的情况下，突然咸鱼翻身；曾国藩、李鸿章虽然考中进士，看似宦途一帆风顺，但他们一样要为功名仕途费尽心机。曾左李既是挽救大清的同行者，又是争功夺利的对手。战鼓待擂，胜负遥定。他们在名利场上，上演了虚虚实实、你知我知的隐秘戏码。

高徒不一定出自名师

左宗棠给曾国藩做过秘书吗？曾国藩确实栽培、提携过左宗棠，但是左宗棠在曾国藩的幕府（秘书班子）接受"培训"，或者如有人说的"左宗棠与李鸿章在曾幕中就已经出现相互轻视的嫌隙"，却有违史实。

笔者多年潜心研究曾左李的生平，可以肯定地告诉大家：左宗棠给曾国藩出过很多主意，但没有进入曾幕，也没有给曾国藩做过秘书。这从时间上就可以得出结论。

曾国藩是湖南湘乡人，左宗棠是湖南湘阴人，都属长沙府，两家相距也

305

才一百公里。曾国藩大左宗棠一岁。曾、左赴京会试，至少碰过两次面，或者至少相互知道对方的名字。只可惜，两人的脾气性格有些差异，没有成为朋友。

后来，曾国藩在道光十八年（1838年）高中进士、入翰林院，从此迈入宦途；左宗棠也在这一年赴京赶考，不幸名落孙山，从此归乡耕读。他们或许有共同的朋友，比如胡林翼、郭嵩焘等，但没有进入彼此的朋友圈。

直到年过四十，曾、左因为太平天国运动，人生才终于重新有了交集。

咸丰二年（1852年），曾国藩母丧，在赴任江西乡试正考官途中，从安徽转道回家丁忧。其时太平天国运动正声势浩大，起义军从广西向湖南开进。咸丰皇帝赶紧降旨，让曾国藩以"不负委任"之虚"帮办"团练，帮政府维持地方治安。

左推右挡的曾国藩终于出山，心中想的却是通过镇压太平军来建功立业。咸丰二年十二月，曾国藩在湖南"帮办团练"，谓为湘勇。也就是在这时，曾国藩秘书班子正式开创。

当时，三次赴京会试不第的左宗棠教书已经数载。虽然左宗棠只是个举人，在文凭上确实不如进士出身的曾国藩，但左宗棠早在十八九岁就开始和饱学之士贺长龄、贺熙龄兄弟交好，后来更是得到封疆大吏陶澍、林则徐的认可，并被谓为"国士"。左宗棠与胡林翼是一生知己、挚友。胡中进士、为官比左早，一生对左提携相帮、敬仰有加。

曾在朝廷是赫赫有名的"五部侍郎"，但左在湖南民间的声望丝毫不亚于曾，这才有湖南巡抚张亮基锲而不舍的"坚请"。

左宗棠在湖南巡抚张亮基秘书班子做首席军事秘书，帮办军务，也就是在巡抚衙门主办军务之时，可以说在江湖上的声名、在军事上的能力实际上已超过曾国藩。

曾、左二人在湖南巡抚衙门"正式"认识，一对同龄人的经历、阅历、能力随着世事变迁更加不同，想来两人都百感交集。

张亮基在咸丰三年（1853年）三月调任湖广总督，左宗棠随去湖北。同年九月，张亮基调任山东巡抚，左宗棠不再随往，与同僚王柏心赶在张亮基去山东赴任之前辞归。途中，左宗棠在王柏心家里小住数日；咸丰三年九月二十二日（1853年10月24日），到了湘阴县城；次日，回到白水洞住地。第一次秘书生涯就此宣告结束，左宗棠从此处于隐居状态。

其间，太平军再次以凌厉攻势由湖北攻入湖南。曾国藩湘军初成，以水陆两军麇集湘潭，准备与太平军决战。咸丰四年（1854年）三月，曾国藩极力恳请左宗棠出山，协助他指挥湘勇与太平军作战，左宗棠坚决拒绝了。

此时的左宗棠已屡经战阵，对曾国藩有了比较全面的了解，对曾国藩的军事才干当然更加清楚。一位在籍侍郎，又是"帮办团练"，而且军事指挥能力有限，在彼时的左宗棠看来，投奔如此平庸的曾氏，结果实在难以预测。

左宗棠被贺长龄以"国士"视之，一直记得贺对自己的勉励："天下方有乏才之叹，幸无苟且小就，以自限其成。"既然两朝名臣贺长龄如此告诫自己不要轻易屈就小小官职，那么对于任职于"前途未卜"的曾国藩手下，左宗棠果断推辞也就可以理解了。

太平军击败清军占领了岳州（今岳阳），湖南巡抚骆秉章三次派人请左宗棠出山相助。几经周折，在好友胡林翼的竭力斡旋下，左宗棠第二次入佐湖南巡抚幕府，直至咸丰九年（1859年）初，樊燮案发。

湖南巡抚骆秉章虽然才干不如左宗棠，但气量远远超过他。这才有了左宗棠名为"师爷"，实际上把持湖湘军政的政坛奇观，才能创造出"内清四方，外援五省"的卓著政绩。

左宗棠脾气耿介，不能容忍下属超过权力范围行事。后来的曾国藩虽然对人也宽容，但做不到像骆秉章那样放权。这可能也是左宗棠"舍曾就骆"的一个原因。

光阴似箭，世事如棋。曾国藩已经从在籍侍郎转变为一方军事统帅，左宗棠却在骆秉章手下因为樊燮案惹出滔天巨祸，命运从此开始发生重大转折。

咸丰九年（1859年）十二月二十五日，接到密折的咸丰皇帝怀疑左宗棠是仗着骆秉章信任"把持湖南军政"的"劣幕"，给湖广总督官文下达谕旨："极应彻底根究。"假若官文拿住把柄抢先下手，左宗棠不死也得脱层皮。左宗棠立时就有了"侧身天地，四顾茫然"之感，亲身体验到何谓"惶惶然如丧家之犬"。

湖湘集团的胡林翼、骆秉章、郭嵩焘、潘祖荫积极联络咸丰身边大红人、主张重用汉人的满族重臣肃顺，想方设法营救左宗棠。左宗棠在樊燮京控案发后，于咸丰十年（1860年）三月二日在去京师应试途中被胡林翼劝阻，转去胡林翼任所湖北英山，在胡林翼军营中住了下来。咸丰十年闰三月二十六日，曾国藩邀请左宗棠去安徽宿松，胡林翼随后赶去。

曾国藩、胡林翼、郭嵩焘、李鸿章、李瀚章、李元度、曾国荃汇聚宿松，大家一起畅谈国事。尤以曾（国藩）、胡（林翼）、左（宗棠）三人相谈甚欢，往往是夜以继日。但此时曾国藩见咸丰皇帝态度不明，未能如郭嵩焘、胡林翼、骆秉章、潘祖荫等人那样，公开声援左宗棠。左宗棠在此住二十多天之后，曾国藩接上谕：左宗棠熟悉湖南形势，战胜攻取，调度有方。现形势紧张，是否令左留湖南襄办团练，还是调该（曾）侍郎军务效力？

见此圣旨，曾国藩等人已经知道咸丰皇帝要起用左宗棠。

经过与胡林翼、曾国藩商量，左宗棠于咸丰十年四月十八日启程回湘，等候皇帝正式发放诏书；咸丰十年五月，左回到长沙，接奉诏书，以四品京堂候补，随同曾国藩襄办军务。

从上文可以看出，左宗棠虽然与曾国藩自咸丰二年（1852年）开始，就镇压太平军有过密切合作，特别是左宗棠给予曾国藩很多帮助，比如粮饷、激励、军事指导等等。反过来，曾国藩在樊燮案尘埃落定之后，举荐左宗棠也是竭尽全力。左宗棠在曾国藩任所待了二十多天，但只是做客，或者说是避祸，属于朋友相聚，而不是加入曾国藩幕府佐理事务。

不过，左宗棠初出江湖，其所创楚军确实是曾国藩麾下一支军队，当然也归曾国藩节制。左宗棠如果没有得到曾国藩的提携帮带，要想有出头之日，也很不容易。

任何事情都没有绝对。有成就的人都善于向别人学习，因为人无完人，取长补短才能使人进步。左宗棠和曾国藩都是晚清出类拔萃的人才，他们的情商和智商让他们能够向优秀的人学习，只不过学习方式与平常人不同而已。

小心驶得万年船

曾国藩在咸丰登基之初，接连写奏折建言献策，后来差点招来杀身之祸，教训不可谓不惨痛；父丧丁忧，上奏讨要实权再遭贬斥，曾国藩深感"天威难测"，心中忧惧再添几分；转眼樊燮案发，一众湖湘闻人，无不出手相救，唯独湘勇统帅曾国藩表面上无动于衷。虽然接左宗棠入军营，"夙夜畅聊"，但曾氏从未公开发表救左言论。

直到咸丰皇帝发来上谕，曾氏方有回函，而且小心翼翼：

左宗棠刚明耐苦，晓畅兵机，当此需才孔亟之时，或饬令办理湖南团防，或饬赴各路军营襄办军务，或破格简用藩、臬等官，予以地方……俾得安心任事，必能感激图报，有裨时局。

说左宗棠吃得苦耐得烦，懂军事有计谋。在国家急需人才的关键时刻，皇上可以下令让他帮忙办理团练防务，或者给他一个专管某方面事务的官职，他一定会胜任，而且会感恩图报。

这样"实话实说"的回奏，体现了曾国藩惯用"屡败屡战"的文字风格，从中可以看出他在为人处世上对于"见风使舵"驾轻就熟。曾国藩不公开"营救"左宗棠，不是他嫉妒左的才能，也不是他此时不辖湖南，无权干涉湖湘事务。左的才能，尤其是军事才干，在曾国藩之上，曾不会不承认，也不会嫉妒。这从他与左等在军营"夙夜畅聊"可以看出，早在咸丰二年十二月二十一日（1853年1月29日），曾、左在湖南巡抚衙门见面，湖南巡抚张亮基、以道员身份统帅楚军的江忠源在场。四人之中，曾、张、江是朝廷命官，唯左是一介平民。实际情况是曾国藩洗耳恭听，张亮基极少发言，江忠源偶尔插话，左宗棠侃侃而谈。从那时起，曾对左佩服得五体投地，左赞扬曾为人踏实，对其能力并没有点赞。

曾、左从他们各自的朋友圈相互早就有所了解，曾国藩在左宗棠佐幕的湖湘衙门开办团练，二人有了共同的朋友圈，彼此有了更多认识。意想不到的是，左对曾的军事能力、处世方式是越看越着急，但曾想办大事的决心和护卫儒教的忠心却又几无人可替。左只好又骂又激，多予扶持。曾对左是越了解越仰望，越仰望越想收为己用。后来张亮基调离湖南，曾百般邀请，希望得到左的辅佐，想不到左都婉拒不出。

至于樊燮案中，湖北的胡林翼，以及京城中的郭嵩焘、潘祖荫等人，包括满人大臣肃顺，都伸出援手，为国救才，可曾国藩却龟潜海底，这说明曾氏为人伪善、懦弱畏怯，还是另有原因？

细细盘究，不但可以看到当时政局的云谲波诡，更可以看出曾国藩处世的谨小慎微。

首先，曾氏担心湘勇再次卷入与清军的缠斗。曾国藩在湖南长沙募集湘勇、开办团练之初，湘勇与清廷正规军绿营曾经大打出手，要不是他忍辱负重、见机行事，果断将湘勇训练基地迁往衡州，湘勇也许早就玩完了。目前，樊燮是总兵，统领的正是绿营。如果曾国藩出手营救左宗棠，明显是公开与樊燮为敌。绿营若趁机再与湘勇争斗，曾国藩可能就要吃不了兜着走。曾国藩为了保住自己好不容易培育起来的湘勇，只好装聋作哑，在樊燮案尘埃落定之前，不公开声援左宗棠，尽量做到与绿营井水不犯河水。

其次，曾国藩眼见救援左宗棠的队伍庞大，其中的肃顺是皇族重臣，这

虽然对营救左宗棠极为有利，但也是个极为危险的信号。肃顺做事张扬，如果自己跟着肃顺公开说左宗棠的好话，有可能被认定是肃顺一派。假如肃顺遭人忌恨，那自己就要跟着倒霉。即使肃顺眼下不倒，皇上也有可能认为自己是跟着瞎起哄，龙颜一怒，旧账累新账，也不是不可能。

曾国藩知道左宗棠在朝野的声名，暗中相助是最稳妥的办法。假如这时候左宗棠遭遇不幸，他也问心无愧；假如左宗棠获救，他再出手相助也不为迟。

从后来的辛酉政变、肃顺之死来看，曾国藩对左宗棠不公开施救，真有几分"料事如神"。但是，他虽然权谋了得，善于分析时局，更善于揣摩人性，一生中几乎能化解任何危机、渡过难关，在艰难世道中功成名就，其"见风使舵"的个性却已经给左宗棠留下了深刻印象。

曾国藩的权谋，是从父祖辈的愚缓、谨慎，再到自己饱经沧桑世事的深刻教训中不断反省总结、逐渐归纳升华而来。他深知一个人能否成就大事业，不能只看能力，还要看修行。能力可以慢慢提升，修行可以让人少走弯路，可以避免将取得的成功归零，甚至可以在危险到来前给自己预警。

"慎一分得一分，忽一分失一分，全慎全得，全忽全失。"明朝"三大贤"之一吕坤说的这句名言，曾国藩一直牢记心底。他不容自己失去好不容易取得的成功。日积跬步，以至千里；不积小流，无以成江海。在官场没有靠山、在军事上没有过人能力，曾国藩想成功，只有先谨慎行事。

外表看谨慎得像个"胆小鬼"，曾国藩内心却在敬畏之中不断改变自己。他像一位船夫，对水下暗礁用心提防，对水流风向潜心观察，对水面穿梭往来的船只尽心琢磨，既不和阻挡自己前行的障碍硬碰硬，也不轻易"借风顺势"陷入是非漩涡，更不与跟自己一样攫取利益的人发生争斗。他知道他最初走上官场的"本钱"不能与人抗衡，即使后来官居高位，一样戒骄去惰、持勤保敬，直到走上人生高峰。

为他人作嫁衣裳

在愈来愈衰败的晚清，外有列强入侵，内则起义不断。原来的国家军队八旗、绿营，其时已经不堪一击，以湘勇为首的民间军事团体，开始逐步发展成为朝廷阻击内外反对势力的重要力量。满族权力阶层既要借汉人之手打击汉人，又深恐汉人权力日渐坐大。樊燮京控案的背后，实质上是满汉权力争斗的一种表现形式。在开明满族高层肃顺的帮助下，左宗棠最终有惊无险。

樊燮案是左宗棠人生的重大转折点，也标志着晚清朝廷与渐渐崛起的汉人权臣博弈正式公开化。围攻太平天国都城天京的江南大营第二次被太平军摧毁，朝廷终于放弃让满人攻占"伪天王府"、夺取歼灭太平军首功的梦想，不得不把剿灭太平军的重任交给曾国藩领导的湘军。

曾国藩创建的湘军，无论兵源、粮饷、武器等，都是自给自足。随着清帝国的日益衰落，朝廷执政能力加速下滑，督抚制度得到进一步发展，总督有了征收地方赋税的权力。这让急需兵饷的曾国藩等汉人领袖，更加急切地希望扩充自己的地盘。

咸丰皇帝下旨给曾国藩，让左宗棠"襄办军务"。在曾国藩、胡林翼等重臣的支持下，左宗棠直接招募五千余名楚军，东进江西与太平军对垒。很快，左宗棠在江西景德镇大败太平军，两救曾国藩于祁门，从"襄办军务"改为"帮办军务"，也就是从曾国藩的手下跃升为其副手。

左宗棠以卓著军功，博得曾国藩青睐。

咸丰十一年（1861年）十月十八日，曾国藩受命督办江苏、安徽、江西、浙江四省军务。此时，浙江巡抚王有龄正被太平军围困于杭州。

王有龄与左宗棠一样不是进士出身，而是靠捐纳获取官职。王有龄忠勇、极具才干，并且体恤百姓，在腐朽没落的晚清，称得上好官能吏。提携王有龄的两江总督何桂清与湘系势力素有嫌隙。曾国藩在与何桂清为兵饷等事争斗的时候，自然希望将何桂清极力扶植的王有龄置于死地，然后换上自己的心腹势力。此时，左宗棠是顶替王有龄的不二人选。

咸丰十一年十月二十五日（1861年11月27日），曾国藩给朝廷上《恳辞节制浙省各官及军务等情折》，推荐左宗棠"专办浙省"军务，为保举左宗棠担任浙江巡抚暗中打下基础。

清朝实行官位候补制，现任官员要么离任，要么去世，候补官员才有可能实授。当时执掌朝政的是年仅二十六岁的慈禧，她还没有后来的老练，不知曾国藩心中暗藏的计谋，一口答应。但曾国藩明白只要现任浙江巡抚王有龄没有职务升降，那么左宗棠就不可能得到浙江巡抚实职。当然，若王有龄忽然阵亡，左宗棠也就有了接任巡抚的可能。

很快，曾国藩给左宗棠写来一封信，透露向朝廷密保他"专办浙省军务"的内容，要其按兵不动。

行事果断决绝的左宗棠一下子犹豫起来。假如按照曾国藩的意思去做，王有龄必死无疑。如果自己出兵去救王有龄，那梦寐以求的浙江巡抚位置，又从何而来？左宗棠面临人生的又一次重大选择。时间一晃就到了十二月二十九日（1862年1月28日），王有龄被太平军将领李秀成围困杭州，久候无援，眼看城破，不得不自缢以尽忠。同治元年一月二十四日（1862年2月22日），左宗棠"理所当然"就任浙江巡抚。

左宗棠凭能力足以担任浙江巡抚之职，但以他当时的资历，确属破格超升。曾国藩的提携起到了举足轻重的作用，左宗棠自然应该感激涕零。不过，此时的左宗棠对曾国藩在权力游戏中大耍手段，内心也不是完全赞同，对曾国藩一贯标榜自己为"正人君子"，其实暗为不屑。

曾国藩提携左宗棠做浙江巡抚，首先是认可左宗棠的才干，其次，富裕的浙江对将来湘军兵饷筹集会起到至关重要的作用，自然要安插"亲信"。只要左宗棠能和自己勠力同心，平定太平天国将如虎添翼。并且，前任两江总督何桂清联络浙江巡抚王有龄、江苏巡抚薛焕，设计害死了湘系人物、前任浙江巡抚罗遵殿，曾国藩暗示左宗棠对王有龄见死不救，也有以牙还牙的报复心理。在错综复杂的权力斗争中，消灭敌人和多交朋友一样重要。

王有龄这样的忠烈干才，正是此时朝廷急需的人才，却不幸成为政治斗争的牺牲品。血性忠义的左宗棠，眼睁睁地看着权力斗争让大将血干泪尽，国家因此更加衰弱垂危，无可奈何之下的愤怒，自然刻骨铭心。

官场的权力斗争，从来都是残酷无情的。一直以"忠君爱民"形象示人、口口声声称自己要"立德、立功、立言"，教导手下人凡事要"以诚为本"的曾国藩，继续对何桂清手下的另外一个重要党羽薛焕出击，以薛焕"腐败无能""不能胜任江苏巡抚之职"为由上奏咸丰皇帝，由进驻上海十七天的李鸿章接替薛焕成为江苏巡抚。曾国藩以为，浙江、江苏两省的赋税，从此牢牢地抓在自己手中，湘军饷粮的压力终于可以减缓了。

令曾国藩意想不到的是，他的如意算盘打空了。左宗棠署任浙江巡抚之后，很快就"翻脸不认人"，浙江赋税自此不出，左宗棠以之供养他的楚军。李鸿章看在师徒情分上有一搭没一搭地应付老师，给曾国藩的饷粮有限得很。

曾国藩在攻下太平天国的都城天京之前，都还处在权力的上升阶段。这时候的他，举力提携、百般栽培"心腹亲信"。曾国藩认为，左、李自然会对他投桃报李。但左宗棠从曾国藩长袖善舞的政治手腕中，看到了权力游戏肮脏和恶毒的一面，除了教诲子女将来不可做官外，对于曾国藩的表里不一，应该有了清醒的认识。更为重要的是，左宗棠既已立楚军，肯定优先考虑楚军饷源，努力实现自己的人生梦想。曾国藩辛辛苦苦空忙一场，为他人作了嫁衣。

当然，左宗棠大胆拒曾，包括后来曾、左不和，也有朝廷利用左牵制曾的原因。

学历和能力

争名是为了争利，争利也要争名。曾左李同在一个朋友圈，相互暗中较劲，从身份、地位到功名，都要分出个高低。

左宗棠是李鸿章的长辈，还是李鸿章的同辈？从年龄上来说，左宗棠比曾国藩小一岁，比李鸿章大十一岁，曾国藩是李鸿章的老师，左宗棠自诩与曾国藩是"兄弟"，说左是李的长辈不为过。最重要的是，举人出身的左宗棠任浙江巡抚时，李鸿章还是曾国藩手下的秘书（虽然不久后李署任江苏巡抚）。这样说来，左宗棠也是李鸿章的"官场长辈"。但曾国藩中进士、点翰林，李鸿章也高中进士，同样点过翰林，在以科举出身论资排辈的封建社会，只中过举人的左宗棠再称是李鸿章的"长辈"，与左宗棠一样心高气傲的李鸿章可能就有些不大愿意了。

左李都才华出众，也都是心高气傲之人，彼此不会在任何方面服输，特别在权力游戏这种既要依凭实实在在的功劳、又少不了智斗的事情上，左李更是针尖对麦芒。

曾国藩平定太平天国建立不朽之功，李鸿章靠剿灭捻军也封官晋爵，左宗棠虽然在镇压太平军及剿灭捻军的征战中也屡立战功，但毕竟不是总指挥。恃才傲物、唯我独尊的左宗棠，岂甘心落后于"才能不如自己"的曾国藩和"官场晚辈"李鸿章？他一定要为自己寻找一条建功立业的阳关大道。

在军事才能上，不但曾国藩不能与左宗棠相提并论，就是李鸿章也根本不具备左宗棠那样的军事素养。只不过，李鸿章比老师曾国藩更早地认识到西方先进武器的威力，不再局限于曾国藩坚持的战争取胜"在于人而不在器"的思维，较早地给自己的军队装备了现代化武器，所以极快地凭借战功在朝野站稳了脚跟。

一直放眼世界，密切关注全球局势的左宗棠，在接受先进思想上，一点也不落后于李鸿章。左宗棠率领的楚军，很快也装备了先进火器，聘请了洋教练，而且又有节制地组建了外国雇佣军，在战场上同样取得节节胜利。

西北回民起义，是清廷西进收复新疆的一大阻碍。左宗棠担任陕甘总督，并以钦差大臣的身份督统大军，镇压回民起义，剑指新疆。两宫太后与同治皇帝亲自召见左宗棠，询问关于西北平回、收复新疆诸事。左宗棠对西北现状以及战事进程逐一作了详细说明，阐释了长远规划，表明收复新疆之前必须做的事情。首先是必须清剿回民起义的中坚力量，建立稳定的后方，施行"缓进急战"的方针，坚定了朝廷收复新疆的决心，得到了朝廷实权人物慈禧的支持。

李鸿章深恐左宗棠在朝廷的支持下通过西征建立不世之功，超越他并且抢夺属于他的话语权，于是暗中极力阻挠。与李鸿章关系密切的袁保恒，此时正在左宗棠属下管理西征粮务。在李鸿章的怂恿下，袁保恒竟然一面奏请裁撤左宗棠的主力部队老湘营刘松山部，一面暗自调动属于李鸿章的淮军。

另外，李鸿章写信给手下得力干将刘铭传，要他火速召集部队西进，一俟左宗棠在艰难大战中失败，马上接替左宗棠的陕甘总督职务，全力清除左宗棠的楚军势力。

时任湖广总督的李鸿章本来是奉调贵州弹压民变，暗中一直接收袁保恒传递来的情报，一接上谕，马上调转马头逼近陕西。淮军挺进西北，楚军西征"粮路久阻，（左军）孤悬绝地""似应移师就粮，以图复拯"之语，随着李鸿章的书信传遍朝野。左宗棠"刚愎无理，恐自取败""季叟（左宗棠）忧劳多病，秦中恐有糜烂之局"的谣言更是甚嚣尘上。京师不断接到左宗棠在西北失利的消息。左宗棠在前线不但"剿回不力"，而且"贪腐成性"，让清廷的权力中枢大为吃惊。

"淮军于北路人地较宜……兹谕旨以陕省兵力空虚，深虞该匪窜突，拟令刘铭传督办陕西军务，自系备豫不虞之计。"

李鸿章开始明目张胆向朝廷要权，公开推荐刘铭传。同时对连秀才都未考取的刘铭传大加美化："臣查刘铭传智勇才略可当一面，于军事历著成效，久在圣明洞鉴之中……近年辞官归里，折节读书，深明大义，其志趣愿为国家效死力，雅不欲以武人自居……"

说刘铭传不但军事才干了得，而且辞官在家，专心读书，更加深明事理，立志为国家效忠。

本就对汉人掌管军权大为忌惮的清廷，虽然已经解散了曾国藩的大部分湘军，但左宗棠掌握的楚军也隶属于湘军（李鸿章掌控的淮军实际也隶属湘军，但李其时正得朝廷信任），猜忌疑虑之下，朝廷逐渐希望借淮军与楚军的矛盾，解除左宗棠的军权，让他们暂时信得过的李鸿章派手下取代左宗棠掌管西征军权。袁保恒已经做好了接任甘肃巡抚的准备，督办陕西军务的刘铭传更是对陕甘总督之位觊觎已久。

左宗棠清楚地知道，自己目前已经危若累卵，如果不尽快把回民起义镇压下去，不要说西征收复新疆，自己被革职抄家的命运也有可能无法避免。左宗棠镇定自若地写好遗书，安排阵亡老将刘松山的侄儿刘锦棠接任前线军事总指挥，上下一心作战。

出乎所有人的意料，几经努力，楚军攻下了重要据点金积堡，平定了让朝廷担惊受怕的回民起义。左宗棠终于以让人惊叹的卓著战功粉碎了李鸿章的阴谋。

可以说，左宗棠与李鸿章在陕甘争霸，以及在引起朝野巨大争论的海防塞防之争中，争的是个人话语权以及它所代表的权力。李鸿章一直惯用"痞子手段"达到成功目的，左宗棠坚持以"硬实力"说话。曾左李三人中，左的"学历"最低，但在军事方面能力最强。陕甘稳定，是收复新疆的基础。左宗棠一步一个脚印，惩恶进善，不给未来西征留下任何隐患；李鸿章本来就反对西征，觊觎权力，自然希望左在军事上只败不胜。看似路线之争，实则权力斗争。

二

翻云覆雨

由于晚清王朝内外矛盾不断加剧，在一场场明争暗斗的权力游戏中，曾左李的权谋手段乃至于修养境界都显露无遗。

李鸿章善于谋人的特性，在他与老师曾国藩的关系上表现得尤为突出。像曾国藩那样俯下身子，让学生踩着上马，等他坐稳了再送一程的伯乐，实属罕见。李鸿章与左宗棠因为海防塞防之争公开辩论，各自施展翻手为云覆手为雨的手段，暗中相斗。朝野上下，名臣权臣重臣朋友圈一片喧嚣。好在有左宗棠历尽千辛万苦，为国而谋，成功收复新疆，晚清历史的天空终于多出了一抹亮色。

鸠占鹊巢

与左宗棠敢公开与曾国藩"一较高下"不同，李鸿章对老师曾国藩算是"手下留情"，至少师徒之间一直不曾撕破脸皮。他清晰地认识到，没有老师的提携扶持，就没有自己的飞黄腾达。即使后来曾国藩去世，李鸿章一样要活在老师的光环之下。

只要与曾国藩有所冲突，李鸿章一般都采取回避甚至"委曲求全"的态度。这倒不是李鸿章性格谦和宽容，而是他懂得尊师之道，更深深明白老师曾国藩是他一生依倚的对象，并会是他向上攀爬的有力支撑。镇压太平天国运动之后，剿灭捻军的大任又落到曾国藩的肩上。其实，李鸿章此时更想成为剿捻主角，攫此大功。

机会终于降临。

曾国藩借用淮军，剿捻屡屡不能取得成功，于是朝廷决定撤曾换李。

朝廷这样做，有很多原因。首先是各方期望值不同。经过数十年镇压太平天国的战争，朝廷没有精力也没有耐心再延续曾国藩"结硬寨，打呆仗"的方略，希望一鼓作气取得成功。其次，君臣彼此提防。曾国藩通过镇压太平军已经得到了极高的地位和荣誉，朝廷担忧曾一再累功，将来恐怕更是难以驾驭。曾也不愿功高盖主，宦海沉浮，不过人情而已，曾在这方面自是老手。第三，用人之长。李鸿章"万战只求速成"的心理，与朝廷不谋而合。第四，左不及李。李是北方人，比左更熟悉北方的地形气候。朝廷既要保证曾左李合力剿捻，更要力保一举成功。如此等等，曾、李瓜代，终成定局。

接到上谕，按捺不住内心狂喜的李鸿章迫不及待地上奏，要曾国藩回任两江总督。当然，李鸿章的理由充足得很："剿捻之军，专恃两江之饷，若经理不得其人，全局或有震撼。"

意思是只有老师曾国藩担任两江总督之职，自己在前方带领淮军剿捻，心里才踏实，不会担忧粮饷没有保障。这样滴水不漏的借口，既冠冕堂皇，又可以让老师曾国藩无法推拒。

老练如曾国藩何尝不知这是李鸿章担心自己留在军营中，有可能会"影响"他的指挥。更为重要的是，倘若自己真的留在前方，将来剿捻成功，李鸿章担心他有可能得不到全部功劳。早有心理准备的曾国藩，为人、为官都比李鸿章高明得多，但令曾国藩恼恨的不是李鸿章藏在肚子里没有说出来的小九九，而是李鸿章所谓"直率"的"淮人秉性"。

交接官防大印这样的大事，按照惯例，一般要举行一个比较正式的仪式。但是，李鸿章却只派了一个亲信，大摇大摆到曾国藩那里取印了事，像对待一名犯罪的前任官员。李鸿章此举，让老师曾国藩心里委实不快。但曾是何等样人，他对李的了解，应该胜过对自己兄弟、子侄的了解。当年李鸿章逃离祁门，表面上是为李元度"仗义执言"，实则是为自己寻找出逃借口，他在装道义的同时，为自己留条后路。即使曾如李所说"儒缓"，但官场历练经年，他对李玩弄的花招早就心知肚明。不过，也正因为坚持"求仁则人悦"，曾国藩对李鸿章这次的迫不及待同样装作视而不见。

后来，曾国藩南回任两江总督，在众人都认为曾、李师徒关系会出现重大裂痕之时，曾国藩却表现得波澜不惊。他不但竭力为李鸿章筹集粮饷，而且主动写信要他不要为外界传言所动，自己将一如既往为他遮风挡雨："如有大风波，仆自分任其愆，必不使（李鸿章）独当其咎。"

李鸿章当然明白老师曾国藩维护湘系势力和扶植自己的一片苦心。在起初怀疑曾国藩剿捻时提出的"河防之策"，继而遭受失败后，李鸿章马上醒悟只有延续老师的河墙战法，"以静制动""觅地灭贼"，才有取胜的把握。李鸿章到底比曾国藩灵动机敏、圆滑聪慧。他在继续执行曾国藩河防战略的基础上，更加注重攻守、堵击、围剿、收放的战术运用，与左宗棠提出的"长圈围剿"结合，制定出"扼地兜剿"的策略，以静制动、动静结合、集中打击，很快剿灭东捻军，取得了人生重要的成功。

李鸿章追随曾国藩一生，得到曾国藩的庇护不可谓不多。为人、为官讲究以诚为本，李鸿章开始懂得收敛。在战场上培养肯为自己舍身卖命的将士，在官场中结交愿为自己肝脑涂地的知己；白手起家创建淮军，制式规章全部仿照湘军，淮军即是湘军分支。依靠这支历久弥坚的军事力量，李鸿章在风雨如晦的晚清政坛上，虽然屡受弹劾，但一直屹立不倒。

在轰轰烈烈的洋务运动中，曾国藩首先意识到"制器之器"与"人重于器"的重要性。在打开国门与坚守疆土的思维模式里，他对李鸿章施加了至关重要的影响。曾、李虽是师徒，实则情同父子，荣辱与共，休戚相关。曾国藩把一生所学全部教授给李鸿章，而且把事业衣钵也传递给了李鸿章。

在权力斗争的战场上，李鸿章青出于蓝胜于蓝，不但借淮军力量苦苦支撑大清于既倒，还让曾国藩的洋务思想得以继续传承。在维护曾国藩的个人声名上，李鸿章更是言必称"我老师曾国藩"如何如何，"我老师曾国藩"曾经教导我怎样怎样。

可以这样说，正是曾国藩毫无保留的传授和包容，才造就了后来青出于蓝而胜于蓝的李鸿章。在古今中外人类历代领导权力的交接中，像李鸿章这样依靠前任领导竭力扶持的人不在少数，像曾国藩这样无私奉献，具有海纳百川宽广胸怀的前任领导却不多。

再夺其功

剿捻战场上获取的胜利，让李鸿章在军事领域声名鹊起；天津教案的成功破题，又使李鸿章在外交领域获得朝廷内外的一致认可。

同治九年五月初（1870年6月间），天津法国教堂附属育婴堂有儿童病死，被传为人贩子贩卖婴童供教堂传教士剜心挖眼，以"采生炼丹"。教堂被愤怒的民众焚毁，外国传教士被民众打杀二十多人。法国军舰紧急驶抵大沽口，战争一触即发。

慈禧太后在五月二十五日谕令曾国藩"精神如可支持，着前赴天津"。其时，镇压太平天国起义，挽救了大清王朝的曾国藩已处于人生顶峰，本可以身体等原因推拒。但他到底放不下心心念念、给了他无上荣耀的大清，慨然赴津。曾国藩心甘情愿捧起人人避之不及的烫手山芋，又一次肩负起为大清力挽狂澜的重任。曾国藩如此为大清国殚精竭虑，却少有人能体会，反倒被李鸿章借机利用，他再次把老师衣兜里的军功簿掏出来，换上自己的名字。

冥冥之中，一切皆有定数。假如曾国藩在鼎力支持学生李鸿章平定捻军之后，封赏不如李鸿章大，或者不从两江总督职位升至直隶总督，那么他陷入天津教案泥潭的可能就小很多。或者，曾国藩拒绝慈禧太后，不去天津，那么，曾国藩后来也不会遭受众多人诽谤。但也正因为曾国藩的忍辱负重，李鸿章才有了全盘接过曾国藩衣钵的可能。

天津教案是曾、李二人在外交权力交接上的重大转折点。身陷天津教案陷阱，曾国藩孱弱的身体日益衰败，学生李鸿章由此站在了曾国藩的肩膀上，成为晚清叱咤风云的巨人。

李鸿章在陕甘督军平回，正处在与左宗棠争夺陕甘总督取之不得、欲罢不能的尴尬之中，朝廷调令不但让李摆脱了尴尬，而且，促使他在另外一场权力交接中，很快攫取了最后的胜利。

平心而论，曾国藩在调查教案中，查实外国传教士实无戕害中国婴童之举，否定"教士迷拐""剜心挖眼"，而中国百姓无妄揣测、打砸烧杀，实属无理，这才是事实真相。但等到曾国藩沿用他坚持"把洋人也当人看"的惯有外交思想，向朝廷上《查明天津教案大概情形折》后，不知何因，此折竟然被披露，顿时朝野哗然，曾氏被骂得狗血喷头，就连以曾国藩为荣的湖南同乡都对他口诛笔伐，曾国藩声名尽毁。他"外惭清议，内疚神明"，李鸿章却从此中窥破再次趁风扬帆的"天机"。

与剿捻方略一样，李鸿章觉得同样要按照曾国藩的策略去平息天津教案。横亘在自己眼前的最大障碍，不是朝廷赔款，而是惩处中国百姓。清政府为求自保，不惜赔款割地、剿杀无辜民众。

惩处百姓即是缉拿"乱民"，缉拿"乱民"又会激起民愤，为了让自己未来的官宦之途更加顺畅，李鸿章暗施计谋。

他再次祭起师徒情义的大旗，以身体有病为由，待在直隶总督任所保定。李鸿章不想刚到天津，即以"恶人"身份示于天津民众。他"情真意切"地给老师曾国藩写了一封信，诚恳地说自己身体因为"冒暑远行"，需要暂时休息，请老师先抓"凶犯"，自己随后就到，云云。意思极其明了，直接要老师曾国藩为他扫清一切障碍，然后他才粉墨登场。

曾国藩对于学生李鸿章的包容，简直到了逆来顺受的地步，几乎无人能及。剿捻换将，交接官防大印，李鸿章盛气凌人，曾国藩虽感到有失颜面，但还是忍气吞声强作镇定。李鸿章接手天津教案，再次故技重施，要老师曾国藩用视为生命的声名给他铺平道路，心机不可谓不深，行事不可谓不绝。但曾国藩义无反顾地照做，不但没有生气，而且语重心长地一一嘱咐，对学生毫无保留地倾囊以授。

与其说这是一种君子风度，不如说是一种文化基因。

曾国藩为人处世历来小心严谨，但越到晚年的曾国藩，其性格中的"严谨"逐渐转变成"拘谨"。一个人处世谨言慎行本来没有错，但"严格"变成"拘束"，"约束"转为"束缚"，则失之过严。曾国藩在处理天津教案中，依然延续了剿捻时的左顾右盼、上下思量，拘谨日盛。《查明天津教案大概情形折》"惹出"麻烦后，曾国藩遭受朝廷施压和御史弹劾，甚至出现了抑郁症状。与此同时，李鸿章却一如既往，不但坚持自己立场，而且更加意气风发，他快马加鞭、马不停蹄，迅猛紧逼，为夺取成功不顾一切。

受时代局限，再加上性格因素，曾国藩仍然沿袭私相授受的人治思维来完成权力交接，注定要为黑暗封闭的官场体制而献祭牺牲。而同样生存在封建纲常里的李鸿章，却早早悟透了"成王败寇"的官场法则，熟谙封建官场的权力运行规则。在这样的规则面前，慈悲就意味着失败，官德与人品往往只有形成反差，一个人才有可能在官场立于不败之地。因为道理非常简单：当一种制度根本已成为腐水源头，就不要指望其中的每一条鱼能够独善其身。

曾国藩和李鸿章不可能不明白这样的道理。他们也许是以无奈的方式配合着演了一出双簧，以便"肥水不流外人田"，曾国藩以自我牺牲的方式把恶人当到底，而李鸿章也能继续在官场传承曾氏衣钵。至于事实真相到底如何，已经不再重要，重要的是，记住历史并从中吸取经验教训，时代才会进步。

海防塞防

天若有情天亦老，人间正道是沧桑。

原以为靠"片板不入海"的海禁政策，闭关锁国就可以高枕无忧的清帝国，在道光二十年（1840年），被远渡重洋的英帝国炮舰轰破了夜郎自大的美梦，从此凄凉末日的倒计时开始启动。特别是后来居上的倭寇，竟然频频袭夺琉球、台湾诸岛，对一直依附华夏的朝鲜王朝也虎视眈眈。为图自保，维持清廷统治，再徐图自强，发展洋务在一部分当权人物和某些开明士大夫中间开始形成共识。

作为曾国藩之后的权臣，左宗棠、李鸿章算是极为罕有的"睁眼看世界"的人。日本袭台、清廷赔款之后，李鸿章意识到迅速建立强大海军、尽快加强清帝国海防的重要性。

在西北边疆，沙俄趁阿古柏侵扰新疆之际，出兵占领伊犁，对内陆形成严重威胁，左宗棠忧心如焚。清廷此时已是强弩之末，财政枯竭，内乱频仍。作为清廷两大支柱的左宗棠、李鸿章，分别担任陕甘总督与直隶总督。朝廷财政不能同时支撑海防、塞防，孰先孰后、孰轻孰重成为争论焦点。

面对列强环伺危局，左宗棠提出西域乃内地屏障，若新疆不保，则蒙古即危，甘肃、陕西、山西将沦为边疆，进而危及京师："是故重新疆者，所以保蒙古；保蒙古者，所以卫京师。西北臂指相联，形势完整，自无隙可乘。若新疆不固，则蒙部不安。匪特陕、甘、山西各边时虞侵轶，防不胜防，即直北关山，亦将无晏眠之日。"新疆不仅是抵御外敌入侵的重要战略要地，而且是康乾以来经营的"祖宗产业"，左宗棠认为坚决不能放弃。

与左宗棠意见相悖的李鸿章，却认为只有重视沿海防务，才能拱卫京畿要地。而西北边陲，山高路远，防守备艰，不但耗资巨大，而且将因此让海上防务受到重大影响。

他认为，自唐宋时起，东南沿海即成国家富庶之地，是财政税收的重要来源。假如"辇东南以供西北"，则是用江南财税养西北荒凉之地，不但西北不一定能长治久安，而且东南海疆有可能被日本等国威胁："泰西虽强，尚在七万里之外，日本则近在户闼，伺我虚实，诚为中国永久大患。"如此还不如"惟有分别缓急，择尤为紧要处"设立海军。

李鸿章一生对日本特别重视，从开始的"联日"到后来的"抗日"，可以说他对日本的认识较为清晰，强调海防的重要性也非常正确。

左宗棠在担任闽浙总督时，对沿海防务已经相当重视，在福建马尾建立造船厂，而且创建了中国第一所海军学校。他在强调收复新疆重要性的同时，对海防同样重视，主张两者都不能疏忽："窃维时事之宜筹，谟谋之宜定者，东则海防，西则塞防，二者并重。"

李鸿章的老家在安徽，而左宗棠的老家在湖南，据说李重海防、左重塞防或海防塞防并重，有为乡梓考虑的因素。其时李、左皆为朝中重臣，早已把天下四海当家，即使有此念，家国一体，也无可厚非。

平心而论，左、李的塞防、海防之争，虽然争论激烈，但以他们为代表的辩论双方，都是忠君爱国之士，目的在于维护清王朝的统治，保卫大清领土完整。左李形同家庭的两个强悍之子，都竭力想要维护家庭利益，无奈不能同时得到家庭财物上的支持，朝廷作为"家长"，自然不肯让"家庭利益"受损，但财政捉襟见肘，徒奈何哉。他们观点各有不足，方式也各有不同，唇枪舌剑背后亦有自身权益的考量。

李鸿章接过老师曾国藩的剿捻大任，已经取得卓越事功，并且在天津教案中又获得外交权力加持，此时身兼直隶总督及北洋通商大臣，如果再创建一支维护海防的海军，不但对觊觎中华的外国列强能起到威慑作用，同时维护扩大了自己的权力，他当然不愿意西征的左宗棠更多地耗费本就薄弱的朝廷财政。所以李鸿章要不惜一切代价阻止左宗棠收复新疆，竟提出这种荒唐说法：

新疆乃化外之地，茫茫沙漠，赤地千里……倾全国之力，徒然收数千里旷地，增加千百万开支，实在得不偿失……

左宗棠何尝不明白李鸿章打的算盘，但他没有轻易作诛心之论，而是就事论事上奏：

> 天山南北两路粮产丰富，瓜果累累，牛羊遍野，牧马成群。煤、铁、金、银、玉石藏量极为丰富。所谓千里荒漠，实为聚宝之盆。

他说海防确实重要，但有浩瀚海洋阻隔，倭寇一时不能逞强；西边陆地若失，再难收回。在左宗棠看来，收复新疆是维护国家领土完整的正义之举，他因此正式提出"海防塞防并重"的理念。

不断拉锯论争后，李鸿章的北洋水师在朝廷的支持下创建起来。但是，北洋海军成立以后立即处于停顿状态，直到光绪二十年（1894年），没有添置一艘战舰，甚至连必要的维护，也经常因为经费紧张而陷于停滞。最终，这支苦心经营起来的近代海军，在甲午海战中被日本侵略者彻底粉碎。

李鸿章是晚清最早了解西方国家和展开外交斗争的大臣。他在促进清朝外交体制近代化和采取外交手段处理列强入侵等事务中发挥了重大作用。但他私心大于公心，目光短浅并且派系意识严重，不但对现代军制了解较少，更疏于管理，在与日较量中败于下风，难辞其咎。

在"不能丢掉祖宗家业"，害怕"留下万世骂名"的慈禧支持下，左宗棠独辟蹊径，促使英俄从最初支持新疆反叛势力阿古柏对抗清廷，到转而支持清廷对付阿古柏，一举收复新疆，其功绩传颂久远。

借力打力

晚清时期，毗邻中国西北边疆的浩罕汗国（今乌兹别克斯坦）一股军事势力的头目阿古柏，趁清廷内外交困、狼烟四起，侵占包括喀什噶尔、和阗、阿克苏在内的南疆地区以及迪化、吐鲁番等地。

当时的世界大局，被有些史学家称为"英俄百年大博弈"。英国自1815年拿破仑战争结束，确立了世界霸主地位；之后，俄国取代法国，成为英国霸权最大的挑战者。英俄两国在世界范围内相互抗衡。克里米亚战争结束不久，沙俄和英国的竞争焦点转向亚洲。中国新疆处于亚欧腹地，被形象地称为"亚洲枢纽""亚洲心脏"。新疆成为英国阻止沙俄南下的战略要地。沙俄和英国为了在新疆扩大势力范围，都不同程度地支持阿古柏势力。

沙俄抢先以"代管"和保护侨民为借口，侵占伊犁地区，并扬言攻占迪化。英国则妄图在新疆成立一个隔绝沙俄势力的"缓冲国"。阿古柏在沙俄和英国的支持下，建立了伪政权，中国西北边疆局势岌岌可危。左宗棠早就深刻认识到新疆的战略地位，指出新疆不仅是国家的西北屏障，更是丝绸之路的关键节点，是连接中国与中亚、西亚乃至欧洲的桥梁。"收复新疆，蒙古稳固，京师方安"，慈禧听到新疆不保，京师难安，于是下定决心收复新疆。左宗棠取得清廷支持，以甘肃肃州（今酒泉市）为大本营，筹备西征，开始收复新疆。

西北用兵，"筹饷难于筹兵，筹粮难于筹饷，筹转运难于筹粮"。西征路途遥远，必须提前筹划好进军和补给路线。当时清廷财政捉襟见肘，几乎到了难以为继的地步。慈禧太后只能给西征军两百万两银子的军饷，要求各省协饷三百万两。这和后来收复新疆的实际花费相比，实在是小巫见大巫。左宗棠千思百虑，从世界局势中寻找破解财政困难的办法，决定向外国银行借贷，通过"外援"解决西征军饷。这可是一箭双雕的绝招，既解决了军费之需，而且让成功收复新疆加上了额外的保障。

清王朝的信用在洋人眼里已经大打折扣。要想从洋人手里借到钱，只有通过像胡雪岩这样颇有影响力的个体商人从中斡旋，以他们的身家信用担保、用清政府的税收作为抵押，向英国汇丰银行这样的外国大银行贷款。

英国当时是世界强国，虽然暂时没打算入侵新疆，但不愿看到俄国占领新疆，从而南下进逼印度。英国也想利用清政府打击阿古柏幕后的支持者沙俄。所以，汇丰银行在其他银行都不愿意借钱的情况下，愿意以高额利息借款给清朝政府。阿古柏已经与英国结交，左宗棠希望以借款的方式，将英国拉到清政府一边，让英国不再支持阿古柏叛军，转头支持清廷收复新疆的行动，从而抵消俄国在新疆的影响力。

左宗棠借英国人的钱，用来攻打与英国建交的阿古柏势力，英国人唯恐清廷失利，借出去的钱打了水漂，只好全力以赴支持清廷西征军。

以清王朝当时的实力，既难与俄国抗衡，也不能得罪英国。收复新疆又势在必行。左宗棠如此策划，无异于借英国人的力量对付俄国人。"今亮"确实不是浪得虚名，也只有当时已经取得赫赫功名的左宗棠，才有胆量、能力提出如此方略。不但如此，左宗棠还密切关注俄国方面的情报。

俄国人一直暗中收集情报，以评估清廷收复新疆的实力，他们派出一批间谍伪装成商队来到兰州。左宗棠早就获悉这些俄国人的目的，故意装傻，还让他们参观制造武器的兰州机器制造局。俄国人惊讶地发现，在这么偏远落后的地方，清朝的兵工厂竟然制造出了质量不差的枪炮。俄国人见状，快速作出反应，提出为清军代购粮食，条件是左宗棠答应让俄国商人来中国西北地区经商。左宗棠假装考虑了一番，答应了俄国人的要求。表面上看，"清俄贸易"是清廷和沙俄在做生意，其实是清廷联俄抗英。

如此一来，先前支持阿古柏与清廷作战的英、俄，不约而同转变了立场，转过来支持清廷，情况逆转。左宗棠艺高人胆大，使出的这一招"借力打力"，使胜利的把握大大增加。

几经努力，左宗棠打败阿古柏势力后，要求沙俄归还伊犁。这时，沙俄却百般推诿，说什么新疆的秩序尚未恢复，主张先谈判后移交，甚至提出无耻要求："要想归还伊犁，须赔偿，须割地。"左宗棠听后，勃然大怒：你们占领了我们的领土，现在要你们归还，你们还想要赔偿，如此过分，我们战场上见！

左宗棠强硬的底气，同样来源于他对世界局势的了解。当时俄土第十次战争刚刚结束，沙俄不仅兵力虚弱，而且沙皇政府财政几近枯竭，假如再与清廷开战，胜败未可料也。迫于形势，沙俄只好与清廷代表曾纪泽签订《中俄伊犁条约》，虽然这对于中国仍是一个不平等条约，但收回了伊犁九城及特克斯一带地方，在领事等问题上也收回一些权利。当时的一个英国外交官事后评论道："中国已迫使俄国做出了它从未做过的事，把业已吞下去的领土又吐出来了。"

西征成功后，清廷强化了对新疆的管辖，最终将其纳入内地的行省体系。

左宗棠以无畏的勇气和坚定的信心，为中国的领土完整立下不朽功勋。他如同汉霍去病、唐郭子仪，成为时代的象征、国家的骄傲。左宗棠收复新疆，展现了中国人民的爱国情怀和不屈意志。

三

被摆布的“棋子”

晚清四大奇案之一，“张汶祥（也作“张文祥”）刺马案”影响甚广。据此拍摄的影视作品《刺马》《投名状》，更是将晚清两江总督马新贻任上被刺身亡事件演绎得活灵活现。“刺马案”的背后，是以慈禧为首的朝廷中央政权，频频挑动汉族军事力量相互抗衡之后，再一次与以曾国藩为首的湘军地方权力的重大博弈。君臣之间，你死我活，人人脑洞大开，个个手段用尽。最后的结果，令人唏嘘。

千古奇案

如何将阅世极深、老谋深算的曾国藩变成自己手中一颗可以抵挡千军万马的棋子，这是不到四十岁的慈禧日思夜想的一件大事。经过深思熟虑，诡计多端的慈禧太后终于想出了一条计谋，将办事干练的浙江巡抚、山东菏泽回族人马新贻，变成她手中另外一颗棋子。

按照惯例，每月二十五日是总督阅兵日。同治九年（1870年）七月的这天，因为下雨，阅兵推迟一天。二十六日，天气放晴，两江总督马新贻例行公事检阅。完毕之后，在一群人的簇拥下，他仍然选择阅兵场旁边的小道，从侧门进入官衙。

"大人，申冤啦！"

突然，有人大叫，马新贻止住了脚步。往日像这样拦路申冤的事时有发生。马新贻"持躬清慎，办事公勤"，被清廷认可，说明他是一位能吏。说时迟那时快，只在一瞬之间，拦路人手中的"告状信"变成一把锋利的匕首，毫不留情地刺进了总督大人的右胸。侍卫们还没有反应过来，马新贻已经倒在血泊之中。

行刺者竟然不逃，镇定自若，口中大叫："吾乃河南河阳人张汶祥也。"乖乖束手就缚。第二天下午，马新贻不治身亡。

诡异的事情还在后面。

马新贻这边刚刚被刺，总督大人"死亡"的消息已经满天飞，并且死因众说纷纭。广为传播的"死因"之一，是说马新贻曾经被捻军所俘，为求自保，与捻军小头目张汶祥等人狼狈为奸，带领张汶祥等部分捻军投降清廷。马因此官职连升，张汶祥等人也谋得一官半职。

不过，"马张联盟"因为一个有些姿色的女人，开始崩溃。

张汶祥有个结拜兄弟叫曹二虎，放不下年轻貌美的小妾独守空房，不顾张汶祥反对，接来小妾享受荣华富贵。不出张汶祥所料，色胆迷天的马新贻很快与曹二虎小妾勾搭上了。并且，马新贻想长期霸占曹二虎小妾，于是设计害死了曹二虎。张汶祥愤而报仇。

几乎在马新贻被刺的同时，马总督"贪色身亡"的故事通过口授声传，甚至戏文公演，闹得天下皆知。这更像是提前设计好的戏码。

"刺马案"发生以后，朝廷很快得到消息。得知封疆大吏被庶民手刃，上面的态度却明显异常。

虽然慈禧谕令"加紧破案"，但对参审官员上奏的"凶手报复杀人"不置可否。表示"不胜骇异"的同治皇帝、亲自出面的慈禧太后，派出漕运总督张之万（晚清四杰之一张之洞兄长）、刑部尚书郑敦谨，且急令直隶总督曾国藩迅速回任两江总督，严旨"此事案情重大，断不准存化大为小之心，希图草率了事"。其势盛大，状若掀天覆地，实际上却避重就轻、不置可否。

"督臣遇害，疆臣人人自危，其中有牵掣窒疑之处，应派亲信大臣彻底根究，勿使稍有隐饰。"

给事中王书瑞在朝中大臣议论纷纷中上奏，代表朝臣希望深挖凶案幕后主使、严惩凶犯。

马新贻的祖上搬迁至山东菏泽，至他这一代已经是第十八代。他通过科举考试步入官场，靠镇压太平军封官晋爵。但是，他的回族身份给他带来了麻烦。

应该说，与李鸿章、郭嵩焘同年的马新贻，智商、才干、忠诚等都不亚于他的同门师兄弟，在晚清政坛上，他是受慈禧信任的封疆大吏。同时，他的才能和政绩也得到包括曾国藩等在内的湘系势力认可和赞扬。但他的生命最后终结在四十九岁，作为棋子，他难逃被摆布的命运。

从浙江巡抚升任闽浙总督，应该是值得庆贺的事，但让人觉得蹊跷的是，在京师觐见慈禧的马新贻，出殿时朝服都被汗水湿透了。离京赴闽之时，马新贻乞假回乡，不但祭祖，而且对自己有可能遭遇的事情，暗中对兄弟们作了交代。提醒家人自己假如遭遇不幸，一定要忍气吞声，不要去找朝廷告状，如此方可保一家平安。据说马家兄弟、父子在家里悄悄抱头痛哭，说明马新贻已经预料到自己将从此踏上死亡之旅，却毫无化解之法。

事情果然按照预定的轨道发展。马新贻从闽浙总督任上调任两江总督，同时兼通商大臣。对这种"火箭升迁"，马新贻并不觉得幸运。可悲的是，转任两江总督之后，虽然马新贻马上以"保境安民"为由上奏，迅速选练精兵，同时延续一贯施政方针，对境内恩威并用，抚剿兼施；对任内发生的安庆教案也作了强硬处置，防止事态进一步恶化，但马新贻预料到的命运结局还是很快到来。

广为流传的刺马案由，包括"马新贻勾结回人叛乱暗中叛清""曾经为捻军俘虏，后霸占结拜兄弟之妻"等等，版本很多，但最后仍然以最初结论结案：

"凶犯张汶祥曾从发捻，复通海盗，因马新贻前在浙抚任内，剿办南田海盗，戮伊盗伙甚多……该犯旋至新市镇私开小押，适当马新贻出示禁止之时，遂本利俱亏。迫念前仇，杀机愈决……"

其中"案由"倒是说得有条有理：刺杀马新贻的凶手叫张汶祥，做过捻军，当过海盗。马新贻在浙江担任巡抚时，杀了张的许多同伙，使其怀恨在心。再加上张妻罗氏被一个叫吴炳燮的人诱拐，张拦轿告状，马新贻没有理睬，张对马积怨更深。恰巧在这时，原来的海盗同伙龙启法找到张汶祥，要他寻机刺杀马新贻。在龙启法等人的帮助下，张到新市镇开了一家小当铺潜伏下来。不巧的是，马新贻推行新政，张的小店被迫关闭，本利全失。新仇旧恨促使张刺杀马之心更炽，终于在两江总督衙门旁边的阅兵场上，发生了这样的不幸事件。说马新贻因为强力施政得罪乱匪，后未接审"冤案"，导致"仇杀"，属于偶然激起"民愤"被害案件。

其实，马新贻并不认识张汶祥。在马新贻被刺伤重，临终口授并由嗣子马毓桢代书遗言中，马新贻对事件经过有详细描绘：

"行至门口，突有不识姓名之人，以利刃刺臣右胁肋之下，深至数寸，受伤极重……臣昏晕数次，心尚明白，自问万无生理……而现当边陲未靖，外患环生，既不能运筹决策……又不能御侮折冲，为海内弭无形之祸……"

正是这封遗书，透露出了一个惊天秘密。

马新贻的遗书中说他不认识刺客，那么最后结案的描写就是子虚乌有。最重要的是，马新贻在遗书中还透露了另外一个意思：他对没有办好慈禧太后交代给他的事，表示愧疚。那么，是什么事让马新贻死不瞑目呢？

这就得从晚清皇室极力维护统治权说起。

坐山观虎斗

清朝晚期内外交困，几乎到了走投无路的地步。越是到了这样的时刻，朝廷越担心权力被侵夺。为了保住统治地位，清王朝对外屈膝投降，对内残酷镇压，采取恩威并用、拉拢利诱的手段，笼络深受儒家思想影响的汉族杰出人物，使出九牛二虎之力，耗尽了国家财富，终于平定各路起义，暂时安抚了外国列强。

鸟尽弓藏，兔死狗烹。大清朝廷时刻担忧立下汗马功劳的汉族精英可能"反戈一击"，那将可能比先前被镇压的起义力量更加可怕。为了稳固自身政权，统治者不但对无辜民众死活从来漠不关心，而且听任掌握重大兵权的满汉大臣各自分化，甚至玩弄起鬼蜮伎俩，挑动掌握军事力量的汉族重臣互斗，他们好坐收渔翁之利。

无论是进剿太平天国起义军，还是平定回、捻，曾国藩、李鸿章一脉相承，举起屠刀，对任何胆敢与朝廷对抗的起义军无情剿杀。他们想通过"报效朝廷"而尽早建功立业，踏着无数死亡者的尸体步向他们所谓的成功之巅。曾、李认为杀降理所应当。站在他们的立场，不管是否草菅人命，自己加官晋爵才最为重要。

左宗棠也镇压过不少起义军，但他对民族起义参与者还抱着一丝同情。特别是在陕甘镇压回民起义时实行"剿抚兼顾"，只对顽抗不降的头领实行镇压，对大多数附从者网开一面，甚至对部分愿意改弦更张的领头人物也予以赦免，这有利于民族团结，也为朝廷后期统治打下了稳固的基础。

太平军建都天京，咸丰皇帝将绿营精锐集结起来，命满人担任统帅，但都被太平军击溃。手中再无能将精兵的咸丰，只好继续委任湘军统帅曾国藩为攻打太平军的总指挥。为了防止曾国藩独取攻占天京首功，清廷不断催逼已成气候的淮军统帅李鸿章前往助攻。

曾、李在权力场中摸爬滚打，师生之间已有默契，李鸿章不肯得罪曾氏兄弟。于是，候守常州的李鸿章舍近求远，转而南下浙江，去左宗棠管辖范围内"帮忙"。

眼看李鸿章不打招呼到自己"锅里抢食"，左宗棠气不打一处来，不但立即向咸丰皇帝告状，还给曾国藩写信，告李鸿章兄弟在浙江境内胡作非为：

> 西塘之役，纵火大掠，闻因其六弟不能禁戢士卒所致。少荃（李鸿章）因此迁怒嘉善汤令成烈而撤之……沪饷不欠一月，浙饷已欠一年，尚复专谋挹注如此！岂浙亡而沪可独存耶？亦可咍矣！

左宗棠向曾国藩诉苦说，李鸿章这人不守规矩，所辖淮军在浙江境内就像土匪，烧杀抢掠不成体统。不但如此，还任意裁撤朝廷命官，随便任命有钱的富户、杀人越货的土匪为地方官吏，诱导他们去搜刮老百姓。浙江地方一片咒骂之声。李鸿章管辖的淮军军饷一月不欠，我在浙江的楚军已经欠饷一年。这样下去，你让我怎么带好楚军？

自然，曾国藩对左宗棠的抱怨，不会作实质性的回复，对李鸿章也不会公开谴责。左宗棠知道曾国藩与李鸿章沆瀣一气，自此与李公开交恶。这些"下情"，通过不同渠道迅速"上达"，朝廷掌握之后，暗自窃喜，不但不劝告调解，反而希望汉族精英势力更加分裂。两虎相争，要么都亡，要么都伤，要么一死一伤，无论哪种情况，都是朝廷喜闻乐见的。这是封建社会体制下皇权核心的驾驭之法。

随后，在朝廷安排下，左李开始联合追剿捻军。左宗棠负责追剿的西捻军一度被撵至京都一带，朝廷震惊，下旨斥责左李二人。李鸿章认为自己无辜被"牵连"，气极生恨，写信给三弟李鹤章抱怨：

> 左公放贼出山，殃及邻人。若使办贼者获罪，何以激励将士？侍心如古井，恨不投劾归去，断不以目前荣辱介怀。

说左宗棠剿捻不力，让自己也受到牵连，朝廷这样是非不分，让有功之人代人受过，令人寒心。他都恨不得挂冠而去，再不稀罕什么功名荣誉。这当然是李鸿章私下里发的牢骚，真要他放下权杖，除非他死了。

剿灭西捻军之时，李、左再次重复当年曾氏兄弟攻陷天京"伪幼天王漏网"之事：西捻军首领张宗禹是投河自杀还是逃走？李鸿章气得向老师曾国藩"吐槽"左宗棠："阿瞒本色，于此暴露。"李、左之争，非当年曾、左的"国事之争"，是真真正正的"权力之争"，甚至进一步演化到了泼妇骂街的人身攻击。

左宗棠不畏李鸿章阻挠，终于凭借慈禧支持收复新疆，进而以此功入值军机处。因母丧回家丁忧的李鸿章，眼见左宗棠一跃而成朝中重臣，极不服气，讥骂左宗棠为"破天荒相公"。驻守四川的总督刘秉璋说："李文忠（李鸿章）与左文襄（左宗棠）皆当世之英，两强相遇，各不相下，久之遂生意见。"

清王朝利用曾左李镇压农民起义，同时对汉族精英发展起来的武装力量提心吊胆。以曾左李为首的湘楚淮军分崩离析，在清廷看来是最好的结果。曾、李是师徒，瓦解他们最好的办法是挑动他们相互争功；曾、李与左互不隶属，离间他们，最好是引起他们狼争虎斗。所以清王朝一边以军功激励，驱使曾左李为他们的腐朽统治卖命；一边又提防有加，不断挑起事端，促使曾左李三者互斗。

当然，曾左李不可能不明白朝廷用心。左因为不似曾、李一样擅长培植个人势力，况且楚淮两军到底均隶属湘军，慈禧最忧惧的是"振臂一呼，应者云集"的曾国藩。曾国藩只能委曲求全，自求裁撤湘军。

暗斗太后

人因为欲望而希望拥有权力，拥有权力最根本的保障就是武力。曾国藩一生誓做"圣人""完人"，极力克制欲望，统率湘军攻陷太平天国的首都天京，收复天京之后，马上主动请求裁撤数量多达三十万之众的湘军，以示自己"绝无二心"。这是熟读史书的曾国藩为求自保的"明智之举"。但以慈禧太后为首的朝廷，对曾经威势赫赫、现在余威尚存的湘军，一直不敢掉以轻心，一有风吹草动，便胆战心惊。

曾国藩裁撤湘军，遇到的困难之一是朝廷欠饷一时难以结清，脱去军服的湘军盘桓不去；而且，湘军久在外为兵，已经习惯了半匪半民的浪荡生活，即使离开湘军大营，转身即投哥老会等带有"黑社会"性质的帮派组织，不愿意再回老家种田为业。

在太平天国的主战场江南一带，大批不再有组织约束的前湘军如脱缰野马，成为社会不稳定因素，对清廷构成新的威胁。

掌控朝廷实权的慈禧太后认为曾国藩虽然手无重兵，但对解除了武装的原湘系官兵仍拥有重大影响力，每思及此，心情复杂。曾国藩一手打造了湘军，湘系人马始终听信于他。只有消除湘军，才能彻底解除朝廷的隐忧。

此时太平军余势不时蜂聚骚扰，捻、回起义烽火正炽，其他各种义军风起云涌，外国列强又不断挑起事端，左宗棠的楚军、李鸿章的淮军成为内镇外御的主力。能够影响整个清廷局势的人，还是曾国藩。牢牢把控曾国藩，成为慈禧太后维持大清王朝不至于过早衰亡的救命稻草。

将曾国藩还未解散的三万湘军调往剿捻前线，对垒二十万捻军，这是慈禧的一箭双雕之计。湘军胜则捻军灭，湘军败则曾国藩的武装力量将被彻底消灭。无论胜负，朝廷都能暂时喘过一口气来。

曾国藩沿用一贯的"结硬寨，打呆仗"作战方式对付捻军，虽稳但慢，耗时费力，后勤花费颇巨。曾国藩不放心后方粮饷供应，再加上要提携胞弟，于是奏请朝廷，派胞弟曾国荃前往湖北帮自己协调后勤。

慈禧早在湖北安插旗人亲信官文，眼见捻军势力越来越不可挫，也担心夜长梦多，此时更希望尽快剿灭捻军，于是同意了曾国藩的请求。

谁知性格刚烈如火的曾国荃不似大哥曾国藩那样老成持重、儒缓宽容，刚到湖北，就和贪腐少能的官文杠上，两人相互弹劾的奏折，不断飞送到慈禧手里。曾国荃打仗勇猛，却不像老奸巨猾的官文那样有计谋。仗着夺取天京首功，曾国荃更不把官场老油子官文放在眼里。几番较量下来，刚硬耿介的曾国荃反倒被都察院弹劾。

慈禧本来想着借用曾家兄弟尽快铲除捻军，哪想这曾老九凭空添乱，不由得想起曾国荃攻下天京，将天王府传说中的宝藏搜刮一空，然后一把火焚踪灭迹的旧事，心中怒火陡起，忍不住想杀鸡给猴看，要将曾国荃官降二级。

事涉湘军日后安危，曾国荃又是自己胞弟，曾国藩肯定不甘任人宰割。眉头一皱，城府颇深的曾国藩计上心来，联络同属湘军势力、正在力抚回族起义军的左宗棠一起向慈禧弹劾官文。左宗棠虽对曾国藩感情复杂，但对和自己一样性情的曾国荃倒也惺惺相惜，而且弹劾官文也是对自己所率楚军的一种保护。于是，同在前线的两员汉人统帅，分别向慈禧上书。

左宗棠揭批官文劣迹，弹劾官文；曾国藩表面赞同左宗棠"说得有理"，故作公允，要朝廷"从轻发落"。一唱一和，相互呼应。剿捻平回战事正炽，慈禧一看曾、左奏报，不禁为之一震。湘军、楚军源自一系，曾、左同为汉人，打断骨头连着筋，慈禧深恐得罪这两位前线统帅，赔了夫人又折兵，只好顺坡下驴，迅速撤掉官文湖广总督职位，换上李鸿章兄长李瀚章，借以安抚湘系势力，赶紧平息了事端。不过，慈禧内心对汉人集团更加忧虑恐惧。

老谋深算的慈禧不但想尽快镇压捻军，也时时思谋着要再挫曾氏兄弟的锋芒，以免在这多事之秋再添忧烦，于是马上用果断明快的李鸿章换替儒缓朴拙的曾国藩，继续剿捻。李鸿章不负所托，剿捻成功。曾国藩因为贡献了剿捻方略而被朝廷授予武英殿大学士，成为汉官之首，从两江总督任上升调至直隶总督。

直隶总督负有拱卫京师之责，为清廷总督之首。曾国藩心知肚明，慈禧升调自己，是一箭双雕，表面上是给自己提官升职，实则是顺理成章让自己离开江南去往北方任职，真实的目的是将自己与湘军隔离，彻底剥夺自己对湘军的控制权。驱离曾国藩这个"蜂王"，再慢慢消灭"蜜蜂"一样散布于江南一带的前湘军，慈禧自以为得计。

哪知人算不如天算，在直隶总督任上的曾国藩遇到了天津教案。曾国藩本想按照自己一贯坚持的"以诚待人"原则，"秉公处理"天津教案，哪曾想调查事实的布告一出，天下沸腾。曾国藩"外惭清议，内疚神明"，摆不平洋人，又将是一场祸事。

真是屋漏偏逢连夜雨，船迟又遇打头风。事有凑巧，正在这时，两江总督马新贻遇刺案发生，老谋深算的慈禧心中暗叫不好，先前布下的"棋子"马新贻果然被敲掉。"刺马案"背后隐藏着巨大玄机，慈禧马上应变，让曾国藩重新回任两江总督，担任这桩离奇被刺案的审案官。

慈禧太后让"蜂王回巢"，要么拿住把柄，一把火烧了这"蜂巢"，要么让"蜂王"约束手下。

神仙打仗

封建王朝的权力斗争，不但有皇族内部的权力争夺，还有核心集团与权臣之间的争斗。不是所有的"争"都是明枪明炮的轰轰隆隆，没有硝烟的"争"也许比血火飞溅更残忍。"刺马案"成为晚清奇案就在于权谋讳莫如深。它的隐蔽性和不确定性掩盖了事实真相，堪比"神仙打仗"。普通民众不明白高高在上的"神仙们"所思所想、谋篇布局，自然对"莫名其妙"发生的事情觉得奇怪。

朝廷重臣身边有重重护卫，在众目睽睽之下被杀，本就是一桩奇事，而被害者早就预知结果，更是奇上加奇。死者死不瞑目，却不是为自己喊冤，而是遗憾没有完成太后"交代给他的事"，更是奇诡。

以现有史料合理推测，这件被后世认定的"千古奇案"，是君臣相斗，"神仙打仗，凡人遭殃"的典型事件。追根溯源，还得回到湘系势力威胁朝廷安稳之上。

曾国荃攻取天京之后，曾氏兄弟不仅没有上交传说中天王府里"堆积如山的金银财宝"，而且让幼主洪天贵福逃脱，慈禧太后曾直接降谕旨给曾国藩，要求彻查天京金银下落：

> 卿以儒臣从戎，历年最久，战功最多，自能慎终如始，永保勋名。惟所部诸将，自曾国荃以下，均应由该大臣随时申儆，勿使骤胜而骄，庶可长承恩眷。

一边继续给曾国藩戴高帽，一边猛敲警钟，暗中威胁不但要追缴天王府财宝，而且饬令湘军搜剿漏网伪幼主。这是朝廷对湘军首领曾氏兄弟的要求和谴责，其实慈禧太后想借此事逼迫曾国藩"自觉"裁撤湘军，武力威胁才是悬在朝廷头上的利剑。

慈禧太后历练经年，更善权谋。她先斗倒肃顺，诛杀顾命八大臣，再罢免恭亲王，后来斩戊戌六君子。即使对亲生儿子同治皇帝，以及光绪皇帝，都高压操控管制。五十年垂帘听政，发动三次政变，虽然曾幼稚地向十一国同时宣战，但慈禧玩弄权谋的手段，可以说炉火纯青。

裁撤湘军之后，失去了约束的前湘军又变成了让朝廷头痛的乱匪，再加上大小官吏，不但大多是湘军出身，而且遍布整个南方，其势力不容小觑，更加不易控制。慈禧太后只好重新挥动曾国藩这面大旗，让他出面压住阵脚。

同时，慈禧太后试图借机彻底铲除曾氏，让清廷不用再担心这股汉族武装力量，杜绝随时可能发生的意外，以保她"家天下"的安稳。

此时已经不再受曾国藩统领，也不再从曾国藩手里领取俸酬的前湘军将士，不会与曾国藩保持一致的想法，也不会再事事遵从曾国藩的意志。湘系势力发现马新贻替慈禧收集湘系把柄，对己构成巨大威胁时，便不惜一切代价刺杀了马新贻。曾国藩是湘军大佬，虽然不会参与其中，但他不可能不熟悉湘军的这些手段，但为了保护湘军名声，只能保持沉默。

慈禧太后知道两江（江西、安徽、江苏，清朝上海属江苏管辖）是湘系势力范围，让对她忠心耿耿的马新贻坐镇两江，其实是对湘系势力的小心试探。

如果能干机敏的马新贻能调查出湘军在天京贪腐作乱的证据，那慈禧肯定会果断举起屠刀，杀无赦；如果马新贻查而无果，甚至因为触犯湘系利益，陡然遭遇不测，那时她要么彻查到底，要么在遇到强大阻力时猛敲一通锣鼓，吓唬吓唬，然后收场。不管走哪一条道，都能起到敲山震虎的作用。

马新贻很不幸，果然半途毙命。慈禧于是走马灯一样换人，轮番派遣要员去两江，希望借助她倚重的朝廷重臣干吏，揭开潜藏在湘系势力背后的黑幕。

哪知这些官场老手，刚刚接触马案就猛然惊觉这里面深不可测，暗藏极大危险。没有人愿意像马新贻一样，为慈禧卖命。曾国藩更是老练，以"棉花接铁拳"的方式，将慈禧打来的"夺命连环掌"轻轻松松化解。

马新贻被刺，等于湘系势力与大清朝廷的权力抗衡，在曾国藩和慈禧这两个善于玩弄权谋的高手面前摊牌。

经过几番角力，他们不得不各退一步。曾国藩不想最终以"谋逆"罪名毁掉一生清白，腾挪躲闪，遮掩敷衍，"判定"凶手张汶祥因"个人恩怨"报复杀人；慈禧太后不希望把湘系势力"逼上梁山"，给衰弱的政权再添劲敌，看看从直隶总督任上回调两江总督的曾国藩已经百般退让，摆出装聋作哑之势，只好顺水推舟，勉强同意结案。

沦为权力斗争牺牲品的马新贻，最后由曾国藩出面奏请朝廷赐恤，赠太子太保，给予骑都尉兼云骑尉世职，谥端愍，入祀贤良祠，在生前为官之地分建专祠。

曾国藩并不想与掌控朝政大权的慈禧太后撕破脸，他内心还是希望拱卫清王朝，尽臣子本分，做良吏贤臣。他知道，拥兵自重会遭到朝廷猜忌，所谓出头的椽子先遭烂，反叛朝廷更会遗臭万年。但失去兵权，在兵连祸结的乱世，纵使位极人臣，也将无所依傍。

军事实力可以维护实际权力，实控权力可以获取话语权，掌握话语权才有机会力保国家社稷和平民百姓。在掌控军事实力与获取朝廷话语权之外，能不能以另外一种方式求取权力平衡，从而保证既能为国家社稷奉献才智，又不被朝廷圣上猜忌打压？对此曾国藩可谓绞尽脑汁。

不是权力不可以挑战，而是掌控权力的人要有与之对应的才智、胆气、机遇、欲望。权力争斗、权谋相搏，其实就是才能相搏。权力博弈的"神仙打仗"，往往会有像马新贻这样的"凡人遭殃"。

四
算无遗策

曾国藩自知"笨""缓"，慢慢开始在"诚"和"拙"这两个字上下功夫，"以至诚胜至伪，以至拙胜至巧"，镇压太平军后，为免遭朝廷猜忌，自裁湘军，终成"圣人"；左宗棠经樊燮案后醒悟，不断历练，奉行"精明不如厚道，计较不如坦诚，强势不如和善"的做事法则，依靠胡雪岩筹款收复新疆；李鸿章更看重投机取巧，赴沪火中取栗，"揣摩上意，善察人心"之术，几乎一辈子都没有改变。李鸿章利用盛宣怀击垮胡雪岩，扫清与左宗棠争斗路上的障碍。

商场官场

在封建王朝，统治者最主要的驾驭之术就是通过权力平衡束缚权臣，通过权臣统治臣民。权臣为了悦上御下，与朝廷斗智，与同僚斗谋，与下属斗狠；皇帝作为国家权力象征，既是权臣之间的裁判，还可以左右权臣的势力和地位，在皇帝眼中"权谋争斗"是治国的一部分。

对待拥有重兵的封疆大吏，朝廷却不得不小心谨慎。一招不慎，则有可能激起惊天巨变，所以即使有心制裁拥有军政大权的重臣，朝廷也只是暗中作梗，挑动权臣相互争斗，表面上不动声色。

曾国藩去世之后，左宗棠与李鸿章之间竞争愈加激烈。他们利用身边的人，实现各自的目标；为他们卖命的人，自然也会得到好处，因为人的本性毕竟是趋利避害的。胡雪岩、盛宣怀就是"心甘情愿"被左宗棠、李鸿章"利用"，沦为这两位朝廷股肱之臣手里的"棋子"。

贫苦之家出身的胡雪岩为图生计，去钱庄当学徒。难能可贵的是，他虽好学江湖之术，尚有一丝人性善良。胡雪岩爱钱，却挣钱有"道"，发家之初，他依赖的是敏锐的观察力和赌徒般的投机心理，冒险在落魄官僚王有龄身上狂下赌注。王有龄与太平军死战身亡，胡雪岩马上投靠政治新秀左宗棠，开始在政商两界腾挪辗转，长袖善舞的天性被彻底激发。

力主收复新疆的左宗棠，与企图建立东南沿海防务的李鸿章，掀起了一场声势浩大的"海防塞防之争"。在晚清实际掌权者慈禧太后的支持下，左宗棠提出"塞防海防并重"，收复新疆的计划得以实施。

但是，频频给外国列强赔款、年年与国内起义军对垒的清廷，在腐朽没落中沦为外国列强统治中国的工具，不但财力枯竭，而且信用丧尽。左宗棠提出的借外债收复新疆策略，竟然只能依靠民间商人胡雪岩出面完成。

在全面分析世界局势之后，左宗棠竟然别出心裁，要胡雪岩向暗中支持新疆分裂势力阿古柏的英国人借钱，而且"利息越高越好"。左宗棠此举，是要把利欲熏心的英国人绑在西征收复新疆的战车上。只要能从英国人手里借到大笔银子，为了保障自己利益不受损害，英国人必定不希望看到左宗棠在新疆被打败。

左宗棠在甘肃操心西征大事，为了及时了解国际时事，他命令胡雪岩每隔一段时间就将从上海收集到的所有国内国际报纸寄送给他。除此之外，在上海帮忙筹款的胡雪岩，还利用与外国商人打交道的机会，把了解到的有用信息及时反馈给左宗棠。应该说，胡雪岩鼎力协助左宗棠收复新疆，立下了汗马之功。

无学历、无战功、无资源的胡雪岩，凭借为西征筹款的功劳，最终官至二品，赏穿黄马褂，被赐金腰牌，成为中国近代著名的红顶商人。他向洋商借来巨额外债，帮助收复新疆，是一生最值得骄傲的巅峰；至今尚存的"胡庆余堂"，仍在造福世人。

千方百计阻止左宗棠西征的李鸿章，眼见胡雪岩帮左宗棠实现了人生愿望，不但左宗棠因此入值军机处，权力远超自己之上，而且，因为朝廷支持西征，海防所需资金自然减少。李鸿章担心自己掌控的海防力量由此薄弱，在朝廷上的话语权也会减少，于是决定对左宗棠的钱袋子胡雪岩予以毁灭性打击。

盛宣怀是李鸿章一生的重要助手，也是实施"倒胡行动"的骨干力量。

比胡雪岩年轻二十余岁的盛宣怀，官宦之家出身，乡试落第后随父学习经世致用之学，"慨然以匡时济世自期"。通过父辈的人脉关系，八面玲珑的盛宣怀很快得到当朝红人李鸿章赏识，开始协助李鸿章办理洋务。开矿设厂、拓航办学、架设电报、创办银行等，盛宣怀不仅平步青云，在官场升迁频繁，还在商场上呼风唤雨。

与胡雪岩成为左宗棠的钱袋子一样，盛宣怀成为李鸿章的聚宝盆。胡雪岩是典型的"官倒"，也就是借助左宗棠这样声威显赫的朝廷官员敛财；盛宣怀是特殊的"半官半商"，他是晚清"民办官督"商业形式的受益者。在李鸿章的庇荫下，盛宣怀迅速积累了大量财富。

胡雪岩和盛宣怀都是毁誉参半的著名官商。胡雪岩除了协助左宗棠创建福州船政局、替左宗棠西征收复新疆向外商洋行贷款筹集巨额军饷，基本上以做"投机"生意为主；盛宣怀一生都是做实业赚取利润，创办企业、学校，创造了十一项"中国第一"，成为洋务派代表。

李鸿章既要名，也要利；左宗棠看重名，看淡利。作为李、左的"财政大臣"，盛宣怀逐渐走上由商致仕之道，胡雪岩借给左宗棠筹军饷之机不断捞取好处。

为了从手握大权的李鸿章手里攫取更多利益，盛宣怀对李言听计从，处心积虑攻击胡雪岩。

中法战争爆发后，主战派左宗棠和主和派李鸿章再次发生激烈争论。此时，李鸿章决定对胡雪岩致以最后一击。

李鸿章上奏慈禧：

"臣查布政使胡雪岩，在光绪四年借外债利息是一分，而胡雪岩收的是一分二厘五……"

揭露胡雪岩趁借洋债贪占朝廷军饷。慈禧大怒，吩咐光绪帝降旨：

"阜康银号闭歇，胡雪岩着先行革职，严行追究。其所有房产店铺，一律查封，以防假手移转。此案务必彻查，尔后再据刑定罪。"

对胡雪岩作出革职、查封家产的决定。

"道员胡光墉，素敢任事，不避嫌怨。从前在浙历办军粮、军火，实为缓急可恃……臣入浙以后，委任益专，卒得其力。实属深明大义，不可多得之员。"

接受胡雪岩情报、军饷、武器资助的左宗棠，对胡给出正面评价，却抵不住被慈禧誉为"再造玄黄"的李鸿章的无情诋毁。

左宗棠称赞胡雪岩："生逢其时，财色双收：官居二品，商界知名。"胡雪岩回复：我是天从人愿，赌博一生，看似风光无尽，实则如履薄冰。可见，胡雪岩对自己有清晰的认识。

你死我活

盛宣怀利用电报等先进通信手段"战胜"胡雪岩是现代"信息战"的雏形。在清王朝覆灭命运早就注定的前提下，李、左之争，其实是权臣争权、能臣斗智的权谋比拼。

在19世纪80年代，世界丝绸业得到大力发展。以英美为首的西方国家在中国开办机械缫丝企业，使中国传统手工缫丝业濒临崩溃。胡雪岩的生意本来就多以投机取利，经过仔细观察和认真分析，机敏精明的胡雪岩发现只要团结华商，控制国内缫丝原材料生丝价格，不但可以从中获取暴利，而且可以维护国内蚕农利益。

胡雪岩举全部身家，垄断国内生丝，与洋商展开恶斗。胡雪岩对世界生丝市场的了解，局限于与他接触的洋商传递的信息。他听一位意大利人说，意大利蚕丝产量降低，需求大增，于是更加有信心。

想不到世界局势瞬息万变，西方国家因为战争开始出现金融危机苗头。与胡雪岩事事处于竞争状态的盛宣怀从清廷驻英、法、俄三国公使曾纪泽那里得知这个信息，敏锐发现潜在危机，果断退出生丝收购。而胡雪岩依然被蒙在鼓里，倾其所有，大肆收购。正准备将囤积的生丝销往意大利，胡雪岩忽闻意大利生丝大丰收。而且，中法战争爆发，导致生丝价格大跌，但忙于为中法战争前线的左宗棠筹集军饷的胡雪岩没有意识到危险正在一步步到来。

胡雪岩帮左宗棠筹措军费，是以个人名义向汇丰银行借银子。汇丰银行是不和清朝政府发生关系的，虽然实际还款人是清廷，胡雪岩只是按时从上海道台手里将银子转交汇丰银行即可。盛宣怀趁机一边给汇丰银行传递"胡雪岩因为收购生丝马上就要破产"的消息，一边要上海道台推迟交付银两时间。汇丰银行果然急了，催着要胡按时还款；上海道台邵友濂是李鸿章部属，自然扣款不放。胡雪岩只好将自己银庄里的钱提出来付给汇丰银行。

这时，让胡雪岩始料不及的是，掌握着电报业的盛宣怀在李鸿章指使下，利用如今人们熟悉的"信息战"，趁机对他展开了致命一击。盛宣怀利用电报四处宣扬"胡雪岩钱庄快要倒闭"，掀起了挤兑风潮。胡雪岩现金流都被生丝和垫付款占用，短短二十天内，挤兑狂潮让他遍布全国的当铺、钱庄连续倒闭。

胡雪岩大量囤积生丝、蚕茧是为了控制生丝市场，在他破产前一年，已经投入资金两千万两银子。面对洋商压价收购，他不但不出售，反而提价购进。胡雪岩打的如意算盘是，自己几乎垄断了整个生丝市场，洋商找不到货源，自己就奇货可居。想不到的是，整个国际生丝市场价格趋于疲软，上海市场价格高过伦敦。况且，生丝不宜长时间存放，只要供需双方形成僵局，压货在手就很危险。果然，生丝还未出手，银庄当铺已经次第遭遇挤兑风潮。

此时清政府不但见死不救，反而勒令扣压胡雪岩资产，开始清算。胡雪岩与外国洋商的生丝价格大战，最后以胡雪岩倾家荡产结束，庞大的胡氏商业帝国轰然倒塌。胡雪岩胆大妄为的赌徒性格，最终还是酿成了悲剧。他明知强大对手盛宣怀掌握电报业，可以随时了解他的任何信息，在商取利而不知时时都要保持谨小慎微，为人处世不知要常常保持敬畏之心，一步不慎步步失算，最终才让李、盛玩弄于股掌之间。同时，朝廷的卑鄙手段昭然若揭，就是用得上你时给你高官厚禄，用过之后就过河拆桥。

假如胡雪岩能够在志得意满时，对世界时局、对周遭环境多加分析，对素来视自己为眼中钉肉中刺的李鸿章、盛宣怀联盟多加提防，那么他在外国商人加价求购生丝时就会趁机出手。胡雪岩的失败，如果从自身寻找原因，那就是过于自信，信息闭塞。

当然，依靠官员权位做"官商"，"官"越大风险也就越大。自古以来，"官倒"生意都是官不倒生意好，官垮生意倒。胡雪岩的悲喜剧，一直都在上演。

盛宣怀是洋务运动的实际操纵者，在发展民族工商业、开启民智、培养新式人才等方面作出了贡献，被慈禧称为"不可少之人"，李鸿章也说他是"志在匡时，坚韧任事，才识敏瞻，堪资大用。一手官印，一手算盘，亦官亦商，左右逢源"。但正如鲁迅等人所说，盛宣怀是"卖国贼、官僚资本家、土豪劣绅"。盛宣怀利用他掌握的电报局干扰朝廷政令，给清王朝最后坍塌埋下爆破物。

光绪二十六年（1900年），为反对义和团抗击洋人，盛宣怀扣压清廷召集拳民诏旨，在李鸿章进京与洋人和谈时，牵头长江流域及苏杭督抚与列强签订《东南互保条约》，使清王朝彻底回天无力。

为偿还外国借款，担任邮传大臣的盛宣怀与督办大臣端方联手，将川汉铁路股票收归国有，由此引发四川保路运动，最终导致辛亥革命爆发，将清王朝推向覆灭。

与胡雪岩被左宗棠亲自派人"抄家"不同，盛宣怀一直受李鸿章庇护，在李鸿章去世后，竟然也得到了慈禧太后"着加恩在紫禁城内骑马"的特殊奖励。盛宣怀是李鸿章一手扶植起来的心腹亲信，换种说法，大清王朝的覆灭，也是李鸿章一手造成的。

慈禧信任义和团"刀枪不入"，同时向英美法等十一国宣战，促使各地督抚倡议并遵守《东南互保条约》，这是汉族权臣首次公开集体反抗清政权，标志着清政权对汉族权臣彻底失去控制。

官商胡雪岩、盛宣怀最后的结局都是遭到朝廷革职清算。随着他们通过亦官亦商获取的巨大荣誉和巨额财富灰飞烟灭，他们背后的名臣左宗棠与李鸿章之间的惨烈争斗也告一段落。

玖

声名篇：
青山几度付斜阳

中国深厚悠远的历史传统中，从不乏兼容并包的大国风度：雄壮非凡的大汉气质，浪漫豪迈的盛唐气象，纵横天下的大明舰队，中华民族山高水长的大国之风尽显无遗。大国之大，在于有容乃大，有德乃大，有信乃大。

然而必须清醒地看到，自明清以来，"夷夏之防"观念日益深重，逐渐局限了中国人的眼界与思想，乃至于后来出使英国、身负独醒之累的郭嵩焘仰天悲叹："中国人眼孔小，由未见西洋局面，闭门自尊大。"

其实，西学东渐从明代就开始了，到了清末已经有好几百年。但是，儒家士大夫讨论晚清的社会政治问题，几乎很少接受外来的新思想、新观念。他们看待问题的方式，解决问题的方法，始终局限在中国传统思想内部。不管是"中学为体，西学为用"，还是"师夷技以制夷"，都是治标不治本的美好愿望。天朝迷梦一直持续到甲午战争惨败，堂堂大清竟然让蕞尔小邦日本打得落花流水，这才让一个沉睡千年的老大帝国彻底开始醒来。"物竞天择，适者生存"，以严复为代表的一代青年知识分子不得不借助西方思想改变传统观念，开始新一轮寻找济世救国良方的艰难征程。

站在今天回望历史，曾国藩、左宗棠、李鸿章身处王朝末世，如同尼采所言，是"大洋深处眺望海岸"的人，他们为了拯救大清王朝这艘早已千疮百孔的破船，可谓费尽移山心力，直到死而后已。然而，他们本身毕竟也是从传统教育里成长起来的儒家士大夫，深信儒家思想才是永恒的真理，只想把外来的资源当成查漏补缺的补丁，以为只要学习一点西方先进的科学技术，就可以解决晚清面临的各种问题了。这种不切实际的幻想，最终被帝国主义的铁蹄踏得粉碎。

"秋风宝剑孤臣泪，落日旌旗大将坛。"李鸿章临死前的这声悲叹，也许道出了曾左李三人共同的心声。无论生前身后，或褒或贬，读懂他们的事功悲喜，也许就读懂了晚清五十年，读懂了古老中国曾经的苦难与探索。

一

千秋功过

曾左李帮助清廷镇压农民起义、抵御外国列强侵略，事功虽盛，但终究内战赢得多，外战败得多。曾国藩以文从军、以德为官、以诚修身，以忠心对待朝廷君王，留下"千古完人"之称；左宗棠是晚清著名政治家、军事家，在战场上取得辉煌战绩，是收复新疆的民族英雄；李鸿章是晚清著名外交家，代表清政府签订许多不平等条约，他眼光最为开放，但背负的骂名最多。他们以儒学救世，拼尽全力，希望维持、延续封建统治。曾左李分别以"做人""做事""做官"给后世留下印象，历史会给予他们公正的评价。

杀人何止"曾剃头"

《清史稿》对曾的评价不吝溢美之词，将他喻为"汉之诸葛亮、唐之裴度、明之王守仁"一类人物，"中兴以来，一人而已"。但曾国藩身后誉满天下，谤亦满天下，立场不同，评价不一而足。章太炎评价曾国藩时说："曾国藩者，誉之则为圣相，谳之则为元凶。"

青年毛泽东曾对这位湖南同乡评价甚高，在1917年致友人的信中说："愚于近人，独服曾文正。"蒋介石对曾国藩也推崇备至，将其奉为终身学习的楷模。后世也有人评价曾国藩是"伪君子"，还有人骂曾国藩是"曾剃头"。同样一个人，为什么竟然有如此截然不同的评价？这与其一生的杀伐决绝不无关系。

曾国藩墨绖出山，在湖南长沙开办独立于司法系统的审案局，主要任务是"捉土匪，抓治安"。审案局成就"曾剃头"之名，其实也不是空穴来风。根据记载，曾国藩成立审案局之初，只要进入审案局的人，被杀头的多不胜数。曾国藩自己给咸丰皇帝的奏报，也说四个月就杀了二百三十多人。长沙"米店抢粮"一案，曾国藩几乎是不问青红皂白，一口气就杀了十三人，即使不该被判杀头的人，也是砍头不过风吹帽，说杀就杀了。

当时长沙知府仓景恬，不但学问精湛，能诗善书，还政绩卓著，为官公正。仓景恬对接手的案件审理都很谨慎；对于抓捕的犯人，谁是主犯，谁是胁从，谁是轻罪或者无罪，他都分辨得一清二楚，造册之后，将人犯名册递交给审案局。曾国藩根本没有按照仓景恬的审理结果处理，而是将轻罪者也给杀了。

审案局办事"效率高"，杀人多，并且态度豪横，对湖南衙门官员视若无睹，老百姓对审案局恨之入骨，因此把创办审案局的曾国藩称为"曾剃头"。

后来曾国藩在省城长沙实在待不下去，只好将团练带去衡州。在镇压太平军的战场上，曾国藩对包括他弟弟曾国荃在内的湘军将领耳提面命，要他们对太平军本着"斩草除根"的态度，毫不留情地大开杀戒。

之所以这样决绝，曾国藩自有一套道理。

早在咸丰元年（1851年），曾国藩在《应诏陈言疏》中奏报："十余年间，九卿无一人陈时政之得失，司道无一折言地方之利病，相率缄默，一时之风气……"

他对"相率缄默"、混天度日的官场风气早就不满，对官场习气积弊予以痛批，更产生了"将来一有艰巨，国家必有乏才之患"的深深担忧。曾国藩从不愿当混日子的庸官，他一生所学，都想用在"修身齐家治国平天下"

之上。对待官场同僚尚且如此，对待他眼中的"乱臣贼子"，怎么可能心慈手软？

不过话好说事难办，在尔虞我诈的官场里，曾国藩的苦恼又有几人知道？

高级幕僚赵烈文追随曾国藩多年，无疑是其知音之一。他在《能静居日记》中这样总结："老师历年辛苦，与贼斗者不过十之三四，与世俗文法斗者不啻十之五六。"

确实，曾国藩辛苦大半辈子，哪怕与太平军、捻军在战场上殊死拼杀，花费的精力大概也不过三四成，其余绝大部分精力，都耗在与腐朽官僚的缠斗上了。

曾国藩召集湘勇、兴办团练，目的之一就是维持地方治安。大清王朝自从乾隆朝起，即由盛及衰。咸丰即位，遭逢太平天国起义，各地会匪更是猖獗。如果不迅速肃匪靖地，对付势力更加庞大的太平天国起义军，无论是朝廷还是地方政府，可能都力有不逮。曾国藩深知要维护大清王朝的统治，必须祭起"治乱世，用重典"的法宝。对扰乱地方治安的土匪高举屠刀，严正典刑，才能对整个社会起到震慑作用。那些想拥护甚至想加入太平军的人，自然被曾国藩的杀鸡儆猴吓退回去。

在曾氏这种正统儒家信徒眼里，洪秀全那套所谓"教义"，儒洋杂糅，形同邪教，誓与之不共戴天。特别是太平军"毁儒教、砸孔庙"，更是破坏华夏传承两千余年的文明信仰，他只有祭起"杀无赦"的屠刀，才能捍卫神圣的儒家"名教"，阻止清廷这艘破朽大船沉没。

但令人感到意外的是，曾国藩后来留下遗训，不让家族后辈从军、从政。也许他双手沾满起义军的鲜血后，才醒悟到治乱世用"霹雳手段"，被剿杀者其实也是无法生活下去的底层民众。曾国藩是善于反省的人，这种醒悟也许在长沙红牌楼斩杀"米店抢粮"案的那十三条人命时就已经开始。他知道虽然为稳定社会治安、为镇压他心目中的"邪教"而不得不举起屠刀，但杀人太多、手段太残忍，自己岂不是亦如"邪教头子"？十数年以来，曾国藩的足迹由南而北、自西向东，亲眼看见因为灾荒、战争，无数人伏尸荒野、血流成河，还有自己下令屠城、焚毁而造成的生离死别、家园消失，他的内心其实也难安宁。

自古以来，一将功成万骨枯，曾国藩踏着累累白骨封官晋爵、成就自己，他一定亲耳听到有人大骂他"曾剃头"。这对力争做"道德完人""谦谦君子"的儒学传人，不但是天大的讽刺，还带来剜心剖肝的惨痛。曾国藩是有血有肉、自相矛盾的人，他是能人却不是完人，他是凡人不是神，他推动了历史进程，却又有难以否认的过失和令人遗憾的不足。

千秋独有左文襄

"身无半亩，心忧天下；读破万卷，神交古人。"这样登高望远的胸怀格局，并非左宗棠的夫子自道，而是他一生践行的人生准则，至今让人心生敬意。今天，当人们徜徉于辽阔新疆的壮美河山时，一定不能忘记那位抬棺出征、收复故土的民族英雄左宗棠。

在高等教育出版社出版的《中国近现代史纲要》中，已将左宗棠收复新疆事迹纳入"爱国官兵的反侵略斗争"章节。课本中提到"1876年3月，左宗棠受命率兵展开收复新疆的军事行动。经过两年的浴血奋战，收复新疆，一举粉碎了分裂势力，捍卫了民族利益和民族尊严，维护了国家领土和主权的完整"。

为全方位呈现左宗棠的家国情怀，弘扬"经世致用，坚韧不拔"的湖湘精神，2022年，左宗棠的家乡湖南省湘阴县举办了"左宗棠诞辰210周年"系列活动，100余家媒体进行宣传报道，"左宗棠话题"热潮迭起。湘阴县还联合甘肃省肃州区举办"左公柳回湘"活动，将两株左宗棠西征时沿途栽种的"左公柳"移栽至柳庄，现已成为湘阴弘扬左公精神的又一文化地标。

左宗棠草根逆袭，忠君尽事，保疆卫土，死后谥"文襄"。但与曾国藩、李鸿章不同的是，左宗棠在世时虽然杀伐征战从不手软、立身行事也有褒有贬，但他视死如归收复疆土的爱国精神，为民族国家建立的丰功伟绩，则更为后人称道。

左宗棠一生"骂遍天下人"，虽然除了胡林翼，几乎没有朋友，但是他忠于清廷，以"报皇恩"吸引了不少忠心耿耿之士紧紧追随；为打通西征收复新疆的道路，他在西北镇压回民起义过程中不滥开杀戒，"不分回汉，只问良莠"，为民族团结做出了贡献。

自乾隆以来，因吏治腐败，清朝政治、经济衰落，文化禁锢，吏制逐渐松懈。回民起义军与太平天国起义军相互呼应，遭到清王朝的疯狂镇压。清政府为了控制地方势力，故意偏袒汉人、离间回民，回族人民反抗更加激烈。

战乱带来的饥荒、瘟疫造成更多人口损失。同治五年（1866年）的甘肃饥荒，时人记载有人吃人的现象，作为省城的兰州竟然十不存一。左宗棠在同治八年（1869年）叙述甘肃东部的情形说："平（凉），庆（阳），泾（川），固（原）之间，千里荒芜，弥望白骨黄茅，炊烟断绝，被祸之惨，实为天下所无。"

《平定关陇纪略》中也这样记载："死者既暴骨如莽，生者复转徙之他。蝗旱继之，疠疫又继之，浩劫之余，孑遗有几？方是时，千里萧条，弥望焦土。"人口锐减，灾害连绵。底层回民几乎无法生存，而回族首领又积聚了巨额财富，清政府安抚底层回民需要粮食，镇压上层回族首领需要武器，素有"今亮"之称的左宗棠奉旨西征，以钦差大臣身份督办军务，准备收复新疆。他开始运筹帷幄，在呕心沥血收复新疆的过程中，一位铁骨铮铮的硬汉对普通民众倾注了一腔柔情。

同治七年（1868年），左宗棠镇压了西捻军，进京觐见太后、皇上之后，定下平定陕甘、收复新疆的计划。他提出，如果不安抚陕甘回民，了却后顾之忧，收复新疆将是无源之水、无本之木。

光绪元年三月二十八日（1875年5月3日），左宗棠被任命为钦差大臣督办新疆军务。通过实地勘验，左宗棠查证西北气候异于内地，"暑少寒多，物产甚稀，民生日蹙。民间无衣之苦，甚于无食"。根据自己早年对农业的研究，左宗棠严令地方政府杜绝鸦片种植，让习惯游牧的回民广种棉田："甘省各地方，凡向阳肥暖之区可种罂粟者，无不宜种棉花。"左宗棠带领楚军开荒屯田，兴修水利："历代之论边防，莫不以开屯为首务。或办之用兵之时，以省转馈；或办之事定之后，以规久远。"左宗棠这些举动，虽然是出于军事目的，但也是开开发大西北之先河。

摒除愚昧，首要读书。在左宗棠的大力斡旋下，清政府同意在甘肃单独设立科举乡试考场，而且允许甘肃乡试的一科是汉回合试，另外一科特别编号，专取回族士子，以此鼓励回族人民多读书。

做好了安置底层回民的工作，左宗棠在军事上采取"不问回汉，只问良莠"政策，凡是顽固抵抗朝廷者，以及反复无常的马化龙等回族首领和顽固附属，一律杀无赦。左宗棠一反朝廷做派，对汉民不偏袒："从前汉回仇杀，其曲不尽在回。""陕回之祸，由于汉回构怨已久，起衅之故，实由汉民。"严厉斥责陕西汉族士绅发表"尽杀"回民的煽动言论。左宗棠这些较为公正的做法，得到回族人民的拥护。《陕甘劫余录》里有这样的记载："左宫保的章程，一劈两半。"意思是左宗棠处理回汉善后，对待回汉百姓，不偏不倚，回汉一样。左宗棠的民族政策深得民心，受到各族人民的拥戴。

左宗棠能够迅速收复新疆，与他受到西北各族人民的支持密切相关。回族、维吾尔族等少数民族人民向西征军传递情报、捐送粮食、向导引路，西征军能够在广袤的西北荒漠迅速击退阿古柏等反叛势力，西北人民功不可没。

英、俄等外国列强对新疆虎视眈眈，守卫新疆必须维持足够数量的军队。左宗棠实行屯田制，让军队自耕自种，自己养活自己，极大地减轻了民众负担。不但如此，左宗棠废除了原来的徭役制，参照内地做法，实行按亩征赋、以优劣定产量，尽量照顾民众。新疆多年战乱，人口流失较多。为鼓励移民兴疆，左宗棠特别制定激励制度，对新来移民实行缓交粮税。

维吾尔族百姓认识汉字的人不多，左宗棠颁布律令，要求所有文告税单，都使用维汉两种文字，让维吾尔族百姓一目了然。同时，左宗棠在新疆大力兴办教育，让各族百姓读书识字。

为有效管理新疆地区，给新疆各族人民创造一个和平稳定的生产生活环境，光绪三年（1877年），左宗棠上奏清廷："为新疆画久安长治之策，纾朝廷西顾之忧，则设行省，改郡县，事有不容己者。"建议新疆设立行省，与内地一体化。不过此时清廷并未应允，只是下令在已收复的新疆各地设置善后局，作为临时权力机构进行管理。

光绪七年（1881年）九月初七日，已经调任两江总督的左宗棠再次上奏，表示若不及早将新疆建省规划，则"民方有须臾无死之心，而顾等诸羁縻勿绝之列，万一强邻窥伺，暗煽拚飞，后患方兴，前功尽弃"，新疆恐再落入列强之手，而"新疆行省之议一定，日后编额兵，改粮饷自有适用之时，并无虚糜之患"。

光绪十年（1884年）九月三十日，清廷终于颁下谕旨，宣布新疆设省，"另设地方大员，以资统辖……添设甘肃、新疆巡抚、布政使各一员……"刘锦棠出任新疆首任巡抚。新疆设省之后，巡抚驻乌鲁木齐，受陕甘总督节制，下辖四道：镇迪道、阿克苏道、喀什噶尔道、伊塔道，分领迪化、温宿、焉耆、疏勒、莎车、伊犁六府，以及哈密、吐鲁番、镇西、精河等十个直隶厅（州）。

新疆设省，粉碎了西方列强侵占新疆的企图，使之与内地行政建制统一、政令一致，也有利于新疆经济社会发展，促进了新疆各民族以及新疆与内地各民族的交往，对于维护统一的多民族国家起到了重要作用。

左宗棠在西北剿捻平回，背负了"杀人如麻的刽子手"的恶名，他确实镇压了回民起义，但也维护了回民利益。梁启超评论左宗棠是"五百年来第一伟人"；胡林翼称赞左宗棠"横览九州，更无才出其右者"，说他才智超群，必成大器。在不同的评价体系里，左宗棠的声名几乎被颠倒。辩证地看问题，以历史的眼光分析，左宗棠的铁汉柔情极大地促进了民族大团结。

"卖国贼"李鸿章

"曾国藩做人，左宗棠做事，李鸿章做官"，在中国近代史上这几乎已成定论。作为大清"裱糊匠"的李鸿章，一生代替清王朝签订了三十多个不平等条约。这些条约严重损害了中国的国家利益和尊严，"使清政府沦为洋人的朝廷"，同时也使李的"半生名节"都被"描画殆尽"（李鸿章自语），时至今日，有人认为应对替罪羊李鸿章多一些"同情之理解"。

值得一提的是，中法战争"中国以不败为败，法国以不胜为胜"，李鸿章代表清廷签订《中法新约》。左宗棠为此斥责李鸿章"十个法国将军，都敌不过一个李鸿章"。

越南自明太祖朱元璋确立为"不征之国"，纳入朝贡体系，成为明清两朝的藩属国，一直是中国在西南面与外部世界的屏障。光绪九年十二月（1884年2月）至光绪十一年二月（1885年4月），靠投机钻营当上法国总理的茹尔·费里（即茹费理），出于国内和国际形势的需要，积极推行向东方扩张的殖民政策。茹费理宣称，每一个资本主义强国都"在至今尚未考察的地区，在非洲，在蕴藏着无限富源的亚洲，特别是在广大无边的中华帝国内，竭力地攫取他们自己的一份。而我们就必须站在那个富庶区域的通路之上"。

茹费理说的"通路"，就是指越南。他计划"创设一条汽船航行线，穿越东京，使我们西贡的殖民地与中国云南省相连"。这个"东京"是指印度支那半岛东北部与中国广西、云南接境的部分。

为积极推行侵略越南的政策，法国从天主教势力扩张到武力侵略越南，企图由此打开中国西南大门。清朝其时经过同治中兴，国家元气得以暂时恢复，在左宗棠等主战派的强力支持下，大清国与法国展开了坚决斗争。

中法战争分为两个阶段，第一阶段战场在越南北部，第二阶段扩大到中国东南沿海。法国远东舰队在海战中赢得胜利，并一度攻占基隆，却因沪尾（今新北市淡水区）一役受挫，再加上疫病流行，法军攻占台湾岛的战略目标受阻。清军初战，陆海皆败，军机处全面撤换。后期台湾及杭州湾防卫得当，老将冯子材在刘永福黑旗军的协同下，力战镇南关，重创法军，清军暂时获取重大胜利。茹费理被迫辞职下台。

经过前后数轮谈判，光绪十一年四月二十七日（1885年6月9日），李鸿章与法国驻华公使巴德诺签订《中法新约》，清王朝承认越南为法国殖民地，中法战争宣告结束。世人称中法战争的结果为"法国不胜而胜，吾国不败而败"，李鸿章签此约乃是丧权辱国，是可耻的"卖国贼"。那么，《中法新约》的签订，到底是中方"乘胜即收"，还是李鸿章等朝廷重臣的"审时度势"？

在当时的历史背景下，李鸿章等朝廷重臣放弃了"乘胜追击"，是在全盘考量了中法双方实力以及国际形势下，作出的"舍越保台"策略。"慎战""主和"，虽然看起来李鸿章等人"缺少骨气"，但确实避免了战争带来的巨大损失，暂时维持了国家的稳定。从这点上来看，李鸿章非"卖国贼"也。真要继续打下去，以当时中法两国实力、英法等国在中国的利益争夺，再加上日本对中国的暗中觊觎，中国不可能一直保持胜利纪录。不管是过去、未来或者当下，历史从来不由个人感情而左右，实事求是才有可能看到自己的不足，然后奋起直追。

如果与之前的第二次鸦片战争后所订条约相比，此次签订《中法新约》，清廷在中法战争中的损失确实要小很多，在外交上是一次不算大的失败。但由于《中法新约》的签订，中方自此失去了作为越南宗主国的权利，且条款里有"不得视此条系为法国一国独受之利益"，中国西南门户由此洞开。

中法战争是中国人民抗击侵略者并取得胜利的战争，但转眼之间，却不得不妥协，"法国不胜而胜，中国不败而败"。这触目惊心的事实，让广大人民进一步看清了清政府的腐朽无能，使先进的中国人日益感到亡国的威胁，有识之士进一步探求救国救民的新道路。

大清对法宣战前，李鸿章担心己弱彼强，妥协退让；先前与清廷敌对的刘永福黑旗军在越英勇抗法，并且取得显著效果后，慈禧态度陡转，竟然拿出自己的"私房钱"暗助黑旗军，再公开招抚刘永福。李鸿章明白一旦法方取胜，法军由越入华，首先踏入的是太平军发源地两广，再是云贵，懂得慈禧担忧的是义军"余孽"死灰复燃，所以随即由"和"而"战"，大力支持手下刘铭传、潘鼎新；镇南关大捷，中方暂时取得局部胜利，在此时与法媾和，是一种不失体面的自保。

这场战争使当时号称"世界第二"的法国声誉一落千丈。相反，中国的国际地位和声誉却得到提高。这场战争是双方均有得失的战争，中国没有失败，法国也没有胜利。在中法战争中，李鸿章代表清政府与法国签订了《中法新约》，条约规定中国以后需要修建铁路时应向法国"商办"，并同意在云南、广西、广东三省的中越边界开埠通商。法国势力从此侵入我国云南、广西，进一步加深了我国西南边疆危机。

李鸿章签订包括《马关条约》《辛丑条约》等在内的不平等条约，都是代表清政府的职务行为。但是，李鸿章对外国列强抱有不切实际的幻想，任何时候都企图得到洋人的"调停"而不积极备战。这样近乎愚蠢的想法，不仅毫无可能，而且连受欺骗，让中国处于愈发被动和危险的境地。

二

后世声名

"千为万岁名，寂寞身后事。"后世对于曾左李的评价，随着时代变迁而不断变化。但无论其身后毁誉，亦不管有多少对错，他们能在一个没落的专制王朝殚精竭虑、成就功业，能在一帮只知道"无事袖手谈心性，临危一死报君王"的清谈庸官中横空出世，足见其非常之志、非常之功。今人从曾左李独特鲜明的个性、各有千秋的为人里，可以得到诸多有趣有益的启示。

"蛮牛"曾国藩

学者张宏杰认为，曾国藩全面展示了传统文化的正面价值，证明了中国文化有活力、有容纳力的一面。另一方面，他也证明了传统文化无法突破自身的极限。

这一观点无疑具有一定启示意义。曾国藩如同一面镜子，折射出传统文化的方方面面。

《清史稿》三百一十六篇列传里，单独作传的有四人，曾国藩、左宗棠、李鸿章赫然在列（另一人是洪秀全），曾国藩自然是这四人之首。曾国藩一生对清王朝最大的功绩，是镇压太平天国起义。关于这件事情的评价，往往因人而异、因时而异。

太平天国运动席卷了半个中国，其建立的政权与清朝封建政权对峙十余年，沉重地打击了清政府的反动统治。但是它提倡的绝对平均主义理想，无论在农村还是城市，都没有而且也不可能实现。封建的生产关系虽然受到某种程度的冲击和破坏，但仍旧被保留下来或者重新恢复。

曾国藩是一位固执偏强、坚持自我，执着于为专制王朝续命的中国传统文化的集大成者。与同时代的时代精英们相比，曾国藩是当之无愧的官场榜样。

曾国藩没有左宗棠的聪慧，也没有李鸿章的机巧，但后天的努力弥补了他"才具稍欠"的缺陷（左宗棠语）。传说中的"夜读遇贼"故事，恰恰说明曾国藩读书踏实用功。如果"贼"真比曾国藩聪明，为什么在历史上没有留下姓名？曾国藩二十一岁考中秀才，之后一路凯歌，直到十年七迁。没有精卫填海的用功精神，作为一个毫无背景的偏远地区农村青年，如何能够受到咸丰皇帝的高度重视？

"兵战不及左宗棠"的曾国藩，不但被左宗棠戏谑"才具稍欠"，也被学生李鸿章暗嘲"愚钝"。曾国藩的"愚钝"，在军事上的表现是一直坚持"结硬寨，打呆仗"。镇压太平天国，步步为营，反客为主，筑城挖沟围困拒堵是主要作战方式；追剿捻军，采取"挖土筑墙，择兵把守"的河防之策，同样是以静制动，想要把控战场主动权。曾国藩的本意是想采取最为笨拙也最为稳妥的围困战术，对敌人斩草除根。

对比之下，洪秀全领导的太平军舍不得放弃到手的"富贵"，此举正中曾国藩下怀。湘军死围天京不放，终将不愿"让城别走"的太平天国一举剿灭。剿杀捻军时，曾国藩本想通过"河防之策"，即设置河防，点线结合来打击捻军，将运动中的捻军强行围困于相对固定的地域，再彻底消灭。但河防战略遭到部分地方官绅反对，捻军趁机突破，曾国藩剿捻暂时失败。后来接替曾国藩的李鸿章，在老师的剿捻策略基础上，进一步提出了"扼地兜剿""弃地灭贼""借地利以图合围"的平捻策略，把捻军控制在相对较小的范围内消灭，最终取得胜利，这也不能说没有曾国藩的探索之功。

曾国藩的军事策略，是他"蛮牛"性格的显著反映。但是，长期的敌我对峙，需要巨大的财力支撑。曾国藩背后的靠山是整个国家，大清本已腐朽没落，战争持续时间越长，国家负担越重，人民遭受的苦难越多。曾国藩的"蛮牛精神"因此不合时宜，不值得提倡。

相反，左宗棠懂得"不同兵情，因贼势而生"，在与太平军作战中稳扎稳打，在收复新疆时采取"缓进急战"的策略。刘锦棠在左宗棠的支持下，身先士卒，调用精兵，飞骑制敌，使收复新疆的时间大为缩短；而李鸿章多在武器上想办法、在离间上下功夫。曾国藩过于谨慎，被动设防，以致"师久无功"；左宗棠、李鸿章善于在守攻、堵击、围剿上权衡利弊，下足功夫。

为大清王朝鞠躬尽瘁的曾国藩，不但是头"蛮牛""倔牛"，还是头"笨牛"。关于天津教案，如果曾国藩稍微"势利"，或者有一般人的"圆滑"，他要么可以托病不去，要么可以在接到调任两江总督的圣旨时迅速抽身。但曾国藩没有以正常人的思维去行事，反而按照学生李鸿章的"要求"，老老实实地把天津教案中几乎所有受人诟病的麻烦事都料理好了，才交给李鸿章。可以说骂名自己背，桃子让学生摘。

古往今来，像曾国藩这样对自己培养起来的下属，"扶上马送一程"不说，还宁愿搭上自己一生清誉的，很难找出第二个。李鸿章对曾国藩"威名震九万里，内安外攘，旷世难逢天下才"的盛赞加冕，左宗棠对曾国藩"谋国之忠，知人之明"的由衷折服，体现了英雄相惜的朴素情感。

曾国藩的"笨"，其实是一种大智慧，是一种聪明，是他经常教导人所说的"天下之至拙，能胜天下之至巧"。一般人的聪明，往往是绕过困难投机取巧所走的"捷径"。比如曾国藩的学生李鸿章，打仗求取"速胜"，外交寄望"羁縻"，最后被梁启超说是"不学无术"。曾国藩知道自己"笨"，于是就使"蛮劲"。他看见机会就紧抓不放，没有机会就创造机会，拼命努力去实现自己的目标；他知道自己"笨"，于是不但及时反省，时时发现自己的不足并加以弥补，而且善于团结别人，借助外部力量实现自己的目标。镇压太平军、剿捻、天津教案，都表现了曾国藩"蛮牛""笨"

的一面，虽然褒贬不一、是非复杂，但历史最终肯定了"蛮牛"坚持和积极的一面。

曾国藩留下的文字，只希望让家族后辈传阅，以达到教育、培养后人的目的，并不想"广泛刊刻"，沽名钓誉。没想到，他的文字恰恰流传于世，成为无数人"修身齐家治国平天下"的学习宝典。

引得春风度玉关

《清史稿》对左宗棠的评价是："事功著矣，其志行忠介，亦有过人。廉不言贫，勤不言劳。"

曾国藩说："论兵战，吾不如左宗棠；为国尽忠，亦以季高为冠。国幸有左宗棠也。"李鸿章说左宗棠"文以治内，武以治外"。这两位晚清重臣与左宗棠较量了一生，却都对左宗棠作出了高度赞誉。梁启超说左宗棠是"五百年来第一伟人"，不是没有来由的。

左宗棠一生最大的功绩，是收复新疆。但收复新疆，建立军功只是左宗棠众多功绩的一个方面。

左宗棠凭借镇压太平天国起义建立军功，开始走上封官晋爵之路。同治三年（1864年），曾国藩兄弟率部攻克太平天国都城天京，清廷论功行赏，曾国藩封一等毅勇侯，并赏戴双眼花翎；左宗棠封二等恪靖伯，世袭罔替，并赏戴双眼花翎；李鸿章封一等肃毅伯，世袭罔替，并赏戴双眼花翎。曾左李三人的爵位，曾最高，李次之，左居末。

接下来的剿捻，李鸿章接替曾国藩成为领导者。李鸿章剿灭捻军后，被朝廷赐加太子太保衔，并实授湖广总督、协办大学士。同年秋，李鸿章奉诏进京觐见皇帝和太后，被加赏紫禁城内骑马的荣誉。

此时的左宗棠，似乎一直是曾国藩、李鸿章的配角，但左宗棠认为自己的军事指挥才能远高于曾、李二人。衰落的大清烽烟未灭，左宗棠将眼光瞄准新疆。如果成功收复新疆，左宗棠的军功将不言而喻超越这两人。捍卫家国边疆，远胜于捍卫一姓之江山。

太平天国起义、陕甘回民起义加速了新疆各地豪强割据为王的步伐。同治十年（1871年）七月，沙俄趁机侵占伊犁。光绪元年（1875年）五月，左宗棠被清廷下诏授为钦差大臣，督办新疆军务，全权节制三军。左宗棠早在道光三十年（1850年），与曾经遣戍新疆的林则徐在湘江边有过一次彻夜长谈。"东南洋夷，能御之者或有人；西定新疆，舍君莫属！"林则徐对左宗棠寄予殷切希望，将自己在新疆期间殚精竭虑制订的战略计划、绘制的新疆地图等宝贵资料，全部交给左宗棠，坚信左宗棠不会辜负他：以吾数年心血，献给足下，或许将来治疆用得着。

二十多年后，身经百战、战功卓著的左宗棠，真的义无反顾担负起收复新疆的重任。后来对于这桩千古大功，一直追随左宗棠进军新疆、后来官至陕甘总督的湖南湘乡人杨昌濬，满怀真情地写下一首《恭诵左公西行甘棠》："大将筹边尚未还，湖湘子弟满天山。新栽杨柳三千里，引得春风度玉关。"

光绪五年（1879年），即将继任陕甘总督的杨昌濬，应在肃州大营的左宗棠之约，越陇西行，见道旁行行柳树，不胜感慨，即景赋诗，写下了这首绝句。这首诗以慷慨豪迈的笔触，歌颂了左宗棠的文治武功，写出了左军的乐观精神和爱国情怀，是一首佳作。

原来，左宗棠出生于柳树遮道的湖南湘阴乡下，对柳树情有独钟。左宗棠一生酷爱柳树，时人亲切地称他为"柳树将军""柳痴"。光绪元年（1875年）左宗棠受朝廷之命统率数十万大军入疆西征，看到陇地"土地荒废"，处处"黄沙白骨"，不似人间光景，便号召湘军沿途植树，直至新疆，以改变塞外大漠荒凉之景象。

当"湖湘子弟满天山"的时候，原本贫瘠的土地上已生出了一条绿色长廊，人们称之为"左公柳"。左宗棠在西北到底种了多少树？据说总数应该

在一百五十万到两百万棵之间。当时湖湘子弟大约十二万人，平均每人种树十多棵。左公的善举不仅形成了柳道连绵、绿如帷幄的塞外奇观，也成为西北开发史上的不朽丰碑。

左宗棠能有收复新疆的见识，殊为不易。

当时，清廷的财政已经到了捉襟见肘的地步，海防需要制造和购买大量军舰、弹药，所费巨大，李鸿章等力主挪用西北军费，左极力申辩"（西北）停兵节饷，于海防未必有益"。他看到东南海防不可或缺，但强调西北塞防不可松懈："重新疆者，所以保蒙古，保蒙古者，所以卫京师。"

左宗棠并非意气用事要和李鸿章一决高下，而是对当时世界局势了然于胸。

新疆从回族起义前后社会动荡到阿古柏建立非法政权，英国、俄国趁乱介入，为谋取利益而互相敌对。其时俄国正在和土耳其进行第十次战争，消耗巨大，没有底气在新疆与英国开战。英国对占有新疆的欲望暂时不大，其重点在于从大清国谋取经济利益。通过对这些信息的综合分析，左宗棠认定只要巧妙利用俄英矛盾，见缝插针，调度得当，成功的把握很大。

左宗棠进入新疆之前，定下了"先北后南""缓进急战"战略。同时通过"钱袋子"胡雪岩，向英国人借到大笔军费，与俄国人订立购粮合同。经过一年多时间的充分准备，左宗棠用刘锦棠率领的精锐部队，神速地先收复了北疆，后来又收复了南疆，维护了国土完整。

开国上将王震在20世纪80年代曾对左宗棠高度赞誉："左宗棠在帝国主义瓜分中国的历史情况下，力排投降派的非议，毅然率部西征，收复新疆，符合中华民族的长远利益，是爱国主义的表现。左公的爱国主义精神，是值得我们后人发扬的。"

"裱糊匠"的白发身影

光绪二十一年（1895年），为收拾甲午战争残局，李鸿章赴日本马关谈判签约。

三月二十四日下午四时，进展十分艰难的中日谈判结束第三次会谈，满怀心事的李鸿章拖着沉重的步伐走出春帆楼，乘轿返回驿馆。就在李鸿章的轿子快要到达驿馆时，大街上的人群中突然蹿出一名日本男子，奔至轿前，趁左右未及反应之际，向李鸿章面门开了一枪。李鸿章左颊中弹，血染官服，当场昏厥过去。一时间，现场大乱，行人四处逃窜。行刺者趁乱溜之大吉，躲入路旁的一个店铺里，后来很快被抓捕归案。警方查知此人名叫小山丰太郎，是日本右翼团体"神刀馆"的成员。他不希望中日停战，更不愿意看到中日议和，一心希望战争进行下去，所以公然刺杀李鸿章，企图进一步激化中日矛盾。

李鸿章已年近七旬，中弹后血流不止，子弹卡在他左眼下的骨头缝里，没有医生敢动手术，李鸿章给朝廷的电报只有六个字："伤处疼，弹难出。"医生们经过会诊，一致认为应该立即手术，取出子弹，并静养多日，不能再稍劳心力。李鸿章闻言从床上挣扎坐起，慨然道："国步艰难，和局之成，刻不容缓，予焉能延宕以误国乎？死生有命，我宁死无割！"第二天，见血满袍服，他叮嘱将这件衣服好好收藏起来，怆然长叹道："此血所以报国也。"

岂知，李鸿章非但没有如愿"报国"，而且身背"卖国贼"骂名。

李鸿章一生成就的取得，与他超强的心理素质有密切关系。为了达到既定目标，他能够忍受种种屈辱。"受尽天下百官气，养就胸中一段春。"这是李鸿章写的一副对联。张佩纶没有成为李鸿章女婿之前，骂李鸿章最厉害。能够将女儿许配给骂自己的人，足见李鸿章的"不平凡"。

李鸿章签订的《马关条约》，是他一生代表清廷签订的三十多个不平等条约中的一个。这些条约都是割地、赔款的卖国条约，特别是《马关条约》，承认日本对朝鲜的控制，还将中国辽东半岛、台湾岛及附属岛屿、澎湖列岛割让给日本等。这些丧权辱国的条约使中华民族危机空前严重，半殖民地化程度大大加深。但是，李鸿章只是清廷委任的"钦命头等全权外交大臣"，是慈禧绥靖外交政策的忠实执行者，代人受过而已。

"我办了一辈子的事，练兵也，海军也，都是纸糊的老虎，何尝能实在放手办理，不过勉强涂饰，虚有其表，不揭破，犹可敷衍一时。如一间破屋，由裱糊匠东补西贴，居然成一间净室，虽明知为纸片糊裱，然究竟决不定里面是何等材料。即有小小风雨，打成几个窟窿，随时补葺，亦可支吾对付。乃必欲爽手扯破，又未预备何种修葺材料，何种改造方式，自然真相破露，不可收拾，但裱糊匠又何术能负其责？"

这是李鸿章对自己的总结。晚清最后的苟延残喘，都是在内忧外患中的无力挣扎。李鸿章再为清廷"勉力涂饰"，也不可能挽救将倾大厦于既倒。孙中山先生的回忆，或许最能说明问题。他说庚子事变之前，家乡人知道他在搞革命，但是都把他当成乱臣贼子，希望他革命失败。1900年10月，趁着庚子事变，孙中山先生在惠州起事，这一次革命虽然也失败了，可是人人觉得惋惜。这个例子适合作为李鸿章一生努力挣扎的注脚。清王朝一次次被打得落花流水，人人都觉得，这个国家已经到了非变不可的地步了。

李鸿章曾经颇为自得地说：我办外洋交涉数十年，不敢谓外人如何仰望；但各国朝野，也总算知道中国有我这样一人，他们或喜欢与我见面谈谈，也是普通所有之事。李鸿章以"懂外交"著称，其外交声望，在当时的中枢大臣中无出其右。当时，外界有这样的说法："只知李中堂，不知中华耳。"

李鸿章从青年时期开始就热衷于做官，即使甲午海战失败，代清廷签订《马关条约》，回国不受重用之后，他还直言不讳地说：

"今人多讳言'热中'二字，予独不然。即予目前，便是非常热中。仕则慕君，士人以身许国，上致下泽，事业经济，皆非得君不可。予今不得于君，安能不热中耶？"

李鸿章在去日本之前，与众臣议论媾和，坚决反对割地，声称："割地则不行，议不成则归耳！"寄望于与各国公使斡旋，祈求他国干涉。幻想破灭后，上奏光绪，要求"面谕训诲"，得到光绪帝谕令"以商让土地之权"后，再往赴日本；在日本遇刺之后，头缠绷带，强忍剧痛，抱着"争一分是一分"的态度，在谈判桌上拼尽全力，苦苦挣扎，"几至于乞怜，舌敝唇焦，磨到尽头处"。李鸿章的据理力争，最终使清廷赔款减少三分之一，割地减少近二分之一，使日方在最初提出的和约底稿上作出了较大让步。

人们只看到李中堂的风光无两，却很少有人知道他内心的油煎苦熬。李鸿章曾把动荡时局概括为"数千年未有之变局"，他清晰认识到朝廷遭遇"数千年未有之强敌"。当时东南沿海已全部开放，洋人势力深入京师及各省，"一国生事，诸国构煽"。清廷所遇"强敌"是"轮船电报之速，瞬息千里；军器机事之精，工力百倍；炮弹所到，无所不摧；水陆关隘，不足限制"。

不过，挣扎在腐朽泥潭中的晚清，以慈禧为代表的统治者，不可能让崛起的汉人重臣操持航向，李鸿章等时代精英倡导的"变法"，只能浮于表面，保持"和局"，且逐步演变成投降妥协。李鸿章以自身对世界的浅薄认知，单凭一腔忠诚，不可能换来晚清帝国的枯木逢春。

1901年9月7日，签订完中国近代史上著名的不平等条约《辛丑条约》的李鸿章，回来后大口地吐血。医生诊断为：胃血管破裂。李鸿章伏在病榻上颤抖地给朝廷写下最后的奏章，也是他生平外交思想的最后总结：

臣等伏查近数十年内，每有一次构衅，必多一次吃亏……今议和已成，大局少定，仍望朝廷坚持定见，外修和好，内图富强，或可渐有转机。

"是处青山可埋骨，他年夜雨独伤神。"几十年来，家国离乱，直到此时李鸿章才明白"外修和好，内图富强"有多么重要！难以想象他即将告别人世时写下"必多一次吃亏"是怎样的心情。在黄河岸边的辉县，从陕西回銮的路上读到李鸿章这份奏章，"太后及帝哭失声"。千疮百孔的大清朝，从此失去了最后可以依赖的一根柱石。

李鸿章一生的"政治公敌"梁启超在听到他逝世的消息后，怀着"敬李鸿章之才""惜李鸿章之识""悲李鸿章之遇"的复杂心情，很快写出皇皇大著《李鸿章传》，其开篇即说："故誉满天下，未必不为乡愿；谤满天下，未必不为伟人。"

李鸿章对于自己的"裱糊匠"身份其实早已洞悉，正如他自己所言，只能抱着"尽一分心酬圣主，收方寸效作贤臣"的态度，疲于奔命，竭尽全力，作为清王朝的忠实奴仆结束他的一生。世上已无李鸿章，一代人只能做一代人的事情，但中国近代化所走过的曲折坎坷之路，却为中国人提供了极其宝贵的经验和教训。中国人民从最初的"器物上感觉不足"引发洋务运动，到"从制度上感觉不足"引发辛亥革命，进而"从文化根本上感觉不足"引发五四运动，一路走来，中国睡狮渐行渐醒。

任何个人的命运都与时代紧密相连，任何个人都是时代的参与者。时代给予个人的毁誉，不一定公平，但历史一定会还以公正。

不废江河万古流

在笔者家乡川北西充县城的纪信广场，"纪信诳楚"群雕巍然屹立，大义凛然的纪信驾驭汉王驷马慷慨赴死，刘邦夺马西门仓皇出逃，历史瞬间的生死抉择栩栩如生。

公元前204年夏，刘邦被困荥阳城，粮草殆尽、走投无路之际，大将纪信挺身而出。他用自己的生命献上最后一条计策："事已至此，臣请戴王冠，穿王服，乘王车，从东门出，假王而诈降楚军……是臣一人死，三军可全，汉室可兴矣！"

身形相貌与刘邦相似的纪信，主动请求假扮刘邦向项羽投降，使得刘邦生死关头得以逃脱，而自己却最终被俘。项羽见纪信如此忠心，有意招降，但被断然拒绝。盛怒之下，项羽下令火烧纪信，处以极刑。纪信或许想过无数种战死沙场的情景，却没想到以这种方式慷慨赴死。"纪信诳楚"群雕代表着今人对古代义士的怀念。

"西充小而胸怀阔，川北僻而乡贤多"，这是巴蜀名家魏明伦在《纪信广场赋》中的一句赞叹。

西充素有"忠义之乡"美誉，也是历史文化名城。这里既走出了"诳楚救主"、忠义千秋的大将军纪信，也有褒贬不一、毁誉难分的谯周，以及谯周培养出来的学生陈寿，后者以一部震古烁今的《三国志》流芳千古。

悠久深厚的文化资源，家乡先贤的各种传说，令笔者从小产生了探寻历史真相的兴趣。

历史到底是怎样一副面孔，应以怎样的心态研读历史？

小时候，笔者通过连环画"认识"了忠厚仁义的刘备、狡诈狠毒的曹操、义薄云天的关羽、能掐会算的诸葛亮……可以说，几乎所有小孩子都是刘备的"朋友"，敬佩义气的关公，讨厌"坏蛋"曹操，喜欢"神仙"孔明。长大了，读了家乡人陈寿所著的《三国志》，这才觉得刘备其实并不那么"可爱"，关羽也没那么神武，曹操原来是真英雄，诸葛亮哪里有那么多传奇！

就拿谯周来说，加诸其身的功过是非就光怪陆离、神鬼莫辨。陈寿称颂他这位老师"词理渊通，为世硕儒"。陈寿认为，谯周劝刘禅投降是一件大大的功德。第一，保全了刘禅一脉的安全；第二，让蜀地百姓免于战火。陈寿对谯周的评价，有部分人支持，因为从历史大势来看，蜀汉终究会灭亡，坚持不投降，只会死更多的人。

另一种观点则认为谯周劝刘禅投降大错特错，千古遗恨。比如东晋两位史学家孙绰、孙盛就对谯周提出了强烈抨击。孙绰认为，当年刘备不论在多么困难的情况下，都选择与曹操势不两立，现在谯周居然劝刘禅向仇敌叩首，实在是没有底线。孙盛也认为"国君死社稷，卿大夫死位"，提出如果刘禅坚持不降，魏国未必能灭亡蜀国。

明末大儒王夫之甚至谴责谯周"罪可通天"，还拿冯道和谯周作比较，说"人知冯道之恶，而不知谯周之为尤恶也"。冯道作为五代十国时变幻无常的"十朝元老"，历来为正人君子所不齿，而王夫之认为谯周比冯道更可恨，因为早在蜀国灭亡之前，谯周就四处散布"亡国论"，认为蜀国必将灭亡，魏国才是最终归属。凡此种种，众说纷纭。

好奇就是兴趣，兴趣就是最好的老师。作为陈寿故里的一位历史研究者，笔者看了大量有关三国的书，才发现对于同一段历史的评价，往往也因时而异、因势而异：

在西晋做官的陈寿坚定站在"曹魏正统"立场上，与之不同的是，东晋习凿齿写《汉晋春秋》，则以蜀为正统；

到了宋朝，司马光写《资治通鉴》，对于魏蜀吴三国，都不承认他们的正统性，只是为了行文方便，才采用了魏国的年号；南宋时期，朱熹写《资治通鉴纲目》，又与司马光唱反调，把《资治通鉴》的魏国纪年改作蜀汉纪年，视魏国为异族，说曹操就是奸雄；

生活在元末明初的罗贯中则通过《三国演义》，尊蜀国为正统，以魏国为叛逆，尊刘贬曹达到极致……

历史在不同时期、不同人的眼里，竟然有了这么大的区别，真有点像"任人打扮的小姑娘"了。

湮没的历史真伪难辨，终究可辩；隐藏的人性善恶难分，终究可分。"三国故事"背后有更大的"三国世界"。普通人看到的是三国"合久必分，分久必合"，朝代更替的盛衰兴亡；历史学者更应该努力发掘传统史学背后的现代价值，为今日社会所用。

唐代刘知几认为"史才、史学、史识"是史学家的基本修养，"不掩恶、不虚美""爱而知其丑，憎而知其善"；清代章学诚增加"史德"原则，受到梁启超推崇。"忠实客观"的叙述，不夸大、不附会、不武断，乃研究历史的基本态度。

看得多了，想得就越多，也就更加明白前人留下来的东西，一定不是真实历史的全部。有了从古人身上攫取智慧的想法，便有了向古人学习的动力。

按照某种标准划分，曾左李算是离我们最近的"古人"。虽然晚清距离今天时间不算很长，但曾左李如何生活、如何做人、如何思想，他们之间，如何相处、如何争斗、如何平衡关系，就是一部离我们最近最真切的处世教科书。十年前一个偶然的机会，笔者尝试进入曾左李的内心世界。

大清王朝立国之初，就处于西风东渐愈演愈烈的时代风潮之中。然而，一代代闭目塞听的统治者与近代文明擦肩而过，未能预见到转运的机会稍纵即逝，一步落后，步步落后，直到无法避免地演变为李鸿章所惊叹的数千余年一大变局，传统文化和封建制度都在内忧外患的双重夹击下摇摇欲坠。

正是在这种新旧转型的痛苦嬗变之中，曾左李乘势而起，成为晚清举足轻重的人物，被称为有清一代的中兴名臣。他们能够在清王朝尊满抑汉处于转折时期的历史关头，既维护封建道统，成就一世功业，又挥洒才干豪情，尽展风华个性，在一个风雨飘摇的末路王朝特立独行，殊为不易：曾国藩一手创办了湘军，镇压席卷大半个中国、几乎颠覆清廷的太平天国运动，让大清王朝又苟延残喘将近半个世纪；左宗棠成功收复故土新疆，指挥恪靖定边军赶走侵台法军，护住祖国宝岛台湾；李鸿章则积极倡导洋务运动，一手创造了中国近代化的数十项纪录。"盖有非常之功，必待非常之人"，这句话用在他们身上可谓贴切。

当然人无完人，金无足赤。曾国藩一生醉心理学，左宗棠以孔孟之道立身，李鸿章则惯以纵横之术应世。尽管个性禀赋不同、处世之道有别，但在"卫道救时"的价值观上，他们大体摆脱不了专制王朝封疆大吏的窠臼。诚如末代皇帝溥仪在《我的前半生》中说，大清国本在洪杨之乱时就已行将覆亡，只是被汉族地主"曾国藩、左宗棠之流"挽救了过来。

即使他们身受时代局限，有着这样那样的先天缺陷，但三人的恩怨交往和人生事功，还是有很多值得总结之处，尤其是在"修身齐家治国平天下"的儒家信条面前，他们的立身行道、待人接物，不无中国式智慧，也在生前身后留下不同的评价。比如，曾国藩带兵剿灭太平军的初衷是捍卫封建道统，而左宗棠挥师出征则是捍卫疆土，对于国家与民族的长远意义不可同日而语。

正所谓"尔曹身与名俱灭，不废江河万古流"，中国人之所以倡导"隔代修史"，就是因为只有等到时间的法官作出公正裁决之后，历史复杂的真相往往才能浮出水面。

同时我们更要看到，近代中国历史的每一页都浸透着抗争血泪，每一行文字都如芒在背，压得人喘不过气来。当晚清遭逢数千年未有之大变局的时候，中国的决策层虽然认识到了必须采取重大的变革来应对危机，但是他们没有找准变革的方向，更缺乏一以贯之的决心。出于种种原因，他们选择从过往的经验中寻求出路，希望借用传统的儒家意识形态和制度，让它在新的历史条件下继续发挥"裱糊"作用。

在这个思想指导下，曾左李所倡导的各项改革虽然轰轰烈烈、名噪一时，但最终只能停留在技术层面上，而无法推向纵深领域。这些变革基因的先天不足，再加上政治腐败、官场僵化、列强觊觎等内外压力，最终决定了他们个人奋斗的悲剧性结局。

比较史学研究有利于进一步开拓学术视野，有助于打破只见树木不见树林的片面结论，能更客观准确地把握历史的脉搏。在历史非虚构类写作中，要独辟蹊径地深化历史研究，就要从更广阔深沉的视野探寻历史规律，将同类历史现象进行广角度、多层次的考察分析，从而启迪人们按照中国的具体国情推进中华民族伟大复兴。

兴趣虽然是最好的老师，但评判历史需要适当的研究方法。对历史文化要保持"热心肠"的精神，做历史研究则要有坐"冷板凳"的心态。

笔者十来年心无旁骛地研究曾左李，这十年，是收获多于付出的十年；这十年，是读历史也悟人情的十年。笔者逐渐理解了老乡谯周、陈寿，也理解了曾左李的风云人生，他们不但要为自己活，更要为天下人活。

这些年，笔者多篇关于曾左李"家事""国事""天下事"方面的文章陆续在许多刊物上发表，笔者所在的成都金牛区作协给予了大力支持，还有很多不愿意透露姓名的机构和老师也提供了不少帮助，在此一并致以衷心的谢意。

"村店月昏泥径滑，竹窗斜漏补衣灯。"在无数个青灯黄卷、皓首穷经的日子里，家人们的理解和鼓励是最温暖的那盏灯火，也是写作之路上最温馨的灵犀和动力，因此也将这本小书，献给生我养我的人文西充，献给风雨同行的至爱亲人。

清史稿·曾国藩传

曾国藩，初名子城，字涤生，湖南湘乡人。家世农。祖玉屏，始慕乡学。父麟书，为县学生，以孝闻。

国藩，道光十八年进士。二十三年，以检讨典试四川，再转侍读，累迁内阁学士、礼部侍郎，署兵部。时太常寺卿唐鉴讲学京师，国藩与倭仁、吴廷栋、何桂珍严事之，治义理之学。兼友梅曾亮及邵懿辰、刘传莹诸人，为词章考据，尤留心天下人材。

咸丰初，广西兵事起，诏群臣言得失。奏陈今日急务，首在用人，人才有转移之道，有培养之方，有考察之法。上称其剀切明辨。寻疏荐李棠阶、吴廷栋、王庆云、严正基、江忠源五人。寇氛益炽，复上言："国用不足，兵伍不精，二者为天下大患。于岁入常额外，诚不可别求搜刮之术，增一分则民受一分之害。至岁出之数，兵饷为钜，绿营兵额六十四万，常虚六七万以资给军用。自乾隆中增兵议起，岁糜帑二百余万。其时大学士阿桂即忧其难继，嘉、道间两次议裁，不及十之四，仍宜汰五万，复旧额。自古开国之初，兵少而国强，其后兵愈多则力愈弱，饷愈多则国愈贫。应请皇上注意将才，但使七十一镇中有十余镇足为心腹，则缓急可恃矣。"又深痛内外臣工谄谀欺饰，无陈善责难之风。因上敬陈圣德预防流弊一疏，切指帝躬，有人所难言者，上优诏答之。历署刑部、吏部侍郎。

二年，典试江西，中途丁母忧归。

三年，粤寇破江宁，据为伪都，分党北犯河南、直隶，天下骚动，而国藩已前奉旨办团练于长沙。初，国藩欲疏请终制，郭嵩焘曰："公素具澄清之抱，今不乘时自效，如君父何？且墨绖从戎，古制也。"遂不复辞。取明戚继光遗法，募农民朴实壮健者，朝夕训练之。将领率用诸生，统众数不逾五百，号"湘勇"。腾书遐迩，虽卑贱与钧礼。山野材智之士感其诚，莫不往见，人人皆以曾公可与言事。四境土匪发，闻警即以湘勇往。立三等法，不以烦府县狱。旬月中，莠民猾胥，便宜捕斩二百余人。谤讟四起，自巡抚司道下皆心诽之，至以盛暑练操为虐士。然见所奏辄得褒答受主知，未有以难也。一日标兵与湘勇阋，至阑入国藩行台。国藩亲诉诸巡抚，巡抚漫谢之，不为理，即日移营城外避标兵。或曰："盍以闻？"国藩叹曰："大难未已，吾人敢以私愤渎君父乎？"

尝与嵩焘、忠源论东南形势多阻水，欲剿贼非治水师不可，乃奏请造战舰于衡州。匠卒无晓船制者，短桡长桨，出自精思，以人力胜风水，遂成大小二百四十舰。募水陆万人，水军以褚汝航、杨载福、彭玉麟领之，陆军以塔齐布、罗泽南领之。贼自江西上窜，再陷九江、安庆。忠源战殁庐州，吴文镕督师黄州亦败死。汉阳失，武昌戒严，贼复乘势扰湖南。国藩锐欲讨贼，率水陆军东下。舟师初出湖，大风，损数十艘。陆师至岳州，前队溃退，引还长沙。贼陷湘潭，邀击靖港，又败，国藩愤投水，幕下士章寿麟掖起之，得不死。而同时塔齐布大破贼湘潭，国藩营长沙高峰寺，重整军实，人人揶揄之。或请增兵，国藩曰："吾水陆万人非不多，而遇贼即溃。岳州之败，水师拒战者惟载福一营；湘潭之战，陆师塔齐布、水师载福各两营：

以此知兵贵精不贵多。故诸葛败祁山，且谋减兵损食，勤求己过，非虚言也。且古人用兵，先明功罪赏罚。今世乱，贤人君子皆潜伏，吾以义声倡导，同履危亡。诸公之初从我，非以利动也，故于法亦有难施，其致败由此。"诸将闻之皆服。

陆师既克湘潭，巡抚、提督上功，而国藩请罪。上诘责提督鲍起豹，免其官，以塔齐布代之。受印日，士民聚观，叹诧国藩为知人，而天子能明见万里也。贼自岳州陷常德，旋北走，武昌再失。国藩引兵趋岳州，斩贼枭将曾天养，连战，下城陵矶。会师金口，谋取武昌。泽南沿江东岸攻花园寇屯，塔齐布伏兵洪山，载福舟师深入寇屯，士皆露立，不避铅丸。武昌、汉阳贼望见官军盛，宵遁，遂复二郡。国藩以前靖港败，自请夺官，至是奏上，诏署湖北巡抚，寻加兵部侍郎衔，解署任，命督师东下。

当是时，水师奋厉无前，大破贼田家镇，毙贼数万，至于九江，前锋薄湖口。攻梅家洲贼垒不下，驶入鄱湖。贼筑垒湖口断其后，舟不得出，于是外江、内湖阻绝。外江战船无小艇，贼乘舴艋夜袭营，掷火烧坐船，国藩跳而免，水师遂大乱。上疏请罪，诏旨宽免，谓于大局无伤也。五年，贼再陷武汉，扰荆襄。国藩遣胡林翼等军还援湖北，塔齐布留攻九江，而躬至南昌抚定水师之困内湖者。泽南从征江西，复弋阳，拔广信，破义宁，而塔齐布卒于军。国藩在江西与巡抚陈启迈不相能，泽南奔命往来，上书国藩，言东南大势在武昌，请率所部援鄂，国藩从之。幕客刘蓉谏曰："公所恃者塔、罗。今塔将军亡，罗又远行，脱有急，谁堪使者？"国藩曰："吾计之熟矣，东南大局宜如是，俱困于此无为也。"嵩焘祖饯泽南曰："曾公兵单，奈何？"泽南曰："天苟不亡本朝，公必不死。"九月，补授兵部侍郎。

六年，贼酋石达开由湖北窜江西，连陷八府一州，九江贼踞自如，湖南北声息不相闻。国藩困南昌，遣将分屯要地，羽檄交驰，不废吟诵。作水陆师得胜歌，教军士战守技艺、结营布陈之法，歌者咸感奋，以杀贼敢死为荣。顾众寡，终不能大挫贼。议者争请调泽南军，上以武汉功垂成，不可弃。泽南督战益急，卒死于军。玉麟闻江西警，芒鞋走千里，穿贼中至南昌助守。林翼已为湖北巡抚，国藩弟国华、国葆用父命乞师林翼，将五千人攻瑞州。湖南巡抚骆秉章亦资国荃兵援吉安，兄弟皆会行间。而国藩前所遣援湖北诸军，久之再克武汉，直下九江，李续宾八千人军城东。续宾者，与弟续宜皆泽南高第弟子也。载福战船四百泊江两岸，江宁将军都兴阿马队、鲍超步队驻小池口，凡数万人。国藩本以忧惧治军，自南昌迎劳，见军容甚盛，益申儆告诫之。而是时江南大营溃，督师向荣退守丹阳，卒。和春为钦差大臣，张国樑总统诸军攻江宁。

七年二月，国藩闻父忧，遽归。给三月假治丧，坚请终制，允开侍郎缺。林翼既定湖北，进围九江，破湖口，水师绝数年复合。载福连拔望江、东流，扬飙过安庆，克铜陵泥汊，与江南军通。由是湘军水师名天下。林翼以此军创始国藩，杨、彭皆其旧部，请起国藩视师。会九江克复，石达开窜浙江，浸及福建，分股复犯江西，朝旨诏国藩出办浙江军务。

国藩至江西，屯建昌，又诏援闽。国藩以闽贼不足虑，而景德地冲要，遣将援赣北，攻景德。国荃追贼至浮梁，江西列城次第复。时石达开复窜湖南，围宝庆。上虑四川且有变，林翼亦以湖北饷倚川盐，而国藩又久治兵，无疆寄，乃与官文合疏请国藩援蜀。会贼窜广西，上游兵事解，而陈玉成再破庐州，续宾战殁三河，林翼以群盗蔓庐、寿间，终为楚患，乃改议留国藩合谋皖。军分三道，各万人。国藩由宿松、石牌规安庆，多隆阿、鲍超出太湖取桐城，林翼自英山乡舒、六。多隆阿等既大破贼小池，复太湖、潜山，遂军桐城。国荃率诸军围安庆，与桐城军相犄角。安庆未及下，而皖南贼陷广德，袭破杭州。李秀成大会群贼建平，分道援江宁，江南大营复溃，常州、苏州相继失，咸丰十年闰三月也。左宗棠闻而叹曰："此胜败之转机也！江南诸军，将蹇兵疲久矣。涤而清之，庶几后来可藉手乎？"或问："谁可当者？"林翼曰："朝廷以江南事付曾公，天下不足平也。"于是天子慎选帅，就加国藩兵部尚书衔，署理两江总督，旋即真，授钦差大臣。是时江、浙贼氛炽，或请撤安庆围先所急。国藩曰："安庆一军为克金陵张本，不可动也。"遂南渡江，驻祁门。江、浙官绅告急书日数十至，援苏、援沪、援皖、援镇江诏书亦叠下。国藩至祁门未数日，贼陷宁国，陷徽州。东南方困兵革，而英吉利复失好，以兵至。僧格林沁败绩天津，文宗狩热河，国藩闻警，请提兵北上，会和议成，乃止。

其冬，大为贼困，一出祁门东陷婺源；一出祁门西陷景德；一入羊栈岭攻大营。军报绝不通，将吏惵然有忧色，固请移营江干就水师。国藩曰："无故退军，兵家所忌。"卒不从，使人间行檄鲍超、张运兰亟引兵会。身在军中，意气自如，时与宾佐酬酒论文。自官京朝，即日记所言行，后履危困无稍间。国藩驻祁门，本资饷江西，及景德失，议者争言取徽州通浙米。乃自将大军次休宁，值天雨，八营皆溃，草遗嘱寄家，誓死守休宁。适宗棠大破贼乐平，运道通，移驻东流。多隆阿连败贼桐城，鲍超一军游击无定居，林翼复遣将助之。十一年八月，国荃遂克安庆。捷闻，而文宗崩，林翼亦卒。

穆宗即位，太后垂帘听政，加国藩太子少保衔，命节制江苏、安徽、江西、浙江四省。国藩惶惧，疏辞，不允，朝有大政，咨而后行。当是时，伪天王洪秀全僭号踞金陵，伪忠王李秀成等犯苏、沪，伪侍王李世贤等陷浙杭，伪辅王杨辅清等屯宁国，伪康王汪海洋窥江西，伪英王陈玉成屯庐州，捻首苗霈霖出入颍、寿，与玉成合，图窜山东、河南，众皆号数十万。国藩与国荃策进取，国荃曰："急捣金陵，则寇必以全力护巢穴，而后苏、杭可图也。"国藩然之。乃以江宁事付国荃，以浙江事付宗棠，而以江苏事付李鸿章。鸿章故出国藩门，以编修为幕僚，改道员，至是令从淮上募勇八千，选良将付之，号"淮军"。同治元年，拜协办大学士，督诸军进讨。于是国荃有捣金陵之师，鸿章有征苏、沪之师，载福、玉麟有肃清下游之师；大江以北，多隆阿有取庐州之师，续宜有援颍州之师；大江以南，鲍超有攻宁国之师，运兰有防剿徽州之师，宗棠有规复全浙之师：十道并出，皆受成于国藩。

贼之都金陵也，坚筑壕垒，饷械足，猝不可拔。疾疫大作，将士死亡山积，几不能军。国藩自以德薄，请简大臣驰赴军，俾分己责，上优诏慰勉之，谓："天灾流行，岂卿一人之咎？意者朝廷政多缺失，我君臣当勉图禳救，为民请命。且环顾中外，才力、气量无逾卿者！时势艰难，无稍懈也。"国藩读诏感泣。时洪秀全被围久，召李秀成苏州，李世贤浙江，悉众来援，号六十万，围雨花台军。国荃拒战六十四日，解去。三年五月，水师克九洑洲，江宁城合围。十月，鸿章克苏州。四年二月，宗棠克杭州。国藩以江宁久不下，请鸿章来会师，未发，国荃攻益急，克之。江宁平，天子褒功，加太子太傅，封一等毅勇侯，赏双眼翎。开国以来，文臣封侯自是始。朝野称贺，而国藩功成不居，粥粥如畏。穆宗每简督抚，辄密询其人，未敢指缺疏荐，以谓疆臣既专征伐，不当更分黜陟之柄，外重内轻之渐，不可不防。

初，官军积习深，胜不让，败不救。国藩练湘军，谓必万众一心，乃可办贼，故以忠诚倡天下。其后又谓淮上风气劲，宜别立一军。湘勇利山径，驰骋平原非所长，且用武十年，气亦稍衰矣，故欲练淮士为湘勇之继。至是东南大定，裁湘军，进淮军，而捻匪事起。

捻匪者，始于山东游民相聚，其后剽掠光、固、颍、亳、淮、徐之间，捻纸燃脂，故谓之"捻"。有众数十万，马数万，蹂躏数千里，分合不常。捻首四人，曰张总愚、任柱、牛洪、赖文光。自洪寇、苗练尝纠捻与官军战，益悉攻斗，胜保、袁甲三不能御。僧格林沁征讨数年，亦未能大创之。国藩闻僧军轻骑追贼，一日夜三百余里，曰："此于兵法，必蹶上将军。"未几而王果战殁曹州，上闻大惊，诏国藩速赴山东剿捻，节制直隶、山东、河南三省，而鸿章代为总督，廷旨日促出师。国藩上言："楚军裁撤殆尽，今调刘松山一军及刘铭传淮勇尚不足。当更募徐州勇，以楚军之规模，开齐、兖之风气；又增募马队及黄河水师，皆非旦夕可就。直隶宜自筹防兵，分守河岸，不宜令河南之兵兼顾河北。僧格林沁尝周历五省，臣不能也。如以徐州为老营，则山东之兖、沂、曹、济，河南之归、陈，江苏之淮、徐、海，安徽之庐、凤、颍、泗，此十三府州责之臣，而以其余责各督抚。汛地有专属，则军务乃渐有归宿。"又奏："扼要驻军临淮关、周家口、济宁、徐州，为四镇。一处有急，三处往援。今贼已成流寇，若贼流而我与之俱流，必致疲于奔命。故臣坚持初议，以有定之兵，制无定之寇，重迎剿，不重尾追。"然督师年余，捻驰突如故。将士皆谓不苦战而苦奔逐，乃起张秋抵清江筑长墙，凭运河御之，未成而捻窜襄、邓间，因移而西，修沙河、贾鲁河，开壕置守。分地甫定，而捻冲河南汛地，复突而东。时议颇咎国藩计迂阔，然亦无他术可制捻也。

山东、河南民习见僧格林沁战，皆怪国藩以督兵大臣安坐徐州，谤议盈路。国藩在军久，益慎用兵。初立驻军四镇之议，次设扼守黄运河之策。既数为言路所劾，亦自以防河无效，朝廷方起用国荃，乃奏请鸿章以江督出驻徐州，与鲁抚会办东路；国荃以鄂抚出驻襄阳，与豫抚会办西路：而自驻周家口策应之。或又劾其骄妄，于是国藩念权位不可久处，益有忧谗畏讥之心矣。匄病假数月，继请开缺，以散员留军效力；又请削封爵：皆不许。

五年冬，还任江南，而鸿章代督军。时牛洪死，张总愚窜陕西，任柱、赖文光窜湖北，自是有东西捻之号。六年，就补大学士，留治所。东捻由河南窜登、莱、青，李鸿章、刘长佑建议合四省兵力堵运河。贼复引而西，越胶、莱、河南入海州。官军阵斩任柱，赖文光走死扬州。以东捻平，加国藩云骑尉世职。西捻入陕后，为松山所败。乘坚冰渡河窜山西，入直隶，犯保定、天津。松山绕出贼前，破之於献县。诸帅勤王师大至，贼越运河窜东昌、武定。鸿章移师德州，河水盛涨，扼河以困之。国藩遣黄翼升领水师助剿，大破贼于茌平。张总愚赴水死，而西捻平。凡防河之策，皆国藩本谋也。是年授武英殿大学士，调直隶总督。

国藩为政务持大体，规全势。其策西事，议先清陇寇而后出关；筹滇、黔，议以蜀、湘二省为根本。皆初立一议，后数年卒如其说。自西人入中国，交涉事日繁。金陵未下，俄、美、英、法皆请以兵助，国藩婉拒之。及廷议购机轮，置船械，则力赞其成，复建议选学童习艺欧洲。每定约章，辄诏问可许不可许，国藩以为争彼我之虚仪者可许，其夺吾民生计者勿许也。既至直隶，以练兵、饬吏、治河三端为要务，次第兴革，设清讼局、礼贤

387

馆，政教大行。

九年四月，天津民击杀法领事丰大业，毁教堂，伤教民数十人。通商大臣崇厚议严惩之，民不服。国藩方病目，诏速赴津，乃务持平保和局，杀十七人，又遣戍府县吏。国藩之初至也，津民谓必反崇厚所为，备兵以抗法。然当是时，海内初定，湘军已散遣，天津咫尺京畿，民、教相阋，此小事不足启兵端，而津民争怨之。平生故旧持高论者，日移书谯让，省馆至毁所署楹帖，而国藩深维中外兵势强弱，和战利害，惟自引咎，不一辩也。丁日昌因上奏曰："自古局外议论，不谅局中艰苦，一唱百和，亦足以荧上听，挠大计。卒之事势决裂，国家受无穷之累，而局外不与其祸，反得力持清议之名，臣实痛之！"

国藩既负重谤，疾益剧，乃召鸿章治其狱，逾月事定，如初议。会两江缺出，遂调补江南，而以鸿章督直隶。江南人闻其至，焚香以迎。以乱后经籍就燬，设官书局印行，校刊皆精审。礼聘名儒为书院山长，其幕府亦极一时之选，江南文化遂比隆盛时。

国藩为人威重，美须髯，目三角有棱。每对客，注视移时不语，见者竦然，退则记其优劣，无或爽者。天性好文，治之终身不厌，有家法而不囿于一师。其论学兼综汉、宋，以谓先王治世之道，经纬万端，一贯之以礼。惜秦蕙田五礼通考阙食货，乃辑补盐课、海运、钱法、河堤为六卷；又慨古礼残阙无军礼，军礼要自有专篇，如戚敬元所纪者。论者谓国藩所订营制、营规，其于军礼庶几近之。晚年颇以清静化民，俸入悉以养士。老儒宿学，群归依之。尤知人，善任使，所成就荐拔者，不可胜数。一见辄品目其材，悉当。时举先世耕读之训，教诫其家。遇将卒僚吏若子弟然，故虽严惮之，而乐为之用。居江南久，功德最盛。

同治十三年，薨于位，年六十二。百姓巷哭，绘像祀之。事闻，震悼，辍朝三日。赠太傅，谥文正，祀京师昭忠、贤良祠，各省建立专祠。子纪泽袭爵，官至侍郎，自有传；纪鸿赐举人，精算，见畴人传。

论曰：国藩事功本于学问，善以礼运。公诚之心，尤足格众。其治军行政，务求蹈实。凡规画天下事，久无不验，世皆称之，至谓汉之诸葛亮、唐之裴度、明之王守仁，殆无以过，何其盛欤！国藩又尝取古今圣哲三十三人，画像赞记，以为师资，其平生志学大端，具见于此。至功成名立，汲汲以荐举人才为己任，疆臣阃帅，几遍海内。以人事君，皆能不负所知。

呜呼！中兴以来，一人而已。

清史稿·左宗棠传

左宗棠，字季高，湖南湘阴人。父观澜，廪生，有学行。宗棠，道光十二年举人，三试礼部不第，遂绝意仕进，究心舆地、兵法。喜为壮语惊众，名在公卿间。尝以诸葛亮自比，人目其狂也。胡林翼亟称之，谓横览九州，更无才出其右者。年且四十，顾谓所亲曰："非梦卜夐求，殆无幸矣！"

咸丰初，广西盗起，张亮基巡抚湖南，礼辟不就。林翼敦劝之，乃出。叙守长沙功，由知县擢同知直隶州。亮基移抚山东，宗棠归隐梓木洞。骆秉章至湖南，复以计劫之出佐军幕，倚之如左右手。僚属白事，辄问："季高先生云何？"由是忌者日众，谤议四起，而名日闻。同里郭嵩焘官编修，一日，文宗召问："若识举人左宗棠乎？何久不出也？年几何矣？过此精力已衰，汝可为书谕吾意，当及时出为吾办贼。"林翼闻而喜曰："梦卜夐求时至矣！"

六年，曾国藩克武昌，奏陈宗棠济师、济饷功，诏以兵部郎中用，俄加四品卿衔。会秉章劾罢总兵樊燮，燮构于总督官文，为蜚语上闻，召宗棠对簿武昌，秉章疏争之不得。林翼、国藩皆言宗棠无罪，且荐其才可大用。詹事潘祖荫亦诵言总督惑于浮辞，故得不逮。俄而朝旨下，命以四品京堂从国藩治军。初，国藩创立湘军，诸军遵其营制，独王鑫不用。宗棠募五千人，参用鑫法，号曰"楚军"。十年八月，宗棠既成军而东，伪翼王石达开窜四川，诏移师讨蜀。国藩、林翼以江、皖事急，合疏留之。时国藩进兵皖南，驻祁门，伪侍王李世贤、忠王李秀成纠众数十万围祁门。宗棠率楚军道江西，转战而前，遂克德兴、婺源。贼趋浮梁景德镇，断祁门饷道。宗棠还师击之，大战于乐平、鄱阳，僵尸十余万，世贤易服逃，而徽州贼亦遁浙江。自是江、皖军势始振。

十一年，诏授太常寺卿，襄办江南军务，乃率楚军八千人东援浙。朝命国藩节制浙江，国藩荐宗棠足任浙事。宗棠部将名者，刘典、王开来、王文瑞、王沐，数军单薄，不足资战守；乃奏调蒋益澧于广西，刘培元、魏喻义于湖南，皆未至，而宗棠以数千人策应七百余里，指挥若定，国藩服其整暇。已而杭州陷，复疏荐之，遂授浙江巡抚。

时浙地唯湖、衢二州未陷贼，国藩与宗棠计，以保徽州，固饶、广为根本。奏以三府属县赋供其军，设婺源、景德、河口三税局裨之，三府防军悉隶宗棠。贼大举犯婺源，亲督军败之。同治元年正月，诏促自衢规浙。宗棠奏言："行军之法，必避长围，防后路。臣军入衢，则徽、婺疏虞，又成粮尽援绝之势。今由婺源攻开化，分军扼华埠，收遂安，使饶、广相庇以安，然后可以制贼而不为贼制。"二月，克遂安。世贤自金华犯衢州，连击败之。而皖南贼复陷宁国，遣文瑞往援，克绩溪。十一月，喻义克严州。二年正月，益澧及高连升、熊建益、王德榜、余佩玉等克金华、绍兴，浙东诸郡县皆定。

杭州贼震怖，悉众拒富阳。时诸军争议乘胜取杭城，宗棠不喜攻坚，谓皖南贼势犹盛，治寇以殄灭为期，勿贪近功。乃自金华进军严州，令刘典将八千人会文瑞防徽州，以培元、德榜驻淳安、开化，而益澧攻富阳。劾罢道府及失守将吏十七人，举浙士吴观礼等赈荒招垦，足裕军食。四月，授浙闽总督，兼巡抚事。刘典军既至皖南，遂留屯。益澧攻富阳，军仅万余人，皆病疫，宗棠亦患疟困惫，富阳围久不下，乃简练旧浙军，兼募外国军助之攻。七月，李鸿章江苏军入浙攻嘉善，嘉兴寇北援，于是水陆大举攻富阳，克之。益澧等长驱捣杭州，魏喻义、康国器攻余杭。宗棠以杭贼恃余杭为犄角，非先下余杭，收海宁，不能断嘉、湖援济，躬至余杭视师。是时皖贼古隆贤反正，官军连下建平、高淳诸邑。金陵贼呼秀成入谋他窜，独世贤踞溧阳，与广德贼比，中梗官军。鸿章既克嘉善，上言当益军攻嘉兴。会浙师取常州，而广德贼已由宁国窜浙。宗棠虑贼分扰江西、福建，乃檄张运兰率所部趋福建，召刘典防江西。海宁贼蔡元隆以城降，更名元吉，后遂为骁将。三年二月，元吉会江苏军克嘉兴。杭州贼陈炳文势蹙约降，犹虑计中变，乘雨急攻之，夜启门遁，杭州复，余杭贼汪海洋亦东走。捷闻，加太子少保衔，赐黄马褂。

移驻省城，申军禁，招商开市，停杭关税，减杭、嘉、湖税三之一。益澧为布政使，亦轻财致士，一时翕然称之。群贼聚湖州，乃移军合围，先攻菱湖。三月，江苏军克常州，贼败窜徽、婺，趋江西。世贤踞崇仁，海洋踞东乡，宗棠以贼入江西为腹心患，奏请杨岳斌督江西、皖南军，以刘典副，从之。六月，曾国荃克江宁，洪秀全子福瑱奔湖州，俄复溃走，磔于南昌。七月，克湖州，尽定浙地。论功，封一等恪靖伯。

余贼散走徽、宁、江西、广东，折入汀州，福建大震。乃奏请之总督任，以益澧护巡抚，增调德榜军至闽。四年三月，江苏军郭松林来会师，贼弃漳州出大埔。五月，进攻永定。世贤、海洋既屡败，伤精锐过半，归诚者三万。宗棠进屯漳州，蹑贼武平。于是贼窜广东之镇平，而福建亦定。

乃檄康国器、关镇平两军入粤，王开琳一军入赣防江西，刘典军趋南安防湖南，留高连升、黄少春军武平，伺贼进退。六月，贼大举犯武平，力战卻之。世贤投海洋，为所戕，贼党益猜贰。诏以宗棠节制三省诸军。十月，贼陷嘉应，宗棠移屯和平琯溪。德榜虑帅屯孤悬，自请当中路。刘典闻德榜军趋前，亦引军疾进。猝遇贼，败，贼追典，掠德榜屯而过，枪环击之，辄反走。是夜降者逾四万，言海洋中炮死矣，士气愈奋。时鲍超军亦至，贼出拒，又大败之。合闽、浙、江、粤军围嘉应。十二月，贼开城遁，扼诸屯不得走，跪乞免者六万余，俘斩贼将七百三十四，首级可计数者万六千，诏赐双眼花翎。

五年正月，凯旋。宗棠以粤寇既平，首议减兵并饷，加给练兵。又以海禁开，非制备船械不能图自强，乃创船厂马尾山下，荐起沈葆桢主其事。会王师征西陲回乱久无功，诏宗棠移督陕、甘。十月，简所部三千人西发，令刘典别募三千人期会汉口，中途以西捻张总愚窜陕西，命先入秦剿贼。

陕、甘回众数至百万，与捻合。宗棠行次武昌，上奏曰："臣维东南战事利在舟，西北战事利在马。捻、回马队驰骋平原，官军以步队当之，必无幸矣。以马力言，西产不若北产之健。捻马多北产，故捻之战悍于回。臣军止六千，今拟购口北良马习练马队，兼制双轮炮车。由襄、邓出紫荆关，径商州以赴陕西。经营屯田，为久远之规。是故进兵陕西，必先清关外之贼；进兵甘肃，必先清陕西之贼；驻兵兰州，必先清各路之贼：然后馈运常通，师行无阻。至于进止久速，随机赴势，伏乞假臣便宜，宽其岁月，俾得从容规画，以要其成。"

六年春，提兵万二千以西。议以炮车制贼马，而以马队当步贼。捻倏见炮车，皆不战狂奔。时陕西巡抚刘蓉已解任，总督杨岳斌请归益急。诏宁夏将军穆图善署总督，宗棠以钦差大臣督军务。分军三道入关，而皖南镇总兵刘松山率老湘军九千人援陕，山西按察使陈湜主河防，其军皆属焉。松山既屡败捻，又合蜀军将黄鼎、皖军将郭宝昌，大破之富平。捻掠三原，沿渭北东趋，回则分党西犯，麇集北山。宗棠以捻强于回，当先制捻。檄诸军凭河结营，期蹙而歼之泾、洛间。捻乘军未集，又折而西渡泾、渭，窥豫、鄂。已而大军进逼，势不复能南，乃趋白水。乘大风雨，铤走入北山。宗棠防捻、回合势，且北山荒瘠，师行粮不继，因急扼耀州。十月，捻败走宜川，别党果窜耀州，合回匪攻同官。留防军不能御，典、连升军驰救，大破之。诸军将虽屡败捻，终牵于回，师行滞；而捻大众在宜川者益北扰延长，掠绥德，趋葭州，回亦自延安出陷绥德。宗棠自以延、绥迭失，上书请罪，部议革职。时北山及扶、岐、汧、陇、邠、凤诸回，所在响应。捻自南而北，千有余里，回自西而东，亦千有余里。陕西主客军能战者不及五万，然回当之辄败。松山等克绥德，回走米脂，捻复分道南窜。于是刘厚基出东北追回，松山等循西岸要捻。师抵宜川，回大出遮官军，留战一日，破之；而捻遂取间道逾山至壶口，乘冰桥渡河。宗棠奉朝旨，山右毗连畿辅，令自率五千人赴援，以刘典代督陕甘军。

是年十二月，捻自垣曲入河南，益北趋定州，游骑犯保定，京师戒严。诏切责督兵大臣，自宗棠、鸿章及河南巡抚李鹤年、直隶总督官文，皆夺职。宗棠至保定，松山等连破贼深、祁、饶、晋。当是时，捻驰骛数百里间，由直隶窜河南、山东，已复渡运越吴桥，犯天津。鸿章议筑长围制贼；宗棠谓当且防且剿，西岸固守，必东路有追剿之师，乃可掣其狂奔之势：上两从其议。于是勤王师大集，宗棠驻军吴桥，捻徘徊陵邑、济阳，合淮、豫军迭败之，总愚走河滨以死，西捻平。入觐，天语褒嘉，且询西陲师期。宗棠对以五年，后卒如其言焉。

七年十月，率师还陕，抵西安。时东北土寇董福祥等众十余万，扰延安、绥德，西南陕回白彦虎等号二十万，踞甘肃董志原。松山至，破土寇，降福祥；而回益四出剿掠，其西南窜出者，并力扰秦川，黄鼎破之。宗棠进军乾州，谍报回巢将徙金积堡，分军击之，遂下董志原，连复镇原、庆阳，回死者至三万。督丁壮耕作，教以区田、代田法。择硗荒地，发帑金巨万，悉取所收饥民及降众十七万居焉。遂以八年五月进驻泾州。

甘回最著者，西曰马朵三，踞西宁；南曰马占鳌，踞河川；北曰马化隆，踞宁夏、灵州。化隆以金积堡为老巢，堡当秦、汉两渠间，扼黄河之险，擅盐、马、茶大利。环堡五百余寨，党众啸聚。掠取汉民产业子女。陕回时时与通市，相为首尾。化隆以新教煽回民，购马造军械，而阳输诚绐穆图善。董志原既平，陕回窜灵州，化隆上书为陕回乞抚。宗棠察其诈，备三月粮，先攻金积堡，以为收功全陇之基。及松山追陕回至灵州，扼永灵洞。化隆惧，仍代陕回乞抚，谋缓兵，穆图善信之，日言抚，绥远城将军至劾松山滥杀激变。然化隆实无意降也，密召诸回并出劫军饷。十一月，宗棠进驻平凉。九年，松山阵殁，以其兄子锦棠代之，战屡捷，而中路、南路军亦所向有功，陕回受抚者数千人。及夺秦坝关，化隆益窘，诣军门乞降，诛之，夷其城堡。迁甘回固原、平凉，陕回化平，而编管钤束之，宁、灵悉定。奏言进规河湟，而是时有伊犁之变，诏宗棠分兵屯肃州，乃遣徐占彪将六千人往。

十年七月，自率大军由平凉移驻静宁。八月，至安定。寇聚河州，其东出，必绕洮河三甲集，集西太子寺，再西大东乡，皆险要。诸将分击，悉破平之。时回酋朵三已死，占鳌见官军深入，西宁回已归顺，去路绝，遂亦受抚。河州平。

十一年七月，移驻兰州。占彪前以伊犁之变率师而西也，于时肃州阻乱，回酋马文禄先已就抚，闻关外兵事急，复据城叛。及占彪军至，乃婴城固守，而乞援西宁。陕回白彦虎、禹得彦亦潜应文禄。会锦棠率军至，西宁土回及陕回俱变，推马本源为元帅。西宁东北阻湟水，两山对峙，古所称湟中也。贼据险而屯，俄败走，遗弃马骡满山谷，窜巴燕戎格。大通都司马寿复嗾向阳堡回杀汉民以叛。十二年正月，锦棠攻向阳堡，夺门入，斩马寿，遂破大通，捣巴燕戎格，诛本源，河东、西诸回堡皆降。文禄踞肃州，诡词求抚，益招致边外回助城守，连攻未能下。八月，宗棠来视师，文禄登城见帅旗，夺气。请出关讨贼自效，不许。金顺、锦棠军大集，文禄穷蹙出降，磔之。白彦虎窜遁关外，肃州平。以陕甘总督协办大学士，加一等轻车都尉。奏请甘肃分闱乡试，设学政。十三年，晋东阁大学士，留治所。自咸丰初，天下大乱，粤盗最剧，次者捻逆，次者回。宗棠既手戡定之，至是陕、甘悉靖，而塞外平回，朝廷尤矜宠焉。

塞外回酋曰帕夏，本安集延部之和硕伯克也。安集延故属敖罕，敖罕为俄罗斯所灭，安集延独存。帕夏畏俄逼，阑入边。据喀什噶尔，稍蚕食南八城，又攻败乌鲁木齐所踞回妥明。妥明者，西宁回也，初以新教游关外。同治初，乘陕甘汉、回构变倡乱，据乌城。帕夏既攻败妥明降之，遂并有北路伊犁诸城，收其赋入。妥明旋被逐，走死，而白彦虎窜处乌城，仍隶帕夏。

帕夏能属役回众，通使结援英、俄，购兵械自备。英人阴助之，欲令别立为国，用捍蔽俄。当是时，俄以回数扰其边境，遽引兵逐回，取伊犁，且言将代取乌鲁木齐。

光绪元年，宗棠既平关陇，将出关，而海防议起。论者多言自高宗定新疆，岁糜数百万，此漏卮也。今至竭天下力赡西军，无以待不虞，尤失计。宜徇英人议，许帕夏自立为国称藩，罢西征，专力海防。鸿章言之尤力。宗棠曰："关陇新平，不及时规还国家旧所没地，而割弃使别为国，此坐自遗患。万一帕夏不能有，不西为英并，即北折而入俄耳。吾地坐缩，边要尽失，防边兵不可减，糜饷自若。无益海防而挫国威，且长乱。此必不可。"军机大臣文祥独善宗棠议，遂决策出塞，不罢兵。授宗棠钦差大臣，督军事，金顺副之。

二年三月，次肃州。五月，锦棠北逾天山，会金顺军先攻乌鲁木齐，克之。白彦虎遁走托克逊。九月，克玛纳斯南城，北路平，乃规南路。令曰："回部为安酋驱迫，厌乱久矣。大军所至，勿淫掠，勿残杀。王者之师如时雨，此其时也。"三年三月，锦棠攻克达坂城，悉释所擒缠回，纵之归。南路恟惧，翼日，收托克逊城，而占彪及孙金彪两军亦连破诸城隘，合罗长祐等军收吐鲁番，降缠回万余。帕夏饮药死，其子伯克胡里戕其弟，走喀什噶尔。

白彦虎走开都河，宗棠欲遂擒之，奏未上，适库伦大臣上言西事宜画定疆界，而廷臣亦谓西征费巨，今乌城、吐鲁番既得，可休兵。宗棠叹曰："今时有可乘，乃为画地缩守之策乎？"抗疏争之，上以为然。时俄方与土耳其战，金顺请乘虚袭伊犁。宗棠曰："不可。师不以正，彼有辞矣。"八月，锦棠会师曲会，遂由大道向开都河为正兵，余虎恩等奇兵出库尔。白彦虎走库车，趋阿克苏，锦棠遮击之，转遁喀什噶尔。大军还定乌什，遂收南疆东四城，何步云以喀什汉城降。伯克胡里既纳白彦虎，乃并力攻汉城。大军至，复遁走俄。西四城相继下，宗棠露布以闻，诏晋二等侯。布鲁特十四部争内附。

四年正月，条上新疆建行省事宜，并请与俄议还伊犁、交叛人二事。诏遣全权大臣崇厚使俄。俄以通商、分界、偿款三端相要。崇厚遽定约，为朝士所纠，议久不决。宗棠奏曰："自俄踞伊犁，蚕食不已，新疆乃有日蹙百里之势。俄视伊犁为外府，及我索地，则索偿卢布五百万元。是俄还伊犁，于俄无损，我得伊犁，仅一荒郊。今崇厚又议界俄陬尔果斯河及帖克斯河，是划伊犁西南之地归俄也。武事不竞之秋，有割地求和者矣。兹一矢未加，遽捐要地，此界务之不可许者也。俄商志在贸易，其政府即广设领事，欲藉通商深入腹地，此商务之不可许者也。臣维俄人包藏祸心，妄忖吾国或厌用兵，遂以全权之使臣牵制疆臣。为今之计，当先之以议论，委婉而用机，次决之以战阵，坚忍而求胜。臣虽衰惫无似，敢不勉旃。"上壮其言，嘉许之。崇厚得罪去，命曾纪泽使俄，更前约。于是宗棠乃自请出屯哈密，规复伊犁。以金顺出精河为东路，张曜沿特克斯河为中路，锦棠经布鲁特游牧为西路；而分遣谭上连等分屯喀什噶尔、阿克苏、哈密为后路声援：合马步卒四万余人。

六年四月，宗棠舆榇发肃州，五月，抵哈密。俄闻王师大出，增兵守伊犁、纳林河，别以兵船翔海上，用震撼京师，同时天津、奉天、山东皆警。七月，诏宗棠入都备顾问，以锦棠代之。而俄亦慑我兵威，恐事遂决裂。明年正月，和议成，交还伊犁，防海军皆罢。

宗棠用兵善审机，不常其方略。筹西事，尤以节兵裕饷为本谋。始西征，虑各行省协助饷不时至，请一借贷外国。沈葆桢尼其议，诏曰："宗棠以西事自任，国家何惜千万金。为拨款五百万，敕自借外国债五百万。"出塞凡二十月，而新疆南北城尽复者，馈运饶给之力也。初议西事，主兴屯田，闻者迂之；及观宗棠奏论关内外旧屯之弊，以谓挂名兵籍，不得更事农，宜画兵农为二，简精壮为兵，散愿弱使屯垦，然后人服其老谋。既入觐，赐紫禁城骑马，使内侍二人扶掖上殿，授军机大臣，兼值译署。国家承平久，武备弛不振，而海外诸国争言富强，虽中国屡平大难，彼犹私议以为脆弱也。及宗棠平帕夏，外国乃稍稍传说之。其初入京师，内城有教堂高楼，俯瞰宫殿，民间譁言左侯至，楼即毁矣，为示谕晓，乃止。其威望在人如此。然值军机、译署，同列颇厌苦之。宗棠亦自不乐居内，引疾乞退。九月，出为两江总督、南洋通商大臣。尝出巡吴淞，过上海，西人为建龙旗，声炮，迎导之维谨。

九年，法人攻越南，自请赴滇督师。檄故吏王德榜募军永州，号"恪靖定边军"，法旋议和，止其行。十年，滇、越边军溃，召入都，再直军机。法大举内犯，诏宗棠视师福建，檄王鑫子诗正潜军渡台湾，号"恪靖援台军"。诗正至台南，为法兵所阻，而德榜会诸军大捷于谅山。和议成，再引疾乞退。七月，卒于福州，年七十三，赠太傅，谥文襄。祀京师昭忠祠、贤良祠，并建专祠于湖南及立功诸省。

宗棠为人多智略，内行甚笃，刚峻自天性。穆宗尝戒其褊衷。始未出，与国藩、林翼交，气陵二人出其上。中兴诸将帅，大率国藩所荐起，虽贵，皆尊事国藩。宗棠独与抗行，不少屈，趣舍时合时不合。国藩以学问自敛抑，议外交常持和节；宗棠锋颖凛凛向敌矣，士论以此益附之。然好自矜伐，故出其门者，成德达材不及国藩之盛云。子四人：孝威，举人，以荫为主事，先卒，旌表孝行；孝宽，郎中；孝勋，兵部主事；孝同，江苏提法使。孙念谦，袭侯爵，通政司副使。

论曰："宗棠事功著矣，其志行忠介，亦有过人。廉不言贫，勤不言劳。待将士以诚信相感。善于治民，每克一地，招徕抚绥，众至如归。论者谓宗棠有霸才，而治民则以王道行之，信哉。宗棠初出治军，胡林翼为书告湖南曰："左公不顾家，请岁筹三百六十金以赡其私。"曾国藩见其所居幕狭小，为别制二幕贻之，其廉俭若此。初与国藩论事不洽，及闻其薨，乃曰："谋国之忠，知人之明，自愧不如。"志益远矣。

清史稿·李鸿章传

李鸿章，字少荃，安徽合肥人。父文安，刑部郎中。其先本许姓。鸿章，道光二十七年进士，改庶吉士，授编修。从曾国藩游，讲求经世之学。洪秀全据金陵，侍郎吕贤基为安徽团练大臣，奏鸿章自助。咸丰三年，庐州陷，鸿章建议先取含山、巢县图规复。巡抚福济授以兵，连克二县，逾年复庐州。累功，用道员，赏花翎。久之，以将兵淮甸遭众忌，无所就，乃弃去。从国藩于江西，授福建延建邵道，仍留军。

十一年，国藩既克安庆，谋大举东伐。会江苏缺帅，奏荐鸿章可大用，江、浙士绅亦来乞师。同治元年，遂命鸿章召募淮勇七千人，率旧部将刘铭传、周盛波、张树声、吴长庆，曾军将程学启，湘军将郭松林，霆军将杨鼎勋，以行。又奏调举人潘鼎新、编修刘秉璋，檄弟鹤章总全军营务。时沿江贼屯林立，乃赁西国汽舟八，穿贼道二千余里，抵上海，特起一军，是为淮军。外国人见其衣装朴陋，辄笑之，鸿章曰："军贵能战，非徒饰观美。迨吾一试，笑未晚也。"旋诏署江苏巡抚。

是时上海有英、法二国军。美国华尔募洋兵数千，攻克松江、嘉定、青浦、奉贤，号南路军；学启等将湘、淮人攻南汇，号北路军。四月，贼悉众战败南路军，嘉定、奉贤再陷，华尔弃青浦走保松江。学启将千五百人屯新桥，贼围之数十重，践尸进。学启开壁突击，贼骇却。鸿章亲督军来援，贼大奔，乘胜攻泗泾，解松江围。外国军见其战，皆惊叹。自此湘、淮军威始振。诏促移师镇江，鸿章请先图沪而后出江。既定浦东厅县，伪慕王谭绍光来援，败之北新泾，贼走嘉定。

九月，进克其城。谭绍光率数十万众，连营江口，犯黄渡。诸将分攻，简精卒逾壕伏而前，毙数人，贼阵动，学启乘之，裹创噪而进，贼大溃。捷入，授江苏巡抚。

初，美人华尔所将兵名常胜军，慈溪之役，殁于阵，其副白齐文怀异志，闭松江城索饷。鸿章裁其军，易以英将戈登，常胜军始复听节制，命出海攻福山，不克而还。二年正月，兼署五口通商大臣。初，常熟守贼骆国忠、董正勤举城降，福山诸海口俱下。伪忠王李秀成悉众围常熟，江阴援贼复陷福山。鸿章牒谕国忠固守待援，而檄鼎新、铭传攻福山，夺石城。国忠知援至，开城猛击，俘斩殆尽，遂解常熟围，进复太仓、昆山。因疏陈贼情地势，建三路进军之策：学启由昆山攻苏州；鹤章、铭传由江阴进无锡，淮、扬水军辅之；太湖水军将李朝斌由吴江进太湖，鼎新等分屯松江，常胜军屯昆山为前军援。

李秀成纠合伪纳王郜云官等水陆十万，偪大桥角而营，鹤章击之，败走，九月，复集，连营互进。鹤章立八营于大桥角，与之持。鸿章以贼麇集西路，志在保无锡，援苏州。乃令鹤章、铭传守后路，抽锐卒会学启合破贼屯，苏、锡之贼皆大困。贼陷江宁、苏、杭为三大窟，而苏则其脊脊也，故李秀成百计援之。谭绍光尤凶狡，誓死守，附城筑长墙石垒，坚不可猝拔。十月，鸿章亲视师，以炮毁之，城贼争权相猜，谋反正，刺杀谭绍光，开门纳军。时降酋八人皆拥重兵，号十万，歃血誓共生死，要显秩。学启言不杀八人，后必为患。鸿章意难之，学启拂衣出，鸿章笑语为解。明日，八人出城受赏，留饮，即坐上数其罪，斩之。

学启入城谕定其众，搜杀悍党二千馀人。捷闻，赏太子太保衔、黄马褂。十一月，鹤章等复无锡，进攻常州，以应江宁围军。学启出太湖，图嘉兴，以应浙军。鼎新等军先入浙，收平湖、海盐，贼争应官军，所至辄下。三年二月，学启急攻嘉兴，亲搏战，登城，克之，中弹死。四月，克常州，擒斩伪护王陈坤书，赏骑都尉世职。常胜军惭无功，戈登辞归国，乃撤其军。

廷议江宁久未下，促鸿章会攻，鸿章以金陵破在旦夕，托辞延师。六月，曾军克江宁，捷书至。鸿章遂分军令铭传、盛波由东坝取广德，鼎新、秉璋由松江攻湖州，松林、鼎勋由沪航海援闽。贼平，封一等肃毅伯，赏戴双眼花翎。

四年四月，科尔沁亲王僧格林沁战殁曹州，以曾国藩为钦差大臣，督其军。

鸿章署两江总督，命率所部驰防豫西，兼备剿京东马贼、甘肃回匪。鸿章言："兵势不能远分，且筹饷造械，臣离江南，皆无可委托。为今日计，必先图捻而后图回。赴豫之师，必须多练马队，广置车骡，非可猝办。"诏寝其行。时曾国藩督军剿捻久无功，命回两江，而以鸿章署钦差代之，败东捻任柱、赖文光于湖北。

六年正月，授湖广总督。贼窜河南，渡运河，济南戒严。初，曾国藩议凭河筑墙，遏贼奔窜。鸿章守其策，而注重运西。饬豫军提督宋庆、张曜及周盛波、刘秉璋分守山东东平以上，自靳口至济宁；杨鼎勋分守赵村、石佛至南阳湖；李昭庆分守摊上、黄林庄至韩庄、八牌；皖军黄秉钧等分守宿迁、运河上下游：互为策应，使贼不得出运。六月，抵济宁，贼由潍县趋窜登、莱。鸿章复议逼入海隅聚歼之，乃创胶莱河防策，令铭传、鼎新筑长墙二百八十余里，会合豫军、东军分汛设守。时贼集莱阳、即墨间，屡扑堤墙不得出。七月，贼由海神庙潜渡潍河，山东守将王心安不及御，胶莱防溃。朝旨切责，将罢防，鸿章抗疏言："运河东南北三面贼氛蹂躏，其受害者不过数府州县，若驱过运西，则江、皖、东、豫、楚数省之地，流毒无穷。"乃坚持前议，严扼运防。令铭传、松林、鼎勋三军往来蹑击。十月，追至赣榆，降酋潘贵升毙任柱于阵，捻势渐衰。赖文光挈众窜山东，战屡败，遁入海滨，官军围击之，斩获三万。赖文光走死扬州。东捻平，赏加一骑都尉世职。

七年正月，西捻张总愚由山右渡河，北窜定州，京师大震。诏夺职，鸿章督军入直，疏言："剿办流寇，以坚壁清野为上策。东捻流窜豫东、淮北，所至民筑圩寨，深沟高垒以御之。贼往往不得一饱，故其畏圩寨甚于畏兵。河北平原千里，无险可守。截此则窜彼，迎左则趋右，纵横驰突，无处不流。且自渡黄入晋，沿途掳获骡马愈众，步贼多改为骑，趋避捷，肆扰尤易。自古办贼，必以彼此强弱饥饱为定衡。贼未必强于官军，但彼骑多而我骑少。今欲绝贼粮、断贼骑，惟有严谕绅民坚筑圩寨。一闻警信，即收粮草牲畜老弱壮丁于内。贼至无所掠食，兵至转可买食。贼虽流而其计渐穷，或可剋期扑灭也。"二月，鸿章督军进德州，败贼安平、饶阳。三月，贼窜晋州，渡滹沱河，南入豫，复折窜直隶，扑山东东昌；四月，趋茌平、德平，出德州，西奔吴桥、东光，逼天津。下部议处，命总统北路军务，限一月殄灭。

鸿章以捻骑久成流寇，非就地圈围，终不足制贼之命。三口通商大臣崇厚及左宗棠皆以为言，而直隶地平旷，无可圈围；欲就东海南河形势，必先扼西北运河，尤以东北至津、沽，西南至东昌、张秋为锁钥。乃掘沧州迤南捷地坝，泄运水入减河。河东筑长墙，断贼窜津之路。东昌运防，则淮军自城南守至张秋，东、皖诸军自城北守至临清，并集民团协防。闰四月，以剿贼逾限，予严议。时贼为官军所逼，奔突不常。以北路军势重，锐意南行，回翔陵县、临邑间，旁扰茌平、德平，犯临清运防。鸿章虑久晴河涸，民团不可恃，且昼夜追奔疲士卒，议乘黄河伏汛，缩地扎圈。以运河为外围，以马颊河为里围。其时官军大败贼於德州扬丁庄，又追败之商河。张总愚率悍党遁济阳，沿河北出德州犯运防，上窜盐山、沧州。官军扼截之，不得出，转趋博平、清平。适黄、运暨徒骇交涨，东昌、临清、张秋、闸河水深不可越。河西北岸长墙绵亘，贼窜地迫狭，势益困。鸿章增调刘铭传军，期会前敌。分屯茌平之桃桥、南镇，至博平、东昌，圈贼徒骇、黄、运之内，而令马队周回兜逐，贼无一生者，张总愚投水死。西捻平，诏复原官，加太子太保衔，以湖广总督协办大学士。八月入觐，赐紫禁城内骑马。

八年二月，兼署湖北巡抚。十二月，诏援黔，未行，改援陕。九年七月，剿平北山土匪。值天津教堂滋事，命移军北上。案结，调直隶总督兼北洋通商事务大臣。十月，日本请通商，授全权大臣，与定约。十二年五月，授大学士，仍留总督任。六月，授武英殿大学士。十三年，调文华殿大学士。

国家旧制，相权在枢府。鸿章与国藩为相，皆总督兼官，非真相。然中外系望，声出政府上，政府亦倚以为重。其所经画，皆防海交邻大计。思以西国新法导中国以求自强，先急兵备，尤加意育才。初，与国藩合疏选幼童送往美国就学，岁百二十人。期以二十年学成岁归为国效用，乃未及终学而中辍。鸿章争之不能得，随分遣生徒至英、德、法诸国留学。及建海军，将校尽取才诸生中。初在上海奏设外国学馆，及莅天津，奏设武备海陆军，又各立学堂，是为中国讲求兵学之始。尝议制造轮船，疏言："西人专恃其炮轮之精利，横行中土。于此而曰攘夷，固虚妄之论。即欲保和局，守疆土，亦非无具而能保守之也。士大夫囿于章句之学，苟安目前，遂有停止轮船之议。臣愚以为国家诸费皆可省，惟养兵设防、练习枪炮、制造兵轮之费万不可省。求省费则必屏除一切，国无与立，终无自强之一日矣。"

光绪元年，台湾事变，王大臣奏筹善后海防六策。鸿章议曰："历代备边多在西北，其强弱之事，主客之形，皆适相埒，且犹有中外界限。今则东南海疆万余里，各国通商传教，往来自如。阳托和好，阴怀吞噬，一国生事，诸国构煽，实为数千年来未有之变局。轮船电报，瞬息千里，军火机器，工力百倍，又为数千年来未有之强敌。而环顾当世，饷力人才，实有未逮，虽欲振奋而莫由。易曰：'穷则变，变则通。'盖不变通，则战守皆不足恃，而和亦不可久也。近时拘谨之儒，多以交涉洋务为耻，巧者又以引避自便。若非朝廷力开风气，破拘挛之故习，求制胜之实际，天下危局，终不可支；日后乏才，且有甚于今日者。以中国之大，而无自强自立之时，非惟可忧，抑亦可耻。"鸿章持国事，力排众议。在畿疆三十年，晏然无事。独究讨外国政学、法制、兵备、财用、工商、艺业。闻欧美出一新器，必百方营购以备不虞。尝设广方言馆、机器制造局、轮船招商局；开磁州、开平煤铁矿、漠河金矿；广建铁路、电线及织布局、医学堂；购铁甲兵舰；筑大沽、旅顺、威海船坞台垒；遴武弁送德国学水陆军械技艺；筹通商日本，派员往驻；创设公司船赴英贸易。凡所营造，皆前此所未有也。初，鸿章办海防，政府岁给四百万。其后不能照拨，而户部又奏立限制，不令购船械。鸿章虽屡言，而事权不属，盖终不能竟厥功焉。

三年，晋、豫旱灾，鸿章力筹赈济。时直隶亦患水，永定河居五大河之一，累年漫决，害尤甚。鸿章修复金门闸及南、上、北三灰坝。卢沟桥以下二百余里，改河筑堤，缓其溜势。别浚大清河、滹沱河、北运河、减河，以资宣泄，自是水患稍纾。

五年，命题穆宗毅皇帝、孝哲毅皇后神主，赏加太子太傅衔。六年，巴西通商，以全权大臣定约。八年，丁母忧，谕俟百日后以大学士署理直隶总督，鸿章累辞，始开缺，仍驻天津督练各军，并署通商大臣。朝鲜内乱，鸿章时在籍，趣赴天津，代督张树声饬提督吴长庆率淮军定其乱，鸿章策定朝鲜善后事宜。九年，复命署总督，累乞终制，不允。

十年，法越构兵，云贵总督岑毓英督师援越。法乃自请讲解，鸿章与法总兵福禄诺议订条款，既竣，而法人伺隙陷越谅山，薄镇南关，兵舰驰入南洋，分扰闽、浙、台湾，边事大棘。北洋口岸，南始烟台，北迄山海关，延袤几三千里，而旅顺口实为首冲。乃檄提督宋庆、水师统领提督丁汝昌守旅顺，副将罗荣光守大沽，提督唐仁廉守北塘，提督曹克忠、总兵叶志超守山海关内外，总兵全祖凯守烟台，首尾联络，海疆屹然。十一年，法大败于谅山。计穷，复寻成。授全权大臣，与法使巴德纳增减前约。事平，下部议叙。是年朝鲜乱党入王宫，戕执政大臣六人。提督吴兆有以兵入护，诛乱党，伤及日本兵。日人要索议统将罪，鸿章严拒之，而允以撤兵寝其事。九月，命会同醇亲王办理海军。

十二年，以全权大臣定法国通商滇粤边界章程。十三年，会订葡萄牙通商约。十四年，海军成船二十八，檄饬海军提督丁汝昌统率全队，周历南北印度各海面，习风涛，练阵技，岁率为常。十五年，太后归政，赏用紫缰。十七年，平热河教匪，议叙。十九年正月，鸿章年七十，两宫赐"寿"。二十年，赏戴三眼花翎，而日朝变起。

初，鸿章筹海防十馀年，练军简器，外人震其名，谓非用师逾十万，不能攻旅顺，取天津、威海。故俄、法之警，皆知有备而退。至是，中兴诸臣及湘淮军名将皆老死，鲜有存者。鸿章深知将士多不可恃，器械缺乏不应用，方设谋解纷难，而国人以为北洋海军信可恃，争起言战，廷议遂锐意用兵。初败于牙山，继败于平壤，日本乘胜内侵，连陷九连、凤凰诸城，大连、旅顺相继失。复据威海卫、刘公岛，夺我兵舰，海军覆丧殆尽。于是议者交咎鸿章，褫其职，以王文韶代督直隶，命鸿章往日本议和。二十一年二月，抵马关，与日本全权大臣伊藤博文、陆奥宗光议，多要挟。鸿章遇刺伤面，创甚，而言论自若，气不少衰。日皇遣使慰问谢罪，卒以此结约解兵。会订条款十二，割台湾畀之，日本悉交还侵地。

七月，回京，入阁办事。

十二月，俄皇加冕，充专使致贺，兼聘德、法、英、美诸国。二十二年正月，陛辞，上念垂老远行，命其子经方、经述侍行。外人夙仰鸿章威望，所至礼遇逾等，至称为东方毕士马克。与俄议新约，由俄使经总署订定，世传"中俄密约"。

七阅月，回京复命。两宫召见，慰劳有加，命直总理各国事务衙门。

二十三年，充武英殿总裁。二十四年，命往山东查勘黄河工程。疏称迁民筑堤，成工匪易，惟择要加修两岸堤埝，疏通海口尾闾，为救急治标之策。下其奏，核议施行。

十月，出督两广。二十六年，赏用方龙补服。拳匪肇乱，八国联军入京，两宫西狩。诏鸿章入朝，充议和全权大臣，兼督直隶，有"此行为安危存亡所系，勉为其难"之语。鸿章闻警兼程进，先以兵剿畿甸匪，子身入京，左右前后皆敌军，日与其使臣将帅争盟约，卒定和约十二款。二十七年七月，讲成，相率退军。

大乱之后，公私荡然。鸿章奏陈善后诸务。开市肆，通有无，施粥散米，中外帖然。并奉诏行新政，设政务处，充督办大臣，旋署总理外务部事。积劳呕血薨，年七十有九。事闻，两宫震悼，赐祭葬，赠太傅，晋封一等侯，谥文忠。入祀贤良祠，安徽、浙江、江苏、上海、江宁、天津各建祠以祀，并命于京师特建专祠。汉臣祀京师，盖异数也。

鸿章长躯疏髯，性恢廓，处荣悴显晦及事之成败，不易常度，时以诙笑解纷难。尤善外交，阴阳开阖，风采凛然。外国与共事者，皆一时伟人。及八国定盟，其使臣大将多后进，视鸿章皆丈人行也，故兵虽胜，未敢轻中国。闻其薨，咸集吊唁，曰："公所定约不敢渝。"其任事持大体，不为小廉曲谨。自壮至老，未尝一日言退，尝以曾国藩晚年求退为无益之请，受国大任，死而后已。马关定约还，论者未已，或劝之归。鸿章则言："于国实有不能恝然之谊，今事败求退，更谁赖乎？"其忠勤皆类此。居恒好整以暇，案上置宋拓兰亭，日临摹百字，饮食起居皆有恒晷。长於奏牍，时以曾、李并称云。鸿章初以兄子经方为子，后生子经述，赏四品京堂，袭侯爵；经迈，侍郎。

论曰：中兴名臣，与兵事相终始，其勋业往往为武功所掩。鸿章既平大难，独主国事数十年，内政外交，常以一身当其冲，国家倚为重轻，名满全球，中外震仰，近世所未有也。生平以天下为己任，忍辱负重，庶不愧社稷之臣；惟才气自喜，好以利禄驱众，志节之士多不乐为用，缓急莫恃，卒致败误。疑谤之起，抑岂无因哉？

附录二

参考书目

书籍

[1] 张宏杰：《曾国藩的正面与侧面》，岳麓书社2018年版。

[2] 唐浩明：《曾国藩》，湖南文艺出版社2006年版。

[3] 木子：《曾国藩面厚心黑刚柔之道》，经济日报出版社2004年版。

[4] 史浩：《反说胡雪岩》，中国华侨出版社2004年版。

[5] 梁启超：《李鸿章传》，百花文艺出版社2016年版。

[6] 曾国藩：《曾国藩全集·家书（一）》《曾国藩全集·家书（二）》，岳麓书社1985年版。

[7] （美）W.L.贝尔斯：《左宗棠传》，王纪卿译，江苏文艺出版社2011年版。

[8] 左景伊：《左宗棠传》，华夏出版社1997年版。

[9] 唐浩明：《唐浩明评点曾国藩家书》，岳麓书社2002年版。

[10] 周惟立：《清代四名人家书》，上海广益书局1936年版。

[11] 曾宝荪，曾纪芬：《曾宝荪回忆录》，岳麓书社1986年版。

[12] 赵尔巽：《清史稿》，中华书局1977年版。

[13] 高翠莲：《落日孤臣李鸿章》，团结出版社2007年版。

[14] 孙占元：《左宗棠评传》，南京大学出版社2002年版。

[15] 刘成禺：《世载堂杂忆》，辽宁教育出版社1997年版。

[16] 曾国藩：《曾文正公全集·奏稿》，上海东方书局1912年版。

[17] 罗正钧：《左宗棠年谱》，岳麓书社1983年版。

[18] 郝侠君等：《中西500年比较》，中国工人出版社1989年版。

[19] 王龙：《天朝向左，世界向右》，华文出版社2010年版。

[20] 李鸿章著，董丛林评析：《李鸿章家书》，长江文艺出版社2022年版。

[21] 吴永口述，刘治襄笔记：《庚子西狩丛谈》，中华书局2009年版。

[22] 梁小进：《左宗棠研究著作述要》，湖南大学出版社2012年版。

[23] 李鸿章：《李鸿章全集·信函》，安徽教育出版社2007年版。

[24] 蒋廷黻：《中国近代史》，江苏人民出版社2019年版。

[25] 卜宪群：《中国通史》，华夏出版社2017年版。

[26] 李侃等：《中国近代史（1840—1919）》，中华书局1994年版。

[27] 徐志频：《曾国藩与左宗棠》，现代出版社2022年版。

[28] 徐志频：《李鸿章与左宗棠》，现代出版社2022年版。

[29] 王闿运：《湘军志》，朝华出版社2018年版。

文章

[1] 林洁：《论曾文正公的诚信思想》，西南大学硕士论文2010年。

[2] 谢孝明：《道术的传承与发抒：湖湘文化精神与湖南士人廉而有为的内在逻辑理路》，《地域文化研究》2022年第5期。

[3] 程军：《李鸿章家训中的读书思想对当代大学生阅读素养教育的启示》，《华北电力大学学报（社会科学版）》2018年第5期。

[4] 王瑞成：《"权利外移"与晚清权力结构的演变（1855—1875）》，《近代史研究》2012年第2期。

[5] 王继平：《论湘军集团与晚清政局》，《湘潭大学社会科学学报》1999年第4期。

[6] 王本能：《左宗棠幕府研究》，华中师范大学硕士论文2014年。

[7] 朱汉民：《狂狷：湖湘士人的精神气质——以王夫之、曾国藩、左宗棠为重点》，《求索》2015年第4期。

[8] 刘绪义：《曾国藩家风的独特内涵及其哲学基础》，《湖南人文科技学院学报》2014年第4期。

[9] 李扬帆：《难以承受之累：曾国藩的"忠、信、笃、敬"》，《世界知识》2006年第7期。

[10] 王龙：《洪秀全的权力人格缺少什么》，《同舟共进》2013年第3期。

[11] 马平安：《试论北洋集团与淮军集团的渊源关系》，选自《湘淮人物与晚清社会》会议论文集，2009年10月23日。

[12] 陈益萍：《甲午后的李鸿章》，华东师范大学硕士论文2013年。

[13] 田晓伟：《左宗棠是怎样用人的》，《中国党政干部论坛》2013年第7期。

[14] 董传书：《领导干部要科学运用领导力》，《党政干部学刊》2008年第5期。

[15] 宋路霞：《李鸿章家族的豪门联姻》，《世纪》2005年第3期。

[16] 谢卫东：《金陵一战——瘟疫时期的攻城战》，《世界博览》2020年第10期。

[17] 哈恩忠：《同治初年筹建阿思本舰队始末》，《历史档案》1993年第3期。

[18] 熊崧策：《执掌中国海关48年的英国人赫德：与晚清同时画上句号》，《文史参考》2011年第18期。

[19] 吴四伍：《左宗棠新疆谋略》，《环球人物》2014年第15期。

[20] 张云，韩洪泉：《曾国藩、左宗棠、李鸿章之用兵风格》，《领导文萃》2009年第20期。

[21] 刘铁铭，曾长秋：《曾国藩家庭德育思想研究》，《湘潭大学学报（哲学社会科学版）》2011年第1期。

[22] 赵晓敏，郭兆杰，王璐：《曾国藩立身治世思想及对大学生德育的启示》，《山西高等学校社会科学学报》2017年第12期。

[23] 李新市：《左宗棠三试落第，两次出山及"独当一面"》，《文史春秋》2011年第5期。

[24] 李方祥：《孙中山先生的历史地位——驳近年几种虚无主义论调》，《中华魂》2012年第3期。

[25] 姜龙飞：《"纸糊的灯笼"李鸿章》，《档案春秋》2011年第2期。